普通高等教育"十二五"电子商务专业规划教材

网络金融理论与实务

（第二版）

主　编　彭　晖

副主编　吴拥政　王　哲

　　　　张爱莉　胡湘云

西安交通大学出版社

XI'AN JIAOTONG UNIVERSITY PRESS

内 容 提 要

　　本书采用大量国内外最新资料，将国内外金融领域电子商务的最新研究成果和应用实践运用于各章，全面介绍了网络金融领域的理论与实务的发展，内容涵盖金融安全技术、电子支付系统、银行、证券和保险领域的电子商务理论与实务，并结合互联网金融的创新与发展，介绍了电子货币、互联网融资和理财的知识，同时针对网络金融领域的监管和法律问题进行了专门的介绍，使读者对金融领域的电子商务应用有一个全面深入的了解。本书内容全面，资料新颖，每章均配有相应的上机试验和复习思考题，适合教师的授课和学生的自学和复习。

　　本书既可作为高校网络金融课程的专业教材，也可作为MBA、经济管理类的研究生学习的参考教材，还可作为银行、证券、保险等金融机构从业人员的培训教材。

丛书编委会

总　序

从2001年教育部批准13所高等院校开办电子商务本科专业，经过6年的发展，目前全国开设电子商务本科专业的高等学校已超过320所。在教育部高教司的直接支持和指导下，2002年中国高等院校电子商务专业建设协作组正式成立。其主要任务是：为中国高等学校电子商务专业的研究、教学、实践和人才培养提供指导与支持。协调组自成立之日起，一直致力于我国电子商务专业的师资队伍、实验室及教材的建设。2003年3月，在华侨大学召开了"全国高校电子商务专业主干课程教学基本要求研讨会"，此次会议是国内电子商务本科专业教育界对教学大纲问题的首次集中讨论。来自全国19所高校电子商务专业的专家、学者参与了本次讨论。专家们对每门课程的性质、地位、教学任务和要求、教学中应注意的问题、建议学时数、教学要点、教学方法建议等问题进行了广泛的讨论，形成了比较一致的意见，并确定了电子商务专业的主干课程。

2006年春，教育部成立2006—2010年高等学校电子商务专业教学指导委员会，还特聘了国家商务部信息化司司长王新培、中国电子商务协会理事长宋玲和阿里巴巴公司CEO马云作为领域专家委员。电子商务专业教学指导委员会成立以来，在专业教育的大政方针、师资培养、教材建设、实验和实训建设方面积极努力地工作，从不同方面指导和推动着本专业的发展。2006年在电子商务的课程体系方面提出了三级结构的设想：专业基础课、专业课和前沿类课程，反映了电子商务专业与时俱进的特色。2007年在教育部的统一部署下，教指委大力推进电子商务专业的知识体系建设，将其归纳为电子商务经济（ECE）、电子商务技术（ECT）、电子商务管理（ECM）和电子商务综合（ECG）四个大类。

随着电子商务理论和实践的快速发展，电子商务教材也需要随之更新，以更加符合电子商务的发展要求。在此背景下，西安交通大学出版社与中国信息经济学会电子商务专业委员会合作，共同组织编写出版一套电子商务本科专业教材。2006年10月，经协商决定，由中国信息经济学会电子商务专业委员会和西安交通大学出版社两家联合组织编写电子商务本科专业系列教材。

从2006年10月到2007年5月，在西安交通大学和中国信息经济学会电子商务专业委员会共同努力下，成立了电子商务本科系列教材编写委员会，继而从众多自愿报名和编委会推荐的学校和教师中，选择主编，采取主编负责制，召开协作大纲研讨会、反复征求各方意见，群策群力，逐步编写本套电子商务专业本科系列教材。

该系列教材具有以下几方面的特色：

(1) 在教材体系上，吸收了众多学者、学校和产业实践者的意见，使系列教材具有普遍适应性和系统性。本系列教材较为全面地包含了电子商务教学中的各门课程，不仅包括了电子商务专业的骨干课程，而且也增加了电子商务发展需要的一些选修课程，如《网络价格》、《网络消费者行为》等。不仅使教材体系更具有合理性，而且也使开设电子商务本科专业的学习有更多的选择余地。

(2) 从教学大纲研讨到编写大纲的讨论，再到按主编负责制进行编写、审核等，集中了电子商务专业委员会内外在电子商务方面有丰富经验的教师、研究人员以及产业实践者的宝贵意见。经过一系列严格的过程约束与控制，使整套教材更加严谨和规范，具有科学性和实用性。

(3) 注重电子商务理论与实践相结合，教学与科研相结合，课堂教学与实验、实习相结合，使教材更能符合学生的学习、更能够反映电子商务的时代特征。

在各方的共同努力下，作为系列教材的丛书即将面世，希望本系列教材的出版，能为我国电子商务的教学与人才培养贡献一些微薄之力。

电子商务作为一个新生事物，其飞速的发展需要教材不断地更新，我们衷心希望各教学单位教师们和电子商务的产业实践者不断对我们提出宝贵的意见，使编者们与时俱进，不断充实、完善这套系列教材。

中国信息经济学会电子商务专业委员会

电子商务专业教材编写组

2008年1月

目 录

第一章 金融市场 ……………………………………………………………… (1)
 第一节 金融市场的功能 …………………………………………………… (1)
 第二节 金融机构 …………………………………………………………… (6)
 第三节 网络化条件下金融机构面临的挑战 …………………………… (17)

第二章 网络金融概述 …………………………………………………… (22)
 第一节 网络金融的特征和作用 ………………………………………… (22)
 第二节 网络金融产生的背景 …………………………………………… (25)
 第三节 网络金融发展的现状 …………………………………………… (28)

第三章 网络环境下的金融安全技术 …………………………………… (39)
 第一节 网络金融安全问题的提出 ……………………………………… (39)
 第二节 网络安全技术 …………………………………………………… (42)
 第三节 加密技术 ………………………………………………………… (48)
 第四节 数字认证技术 …………………………………………………… (53)
 第五节 网络金融活动的安全技术标准 ………………………………… (66)

第四章 网络环境下的支付 ……………………………………………… (72)
 第一节 电子支付方式概论 ……………………………………………… (72)
 第二节 电子支付网络 …………………………………………………… (78)
 第三节 电子支付工具 …………………………………………………… (86)
 第四节 第三方网上支付服务 …………………………………………… (105)
 第五节 移动支付 ………………………………………………………… (112)

第五章 网络银行 ………………………………………………………… (121)
 第一节 网络银行概述 …………………………………………………… (121)
 第二节 网络银行体系结构 ……………………………………………… (134)
 第三节 网络银行的运作方式 …………………………………………… (147)

第六章 网络证券 ………………………………………………………… (163)
 第一节 网络证券概述 …………………………………………………… (163)
 第二节 网络证券交易系统 ……………………………………………… (168)
 第三节 网络证券的业务与管理 ………………………………………… (175)

第七章　网络保险·······································(185)

　　第一节　网络保险概述·····································(185)

　　第二节　网络保险业务的模式、内容与流程··············(195)

　　第三节　网络保险的运行环境与实践过程··············(199)

　　第四节　网络保险的经营管理与发展策略··············(207)

第八章　互联网金融的创新与发展·····················(216)

　　第一节　互联网金融与网络金融的区别················(216)

　　第二节　云计算和大数据技术在互联网金融领域的应用···(219)

　　第三节　电子货币的新发展···························(226)

　　第四节　互联网融资的应用与发展····················(230)

　　第五节　互联网理财································(242)

第九章　网络金融的监管·····························(248)

　　第一节　网络金融的风险管理························(248)

　　第二节　网络金融的监管体系························(258)

　　第三节　国内外网络金融监管简介····················(267)

第十章　网络金融法律问题···························(275)

　　第一节　网络金融法概述····························(275)

　　第二节　电子货币的法律规范························(278)

　　第三节　网络银行的法律规范························(282)

　　第四节　电子支付的法律规范························(285)

　　第五节　网络证券的法律规范························(291)

　　第六节　网络保险的法律规范························(294)

参考文献··(299)

第二版后记··(301)

第一版后记··(303)

第一章
金融市场

本章内容提要

本章主要介绍金融市场的基础知识。首先介绍了金融市场的产生和发展的过程,详细分析金融市场的风险管理、集中资源、清算和结算以及提供激励等四大主要功能;然后针对主要的金融机构,介绍银行、证券公司、保险公司和其他中介机构的性质、分类、业务种类和作用,分析网络条件下金融机构面临的挑战。

第一节　金融市场的功能

经济活动中,各经济要素形成的市场主要有三大类,即商品市场、要素市场和金融市场。随着商品市场和要素市场交易活动的不断扩大,金融市场的交易活动范围也不断扩大,交易内容不断更新,交易方式越来越多样化。就全球范围看,金融市场正在经历深刻的变革,金融创新和金融全球化已经成为这个时期的主题。

一、金融市场的产生

金融市场是指资金供求双方通过金融工具买卖实现资金融通的场所,是市场规律支配下的金融商品融通的机制和网络。金融市场作为一个经济范畴是与商品货币经济紧密联系的,是商品经济不断发展的产物,为市场交易活动提供了便捷的服务工具。

商品经济是金融市场形成的基础,随着商品经济的高度社会化和市场化,现代金融市场便应运而生。商品经济流通的范围扩展到哪里,资金融通就需要伸展到哪里,金融市场也就在哪里应运而生。在加快了货币流通和资金周转速度的同时,金融市场也给资本的形成和流动提供了便利,使整个社会的资金高度运转起来,从而促进了商品、资本流通的更大发展。如今,凡是市场经济发达的国家,都离不开发达的金融市场,金融市场已成为一国乃至世界经济运转的中心。

随着商品市场、要素市场的发展需要,以及金融体制改革和完善,金融市场逐步发展起来。金融市场的形成需要具备以下几个条件:

1. 商品经济的高度发展

发达的商品经济中存在着大量的资本金的供给和需求,这是金融市场能够建立和运行的基本条件。市场经济发展到一定阶段必然要求有一个完整的门类齐全的商品市场。商品生产者需要在商品市场购买原料、出售商品以保证商品生产和流通的正常进行,同时需要在要素市场购买相应的劳动力、科学技术知识以保证商品生产所需生产要素。商品经济进一步发展,出现了信用,为了能够通过信用方式融通资金,则需要有融通资金的场所,即要求有

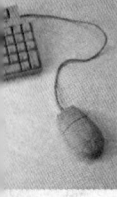

金融市场,以解决资金的筹集、分配和流动问题。

2. 完善和健全的金融机构体系

金融市场是金融机构体系的产物,金融机构体系是金融市场活动的中心。金融机构体系既是资金的提供者,也是金融市场的中间人,发挥资金供求的桥梁作用。一个高效而有权威的中央银行的存在是金融机构体系健全的标志,这个中央银行能够保证商业银行及其他金融机构经济行为的合法化和规范化,同时也能有效利用利率、再贴现率、公开市场业务操作和存款准备金率等金融工具来贯彻货币政策,以保证金融市场的稳定运行和健康发展。

3. 多种金融工具的存在

金融工具是金融市场的基本构成要素之一,它来源于多种融通资金的信用形式。只有存在多样化的交易工具,才能满足社会上众多投资者和筹资者的多样性需求,加速金融资产的流动,促进社会资金的合理配置,使金融市场的形成具备必要条件。

二、金融市场的发展

从实践来看,金融市场的出现和发展是一个渐进的过程,是金融活动自身发展的必然产物;从理论上看,金融市场的内涵又是一个不断丰富发展和完善的过程,在不同的商品经济发展阶段呈现不同的特点。在银行中间业务和金融工具创新浪潮的推动下,金融市场不断演进,不断发展,不断创新,成为现代市场经济高度发展的一个重要组成部分。

金融市场有广义和狭义之分。广义的金融市场把社会上的一切金融业务,包括银行存贷款业务、保险业务、信托业务、贵金属买卖业务、外汇买卖业务、金融同业资金拆借业务和各类有价证券的买卖都列入金融市场的范围内;狭义的金融市场则把存贷款业务、保险业务、信托业务排除在外,只把金融同业资金拆借业务、外汇买卖业务和各类有价证券的交易活动看做典型的金融市场行为。随着商品经济的进一步发展,经济全球化的需要,金融市场的发展也不断变化,金融市场业务范围进一步拓宽,广义和狭义的区分越来越模糊。

不同的经济发展阶段,金融市场的交易内容是不同的。在商品经济不发达的阶段,金融市场的交易内容主要是以民间的口头协议方式进行货币间的借贷,这是金融市场的雏形;随着商品经济的进一步发展,金融市场的交易内容主要是以银行为中心进行的全社会资金借贷活动;在商品经济高度发展时期,进入市场的交易内容主要是通过金融中介进行的各种证券交易,具体表现为各类金融工具的发行和买卖活动等。

随着电子通信和互联网技术的发展,交易活动发生了巨大的变化,形成明显区别于商品市场和要素市场的特征。现代化金融交易活动将全球市场的交易活动连接在一起,从货币资金借贷到货币互换,从具体的商业银行票据承兑贴现到无形的电子货币联网清算,从简单的债券股票发行交易到复杂的股指期货交易,都明显地说明金融市场上的交易活动已不仅仅是简单的交换关系和买卖关系,而是各种关系交织在一起所形成的复杂信用关系。

现代金融市场的发展必须具备以下几个条件:

1. 健全的金融法律法规

健全的金融法律法规是金融市场正常进行的根本保证。只有健全的立法,才能保障交易双方的正当权益,维持交易市场的有序进行。

2. 高效的监管水平

金融市场是现代经济的核心,同时也是一个竞争性和风险性比较高的领域。一旦金融市场出现问题就会给国民经济造成巨大的影响,因此,只有实施高效的监管,才能保障金融市场的安全运行。

3. 四通八达的现代网络系统

随着世界经济从工业化进入信息化,信息资源、信息技术和信息产业的发展程度已经成为制约社会和经济的重要因素。要发展现代化的金融市场,必须要有现代化的信息通信网络和立体交通设施。

三、金融市场的功能分析

随着金融市场的不断发展,金融市场在经济运行中的功能越来越显著,具体有以下几方面:

(一)风险管理功能

首先,金融市场为投资者提供了多种金融产品,投资者通过对金融产品的选择,以灵活选择利用各种有价证券组合方式来分散风险,从而提高投资的安全性和盈利性。如持有股票、债券的投资者,可以根据对市场行情的预测随时抛出或者买入,以避免风险及获得盈利。其次,金融市场上提供的多种交易方式使投资者可以利用期货交易、期权交易、掉期交易等方式最大限度地降低和消除风险。再次,金融市场是一种有组织的市场,具有完善的法规制度和管理机制,从而使各种交易能规范有序地进行。在风险无处不在、无时不在的现代经济活动中,经济主体可以有效地对资产进行保值从而实现分散风险、转嫁风险及资产的升值。例如,保险公司就是主要进行风险分散的中介机构,它们利用大数法则,从希望转移风险的客户那里收取合理保费,对合同范围内发生的事故进行相应经济赔偿。

以证券市场为例,快速流动、高度分散的证券市场可以为投资者提供以下两个方面的风险管理功能:一是风险定价。证券市场在现代金融理论中又称为公开市场,其中交易的标的主要是一些标准化的媒介物,如股票、债券等基础金融产品,以及其他在此基础上派生出来的标准化衍生产品,如股票指数期货、股票指数期权、利率期货、利率期权等。由于这些标的是一些标准化的媒介物,我们就可以运用各种定价方法对其进行合理、科学的风险定价。二是分散风险。由于证券市场的流动性好,变现性强,投资者可以方便地构造风险最小的最优风险组合,并可根据市场及时做出调整,以有效地降低风险。

我们知道在现实经济活动中,资金和风险是经常密切联系在一起的,但是在金融市场可以转移或消除风险。以商业融资为例,假设 A 公司希望进行一项投资,需要 10 万美元,但是 A 公司不想单独承担这项投资的风险。它可以以与投资该项目的投资者分享这项投资的 40% 利润的承诺,在股票市场发行股票,来获得 3 万美元的资本;同时在一家商业银行以 5% 的利率,获得贷款 2 万美元。这两种方式都可以使 A 公司转移风险。如果该项投资不慎,年终时 A 公司的价值为 1 万美元,A 公司本身损失资金 5 万美元,但也只是整个项目投资 10 万美元中的一部分,而投资者损失了 3 万美元的全部投资,放款者银行失去了借给这个公司 2 万美元中的 1 万美元。也就是在这个项目中,A 公司实现了转移商业风险的目的,放款者和投资者为 A 公司的项目分担了一部分商业风险。

相同的在上面这个例子中,银行贷给这个公司 2 万美元时,要求 B 公司提供担保,这样,银行可以将损失的风险从它自己转移给担保公司 B,也就意味银行为 A 公司提供 2 万美元资金不承担风险。

(二)集中资源,优化资源配置功能

在现代经济中,金融的运行依靠各种金融机构或中介机构的市场活动来进行。金融市场作为沟通经济中储蓄和投资的一种转化渠道,其货币市场和资本市场就构成这些资金的盈余者和短缺者相互沟通所需要的渠道。各种不同类型的金融工具及完善的市场交易条件,为资金在各经济主体之间的流动配置提供了便利条件,使得有限的资源能够得到合理的运用。

现实经济活动中,资金的分配不均衡是一种常态。企业、居民、政府在资金的周转过程中,暂时闲置的资金需要得到合理的利用以实现最大限度的盈利,而一时周转不开的经济主体需要短期的调剂资金。金融市场具有对资金进行时间上和空间上优化资源配置的作用,可以为一部分人手中多余的资金提供获利的途径,而另一部分拥有好的投资项目却缺乏资金的人因此而获得资金,从而达到优化资源配置的目的。

资源优化配置,是指在资源有限供给和资源配置需求无限并存的情况下,最合理地分配资源,使其发挥最佳的效用。资源优化配置的实质是社会所拥有的各种资源,在国民经济各个部门、各个企业、各生产环节和各个工序之间的合理分配,达到尽可能少的资源耗损,使生产效率最大化。

金融市场实现资产优化配置必须依靠利率来实现。利率既是使用资金的价格,也是提供资金的回报率,还是资源优化的杠杆。当某一市场的利率提高时就会吸引更多的资金流入;反之,当某一市场的利率下降时就会有更多的资金流出。资金在不同的市场间自由流动,其结果是引导资金的合理配置。在现实的经济运行中资金短缺最严重,投资收益最高的行业对所需资金愿意支付的价格越高,即利率越高,就能吸引更多的资金,并通过资金的流动引导更多的社会资源进入该行业或部门,所以资金流动的最终结果是社会资源得到高效率的重新配置。如许多企业的投资者,比如说股东,当他们想把自己的资金转向利润率更高的公司时就可以通过卖出低利润率公司的股票,买进高利润率公司股票来实现这一转移。再如,一个企业要向利润更高的公司投资,但是自身的资金却固定在机器、厂房等固定设备上,这时企业只要把它的资产拿到市场上进行抵押,就可以获得相应的资金,进行新的投资。结果会使资金从低利润率部门、企业、行业向高利率的部门、企业、行业流动,相应促进这些部门、企业、行业的发展,这在客观上就起到了集中资源、优化资源配置的作用。

(三)清算和结算

金融系统提供清算和支付结算的有效途径,为顺利、有效地完成商品、服务和资产的交易提供便利。金融支付清算系统也称清算系统或支付结算系统。它是一个国家或地区对伴随着经济活动而产生的交易者之间、金融机构之间的债权债务关系进行清偿的制度安排,是由提供支付服务的中介机构、管理货币转移的规则、实现支付指令传送及资金清算的专业技术手段共同组成的,是用以实现债权债务清偿及资金转移的制度性安排。支付清算系统可以促进经济活动,方便市场交易,减少使用现金,维护市场秩序,规范结算行为,防止支付风险,加快资金周转,提高社会资金使用效率,打击洗钱、逃债、逃贷、腐败等,维护金融稳定,为中央银行实施公开市场操作等货币政策提供基础。商业银行通过支付结算业务成为全社会的转账结算中心和货币出纳中心,它不仅能为银行带来安全、稳定的收益,同时也是积聚闲散资金、扩大银行信贷资金来源的重要手段。

清算结算系统在企业、居民、政府购买商品和服务时,为支付货币提供高效手段的同时也提供有效的支付系统,使家庭和企业不必为完成交易而耗费时间。它是连接资金和经济活动的纽带,是实现经济正常运行的必要手段,对加快资金周转,提高资金效益,促进商品流通和经济发展具有重要作用。金融市场竞争加剧使得金融产品日益多样化、复杂化,也使得金融系统越来越多地采用科技进步成果,以提高金融系统运营效率,增强金融系统竞争性,改进金融系统管理效率。这就极大地促进了金融支付清算系统的改革和完善,推动支付工具和支付方式的变革。计算机工具的应用,更提高了支付系统的效率。

(四)提供激励

金融市场具有提高资源配置效率的作用。现实经济活动中,合同各方通常无法方便地监督和控制其他人,当交易中的一方拥有另外一方没有的信息或一方作为另一方的代理人为其决策时,就要考虑激励问题。激励是指开发代理人的内在潜能,使代理人在最大化自己利益的同时,最大化委托人的利益,防止偷懒行为。金融系统提供了解决激励问题的方法,从而使金融系统的其他好处,如储备、风险分担和专业化可以实现。

金融系统提供解决激励问题的方法非常丰富。如贷款的抵押,当放款者作出贷贷的决策时,要求贷款者用相应的资产作为抵押,通过抵押减少了放款者监督借款者的成本,放款者只要注意用于抵押的资产市值足够偿付贷款的到期本金和利息即可;或通过一定的技术手段来达到激励目的,如在公司的贷款完全归还以前,允许放款者与股东分享市场价格的变化带来的收益,依一定比例分享利润;或放款人有权将贷款转为一定数量的股票,成为股东,这样当股东和债主出现利益冲突时,管理者就不会以债主的利益为代价来保护股东的利益,由此就不会造成道德风险问题,使对双方都有利的贷款协议能顺利实现。

再以金融系统中的证券市场为例,证券市场为投资者监控公司提供了两种机制。第一,股东直接对公司进行干预。作为投资者的股东有两种监控公司的方式:一是主动型监控。股东可以参加股东大会,选举董事会成员,或就公司有关经营管理的其他重大事项进行投票表决,对管理层构成直接约束。二是被动型监控。如果股东对公司管理层经营管理行为不满意,可以卖出股票;如果出现大量股票抛售,公司股价急剧下跌,既会影响公司在市场上的再次融资,也会给管理层带来第二种监控机制的压力,即外部接管的压力。第二,外部接管的压力。当一上市公司管理层经营不善、业绩不佳、盈利下降时,在有效的金融市场上,这些信息就体现为其股价的下跌。当股价下跌至某一价位,专事外部接管的投机者认为通过改组管理层可以提高公司业绩,提升公司市场价值时,他们就会大量买入该公司股票以达到控股目的,然后以控股股东身份改组公司管理层。在外部接管的潜在威胁下,管理层不得不努力工作,以提高公司业绩,防止股价下跌。

证券市场还提供了一种激励公司管理层的有效手段,这就是与公司股票价格挂钩的管理合同,也称为经理人持股制度。其具体做法是:公司管理人员的薪酬收入中,只有少部分的现金,大部分收入是股票或股票认购证、股票期权等与股票挂钩的权证。管理人员薪酬与

公司股票挂钩的好处是：如果公司经营管理完善，业绩提高，公司股价上升，管理人员的股票收入也会增加；否则，管理层收入有限。当然，这种激励机制也是以市场的有效性为前提的。如果公司业绩不能在股价中反映出来，即使管理层收入与股票挂钩，也不能激发他们改善经营管理的积极性；相反，还可能引诱他们的短期投机行为，甚至直接参与本公司股价的炒作。

第二节　金融机构

金融市场和金融机构是现代金融体系中最为活跃的因素，金融市场为社会经济各个部门的融资活动提供了便利，金融机构则是资金融通的主要媒介和枢纽。金融机构是指专门从事货币信用活动的中介组织及其相互联系的统一整体，是金融市场不可缺少的中介主体；金融市场上的各种金融活动都要借助于一定的金融机构来完成。在市场经济条件下，金融机构以中央银行为核心，构建成相互联系、分工协作的金融机构体系。

就全球范围而言，各国的金融体系都具有以中央银行为核心、商业银行为主体、各类银行和非银行金融机构并存的特点。我国目前的金融机构体系呈现出以中央银行（中国人民银行）为领导，国有商业银行为主体，政策性银行、保险、信托等非银行金融机构与外资金融机构并存和分工协作的状态。

一、银行金融机构

银行金融机构主要由中央银行和商业银行构成。

（一）中央银行

中央银行是管理国家金融的国家机关，是在商业银行的基础上发展形成的国家金融管理机构，是现代各国金融系统的核心。与普通的商业银行不同，它不经营普通金融业务，不以盈利为目的，是国家宏观经济和金融调控的主体。

1. 中央银行是一国金融活动的中心和信用制度的枢纽

（1）中央银行是发行货币的银行，肩负起维护本国货币正常流通和币值稳定的职责。国家赋予中央银行集中垄断货币发行的特权，其发行的纸币为无限法偿货币。

（2）中央银行是国家的银行。中央银行代理国库，向政府融通资金，制定货币政策和实施金融宏观调控。另外中央银行保管外汇、黄金储备，代表政府从事国际金融活动，并提供咨询。

（3）中央银行是银行的银行。中央银行从事"存、放、汇"银行业务的对象不是普通的居民、企业、政府，而是商业银行和其他金融机构。中央银行通过"存、放、汇"业务对商业银行和其他金融机构的业务经营活动施以有效影响，充分发挥金融监管职能。

2. 中央银行的特殊地位，决定了它在现代经济发展中有着具有巨大的推动力和不可替代的影响力

（1）中央银行是现代经济发展的推动机。资金是现代社会经济发展的重要推动力，央行作为唯一的货币发行单位，可以根据经济发展对货币增长的客观需要来调控货币发行量，发挥货币对扩大再生产的第一推动力和持续推动力作用；作为一国货币信用制度的枢纽，中央银行通过发挥最终贷款者这一职能，可以满足经济发展对扩大信用的需求，形成现代社会经济高度发展的巨大支撑力量。

(2)中央银行是社会经济和金融运行的稳定器。央行作为管理全国金融事业的国家机关,能够通过强化稳定经营而提高金融体系的稳定性,从而有效地防范、减少各商业银行和金融机构因片面追求盈利而增加的经营风险。央行在维护好本国金融秩序的同时,还可以与其他有关国家金融当局和国际金融组织密切合作,将金融领域的多种隐患消灭在萌芽状态,发挥着促使本国经济、金融健康运行的稳定器作用。

(3)中央银行是维持本国经济持续发展的调节器。央行运用各种经济手段控制货币发行,调节信贷的规模,以维持本国经济的可持续发展。作为国家进行宏观调控的机构,央行发挥着保障一国经济的持续、稳定、健康发展的作用。

(4)中央银行是提高经济金融运转效率的推进器。中央银行服务职能的发挥,对提高社会经济和金融的运转效率有着巨大的推进作用。迅速发展的现代计算机和网络技术,使清算系统中的资金周转速度加快,提高了社会资金的运转效率,也提高了对宏观经济、金融监管的调节能力。同时代理国库业务有利于提高国家预算收支的工作效率,集中管理外汇、黄金有利于国家外汇、黄金储备运转效率的提高。

(二)商业银行

商业银行是在商品交换和市场经济的发展中孕育和发展起来的,是为适应商品生产的扩大和市场经济发展的需要而形成的一种金融机构组织。现代商业银行在现代各国金融体系中都居于主导地位,已经成为各国经济活动中最主要的资金集散机构和金融服务机构,是一国金融机构体系的骨干。

总体而言,商业银行性质可以概括为:以盈利为目的,吸收社会公众存款为其主要资金来源,发放贷款为主要资金运用,以多种资产为其经营对象,能将部分负债作为货币流通,同时可进行信用创造,并向客户提供多功能、综合性的金融服务。其中,吸收活期存款是商业银行一大特色。以活期存款为基础,广泛开展转账结算业务,由此形成派生存款,进而影响存款货币供应量,这是商业银行区别于其他金融机构的重要标志。

1.商业银行的职能

在现代经济活动中,商业银行的职能与作用是其本质属性的延续和具体表现。

(1)信用中介。商业银行一方面通过受信业务把社会上的各种闲散资金集中起来,形成负债;另一方面又通过授信业务把资金投向社会经济的各个领域,成为银行资产。因此,商业银行既是社会借贷者的集中,又是社会贷款者的集中。

(2)支付中介。商业银行作为货币经营机构,具有为客户保管、出纳和代理先支付货币的功能,即支付中介职能。这一职能的发挥是整个社会经济正常、稳定运行的必要条件。这一功能,一方面极大地减少了现金的使用,从而节约了纸币的印刷、保管等流通费用;另一方面起着加速结算过程和货币资金的周转,从而促进社会再生产扩大的作用。

(3)信用创造功能。在执行流通和转账结算业务的过程中,商业银行运用自己吸收的存款发放贷款,贷款又转化为派生存款,利用派生存款再增发新的派生存款,如此循环反复,在整个银行体系中迅速形成数倍于原始存款的派生存款。这一信用创造职能充分发挥了货币对经济的第一推动力和持续推动力作用,又发挥了对宏观经济调控的重要杠杆作用。

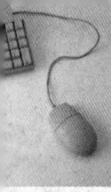

2.商业银行的业务

商业银行的业务大体可以分为三类:负债业务、资产业务、中间业务与表外业务。

(1)负债业务。负债业务是商业银行在经营活动中尚未偿还的业务,是商业银行形成资金来源的业务。狭义负债业务主要是指银行存款和借款等一切非资本性的债务;广义负债业务是在狭义负债业务的基础上再加上资本性票据和长期债务资本,即商业银行的资本金业务、存款业务和借贷业务。

(2)资产业务。资产业务有多种分类方式。各国的商业银行资产分类也不尽相同,我国一般分为以下几类:①现金资产业务。现金资产是银行资产中流动性最高的资产,持有一定数量的现金主要目的是为了满足银行经营过程中的流动性需要。商业银行的现金资产由库存现金、存放中央的存款准备金、存放在同业银行的款项和应收款项组成。②贷款资产业务。贷款是商业银行的传统核心业务,也是商业银行最主要的盈利资产,是商业银行实现利润最大化目标的主要手段。③证券投资业务。现代商业银行的总资产中证券投资已成为商业银行重要的资产业务。它不仅为银行带来稳定的利润,还为银行在流动性管理以及资产优化配置等方面起到了积极作用。④其他资产业务。其他资产包括商业银行自己拥有的固定资产、在子公司的投资和预付费用(如保证费)等。随着电子化运营以及自助银行、网络银行的拓展,银行用于设备的资金增长较快,但是占总资产的比重仍较低。

(3)中间业务与表外业务。中间业务是指银行接受客户委托,为客户提供各种服务,并从中收取佣金、手续费、管理费的一种业务。表外业务是指所有不在银行资产负债表内直接反映的业务。

中间业务与表外业务具体可以分为以下几类:①结算业务。支付结算是银行代客户清偿债权债务、收付款项的一种传统业务,如票据业务结算、支付结算等。②代理业务。代理业务指接受政府、企业单位、其他银行或金融机构及居民个人委托,以代理人的身份,代表委托人办理一些经双方议定的经济事务。代理业务主要有以下几种:代理收费业务,如代发工资,为消费者购买住房、汽车等耐用品办理个人分期付款;代理保管业务,其方式主要有出租保管箱、密封条等;代客户理财业务,该业务指客户将一定的金额存交银行,委托银行代为管理,银行到期按协定支付给客户一笔高于同期存款利率的收益;个人外汇买卖业务,是指商业银行接受客户委托,代理外汇以取得收入或手续费收入的业务。③信息咨询业务。信息咨询业务是转让、出售信息和提供智力服务为主要内容的中间业务。商业银行运用自身的大量信息资源,以专门的知识、技能和经验为客户提供所需要的信息和多项智力服务。④担保业务。担保业务是银行应某一交易方申请,承诺当申请人不能履行合约时由银行承担对另一方的全部损失赔偿的经济行为,主要有备用信用证、商业信用证等。⑤投资银行业务。这是指商业银行为客户提供财务咨询,担任投资顾问,从事企业产权交易和收购、兼并、重组等中介服务的业务。投资银行业务不仅可以为商业银行带来丰厚的收入,而且有利于加强对信贷企业的监督,密切与客户的联系,巩固银行业务的市场份额。⑥融资租赁业务。融资租赁业务指以商品资金形式表现的借贷资金运动形式,是集融资和融物为一体的信用方式,兼有商品信贷和资金信贷的双重特性。

二、证券公司

要详细了解证券公司必须对证券市场有所的了解,下面就对证券市场做一下详细介绍。

证券市场是股票、债券、投资基金等有价证券发行和交易的场所。资本的供求矛盾是社会再生产的重要矛盾。一方面,社会上存在着大量的闲置资本,需要寻找投资机会以实现资本的增值,它们形成资本的供给;另一方面,经济的发展又需要有更多新增的资本投入,需要向社会筹集更多的资本,它们形成资本的需求。证券市场就是为解决资本的供求矛盾而产生的市场,是经济发展到一定阶段的产物。证券市场实现了投资需求和筹资需求的对接,从而有效地化解了资本的供求矛盾。

证券市场分为发行市场和流通市场。发行市场又称为初级市场或一级市场,它是股份有限公司发行股票、筹集资金、将社会闲散资金转化为生产资金的场所。发行市场由证券发行者、证券承销商(中介机构)和认购投资者三个要素构成,主要职能是通过发行证券为上市公司筹集资金;流通市场又叫二级市场,是提供投资者买卖已发行证券的场所,主要通过证券的流通转让来保证证券的流动性,进而保证投资者资产的流动性。发行市场是流通市场的基础,决定着流通市场上流通证券的种类、数量和规模;流通市场则是发行市场存在和发展的保证,维持着投资者资金周转的积极性和流动的灵活性,两者互为条件又相互制约,有着密不可分的关系。

(一)证券市场的职能

1. 融通资金

融通资金是证券市场的首要功能。在市场经济条件下,要使社会再生产顺利进行,要求企业能够迅速、有效地筹集到所需的资金。发行股票可以迅速地把社会闲散资金汇集成为长期资本,而且可以无限期使用;发行债券则可以根据企业自身的需要确定融资条件和期限,使用时一般也不受债权人的限制。证券直接融通更有利于资金的供需双方明确债权、债务关系,并且给不同需求的市场主体提供了多种可选择的投融资工具,特别是给中小投资者提供了便利的投资渠道。在证券市场上所筹资金,具有期限长、相对稳定、成本低的优点。

2. 配置资源

证券市场配置资源主要是从对资金进行有效配置,发挥资金导向作用来实现的。投资者可以通过各种市场信息渠道了解企业状况,选择投资对象。一般而言,生产经营有方、技术先进、产品市场广阔的企业有良好发展前景,对投资者的吸引力较强;而那些业绩差、前景暗淡的企业则难以通过证券市场获得所需资金,从而使资金在各产业部门之间进行再分配。因此,证券市场在引导社会资金流向,调整产业结构方面发挥着重要作用。此外,政府在证券市场发行债券融资,一般无信用风险,而且收益稳定,流动性较好,很容易吸收大量的社会资金,从而引导社会资金投入到符合国民经济发展要求的产业和项目中去,减少资金的盲目使用,使有限的资源得到合理配置。

3. 转换机制

企业如果要通过证券市场筹集资金,必须改制成为股份有限公司。股份公司的所有权和经营权相互分离,并且有一系列严格的法律法规对其进行规范,这样企业能够自觉地提高

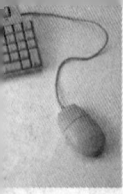

经营管理水平和资金使用效率;而且企业成为上市公司之后,会一直处于市场各方面的监督和影响之中,如由于股东的投资收益与企业效益息息相关,因此股东必然会关心企业的生产经营和发展前景。企业股票价格的涨跌会直接影响企业形象,而且长期经营不善的企业会成为收购兼并的对象。这些因素都促进公司转换经营管理机制,提高经营管理水平,从而提高在金融市场上融通资金的能力。

(二)证券公司的业务

证券公司是专门经营证券业务,具有独立企业法人地位的金融机构。作为一国金融市场最主要的金融机构之一,证券公司在证券市场上扮演着重要的角色,实现资金供求双方对资金余缺的调剂,为资金供求双方提供适合其各自需要的各种金融产品,并为证券交易双方提供服务。通过代理发行、承销或包销各类有价证券,发行者能方便和迅速地筹措到长期资金;通过派驻证券交易所的代表,代理买卖和自营买卖各类有价证券,各类有价证券能按公平的市场价格在投资者之间自由转移。

1. 证券公司的分类

(1)经纪类证券公司。经纪类证券公司只允许专门从事证券经纪业务,代理证券的买卖交易。

(2)综合类证券公司。综合类证券公司是指除经营证券经纪业务外,还从事证券承销、证券自营和证券咨询等业务的证券公司。

2. 证券公司的业务

(1)证券经纪业务。证券经纪业务是指通过收取一定佣金,促成买卖双方的交易行为的证券中介业务。这一业务是争夺市场份额的主要渠道之一,也是证券公司的利润来源之一。

(2)证券自营业务。证券自营业务是指证券公司以获得证券买卖差价为目的,用自己的名义和资金进行证券买卖的经营业务,一般可以分为柜台式买卖和交易所式买卖。

(3)证券承销业务。证券承销业务是指证券公司依照协议或合同为发行人包销或代销证券的行为,只有具有经营股票承销资格的证券公司才能承销股票。

(4)咨询服务业务。咨询服务业务是指证券公司拥有丰富的证券市场信息和专业的研究人员,可以利用其信息及专业优势为投资者提供服务,帮助客户建立更为有效的投资策略。

(5)其他业务。证券公司还可以经营经国务院、证监会核定的其他证券业务,如可以从事资产证券化、基金管理、收购与并购、衍生工具创造等交易业务。

三、保险公司

保险公司是专门从事保险业务的金融机构,因此要了解保险公司必须对保险的相关知识有所了解。

保险是通过损失分担机制来运行的,通过集合可能发生众多同质风险的单位和个人,将可能遭受的风险损失在所面临同质风险并参加了保险的经济单位或个人中分担,实现对少数成员因该风险所致经济损失的补偿行为。同时,保险还确立了一种法律关系。对于个别经济单位和个人而言,保险是一种有效的风险处理方法,通过保险,投保人所承受的风险成本降到最低,能达到经济上的效益。

保险本质是多数单位或个人为了保障其经济生活的安定,在参与平均分摊少数成员因偶发的特定危险事故所导致损失的补偿过程中,形成的互助共济价值形式的分配关系。简而言之,其本质是指在参与平均分摊损失补偿的单位和个人之间形成的一种分配关系。首先,保险是一种社会化的安排,在这种安排下,个人和机构通过用相对少的保险费换取经济安全,免遭潜在的巨大损失,以保护自己,即经济补偿是保险的本质特征。其次,保险的对象是面临相似风险的经济组织和个人。再次,保险公司通过对损失的统计预测来科学、系统地收取和积聚保费,形成经济补偿的保险基金。最后,风险事故发生后根据保险合同条款来支付损失。

(一)保险的作用

1. 保险在宏观经济中的作用

保险在宏观经济中的作用,是指保险职能发挥对全社会和国民经济总体所产生的经济效应。

(1)保障社会再生产的正常进行。保险具有补偿功能,能及时和迅速地对再生产过程中的连续性和均衡性因遭受各种灾害事故而被迫中断和失衡时发挥修补作用,从而保证社会再生产的连续性和稳定性。

(2)推动商品的流通和消费。保险为克服在交换行为中交易双方的资信风险和产品质量风险的障碍提供便利,产品质量保证保险不仅为消费者提供了产品质量问题的经济补偿承诺,而且还为厂商的商品作了可信赖的广告。

(3)推动科学技术向现实生产力的转化。保险可以为企业开发新技术带来的风险提供保障,为企业开发新技术、新产品解决后顾之忧,促进先进技术的推广运用。

(4)保险对财政和信贷收支平衡的顺利实现发挥着保障性作用。保险公司积蓄的巨额保险基金还是财政和信贷基金资源的重要补充。

(5)由于保险在对外贸易和国际经济交往中是必不可少的环节,保险公司的外汇收入是一种无形的贸易收入,这一收入对于增强国家的国际支付能力起着积极的作用。

2. 保险在微观经济中的作用

保险在微观经济中的作用,主要是指保险作为经济单位或个人风险管理的财务手段所产生的经济效应。

(1)有利于受灾企业及时恢复生产。投保企业一旦遭受合约内的事故而遭受损失,就能按照保险合同约定的条件及时得到保险赔偿,获得资金,重新恢复生产。

(2)有利于企业加强经济核算。保险能把企业不确定的巨额灾害损失化为固定的少量的保险费支出,并摊入企业的生产成本或流通费用中,灾害发生时企业不会因灾损而影响企业经营成本的均衡,而且还保证了企业财务成果的稳定。

(3)有利于企业加强风险管理。保险公司具有丰富的危险管理经验,不仅可以向企业提供这些危险管理经验,而且可以通过一系列的危险检查、分析、监督等活动尽可能消除潜在危险因素。

(4)有利于安定人民生活。参加保险是家庭风险管理的有效手段。人身保险可以作为社会保险和社会福利的补充,对家庭正常的经济生活起到保障作用。家庭财产保险可以使受灾家庭恢复原有的物质生活条件。

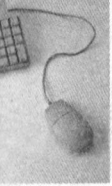

保险公司的资金来源主要是靠投保人缴纳保费和发行人寿保单的方式筹集资金,对发生意外灾害和事故的投保人予以经济补偿,是一种信用补偿方式。保险公司收入的保费,除支付赔偿给付和业务开支外,剩余的款项形成一笔巨额资金,在没有形成巨额赔款的支付之前,这笔资金比银行存款还稳定可靠,可以进行长期投资。所以保险公司一般主要以进行有价证券的投资为主,如购买政府债券、企业债券和股票,或发放不动产抵押贷款。保险公司一方面通过出售保单吸收资金,另一方面又通过各种途径将其运用出去,因此具有了一定的信用中介功能。

（二）保险公司的业务种类

保险公司有许多种类,大体可分为商业财产保险、商业人身保险、政策保险、社会保险。

1. 商业财产保险

（1）普通财产保险。普通财产保险也称为火灾保险,是指以存放在固定场所并处于相对静止状态的财产为保险标的,由保险人承担保险财产遭受事故损失的经济赔偿责任的一种财产保险。

（2）运输保险。运输保险是指以处于流动状态的财产为保险标的,由保险人承担保险财产遭受事故损失的经济赔偿责任的一种财产保险,包括运输货物保险和运输工具保险。运输货物保险是以运输过程中的各种货物为保险标的,以运行过程中可能发生的有关风险为保险责任的一种财产保险;运输工具保险专门承保各种机动运输工具,如机动车辆、飞机等各种以机器为动力的运载工具。

（3）工程保险。工程保险指以各种工程项目为主要承保对象的一种财产保险,具体可以分为:①建筑工程保险,是指承保各种建筑工程,即适用于各种民用、工业用和公共使用的建筑单位,如房屋、道路、桥梁、港口、机场、道路、水坝、娱乐场所、管道及各种市政工程项目等;②安装工程保险,是指以各种大型机器设备的安装工程项目为保险标的的工程保险,保险人承保安装期间因自然灾害或意外事故造成的物质损失及有关法律赔偿责任;③科技工程险,主要有海洋石油开发保险、卫星保险和核电站保险等。

（4）责任保险。责任保险是指以保险客户的法律赔偿风险为承保对象的一种保险,具体可分为公众责任保险、产品责任保险、雇主责任保险、职业责任保险。

（5）信用与责任保险。信用与责任保险是由保险人作为债务担保人的一种担保业务,当债务人在保险合同列明的原因内丧失信用或者违反保证而不能向原债权人履行债务时,由保险人连带承担差额责任,保险人在代替债务人向债权人赔偿以后,保留向债务人追偿的权利。

2. 商业人身保险

人身保险是以人的生命和身体为保险标的的一种保险。按照保障范围划分,人身保险可以分为如下几种:

（1）人寿保险。人寿保险是以人的生命为保险标的,以人的生死为保险事件,当发生保险事件时保险人履行给付保险责任的一种保险。人寿保险是人身保险中的重要组成部分,其保障项目包括死亡和期满生存,即如果被保险人在保险有效期死亡或按照合同规定到期时仍生存时,保险人按照约定支付死亡保险金或生存保险金。

（2）意外伤害保险。意外伤害保险是以被保险人因遭受列明的意外伤害事故造成伤残、死亡为保险事故的人身保险,还可以附加承保因遭受列明的意外伤害事故所产生的治疗费用。

（3）健康保险。健康保险以被保险人的身体为保险标的,对被保险人因遭受疾病或意外伤害事故所发生的医疗费用损失或导致工作能力丧失所引起的收入损失,以及因为年老、疾病或意外伤害事故导致需要长期护理的损失提供经济补偿的保险。

3. 政策保险

（1）出口信用保险。出口信用保险是指保险人在延期付款的条件下,以出口方的应收货款为担保责任的保险,即当进口方因破产或无力偿付货款、拖欠货款、拒付货款,进口方国家出现汇率管制、进口管制、发生战争、暴动致使出口方无力收回货款时,由保险人替进口方先行支付,然后设法向进口方进行追偿的保险。

（2）投资保险。投资保险是承保投资人因投资所在国发生战争、叛乱、罢工、暴动,政府有关部门的征用、没收、汇兑限制,而给投资人造成的投资本金损失的保险。

（3）农业保险。农业保险是为农业生产发展服务提供的一种风险工具,主要承保种植业和养殖业。

（4）存款保证保险。存款保证保险是指由符合条件的各类存款性金融机构集中起来建立一个保险机构,各存款机构作为投保人按一定存款比例向其缴纳保险费,建立存款保险准备金,当成员机构发生经营危机或面临破产倒闭时,存款保险机构向其提供财务救助或直接向存款人支付部分或全部存款,从而保护存款人利益,维护银行信用,稳定金融秩序的一种制度。

4. 社会保险

（1）养老保险。养老保险是指国家和社会根据一定的法律和法规,为解决劳动者在达到国家规定的解除劳动义务的劳动年龄界限,或因年老丧失劳动能力退出劳动岗位后的基本生活而建立的一种社会保险制度。

（2）工伤保险。工伤保险是社会保险的一个组成部分。它通过社会统筹,建立工伤保险基金,对保险范围内的劳动者因在生产经营活动中所发生的或在规定的某些情况下,遭受意外伤害、职业病以及因这两种情况造成死亡,在劳动者暂时或永久丧失劳动能力时,劳动者或其遗属能够从国家、社会得到的必要物质补偿,以保证劳动者或其遗属的基本生活,以及为受工伤劳动者提供必要的医疗救治和康复服务的一种社会保险制度。

（3）医疗保险。医疗保险是指当劳动者因疾病、伤残或生育等原因需要治疗时,由国家和社会提供必要的医疗服务和物质帮助的一种社会保险制度。

（4）失业保险。失业保险是指国家为完善劳动制度,保障失业职工基本生活,维护社会安定而开办的具有福利性质的保险。

（5）生育保险。生育保险是通过国家立法规定,在劳动者因生育子女而导致劳动力暂时中断时,由国家和社会及时给予物质帮助的一项社会保险制度。

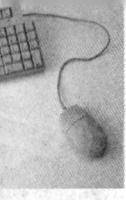

四、其他非银行中介机构

(一)合作性金融机构

正如同金融是经济的衍生物一样,合作金融也是在合作经济的基础上发展起来的。在合作经济基础上产生的合作金融是以金融资产参与合作,并为合作组织成员提供金融服务的经济金融形式。

作为一种特殊的金融形式,合作金融与商业金融、政策金融相对应。与商业金融相比,合作金融体现互助的目的,以为组织成员提供服务为目标,追求社区效益或者说是社会效益;而商业金融则以盈利为目的,最终追求股东利润最大化。与政策金融相比,合作金融是一种由经济个体自发形成、自愿组合的金融形式;而政策金融主要体现了国家和政府的由上而下的意图。

信用合作社主要是为了适应商品经济生产和流通领域对资金的需求而产生的。信用合作社大体可以分为两种类型:一类是由小生产者和其他劳动者个人联合出资组建的信用合作社;另一类是由生产合作社或消费合作社等直接出资组建的信用合作社。我国的信用合作社分为农村和城市信用合作社。

《农村信用合作社管理规定》对农村信用社的定义是指"经中国人民银行批准设立,由社员入股组成,实行社员民主管理,主要为社员提供金融服务的农村合作金融机构"。《城市信用合作社管理办法》对城市信用合作社的定义是指"依照本办法在城市市区内由城市居民、个体工商户和中小企业法人出资设立的,主要为社员提供服务,具有独立企业法人资格的合作金融组织"。这些基本上与前述的合作原则是相一致的。

农村信用合作社是农村集体金融组织,其特点是由农民入股,由社员民主管理,主要为入股社员和乡镇企业提供金融服务。农村信用合作社在计划经济体制下,一度成为国家银行在农村的基层组织,并由农业银行或中国人民银行管理,相当程度上丧失了它应有的合作性质。1996年进行了农村信用合作社改革,一是实现农村信用合作社与农业银行脱钩,二是恢复它合作金融组织的性质。农村信用合作社的业务与一般商业银行基本相同。

城市信用合作社是城市集体金融组织,它主要为集体企业、民营企业、个体工商户以及城市居民提供金融服务。其业务范围与一般商业银行亦基本相同。

(二)信托投资公司

信托是指委托人基于对受托人(信托投资公司)的信任,将其合法拥有的财产委托给受托人,由受托人按委托人的意愿以自己的名义,为受益人的利益或者特定的目的,进行管理或者处分的行为。概括地说是"受人之托,代人理财"。信托在资产管理、资金融通、社会中介和代理、沟通及协调经济关系等方面具有独特的功能,是一种灵活便利的财产管理制度。它是以代人理财为主要经营内容,以受托人的身份经营信托业务的金融机构。由于信托投资公司受托代为管理和运用的信托财产一般期限都比较长,对委托人来说,只有长期进行管理和运用财产时才有必要采用信托这种方式理财。

信托业务范畴包含商事信托、民事信托、公益信托等领域。国际上的金融信托业务,主要是经营处理一般商业银行存、放、汇以外的金融业务。随着各国经济的发展,市场情况日趋复杂,客户向银行提出委托代为运用资金、财产或投资于证券、股票、房地产的信托业务,与日俱增。

国内的信托业务必须由经央行批准的金融信托投资公司经营,主要包括资金信托、动产信托、不动产信托和其他财产信托等四大类信托业务。

信托的业务领域主要有以下三类:

1. 法人信托业务

法人信托是一个非常好的财产管理制度,其应用空间非常大,通过信托,可以在财产安排上达到各种各样的合法的目的。

(1)融资服务。信托机构是拥有庞大金融资产的金融机构,既可以做一般贷款(即债权性融资),也可做股权性融资。因此,当企业需要资金时,除了找银行,还有一个重要的渠道就是信托公司,它不但可以像银行一样发放贷款,而且还可以作为股东直接向企业投资。

(2)动产设备信托。当企业需要购置大型机器设备而资金不足时,可以和信托公司联系,由信托公司给设备制造商出具"受益凭证",制造商据此从银行取得借款进行生产,生产出设备归企业使用,企业完全付清款项后设备归企业所有。

(3)附担保的公司债券信托。附担保的公司债券多采用信托的方式进行担保。目前我国发行的企业债券全部都是信用债券,只有信用级别很高的企业才能发行附担保的公司债券。

2. 个人信托业务

个人信托品种主要有两个层次:一方面是针对富有阶层的,主要体现为投资和财产转移;另一方面是针对普通居民的保障性品种,如子女的教育信托、养老金信托、储蓄性信托等。

目前,我国个人信托产品主要以资金信托(又称金钱信托)为主,即以信托公司通过发行集合资金信托计划,个人投资者购买的形式完成。随着我国经济的发展,人们的财富不断增长,对于富裕阶层来说,信托有时可以解决别的法律制度无法解决的问题,可以通过遗产信托的方式把财富一代一代积累下去。

3. 通用信托业务

通用信托业务是指既可以由个人作为委托人,又可以由法人作为委托人的信托业务。

(三)金融租赁公司

金融租赁是指出租方和租赁方以书面形式达成的协议,在一个特定的期限内,由出租方购买承租方选定的设备和设施,同时拥有所有权,而承租方拥有使用权,是具有融资、融物双重职能的租赁交易。

在我国,金融租赁公司是指经中国人民银行批准,以经营融资租赁业务为主的非银行金融机构。

经中国人民银行批准,金融租赁公司可经营下列本外币业务:第一,直接租赁、回租、转租赁、委托租赁等融资性租赁业务;第二,经营性租赁业务;第三,接受法人或机构委托租赁资金;第四,接受有关租赁当事人的租赁保证金;第五,向承租人提供租赁项下的流动资金贷款;第六,有价证券投资、金融机构股权投资;第七,经中国人民银行批准发行金融债券;第八,向金融机构借款;第九,外汇借款;第十,同业拆借业务;第十一,租赁物品残值变卖及处

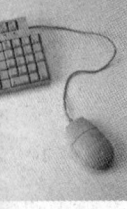

理业务;第十二,经济咨询和担保;第十三,中国人民银行批准的其他业务。

(四)邮政金融机构

我国现行的邮政金融组织体系是由邮政部门的管理体制决定的。邮政储汇局是原邮电部批准的局级管理单位,在原邮政总局领导下,履行对全国邮政金融业务的管理职能,对邮政总局负责。

我国的邮政金融业务包括邮政储蓄业务、邮政金融资产业务和邮政金融中介业务。

1.邮政储蓄业务

邮政储蓄业务是全国储蓄业务的重要组成部分,可以办理活期存款、定期存款、定活两便储蓄存款、通知存款等。其本身极具特色的业务是将汇兑业务和储蓄业务相结合的汇转储业务,以及集邮储蓄和个人预定报刊储蓄业务,即分别将集邮业务和报刊发行业务与储蓄业务结合起来,为集邮爱好者和报刊订户提供便利的业务。

2.邮政金融资产业务

邮政金融资产业务是邮政金融部门对通过邮政业务筹集的资金以及由于汇兑业务时间差形成的资金进行的各种运用。各国政府出于经济运行和保障广大公民利益方面的需要出发,对邮政金融机构资金运用都规定了具体的法令和政策。

3.邮政金融中介业务

邮政金融中介业务主要是结算性中间业务和管理性中间业务。目前我国邮政金融的中间业务有邮政汇兑业务、邮政划拨业务(代收电话费、水费、电费等)和邮政代理保险业务。其中,邮政代理保险业务是指邮政部门受保险人委托,向企事业单位、社会团体、居民个人销售保险产品,代收保费的一种业务。

(五)基金管理公司

投资基金是一种利益共享、风险共担的集合投资方式,即通过发行基金单位来集中投资者的资金,并由基金托管人托管,基金管理人管理和运用资金,从事股票、债券、外汇、货币等金融工具投资,以获得投资收益和资本增值的金融工具。投资基金在不同国家或地区称谓有所不同,美国称为共同基金,英国和中国香港称为单位信托基金,日本和中国台湾称为证券投资信托基金。

基金管理公司有狭义与广义之分。狭义的基金管理公司是指依照《证券投资基金管理暂行办法》规定设立并从事基金管理业务的公司;广义的基金管理公司是指从事基金管理业务,向投资者提供资产管理的公司。

基金管理公司的主要业务包括以下方面:

1.发起设立基金

发起设立基金,是指基金管理公司为基金批准成立前所做的一切准备工作,包括基金品种的设计,签署基金成立的有关法律文件,提交申请设立基金的主要文件及申请的审核与批准。

2.基金管理业务

基金管理业务,是指基金管理公司根据专业的投资知识与经验,投资运作基金资产的行为,是基金管理公司最基本的一项业务。作为基金管理人,基金管理公司最主要的职责就是组织投资专业人士,按照基金契约或基金章程的规定,制定基金资产投资组合策略,选择投资对象,决定投资时机、数量和价格,运用基金资产进行有价证券的投资,向基金投资者及时披露基金管理运作的有关信息和定期分配投资收益。

3. 受托资产管理业务

受托资产管理业务,是指基金管理公司作为受托投资管理人,根据有关法律法规和投资委托人的投资意愿,与委托人签订受托投资管理合同,把委托人委托的资产在证券市场上从事股票、债券等有价证券的组合投资,以实现委托资产收益最大化的行为。随着机构投资者的不断增加,法律、监管的市场环境的逐渐完善,受托资产管理业务将逐渐成为基金管理公司的核心业务之一。

4. 基金销售业务

基金销售业务,是指基金管理公司通过自行设立的网点或电子交易网站,把基金单位直接销售给基金投资人的行为。基金管理公司可以直接销售给基金单位,也可以委托其他机构代理销售给基金单位。

(六)投资银行

投资银行是专门为工商企业办理投资和长期信贷业务的银行。其主要业务有以下方面:对工商企业的股票和债券进行投资,提供中长期贷款;为工商企业代办发行或包销股票和债券;参与企业的创建重组和并购活动;提供投资和财务咨询服务。

(七)在华外资金融机构

在总结多年对外资金融机构监管经验的基础上,根据我国加入 WTO 的承诺,以及银行监管的国际惯例,2001 年 12 月 30 日,国务院公布了《国务院关于修改〈中华人民共和国外资金融机构管理条例〉的决定》。根据现行《中华人民共和国外资金融机构管理条例》的规定,我国的外资金融机构是指依照我国有关法律、法规的规定,经批准在中国境内设立和营业的包括下列金融机构:总行在中国境内的外国资本银行;外国银行在中国境内设立的分行;外国的金融机构同中国的公司、企业在中国境内合资经营的银行;总公司在中国境内的外国资本的财务公司;外国的金融机构同中国的公司、企业在中国境内合资经营的财务公司。

我国对外资金融机构的引进主要采取三种形式:

(1)允许其在我国设立代表机构,工作范围是进行工作洽谈、联络、咨询服务,而不得从事任何直接盈利性的业务活动;

(2)允许其设立业务分支机构;

(3)允许其与我国金融机构和工商企业合作设立中外合资金融机构。

第三节　网络化条件下金融机构面临的挑战

从电脑诞生到现在,已经过去了半个多世纪,在这半个多世纪里,尤其是互联网快速发展以来,电脑和网络给我们带来了极大的方便,使我们的生活和工作发生了巨大的变化。以互联网络为基础的信息技术正在改变着我们的生活方式、工作方式和商务方式,一个不分个

人、组织,将所有"主体"以网络直接连接起来的系统,正逐渐形成一个新的"数字化社会"。与之相适应的,在网络与金融的交错边缘,兴起了崭新的现代金融业。

网络不仅对宏观经济运行模式、规则和传统经济理论有深远影响,而且对微观经济主体的思维理念、行为模式、行为准则和联系方式也产生了深刻的影响。众所周知,在网络经济以前的经济形态中,金融机构主宰着整个经济的运行与发展,经济运行的每个环节(生产、分配、交换和消费)和每个经济部门(政府、厂商、家庭和个人)都是通过金融机构建立起相互的资金往来关系,并完成各种商品(劳务)交易。因此,在传统经济中,金融机构是社会经济运行的中枢。正因为如此,网络化迅速发展的今天,无论是在发达地区,还是在落后地区,金融机构(特别是银行)都是计算机和网络技术的最早和最大的应用者,从而决定了金融机构面临的挑战最为严峻,主要有以下几个方面:

一、价值链的数字化

企业的价值创造是通过一系列活动构成的,这些活动可分为基本活动和辅助活动两类。基本活动包括内部后勤、生产作业、外部后勤、市场和销售、服务等;而辅助活动则包括采购、技术开发、人力资源管理和企业基础设施等。这些互不相同但又相互关联的生产经营活动,构成了一个创造价值的动态过程,即价值链。整个生产过程,无论在企业的内部,还是在企业对企业、企业对客户的交易的各个环节,同样也要求尽可能减少物流、工作流、资金流等所有中间环节,企业之间的竞争已经演变成彼此管理模式和供需链的较量。由于金融产品的交易往往不需要实物交换,这使得金融业与互联网天然地具有结合的必要。

价值链在经济活动中是无处不在,上下游关联的企业与企业之间存在行业价值链,企业内部各业务单元的联系构成了企业的价值链,企业内部各业务单元之间也存在着价值链联结。价值链上的每一项价值活动都会对企业最终能够实现多大的价值造成影响。价值链管理的本质就是通过优化核心业务流程,降低企业的组织和经营成本,提升企业的市场竞争力。在互联网时代,金融业的传统价值链被创造性地打破,给金融服务业带来一场服务与效率的革命。

与其他行业不同的是,金融行业有两个显著的本质特征。第一,整个金融服务过程可以数字化,即金融服务业属于数字密集型行业或"数字行业"。金融服务本身不涉及物流,只涉及数字和符号的储存、处理和传送。第二,金融的服务内容有极高的"时间价值"。由于利率、汇率和股价的频繁变动,有关信贷和证券的信息与交易具有极强的时效性。因为有这两个本质特征,所以金融行业在网络化条件下价值链的数字化挑战最为严重。

在那些旧的经济惯例中,各金融机构将客户、供货商及合作伙伴排除在自己的价值链之外,数字化技术的实施,使传统的被动式供应链分崩瓦解,各金融机构必须扬弃这种旧的经济惯例,将客户、供货商及合作伙伴整合到自己的价值链中,创造各种以数字方式连接的水平或垂直社区。

以银行业为例,网络化对银行业提出了新的要求,随着网络化的不断发展,电子商务作为一种全新的商务模式,已成为网络经济运行的重要内容和主要载体。采用计算机网络技术实现电子化的信息交流和数据交换,进而完成整个交易活动的新型商务模式,成为商情沟通、资金支付和商品配送三个环节的有机统一体。其中,银行能否提供安全、高效的资金支付手段则成了制约电子商务的"瓶颈",要解决这一"瓶颈",必须使价值链数字化,大力发展网上支付,积极开展网上银行业务。现代金融业务本身已不是简单的实物传递,更重要的表现是信息传输。

二、网络价值的创造

金融价值与传统价值定义是完全不同的,金融价值定义是未来现金的贴现值。传统价值和金融价值,一个是针对过去的,一个是针对未来的,也就是说商品价值在于及时性,而金融价值在于未来性。

金融价值的创造是通过金融工具来实现的。金融工具通过以下四个方面创造价值:

1. 创造流动性

流动性在金融市场运动中极其重要,投资资金往往会离开低流动性的市场,进入高流动性的市场。对于某种金融工具而言,交易者的数量越多,该种金融工具的流动性越好,交易者的受益越大。

2. 有效管理风险

金融安全要多元化,一般而言有两种方法来实现有效管理风险。一种是财产互换,另外一种是收益互换,例如甲是股票专家,乙是货币专家,丙是俄罗斯金融专家,这三个人分别投资于各自专业领域,年终把各自收益拿到一起并平分。

3. 降低交易费用

交易费用包括显性费用和隐性费用,利用金融工具,在减少费用的同时能提高信息的透明度,减少信息的不对称度。金融交易中的避税和绕开管制,能让市场资源得到合理配置,因为税收和交易管制会使交易无法顺畅进行,资源得不到最优配置而导致无谓损失。

4. 使市场更加完全

在不完全的市场里,人们无法自由地配置资金和管理风险。为了能让市场更加完善,政府应该允许卖空,建立套利机制,这无非也是使市场资源配置更加优化。

网络技术的广泛运用,增加了金融在这四个方面创造价值的能力,尤其是金融产品在创新方面形成价值创造的能力,如在线金融技术增加了金融服务市场上金融商品的交易数量及创新能力。当只有少数几种金融商品可供交易时,投资者选择的余地很小,市场不可能产生效率。通常情况下,金融市场的效率在很大程度上依赖于投资者是否能够很容易地寻找到投资的效率组合。在市场能够提供足以使各类投资者均可以找到自己满意的效率组合的情况下,市场无疑具有高效率。同时,在高效率市场上,众多参与者的竞争会不断创造出可供交易的且具有吸引力的新品种,而新品种的推出又为市场的发展创造动力。因此,金融市场上金融工具的创造能力,特别是基于在线金融市场的金融工具的创新能力,充分反映了金融市场效率的高低。从这个意义上讲,充分运用网络技术能极大提高金融服务市场的效率。

以银行的经营范围为例,在网络时代,电子商务技术的出现打破了传统金融业的专业分工,银行业、证券业和保险业之间的界限逐渐变得模糊,银行不仅提供储蓄、存款、贷款和结算等传统银行业务,而且提供投资、保险、咨询、金融衍生业务等综合性、全方位的金融业务。这样,电子商务既克服了传统银行在时间和空间的限制,又可以实现银行业务、证券业务、保险业务的"交叉销售",为银行的全能化经营和金融业务的"一体化"发展提供了一个发展平

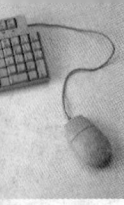

台。在这种格局下,银行的服务范围和服务效率不仅会大大提高,而且收入结构将得到优化。传统银行以利差收入为主体的收入结构,将逐渐向利差收入与中间业务收入并存的新的收入结构转移,为利润来源的扩大奠定了坚实基础。

三、关键客户的获取

对于金融机构而言,顾客才是最重要的财富。早期的金融机构基本上以联系与争夺客户、获取最大利润为目的的。在网络化炙热的今天,金融机构求生存首先也是要争取顾客,尽可能为他们提供优质服务。客户对金融机构服务的需求,促使金融机构服务手段现代化。银行致力于采用新技术,使银行与客户间的联系增加了新的内容。银行建立客户综合服务网络,客户通过一定的通信手段(电话、传真、计算机通信等)与网络服务中心取得联系并得到身份确认后,即可享受系统所提供的相应金融行业信息服务及有限定范围的账户操作服务,例如获取金融行业政策、法规、业务。办理通知信息,查询新业务开办方法,客户账户往来查询,查询与用户相关的社会服务行业收费账单,用户进行限定范围的账户转账和指定收费单位的简单付费,以及其他某些相关行业特别业务操作等。

随着网络技术的纵深发展,传统金融机构在网络技术的支持下,金融产品和金融服务的供给能力将趋于过剩。面对极大的金融商品选择空间,客户将表现出日益强烈的"个性化"需求特征,讨价还价的能力也越来越强,客户的这一行为特点,决定了对金融机构服务的要求越来越高。在这种背景下,金融机构采取的以产品为主导的经营策略和原有的运作模式已不可行,金融业必须重新改造金融机构的传统业务流程和恐龙式的庞大组织结构,扬弃以职能分工为主的传统运作模式,实行以客户为导向的经营策略;及时在产品创新、业务整合、渠道扩展和业务流程再造等方面做出调整,即借助于网络技术,进一步认清他们的目标客户,更透彻地了解客户真正的需要,根据客户的个性化需求为之"量身定造",扩大以高效、个性化为主体的新金融产品和金融服务的供给,满足市场和客户对多样化、个性化金融产品和金融服务的需求。

以客户为导向的经营策略,需要金融机构创造性地利用网络为主的信息技术。在网络化条件下,运用各种信息技术,向客户提供更多的可供选择的定制化的产品和服务,利用电子商务模式,从根本上重新思考和设计现有的业务流程。根据客户类别,将分散在各职能部门的工作,按照最有利于顾客价值创造的运营流程进行重组,使金融企业能有效适应市场的要求,从而建立"客户中心型"的流程组织,以期在成本、质量、顾客满意和反应速度等方面有所突破,从而获取关键客户,真正实现金融企业所提供的产品服务与客户需求的高度重合,从而真正做到满足客户的个性化需求。

银行业作为金融中介机构起源于金融市场的信息不对称,因此银行的核心竞争优势从本质上讲来自于其客户的账户信息,体现在银行获取、储存和加工利用客户信息的能力。网络技术为巩固和增强银行的这一核心竞争优势提供了新的机遇。利用网络技术整合传统的银行业务能通过提高信息处理效率大大降低银行成本。

网络的加速发展正在使人们的生活发生显著的变化,这就要求银行提供相应网络金融服务予以配合。如不尽快向全社会提供可靠的网络银行服务,仍然依赖其传统的柜台服务方式,则银行业不能有效地拓展自身的发展空间,因为数量稳定且日益壮大的客户群体是商业银行赖以生存和发展的基础。网络技术和其他新技术的运用,为向客户为中心的服务理念的实施创造了条件。

银行业是一个服务性行业,与人们的生活有着千丝万缕的联系。在网络经济条件下,随着客户,尤其是网上银行客户受教育程度和对新技术接受程度的逐渐提高,他们对银行产品和服务的个性化需求和期望越来越高,这就迫使商业银行必须打破传统的批量化和标准化经营理念,从客户需求出发,充分体现"以质取胜"和"客户中心主义"。受过高等教育、个人理财愿望比较强、容易接受新鲜事物的"黄金客户",大多来自经济相对发达的地区,这些客户最有可能率先接受网络银行,这就要求金融机构必须大力发展网络系统以争夺这些黄金客户。

本章内容总结

本章分三节介绍了金融市场的基础知识。第一节主要介绍了金融市场的产生、发展及其风险管理,集中资源,清算和结算和提供激励等四大主要功能。第二节主要介绍了金融机构的相关知识:金融机构大致可以分为银行金融机构和非银行金融机构。非银行金融机构包括证券公司、保险公司和其他中介机构。其他中介机构又包括如合作性金融机构、金融租赁公司、邮政金融机构等。针对这些金融机构详细介绍了它们的性质、分类、业务种类和作用。第三节总体介绍网络化条件下金融机构面临的挑战,包括价值链的数字化、网络价值的创造、关键客户的获取等,为网络金融概念的引入奠定了基础。

复习思考题

1.金融市场有哪些基本功能?

2.举例说明金融机构的分类。

3.网络条件下金融机构面临的挑战主要表现在哪些方面?

第二章
网络金融概述

本章内容提要

本章概括阐述了网络金融的概念、特征和作用，详细介绍了网络金融产生的社会背景、经济背景和技术背景，分析了国内外网络金融的发展现状和趋势，重点对我国网络金融中的网络银行、网络证券和网络保险的产生、发展及优势进行了较为详细的介绍。

第一节　网络金融的特征和作用

网络金融(e-finance)是计算机网络技术与金融相互结合而发展起来的。从狭义上理解，网络金融是指以金融服务提供者的主机为基础，以 Internet 或者通信网络为媒介，通过内嵌金融数据和业务流程的软件平台，以用户终端为操作界面的新型金融运作模式；从广义上理解，网络金融的概念还包括与其运作模式相配套的网络金融机构、网络金融市场以及相关法律、监管等外部环境。

一、网络金融的特征

网络金融是现代金融业发展的一个趋势，与传统金融的最显著区别在于其技术基础的不同，而计算机网络给金融业带来的不仅仅是技术的改进和发展，更重要的是运行方式和行业理念的变化。网络金融一般具有以下特征：

1. 信息化与全球性

网络金融是金融信息收集、整理、加工、传输、反馈的平台，同时也是金融信息化的产物。网络金融市场是一个信息市场，同时也是一个虚拟的市场。在这个市场中，生产和流通的都是信息：货币是财富的信息；资产的价格是资产价值的信息；金融机构所提供的中介服务、金融咨询顾问服务等也是信息。网络技术的引入不但强化了金融业的信息特性，而且使金融的实务运作实现了虚拟化，在 Internet 上将全球计算机联结起来后，借助 Internet 的全球化金融融为一体，实现金融业的国际化。在国际金融市场，一切信息、交易可以利用开放性环球网络来传输和实现。

金融业作为非物质生产部门，是典型的利用信息交流和服务带来国民生产总值增加的领域。货币流通、资金清算、股市行情、保险、投资信托等金融信息的产生变化都直接影响国民经济的发展。

2. 便捷性与高效性

与传统金融相比，网络技术的应用使得金融信息和业务处理的方式更加先进，系统化和自动化程度大大提高，突破了时间和空间的限制，而且能为客户提供更丰富多样、自主灵活、方便快捷的金融服务,具有很高的效率。网络金融的发展使得金融机构与客户的联系从柜台式接触改变为通过网上的交互式联络,这种交流方式不仅缩短了市场信息的获取和反馈时间,而且有助于金融业实现以市场和客户为导向的发展战略,也有助于金融创新的不断深入发展。

3.服务的经济性

网络金融的经济性表现在网络金融活动与传统金融活动相比,效益显著,投入少而产出多。因为,网络技术应用于金融企业后,采用了开放技术并共享软件,极大地降低了金融产品的开发费用和金融系统的维护费用,经营成本较传统金融企业降低许多。同时电子化金融企业能够提供更灵活、更多样的服务,极大地提高了金融的服务质量。此外,金融电子化、网络化扩大了金融服务范围和品种,加快了资本在全世界的运转,最终降低了经营成本。从运营成本来看,虚拟化的网络金融在为客户提供更高效的服务的同时,由于无需承担如传统金融机构所需的经营场所、员工等费用开支,因而具有显著的经济性。此外,随着信息的收集、加工和传播日益迅速,金融市场的信息披露趋于充分和透明,金融市场供求方之间的联系趋于紧密,可以绕过中介机构来直接进行交易,非中介化的趋势明显。

4.网络金融的科技性和综合性

网络金融的科技性是指现代信息技术快速广泛运用于金融业的实践。信息技术革命对现代金融业有着深远影响。

首先,信息技术的广泛运用有利于金融业实现市场网络建设的低成本扩张。市场网络的扩张对金融业务量增长的推动作用是毋庸置疑的。传统金融市场是一个受地理条件和交通工具限制的二维市场。信息技术革命带来的信息传递和资源共享突破了原有的时间概念和空间界限,将原来的二维市场变为没有地理约束和空间限制的三维市场。在这种情况下,金融机构无论大小,只需花费极低的成本,就可以通过互联网构建出自己的全球经营网,成为跨国金融帝国。

其次,信息技术的运用使金融产品的开发与设计水平迈上了一个新台阶。金融产品是金融市场营销的核心,不断地向市场推出反映金融创新、金融改革的金融新品种是市场营销取胜的关键。谁掌握了新品种开发与设计的主动权,谁就必然赢得竞争优势,取得先入效益。现代信息技术的运用为金融新品种的开发与设计注入了活力。

再次,信息技术的广泛运用改变了传统的金融经营理念和管理组织方式,使金融服务更贴近市场,更为方便快捷,有效提高了金融业务的信息处理速度,进而增强了企业的决策能力。

最后,网络金融推动了客户的银行账户、证券账户、资金资产管理和保险管理等融合统一管理的趋势,而且金融市场透明度和非中介化程度提高,都使得金融业竞争日趋激烈,百货公司式的全能银行、多元化的金融服务成为大势所趋。

二、网络金融的作用

(一)网络金融带来了新的金融运行模式

随着网络金融的出现,传统的金融业务方式发生了巨大改变,金融机构与客户之间的关系被重新定义。由于互联网的开放性,任何一个客户都可以随时加入到金融网络中,成为网

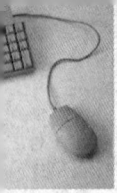

络金融的一员。这就使很多业务可以通过网络直接办理,因此,金融机构不再需要大量的分支机构,营业机构已被虚拟的网络世界和计算机取代;金融机构不再有规模的大小之分,金融机构处处存在,时时存在。网络金融的出现还改变了传统金融机构在服务时间和经营方式上的限制,每时每刻都能为顾客提供全天候、全方位的服务。只要拥有计算机并且能够联入互联网,就能轻松自如地办理各项金融业务,获取所需的任何信息;不仅能够办理交易、信贷、投资、保险、理财等多种传统金融业务,而且还不断地增加新的金融服务,特别是可对客户提供个性化、差异性服务。

(二)网络金融大大降低交易成本

1. 信息化大大降低了金融机构的营运成本

网络金融采用的先进业务处理方式,是网络系统化和自动化的结合体。在利用网络信息技术整合传统金融业务的过程中,网络技术可以改进和强化金融物流、资金流和信息流的集成管理。通过内在的规模管理,提高内在组织获取和处理信息的效率;通过外在规模控制,提高金融企业获取外在信息的效率。借此,金融企业可以降低决策成本和产品设计成本,并缩短与消费者的距离。

2. 丰富的信息资源,有利于降低成本

现代社会是充满各种信息的社会,金融业的信息既是为客户创造价值的重要资料,也是金融业自身盈利的重要资源。随着国际互联网等社会公共网络和数据库系统管理日益健全,在市场推广宣传、市场调研、客户追踪、特种业务服务和资产管理等领域,网络金融能更深入、更有效地利用这些信息,必将日益显示出传统金融业所无法比拟的成本优势。

3. 实物投资大幅度减少

网络金融机构不同于传统金融机构,不需要构建庞大的办公场所,雇佣众多的员工,开设星罗棋布的分支机构,这就大大降低了投资成本、营业费用和管理费用。据了解,在美国网络银行的开办费只有传统银行的1/20,网络银行的业务成本只有传统银行的1/12。传统银行的成本占收入的比例一般为60%,而网络银行的这一比例仅为15%~20%。根据美国商务部的资料,传统银行在营业点办理每笔业务的单位成本为1.07美元,而网络银行只需0.01美元,还不到传统银行的1%。1995年全球第一家网络银行——美国安全第一网络银行——创立的全部费用为100万美元,只相当于传统的金融业开办一个小分支机构。在开立之后,网络金融的实际运营费用更低。

4. 网络金融打破了传统金融的地域限制

与传统金融相比,网络金融服务能够接触的客户群更大,打破了传统金融分支机构的地域限制,各种金融机构无需大规模在全球设立传统的分支机构,只需开通网络金融业务就能够吸引相当大的客户群体。网络金融是虚拟的,不受时空限制,可提供全天候、全方位的实时服务,有3A金融(即能在任何时间、任何地点、以任何方式向客户提供服务)之称。网络金融把终端与服务器数据处理集成化了,不仅能同时办理交易、信贷、投资、保险、理财等多种传统金融业务,而且还能不断地增加新的金融服务与其他信息服务,特别是可对客户提供一对一的个性化、差异性服务。在全球化的背景下,网络可十分容易地进行不同语言之间的转换,这为网络金融拓展跨国业务又提供了条件。今后坐在家中就可以随时去世界任何一家金融机构办理证券投资、期货交易、购买保险、存取款等网络金融业务。

(三)网络金融促进了国际金融监管方式和内容的发展

网络经济和网络金融业务发展在提高金融运行效率的同时,也增大了金融市场运行的不确定性,加剧了市场风险的程度,对传统的金融监管制度提出了严峻挑战。

1. 金融业务综合性增强

网络经济的发展导致了金融业务综合化发展趋势的不断加强,金融产品的延伸、金融服务的信息化和多元化以及各种新金融产品销售渠道的建立,使得网络金融呈现出明显的综合性。传统的业务标准将金融业划分为银行业、证券业、信托业和保险业的做法已失去时代意义。由此,传统的"分业经营、分业监管"制度将可能被"全能经营、统一监管"制度所替代,金融监管体制将由"机构监管型"体制转向"功能监管型"体制。

2. 适应于网络经济条件下的金融监管法规体系尚待建立与完善

传统金融监管法律法规的有效性已大大降低,适应于网络经济条件下网络金融发展的金融监管法规体系尚待完善。比如,随着商业银行网络化、虚拟化的发展,《巴塞尔协议》关于商业银行资本充足率标准8%的规定及其相关监管规则对监管纯粹网络银行的适用性比较脆弱。

3. 金融监管的滞后性增强

网络经济发展加快了金融创新的步伐,导致金融监管的法律法规和监管手段越来越落后于网络金融业务的创新与发展。一方面,层出不穷的金融创新常常使金融监管部门措手不及,难以顾及;另一方面,金融监管部门在界定新业务的合法性方面遇到困难。

4. 增加了国际间金融监管的冲突

网络经济环境下网络金融呈现出显著的国际化,这种金融业务的无国界化与金融监管的国家主权化之间的矛盾日益加深,产生了一些负面的影响。例如,网络银行的无国界发展一方面使各国政府有效抑制商业银行的国际避税行为越来越困难,另一方面使各国中央银行对金融市场的单一监管的有效性大大减低,因此,加强各国金融监管当局的合作并建立起新的监管协调机制,是网络经济条件下各国中央银行监管共同面临的新课题。但由于网络金融具有得天独厚的优势,其必将获得蓬勃的发展。出于推动网络金融的发展、进而推动世界经济发展的需要,全球金融监管的革命性变化即将到来。

第二节 网络金融产生的背景

一、网络金融产生的社会背景

经济全球化和金融一体化正在迅速改变着各国的传统金融体制,并将带来金融监管制度的深刻变革。金融监管最基本的目的在于保证金融机构和金融市场的健康发展,面对网络金融时代的到来,传统的金融监管措施难以满足金融发展的要求。

建立在互联网基础上的网络金融具有虚拟化特征,使得网络金融市场准入监管变得非常困难。同样,一网全通,网络金融机构可以不存在分支机构,也就不存在对其分支机构的监控能力,此外网络金融业务运作建立在信息流的交换上,尤其自由和便捷,因此,对其合并、收购等活动也很难实施监管。要解决这些监管问题,就要加快推进全球金融监管的一体

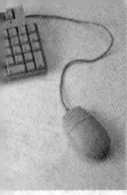

化进程。另一方面,网络经济的发展使金融业务综合化发展的趋势不断加强,金融产品的延伸、金融服务的信息化和多元化以及各种新金融产品销售渠道的建立,使得金融业具有综合化趋势。正如前面所提到的,传统的"分业经营、分业监管"制度将可能被"全能经营、统一监管"制度所代替,金融监管体制将由"机构监管型"体制转向"功能监管型"体制。

各国越来越重视联合进行国际金融监管。1997年,巴塞尔银行监管委员会发布了《有效银行监管的核心原则》,覆盖了有关银行监管的几乎所有的基本要素,将成为国际银行监管共同遵守的原则。以国际货币基金组织和国际清算银行等为主体的国际金融监管机构,针对影响金融体系稳定的三大要素——银行部门、国际金融市场的市场支付及清算基础设施,分别建立了监管国际准则或标准。

1999年6月,巴塞尔银行监管委员会提出了新的巴塞尔协议意见稿,另外在美国、德国、澳大利亚及其他国际性监管机构也都提出了一系列监管意见。这些意见无一例外都强调了信息披露与市场约束,跨国金融集团的监管,统一实施国际会计准则。各国一般均由政府授权中央银行或另行设置专门机构组成金融监管机构,并构建起统一的或分业的两种截然有别的金融监管体制。中国自1998年起建立的金融分业监管体制正处在向混业监管体制转变的紧要关头。中国人民银行通过与中国证监会、保监会之间的监管合作,来疏通融资渠道,拓展融资市场,完善投资工具,以更好地满足金融企业的盈利和风险防范需求。这一系列监管制度和措施的建立能有效化解金融风险,同时成为网络金融产生的社会和制度基础。

二、网络金融产生的经济背景

伴随科技的发展,世界各国经济之间的相互融合更加紧密,使经济和金融本身的联动性、传导性空前增强。国际金融的一体化,是国际经济一体化的重要方面和重要体现;国际经济一体化最突出表现就是货币的国际化、资本的全球化、金融组织和金融制度的国际化,以及金融监管的国际化。金融一体化最主要的表现形式就是金融资本的集中,金融资本的集中主要是通过金融机构并购体现出来的。金融资本的集中是指金融业资本(包括商业银行、投资银行、信托业、证券投资基金、保险业等)通过资本市场的资本经营活动形式的大资本集团或联盟。其实质是寻求资本的最优配置,从而达到互相融合、同生共长和超常规扩张的目的。

20世纪80年代以来,国际金融业开始掀起了一股并购的浪潮。进入90年代,这股浪潮更加汹涌澎湃。1997年12月,瑞士两家最大的银行——瑞士信贷分行和瑞士联合银行——合并为瑞士联盟银行,合并后银行总资产超过6000亿美元。1998年12月1日,德意志银行宣布动用101亿美元收购美国第八大银行——信孚银行——的全部股权,合并后银行总资产将达8200亿美元,成为按资产排名的全球最大的银行。在欧元对美元强势地位提出挑战的情况下,面对国际和国内金融市场形势,美国银行业也不甘落后。1998年4月6日,花旗与旅行者集团公司合并组建花旗银行集团,新集团拥有近7000亿美元资产。同年4月,美国第一银行和第一芝加哥银行合并为新的第一银行,紧随其后,国民银行和美洲银行合并为新的美洲银行。可以预料,大银行之间的合并还将得到进一步加强,规模巨大的银行将不断出现在全球金融界,这必将对全球政治、经济、金融产生深刻的影响。

近年来的金融收购,表现出了一些明显的特点:资本集中的规模巨型化,大金融机构间通过强强联合组成超级金融企业;并购的金融机构实现了经营多元化,拓展了业务范围,挖掘所有的利润来源,也向证券、保险、信托、基金等领域展开并购,实现金融各行业的相互参与;金融资本集中全球化,并购活动已不局限在本地区、本国家间,跨国界洲界并购活动越来越多,投资银行业务领域扩大。通过金融并购,集中的金融资本为网络金融的发展提供了资本基础。

三、网络金融产生的技术背景

现代网络信息技术的发展对社会经济产生了全方位的影响,对网络金融的影响尤为深远,奠定了网络金融产生的技术基础。可以说没有信息技术的发展,就不会有网络经济,更不会有网络金融。信息技术的发展有力地推动了网络金融的形成和发展,体现在如下几个方面:

(一)网络信息技术促进了金融业务处理自动化

信息网络技术的飞速发展推动了金融业务处理自动化进程和管理信息系统的建立。业务处理自动化体现为电脑系统取代传统的手工操作,以电子化方式自动处理日常业务。传统的存款、贷款、证券交易、金融结算等投资理财业务,一旦输入电脑终端、ATM、商场 POS 机、家庭或公司电脑、任意场所的固定电话或移动电话等系统终端,就可以通过电脑系统自动完成计账、转账、审核、储蓄等一系列复杂的业务处理过程。

此外,金融业务的自动化促进了金融业智能化的发展,建立起完善的管理信息系统。该系统是以业务处理系统和办公自动化系统为基础,运用信息技术和网络管理对金融业务全部信息进行处理、分析、预测、控制和决策的高度集成化、网络化的人机信息系统。它在金融业务方面的广泛运用,大大缓和了信息传递慢和信息流通不对称的现象,是网络金融兴起的技术支撑。

(二)信息技术的发展间接推动了网络金融的发展

以网络技术为核心的现代信息技术的发展,对社会经济生活的各个方面都产生了广泛而深远的影响,金融业与其他行业相比更易实行电子信息化,更方便利用电脑网络开展业务,从而成为受信息网络技术影响最深的行业之一。从一个银行内部运行和管理上来看,网络金融本身还存在一个信息系统,它是银行实现电子化管理的核心,具体内容包括柜台业务系统、储蓄业务系统、外汇业务系统、信贷管理业务系统、办公自动化业务系统、人事管理业务系统、财务管理业务系统、信息处理业务系统等。

(三)信息的高速发展使金融机构的营业网点逐渐虚拟化

伴随着金融业务处理的自动化、电子化和网络化,金融产品和服务形式的不断创新,一大批电子化的金融服务工具逐渐取代了人工,成为金融服务的主要形式,诸如 ATM、PC 银行、网上证券交易等。这就导致了传统金融机构逐渐虚拟化、无人化、无形化,这种趋势最终将导致传统金融机构网点的消失,促使其运行的无形化和虚拟化。

正是由于信息网络技术的飞速发展,促进了金融业务处理自动化,推动金融机构建立完善的内部信息系统,为网络金融的产生和发展奠定了坚实的技术基础。

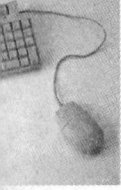

第三节　网络金融发展的现状

一、发达国家网络金融的现状

发达国家网络金融业处于十分发达的水平,网络金融包括三个主要的方向,即网络银行、网络证券和网络保险。

(一)网络银行

在美国,传统商业银行、投资银行、股票经纪公司纷纷建立网络银行系统,并且这些系统都可以向客户提供传统的和新颖的客户服务和商业服务。一些新型的纯网络银行也迅猛发展,尽管目前新建纯网络银行的趋势有所减弱,但传统银行的网络化趋势却在进一步加强。传统的大银行凭借雄厚的资金实力和技术力量仍然攫取了网上银行的主要市场份额。目前全美最大的 25 家银行均对其顾客提供网上账户服务。全美最大的网上账户服务银行均为传统的商业银行,如花旗集团和美国网络业巨头美国在线与嘉信理财结成联盟,开发网络金融和消费者之间的资金划拨服务。大通银行、美洲银行、美国运通的网络银行业务也开展得如火如荼。

在欧洲,目前有超过 1200 家金融机构提供网络银行服务,尤其是在比利时和荷兰,超过九成以上的银行都已能为客户提供网络银行服务。在英国,巴克莱银行 2000 年已关闭 50 家分行,用此资金来发展网络银行业务;国民西敏斯银行也表示将投资 1 亿英镑以发展网络银行业务,而西班牙和爱尔兰的几家大银行和网络公司也推出了一个更加雄心勃勃的计划,决定建立第一家全球性的网络银行集团"UnoFirst"。另外,德意志银行也加紧实施"全球电子商务战略",其目标是通过与国内外网络、软件和电信等产业巨子的紧密合作,全力拓展互联网业务和电子商务。在亚洲,日本、中国香港、新加坡、中国台湾地区的网络银行纷纷建立,一时成为热潮,其中又以汇丰银行与美林合作共同投入 10 亿美元作为开办资本,组成全球性网络银行——及时富管理服务公司——为第一大手笔。

(二)网络证券和网络保险

除了网络银行走向成熟以外,股票市场、债券市场和保险市场等金融市场的网络化也获得了长足的发展。2000 年 4 月,日本、中国台湾地区、韩国、中国香港几家证券公司联合在香港特区推出"亚洲股票交易联网"。同年 7 月英国电子交易所 Tradepiont 推出首个泛欧交易所,并准备让全欧洲 300 家主要公司在该所进行交易。与此同时,纳斯达克表示有 3 家电子交易系统加入该市场的电子交易市场,交易在纽约证券交易所挂牌的股票。

在债券市场上,J. P. Morgan 银行在新加坡推出了亚洲第一个全自动化的网上债券交易平台,并同时推出新的政府债券指数,投资者可以即时在网上进行新加坡政府债券交易。

保险公司在网络金融的竞争中不甘落后,世界上最大的两家再保险公司慕尼黑再保险和瑞士再保险宣布,将联手建立一个独立的在线再保险市场。

(三)电子货币和网络支付开始受到青睐

新加坡政府致力于研究实施电子货币交易系统,在 2008 年底前成为全球第一个通过

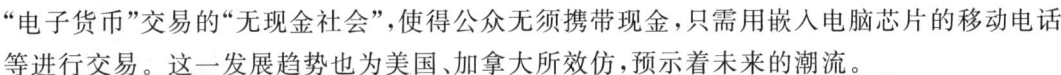

"电子货币"交易的"无现金社会",使得公众无须携带现金,只需用嵌入电脑芯片的移动电话等进行交易。这一发展趋势也为美国、加拿大所效仿,预示着未来的潮流。

而日本大型连锁便民店劳松为了方便顾客支付,与富士、住友、三和、东海银行以及三菱商社合作,成立了一家运营和管理 ATM 的公司,在其遍布全日本的 7400 个连锁店内设置 ATM。由于该公司的参加,所有日本大型连锁便民商店都将设置 ATM,大大普及了网络支付。

（四）发达国家网络金融的特点

(1)发达国家网络金融的发展相对成熟、完善。一般从传统的电子化金融发展到网络金融,都经历了三个阶段,即金融业务电子化阶段、金融业内部网络化阶段和网络金融阶段,而且各阶段的进程都相当充分。

(2)发达国家网络金融的服务内容相当高而且创新频繁。由于允许混业经营,发达国家网络金融所提供的服务内容相当完善,从基本的存贷款到信用卡结算,从保险、经纪到证券投资,几乎无所不包。如 Intuit 控制的 quicken.com,其创新之花开遍了金融服务的所有角落——投资、抵押、保险、银行业务、退休金计划,以及和所有这些项目有关的服务,客户都可以到这个财经门户网站上找到,而且网站内容丰富,非常易于使用,整个网站简直就像一个制作出色的应用软件。

(3)网络金融业之间竞争激烈,差异明显,消费者可自由选择适合自己的服务。

(4)行业接口标准尚不统一。现行主要有以下标准:Microsoft、Intuit 和 Checkfree 等公司在 1997 年设计制定的"开放式金融交易"标准;IBM、VISA 机构和其他 17 个机构制定,Intergrion 公司发布的 GOLD 标准;美国银行业技术联盟颁布的"交互式金融交易"标准;德国的"家庭银行计算机接口"标准。除此之外,还有一些公司有自己的标准,诸如 Microsoft 的"公开金融联结"标准(OFC)、VISA 公司的"VISA 交互"标准等。虽然这些标准基本上都是建立在诸如 HIML、HTTP 和 SSL 等的基础上,但它们之间仍有不少差别,如何兼顾实用性和兼容性是各国金融当局和银行家当前的最大问题。

二、我国网络金融的现状

（一）我国网络金融发展历程

我国的金融电子化建设经历了重要的、具有历史意义的四个发展阶段:第一阶段,大约从 20 世纪 70 年代末到 80 年代,银行的储蓄、对公等业务以计算机处理代替手工操作。第二阶段,大约从 20 世纪 80 年代到 90 年代中,逐步完成银行业务的联网处理。第三阶段,大约从 20 世纪 90 年代初到 90 年代末,实现全国范围的银行计算机处理联网,互联互通,支付清算和业务管理,办公逐步实现计算机处理。第四阶段,从 20 世纪 90 年代末开始,银行完成了业务的集中处理,利用互联网技术与环境,加快金融创新,逐步开拓网上金融服务,包括网上银行、网上支付等。经过金融系统广大业务及科技人员的艰苦努力,初步搭起了中国金融电子化、信息化的基础框架,逐步形成了安全、高效、规范的金融电子化服务体系,基本实现了业务操作计算机化、支付结算电子化、信息处理网络化和管理及办公自动化,产生了显著的社会和经济效益,为全面实现金融信息化和推动我国国民经济信息化奠定了坚实的基础。

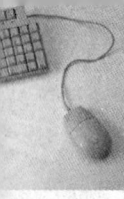

（二）我国网络金融现状

国内金融内部网络建设起步较早，并已经形成了相当的规模，产生了巨大的社会和经济效益。另一方面，互联网上的银行业务发展不足，与国外的银行有较大差距。近年来，国内许多商业银行纷纷开设网站，主要是进行形象宣传和业务介绍，实际进行网上银行交易业务即通过网上银行进行开户、办理存取款及信用卡业务的还很少。从我国网上银行交易形式看，主要包括两种：一种是完全依赖于互联网发展起来的全新电子银行，它所有的业务交易都依靠互联网进行；另一种是在现有的商业银行基础上发展起来的，把银行传统业务捆绑到互联网上，开设新的电子服务窗口，即所谓传统业务的外挂电子银行系统。目前我国大多数网上银行交易系统都属于后一种。

（三）我国网络金融服务简介

下面主要从网络银行、网上证券和网上保险等几个方面，来归纳和总结我国网络金融的发展状况。

1. 网络银行

（1）网络银行的发展。我国金融机构网络化的起步是从银行开始的。先是 1997 年，招商银行率先推出网络银行，中国银行、中国建设银行和中国工商银行陆续推出了网上银行业务，开通了网上支付、网上自助转账和网上缴费等业务。随后，国内商业银行也不断地完成各自的电子化和信息化。一些其他商业银行，如中信、民生等也纷纷开通网上支付业务，其网络金融业务主要包括对公及个人账务查询、企业内部资金转账、银行转账、信用卡申请、代收费业务、网上购物支付及各种信息咨询业务。有一些网络银行，如招商银行等推出网上证券交易委托平台，以便其客户可以直接在其网站上从事股票买卖、查询和投资管理等。从总体上看，我国银行的网上服务还处于初级阶段，即对初级的银行业务的网络化阶段，业务种类不多，业务量较小，其业务深度和广度都还十分有限。

（2）网络银行的优势。网上银行的兴起是对传统银行的巨大挑战。它将取代国际金融界长期以来一直讨论而未具体实施的家庭银行（home banking）、企业银行（firm banking）等概念而成为银行最便利的服务手段。网上银行是一种高科技的银行业务手段，与传统的银行服务体系相比，具有明显的优势。

①大大降低服务成本。开设一个网上银行，可以利用现成的软件，还可利用电子邮件、讨论组等技术，提供一种全新的真正的双向交流方式。与传统银行的服务手段相比，网上银行可以减少固定网点数量和银行工作人员数量，可以节省拓展银行营业网点和支付员工工资的支出，从而大大减少银行的投入与经营成本。因此，网上银行是传统银行的一个极其经济的替代物。另一方面，通过网上交易可以大大减少交易费用。同时，随着电子货币、电子收据技术的日趋成熟以及这些技术全面广泛地被采用，以前使用的纸币、票据、单据部分地被取代，原有的纸质文件的邮递也将变为通过网络进行传输，银行逐渐实现无纸化交易。无纸化的实现、效率的提高和固定营业点数量的减少，节约了大量的服务成本，提高了银行的竞争能力，也使客户得到了实惠。

②打破了地域的局限。传统银行投入大笔资金开设分行，客户往往只限于固定的地域，而网上银行则打破了地域的局限，可以永久地留住客户。对任何人，只要有一台电脑，只要

能够接入互联网,都可能是网上银行的潜在客户。

③显著提高金融服务质量。网上银行方便、快捷、高效的服务更能满足客户的多样化需求。目前客户的需求越来越多样化,而且对效率等提出了很高的要求,通过网上银行,上网客户可以在家里开立账户,进行收付交易,省去了跑银行、排队等候的时间,减少了银行服务的中间环节。网上银行可以大范围、全天候、实时地提供各种服务,这种服务包含更多的针对性、个性化和人情味。银行的电子化大大缩短了资金在途时间,提高了资金利用率和整个社会的经济效益。

④拓宽金融服务领域。目前银行所提供的服务,无论是分行、ATM 或电话语音,都难以像网上银行一样提供多元且交互的信息及服务,网上银行不仅可以使企业或个人不出家门通过网络查询信息或实现在线交易支付,还可以帮助企业实现在线理财、企业集团服务、对公账务实时查询、网上转账、国际收支申报等广泛的金融服务。

⑤网上银行系统简单易用,便于升级维护。在网上服务中,客户处于中心地位,客户使用网上银行服务不需要特别的软件,甚至无须任何专门的培训,只要能接入 Internet,即可按照网上银行网页的提示进入自己所需的业务项目,处理个人交易。这不仅方便客户,银行本身也可因此加强与客户的亲和性。网上银行的客户端非常便于维护,而且银行在升级应用系统或安装新产品时只需简单地更新或升级服务器应用程序即可,而无须对客户端作任何变动。

(3)网络银行的制约因素。虽然现在国内银行都在积极开展网络银行的功能,并取得了一定的成绩,但仍然存在不足,制约其获取更大的发展空间,而主要的不足有以下几个方面:

①法律问题。由于网络银行的交易涉及很多方面,而我国相关的法律却并不是很完善,这样就给客户带来一定程度的不安全感。而且在交易时,会带来一定的风险和麻烦。

②技术问题。网络银行的业务是要通过互联网进行的,所以保护信息的安全性是网络银行最重要的一部分,因此,要想网络银行有进一步的发展就必须研发新技术,提高网络的安全性。

③人才问题。网络银行是一个金融和信息网络技术相结合的银行业务领域,所以要发展网络银行就必须有一大批既掌握信息网络技术,又懂得金融业务知识的科技人才作保证。

④客户观念问题。虽然有不少网络银行开展金融服务业务,但是许多人还是习惯于传统的业务处理方式,而且有不少的客户觉得网上的业务处理并不安全,所以也是影响网络银行发展的因素之一。

总之,推行网络银行业务是大势所趋,但是在推行的过程中,还是有很多的问题需要解决,所以要想网络银行有进一步的发展,就必须建立一套完善的体制,提高各个方面的技术。

网络银行是传统银行的电子商务模式,是网络经济不可或缺的支持部分,必将成为 21 世纪信息时代经济的核心。紧紧抓住网络银行的契机,实现传统商业银行的改革,将有利于我国银行业获得强大的生命力和竞争优势。

2. 网络证券

(1)网络证券的发展。网络证券,即利用网络来进行证券交易,通常是指券商或证券公司利用互联网等网络技术,为投资者提供证券交易所的及时报价、查找各类与投资者相关的金融信息、分析市场行情等服务,并通过互联网帮助投资者进行网上开户、委托、支付或交割

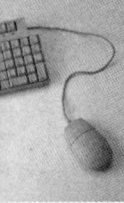

以及清算等证券交易的全过程,实现实时交易的活动。与传统的证券经纪相比,网上交易打破了时空限制,降低了经营成本与经营风险,并能够提供快速而方便的信息服务,已成为国际证券经纪业务发展的一种潮流和趋势。目前人们所说的证券电子商务主要就是指证券网上交易。

我国网上证券交易最早开始于1996年底,这一年,个别证券营业部开始尝试开办网上交易业务。2000年4月,证监会颁布《网上证券委托暂行管理办法》,对网上交易的业务资格和运作方式作出明确规定后,券商的积极性才调动起来,网上证券委托交易业务加快了发展速度。到2012年,我国网上证券交易用户数达1355.77万户,相比2001年增长了1000多万户,年复合增长率达到13.64%;我国证券公司网上委托交易量已突破30万亿元,网上证券交易量占股票、基金总交易额的占比超过了90%。

可见,我国网上证券交易业务已经初步呈现出可喜的指数型发展态势。券商对待网上交易的态度由十年前的投石问路,发展到今天的大刀阔斧。相信今后几年,会有更多的股民通过互联网进行证券交易,电话委托、营业大厅自助委托以及柜台委托的比例都将大幅度降低,股民获取证券信息的渠道也将会从传统媒体向网络媒体演变。

事实证明,开展网上证券交易是最具发展潜力的网络金融业务。目前国内证券网站有两类,即IT类证券交易网站和券商类证券交易网站。1996年底出现了由IT业经营的证券类网站,这些网站在经营上有两个突出的特点:一是建立全而又全的金融门户网站;二是提供专而又专的个性化定制服务,即推出基于互联网、手机和个人无线数据接收在内的多通道个性服务,服务内容十分全面。另一类是券商类证券交易网站。从网站的建设上来看,券商的网站与IT业的证券网站有着明显的区别:IT业网站的内容十分丰富,管理模式先进;而券商的网站除了网上交易的功能以外,信息资讯服务十分缺乏、速度慢、规模小,不能满足用户多方面的要求。这说明证券业对互联网的认识与IT产业有着很大的差距。

(2)证券网上交易的发展前景。从目前的现状来看,我国证券网上交易仍处于较初级的发展阶段,并且在其发展过程中还存在诸多障碍,但有着十分广阔的发展前景,主要表现在以下方面:

①网上证券交易发展的条件已经成熟。随着信息技术的快速发展,计算机的普及率不断提高,网络带宽显著增加,多媒体交互技术的突破,网上经纪业务的服务手段增加,使券商提供的服务提高到了一个新的水平。截至2012年,我国互联网用户人数达5.64亿,比2001年的3370万人增长了近16倍;我国2012年的证券交易用户达1.68亿户,比2001年的6650万户增长了102%。可以说,我国目前有发展网上证券业务良好的技术和市场基础。因此,证券网上交易的发展潜力巨大,这对券商具有巨大的吸引力。此外,我国证券市场不断成熟,上市公司信息披露制度日益健全,股民对信息的需求将会大量增加,互联网可以提供快速方便的信息服务,大大提高了证券市场信息流通的速度,券商的服务功能也将真正得以充分发挥,从而可以更好地满足投资者的需求,进而促进网上经纪业务的发展。

②法规和政策的建设将促进证券网上交易的发展。中国证监会发布了《网上证券委托管理暂行管理办法》(以下简称《办法》),使得券商如何开展网上证券委托交易业务有了一个明确的指南,这进一步激发了证券经营机构开展网上交易的热情。尤其重要的是,该《办法》根据我国实际,参照国际经验,从技术标准和管理规范两方面提出了严格的措施,为网上委

托的风险控制提供了有力保障,从而解除了网上交易方式的心理障碍,将有力地促进我国证券网上交易的健康发展。《办法》对网上委托所使用的技术标准有严格的要求,如:网上委托系统和其他业务系统在技术上要隔离;要有完善的系统安全、数据备份和故障分析手段,确保客户交易数据的安全、完整与准确;要有实时监控和防范非法访问的功能和设施;必须对网上委托的客户信息、交易指令及其他敏感信息进行可靠的加密;有关数据传输、身份识别的关键技术产品要通过国家权威机构的安全性测评;必须为网上客户提供必要的替代交易方式等。此外,《办法》还对网上委托业务的开展提出了管理规范,如:证券公司以外的其他机构不得开展或变相开展网上委托业务,达到《证券交易机构营业部信息系统技术管理规范》要求的营业部才可开展网上委托业务;证券公司与客户要签订专门的书面协议,明确双方的责任,并以《风险提示书》的形式,向投资者解释相关风险;证券公司应定期向客户提供书面对账单,禁止直接向客户提供计算机网络及电话形式的资金转账服务,禁止开展网上证券转托管业务等。

③网上交易能给券商带来极大的利益。互联网打破了时空限制,无限扩大服务客户的区域。与我国证券业分散、小规模为主的经营格局相适应,我国证券经营业务的经营方式仍停留在较低的层次上,证券营业部的经营构架基本上还是属于地域经营的范畴,主流客户交易仍在证券营业部的大厅进行,营业部的效率水平主要取决于营业部的地理位置及营业部的场地面积等客观条件,即使是那些在咨询、投资指导、场地、设备或服务上具有领先优势的证券营业部也无法利用其优势吸引更多的远离该证券营业部的投资者,优势无法充分体现,同时,指定交易又使大量现实的客户被"瓜分"并"锁定"。网上交易是无形的交易市场,它利用四通八达的通讯网络,使各地的客户缩短了时空距离,投资者无论身处何地,都有可能成为某个证券公司的潜在客户,从而可以开拓新的客源,创造新的利润增长点。网络证券交易能降低营业风险。证券网上交易使得证券交易行为不再依赖实实在在的营业场所,因此,可以克服气候恶劣造成的证券交易的不便,以及避免天灾和其他人为因素造成证券营业部毁损使得证券交易被迫中断的风险;其次,通过一系列的计算机管理规则或减少营业部交易方式的中间环节,可以极大地避免营业部职员工作差错以及败德行为造成的违规透支、越权自营带来的风险;此外,网上交易通常采取对称加密和不对称加密组合的方式对数据进行双重加密,证券公司可以通过多种方法实现数据的安全,如通过数字签名与身份证以确保投资者身份的唯一性,券商和银行服务器与互联网隔离,以保障数据对业务流程的控制,从而使证券交易的安全性能大大提高。

④集中式网上交易成为一种发展趋势。我国证券行业正在向集中交易、集中清算、集中管理以及规模化和集团化的经营方式转换。网上交易采用这一经营模式,更有利于整合券商的资源,实现资源共享,节约交易成本与管理费用,增强监管和风险控制能力。可见,集中式网上交易模式符合未来券商经营模式的发展方向。

⑤网上经纪与全方位服务融合。在固定佣金政策的大背景下,使得国内券商提前从价格竞争进入了服务竞争阶段。通常情况下,这一竞争阶段应该是在充分的价格竞争之后到来。价格竞争的直接结果是导致网上交易佣金费率的降低,当竞争达到一定程度后,仅靠减佣模式已不能维持下去时,全方位服务模式就会出现。这时候,券商的收入将由单一的经纪佣金转向综合性的资产管理费用。

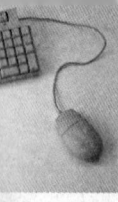

⑥网上证券交易正在进入移动交易时代。WAP(无线应用协议)为互联网和无线设备之间建立了全球统一的开放标准,是未来无线信息技术发展的主流。WAP技术可以使股票交易更方便,通过WAP可实现多种终端的服务共享和信息交流,包容目前广泛使用的和新兴的终端类型,如手机、PDA等设备。用户通过手机对券商收发各种格式的数据报告来完成委托、撤单、转账等全部交易手续。由此可见,未来几年基于互联网的移动证券交易市场将有巨大的发展空间。

(3)发展证券网上交易的措施。

①应完善与网络证券相关的法律法规。尽快出台与《网上证券委托暂行管理办法》相配套的法律法规。为加强对网上证券交易的管理,规范市场参与者行为,保护投资者利益,我国证监会已制定了《网上证券委托暂行管理办法》和《证券公司网上委托业务核准程序》,但从其内容来看,还只是框架性的,尚未解决网上交易所涉及的众多复杂问题,因此应尽快出台操作性更强、更具体的法规条文,完善各项技术和制度规范,保证网上交易安全可靠,为发展我国网上证券经纪业务创造良好的外部环境。

②加强监管。有关部门应在已发布的《网上证券委托管理暂行管理办法》的基础上,深入研究和借鉴国外网上交易的管理办法,制定与网上交易政策相配套的法律法规,建立符合网上交易特点的监管体系。例如:统一对网上交易系统认证的标准,对IT公司介入证券类服务的责权进行清晰的界定;将券商网上交易委托系统的运行情况纳入对券商的现场监管范围之内,定期进行检查;根据互联网技术发展趋势,要求券商及时提高网络运行的安全性;教育和引导投资者正确认识网上证券委托可能存在的风险;坚决打击利用互联网进行证券犯罪的活动。此外,鉴于网上证券交易在地域上的无限制性,应该充分考虑到对跨国境证券交易的潜在问题进行监管和处置的复杂性,及早对相关问题进行研究,并积极参与在该问题上的国际合作,找到妥善解决问题的方案。总之,应加大对网上交易市场的监管,以保证网上交易健康、有序地运行。

③整合金融证券业与电信、IT业,降低网上交易成本。国外网上证券交易得以迅速发展的一个重要因素就是成本较低。为了促进我国证券网上交易的发展,降低成本是关键,国家应促成金融证券业与电信、IT业的技术与业务合作,统一规划,分工协作,大幅度降低总体交易成本。具体途径有:为投资者提供便捷、可靠、全方位的投资服务和信息服务,降低其获得信息的成本;调低网络和电话使用费,使其可以为一般收入阶层接受;为了鼓励新技术的发展,提高证券交易的技术含量,政府可以考虑实行差别税收,对从事网上交易的客户收取较低的交易费和印花税。在现阶段应加强证券公司、网络公司、银行在投资咨询、网络、开户网点等方面的合作,争取优势互补,共同发展。但从长远来看,则应在条件成熟的时候,逐步降低网上券商的行业进入壁垒,允许达到资格要求的IT公司开展网上证券经纪业务,加大竞争程度,最后过渡到实行网上券商注册制,并改革现行的固定佣金制度,让自由竞争机制取代政府保护政策,促进我国网上证券交易的快速发展。

④完善网络的基础安全构架,提高网上交易的安全性和网络运行的便捷性。按照安全交易的国际惯例,所谓网上交易的安全交易系统至少应当包括资料的完整性和一致性、信息的保密性、交易的不可否认性等几方面,网上交易与传统的柜台委托和电话委托完全不同,客户进行委托交易,没有委托单或电话录音作为委托凭证,这就需要有一个权威的安全认证

部门作为第三方,对交易行为及过程实行安全性认证。目前全国网上证券交易软件供应商约有几十家,其中只有一部分已通过"国家信息安全产品测评中心"的技术认证,应对这一市场的准入加强管理,统一标准对网上交易系统进行认证,对 IT 公司介入证券类服务分清权责。证券网上交易经过的环节远远多于营业部交易环节,如果通信系统不稳定,下单交易传输的可靠性和保密性得不到保证,就会增加证券网上交易的风险。为了提高设备和线路的可靠性,必须派专人维护、保养,使设备轮流接受检查和修理,确保在实际运行中不出问题,同时还要不断提高通讯线路的信息运载量,此外,银行业、证券业应加强合作,进一步统一交易结算方式,提高网上交易的安全性、可靠性。

⑤引入保险机制,保障投资者切身利益。尽管券商的网上交易系统采用了多项安全措施,但投资者对网上交易仍然存有诸多担心。为此,我们应在依靠技术进步,不断强化安全保密手段,打击利用互联网进行证券犯罪的同时,与保险公司合作,开发对应的险种,为投资者投保,通过保险机制的配套工程来消除投资者的疑虑,树立投资者对网络安全的信心,建立保障投资者的切实可行的运行机制。国外保险公司早就意识到开拓网络安全保险市场的重要性。在一些发达国家和地区,包括互联网保险在内的高科技保险业务正成倍增长。英国和美国的一些保险公司已经推出了"黑客保险"业务,著名的网上证券经纪商 E-Trade 为每个交易账户免费提供高达 1 亿美元的保险,这项措施极大地增加了投资者通过E-Trade网站进行网上交易的信心。

⑥券商应转换经营理念,以客户需要为中心,提供个性化的市场信息服务。互联网的出现使证券服务的方式和服务内容发生了重大变化。以高层次、智能化、个性化服务为特征的信息咨询服务已成为券商之间竞争的关键。目前我国网上交易的价格竞争缺乏必要的制度环境,不能公开以降低手续费来吸引客户。因此,跨越价格竞争阶段,提前进入网上服务和差别信息竞争,以客户需要为中心,提供个性化的市场信息服务是必然的选择。以目前互联网的技术手段,券商不仅在信息咨询上可以向客户提供一对一的个性化服务,还可以在理财服务上为客户定做产品。如建立客户关系管理系统(CRM),积极拓展与客户的关系,强化全方位的理财服务:通过客户关系管理建立客户关系档案,只要客户一上网,经纪人就可以根据其家庭背景、投资历史品种、财力和投资偏好,为其度身定制一套投资计划或组合;依据网上交易特点对原有业务流程进行重新设计,如开拓客户应答中心,24 小时全天候服务,实时大势分析;根据客户的不同层次,设计多元化的产品,提供个性化服务,满足不同客户的需要。

⑦提高券商和投资者的素质。证券交易网络化很大程度上取决于电脑普及程度及客户对电脑的掌握程度。券商可以举办网上交易培训班,在媒体上大力宣传网上交易的便利和安全可靠程度,可以允许客户免费模拟网上交易过程,还可以在试开办阶段,对投资者实行低费用优惠服务。网络化将深刻变革现有的交易模式和市场结构,随着证券交易网络时代的到来,一个全国性的、无形化的证券大市场逐渐形成,证券交易的地域色彩将被淡化,证券营业部的竞争将转化为服务质量的竞争,投资者将更青睐于那些在资讯、投资指导或服务上具有优势的证券公司,从而对券商的人才素质、技术、业务拓展和客户服务等方面都提出了全新的要求。网上交易要求券商紧紧把握信息时代的脉搏,尽快组建一支既懂技术又懂证券业务和营销管理的综合性人才队伍,并充分考虑对客户的计算机技术和证券业务的指导

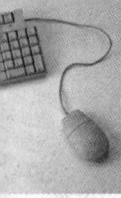

问题,保证网上交易的安全、稳定与高效。

3. 网络保险

(1)网络保险的概念。网络保险是指保险企业和投保人利用计算机与网络技术实现投保、核保、理赔、给付或赔偿全过程的商业活动。具体来讲,客户通过进入保险公司开设的专业保险服务网站,在网上选择公司所提供的保险产品,如有意愿投保某一险种,则在网上填写投保单,提出投保要约,经保险公司核保后,作出同意承保或拒绝承保的回复,由投保人在网上或通过其他方式支付保险费,保险公司收到保费后,向其寄发保险单。投保人或被保险人即可享受保险公司的服务了。它通过建立一种全社会的"网络计算环境"或"数字化神经系统",在网上建立一个保险系统的网上动态数据系统供保险企业及用户使用,以实现保险信息资源在国民经济和大众生活中的全方位传播。网络保险还包括保险公司通过网络进行企业内部管理和员工的培训,与公司股东、代理人、保险监督机构等相关人员和机构进行多向信息交流,以网络为主要渠道来支持企业的一切活动。

在西方发达国家,随着互联网的高速发展,近几年来网络保险逐渐被人们接受。美国由于网络用户数量、普及率等方面有着明显的优势,成为发展网络保险的先驱者。美国国民第一证券银行首创通过互联网销售保险单,仅一个月就销售了上千亿的保单,现在美国几乎所有的保险公司都已上网经营,如在网络服务内容上提供信息咨询、询价谈判、交易、解决争议、赔付等;在网络的服务品种上,包括健康、医疗、人寿、汽车、财险等。同时互联网还被用于公司内部的经营管理,利用互联网进行收集资料、统计分析和业务培训等。

欧洲各国的网络保险发展势头也相当可观,如英国的"屏幕交易"网站提供7家本国保险商的汽车和旅游保险产品,用户数量每一个月以70%的速度递增。作为全球最大的保险及资产管理集团之一的法国安盛集团,早在1996年就在德国试行网上直销,目前这个集团约有8%的新单业务是通过互联网来完成的。

(2)网络保险的发展。我国的网络保险首先是在保险企业内部电子化和信息化的基础上发展起来的,随后随着互联网的高速发展,不少保险企业推出了真正的基于互联网的保险业务。保险企业内部网络化建设近些年已有较大的发展,网络硬件条件不错,软件开发也比较完善。但是由于大多数公司经营管理的标准化程度不高,随意性较大,使得网络应用效率较低。平安保险公司在1998年就利用局域网开展业务,已实现了业务的内部网络运行,包括核保、理赔等业务,但仅仅限于公司内部业务的处理上。中国网络保险的应用可以追溯到1997年11月28日中国保险信息网的开通,该网涉及保险业的培训、咨询、销售投诉等内容,但真正的网络保险是在1997年12月新华人寿公司在互联网上完成了国内首份网络保险业务。2000年3月,太平洋保险北京分公司与朗络电子商务公司合作在国内推出首家专业网络保险交易类网站,实现了网上投保、实时核保、在线支付,并伴有单到付款及汇款等形式,所有经保险人签发后的保单将由专门人员送到投保人手中。"网险"真正实现了"网上投保"。

(3)开展网络保险的意义。经过几年的发展,网络保险在国内取得很大的成功,大多数保险公司都推出了自己的网站,实现了较完善的网上保险业务,开展网络保险具有如下的意义:

①开展网络保险可以提高保险公司信息管理水平,提高工作效率。保险公司可以利用

网络进行业务资料收集和统计分析,对公司员工和代理人进行培训以及加强与客户的信息沟通。公司内部网络化,一方面可以使分公司与总公司之间的物品申购实现电子化,使"无纸化办公"、"网络电视会议"等成为现实,从而达到节约交易成本,提高效率的目的;另一方面,由于保险商品具有契约属性,不存在物流的瓶颈的制约,因而在所有适合网上交易的商品中具有比较明显的优势。

②开展网络保险可以超越时空限制,大力发展新保户。互联网具有超越时空限制进行信息交换的特点,可以使保险公司获得更多的时间和更大的空间进行营销,随时随地为客户提供 24 小时全球性营销服务,深入到不同年龄、不同性格的人群,接触到那些保险代理人不易联系的人群(因为许多市民对陌生访客有戒备心理,许多单位不让推销人员进入)。开展网络保险有利于克服这一障碍,实现更加灵活方便地推销。此外,中国多数网络用户的个人收入是中等以上,年纪较轻,文化程度较高,崇尚快节奏高效率的生活,在传统保险方式下,虽然他们的投保意识也很强,但由于时间缺乏而又不喜欢经常被陌生人打扰,他们接触或参与保险的机会并不多。如果保险公司在网上开展保险业务,他们将很可能成为新保户。

③开展网络保险可以大大降低保险的经营成本费用。一方面,它可以减少保险推销的中间环节,省去保险代理人、经纪人等中介环节;另一方面,网站的后期维护成本较低,与开设营业点相比,其销售成本和广告费用都将大幅度降低。据计算,通过互联网向客户出售保单或提供服务,要比传统营销方式节省 58％～71％ 的费用。

④开展网络保险可以快速地为客户提供完备的信息和多功能服务。利用网络,保险公司可以方便快捷地为客户提供其背景、险种及费率等几乎所有信息;同时,客户也可以通过比较多家保险公司的险种和报价,方便快捷地选取一个最适合的险种。保险公司也可通过网络与客户进行双向交流,回答客户提出的问题,甚至为客户设计保单,提供个性化服务等。

⑤开展网络保险可以保护投保人隐私,降低投保人风险。旧的传统的投保方式,不可避免地在中介环节上知悉或有意无意地侵犯投保人的隐私。网络保险可以排除中介环节,避免知悉投保人隐私,使投保人感到方便、安全,最大限度地满足客户需求。同时由于网上投保透明度高,投保人可以通过网络比较险种,自行计算保费,从而减少中介环节因利益驱动给投保人带来的风险。

本章内容总结

网络金融是计算机网络技术与金融相互结合而发展起来的。从狭义上理解,网络金融是指以金融服务提供者的主机为基础,以 Internet 或者通信网络为媒介,通过内嵌金融数据和业务流程的软件平台,以用户终端为操作界面的新型金融运作模式;从广义上理解,网络金融的概念还包括与其运作模式相配套的网络金融机构、网络金融市场以及相关法律、监管等外部环境。

网络金融作为一种新的金融运作模式,具有信息化、全球性、便捷性、高效性、经济性等特征。它不仅大大降低交易成本,还促进了国际金融监管方式和内容的发展。

经济全球化和金融一体化,以及信息网络技术的高速发展促进了网络金融产生。网络金融的产生有其社会背景、经济背景和技术背景。通过网络开展金融业务,具有较大的风

险,因此严密的监管制度和措施能有效化解金融风险,这也是网络金融产生的社会和制度基础。国际经济一体化最突出表现之一就是货币的国际化、资本的全球化、金融组织和金融制度的国际化,以及金融监管的国际化。金融一体化最主要的表现形式就是金融资本的集中,而金融资本的集中主要是通过金融机构并购体现出来的,集中的金融资本为网络金融的发展提供了资本基础。现代网络信息技术的发展对社会经济产生了全方位的影响,对网络金融的影响尤为深远,奠定了网络金融产生的技术基础。可以说没有信息技术的发展,就不会有网络经济,更不会有网络金融。

发达国家网络金融业处于十分发达的水平,其主要表现在网络银行、网络证券和网络保险三个方向。本章在概括国外网络金融的发展现状和趋势的基础上,对我国网络金融业的发展历程、现状进行了分析,重点介绍了我国网络银行、网络证券和网络保险的产生、发展、优势及特点。

复习思考题

1. 何谓网络金融?
2. 网络金融的特征有哪些?
3. 结合经济与金融的关系,讨论网络经济与网络金融之间的关系。
4. 如何认识网络金融的经济性?
5. 如何理解网络金融产生的社会基础?
6. 分析我国网络银行的发展趋势和前景。
7. 上网了解网络保险的运作方式。
8. 简述网络金融对社会生活的影响。

第三章
网络环境下的金融安全技术

本章内容提要

随着网上金融事业的发展,无论在银行储蓄还是在证券保险领域,网上金融服务都得到了进一步的推广,计算机已成为我们日常工作的重要工具。由于金融部门地位的重要性和金融工作的特殊性,使网上金融系统的安全问题越来越凸显。事实上,针对网络金融的每个应用和每项技术都要考虑安全问题,都有相应的安全机制蕴含其中,针对这些安全机制的技术一般不是独立存在的,而是融为一体的。本章将介绍网络环境下的金融活动中常用的安全技术。

第一节　网络金融安全问题的提出

一、网络金融犯罪

(一)网络金融犯罪案件逐年上升

2004年12月7日,一个假冒的中国银行网站出现在互联网上。在假网站上,其行标、栏目、新闻、地址样样齐全,和中国银行的真正网站极其相似。唯一不同的是,假网站标题栏下要求输入卡号和密码,而真正的中国银行网站上并没有这一部分。输入卡号和密码后,结果页面出现的是系统维护的字样。但此时,刚才输入的卡号和密码已经被窃取。发现假网站后,中国银行马上向公安机关报案,当晚假网站被关闭,最大程度上消除了对客户的潜在影响。第二天,中国银行随即发表了"中国银行关于网站和网上银行服务情况的声明"。

中国银行假网站事件后不久,一个假冒中国工商银行的网站也暴露了出来,值得注意的是,假工行网站的网址(http://www.Icbc.com.cn)与真工行网站的网址(http://www.icbc.com.cn),只有"I"和"i"之差。这家黑网站通过要求储户更改密码、网上购物等手段,盗取储户账号、密码,骗取网民钱财,在短时间内就疯狂敛财近80万元。

随着计算机技术的不断发展,涉及计算机网络的犯罪无论从犯罪类型还是从发案率来看都在逐年大幅度上升,网络金融犯罪只是其中的一小部分。网络金融犯罪可以追溯到1966年。当年,美国立案查处了一起篡改银行计算机数据,窃取现金的案件。这是世界上首次利用计算机进行金融犯罪的记录。在这以后的近50年里,网络金融犯罪在全球逐步蔓延并呈几何级数增长。和传统犯罪相比,利用计算机进行网络金融犯罪的影响和后果要严重得多。美国一家研究机构曾对全美近50年发生的计算机犯罪进行分析,研究表明,计算机犯罪平均每件案件所造成损失高达45万美元,而传统的银行欺诈案和侵占案平均损失1.9万美

元,银行抢劫案的平均损失不过 4900 美元。

利用计算机及互联网进行网络金融犯罪是一种高科技、智能型犯罪。这种犯罪有狭义和广义之分。狭义的网络金融犯罪是指运用计算机技术并以计算机为工具,故意实施的严重危害社会的行为,与常规的犯罪相比,它具有智能性、隐蔽性和极大的社会危害性等特点。广义的网络金融犯罪是指包括物理性破坏计算机软件、硬件和信息网络设施的犯罪。

(二)网络金融安全问题的提出

针对愈演愈烈的网络金融犯罪,最根本的解决办法是提高银行内控力度,在技术和机制上加强对网络金融安全的控制。

互联网的最大特征是其开放性,而这恰恰与电子商务和网络金融中所需要的保密性相矛盾。网络金融安全和计算机及网络安全是紧密联系在一起的。所谓计算机网络安全,通俗地讲,是指网络系统的硬件、软件及其系统中的数据受到保护,不受偶然或者恶意破坏、更改和泄露。在学术上,计算机网络安全是指通过各种计算机、网络、密码技术和信息安全技术,保护在公用通信网络中传输、交换和存储的信息的机密性、完整性和真实性,并对信息内容的传播有控制能力。

1. 网络安全问题的来源

通常,我们将网络金融面临的网络安全威胁分为如下几种:

(1)来自 Internet 的威胁。随着金融业的扩展,银行、证券、税务以及保险等单位的互联、网上交易、网上行情发布等都是通过金融内部网与 Internet 直接或间接互联实现的,由于 Internet 的广泛性、开放性等特点,给金融行业的应用系统造成威胁。

(2)来自 Intranet 的威胁。根据调查统计,网络安全事件的 70% 来自于内部网的攻击,而内部网对公司网络结构、应用比较熟悉,攻击或者泄露重要信息将导致系统致命的安全威胁。

(3)来自黑客攻击的威胁。随着黑客技术逐渐被更多的人掌握和发展,金融系统和网站遭受攻击的可能性变大。一旦发生利用网络窃取巨额钱财、窃取机密文件、删改他人重要信息等行为,将给金融行业造成重大经济损失。

(4)来自网络病毒的威胁。通过网络进行传播的病毒,将严重影响金融行业开展正常业务,给安全工作带来威胁。

2. 信息安全隐患

网络金融活动中的信息安全隐患可分为如下几类:

(1)信息的截获和窃取。攻击者通过网络通信过程安装截收装置截获数据,获取机密信息,如消费者的账号、密码等。

(2)信息的篡改。当攻击者熟悉了网络信息格式以后,对网络传输的信息进行插入、篡改和删除,并发往目的地,从而破坏信息的完整性。

(3)信息的假冒。当攻击者掌握了网络信息数据规律或解密了信息以后,可以假冒合法用户或发送假冒信息,如伪造电子邮件来欺骗其他用户。

(4)交易抵赖。在现实生活中经常发生的恶意抵赖同样会在网络上发生,如交易者事后否认曾经发送或收到某条交易指令信息或内容,使得通过网络完成的金融活动产生纠纷。

3. 信息安全要素

针对前面存在的安全问题,每项网络金融活动必须做到以下的安全控制要求:

(1)有效性。数据的有效性是指不能被否认。在电子金融活动中,其信息的有效性将直接关系到个人、企业或国家的经济利益和声誉。因此,需要对网络故障、操作错误、计算机病毒及黑客攻击所产生的潜在威胁加以控制和预防,以保证交易数据在某个时刻、某个执行点是有效的;同时参与对象的真实身份需要核实,特别在电子支付中,应该确认对方的信用卡、账户是否真实有效。

(2)机密性。网络金融活动中的金融信息直接代表着个人、企业或国家的商业机密,不能被他人或机构随意获取。因此,必须要通过某种加密技术预防非法的信息存取和信息被非法窃取,保证信息的机密性。

(3)完整性。数据的完整性是指数据在传输过程中不能被非法篡改。网络金融交易过程中,数据在传输过程中的丢失、重复或传送的次序差异也会导致各方信息的不同。因此,在电子金融和商务应用中,要预防对信息的随意生成、修改和删除,同时要防止数据传送过程中信息的丢失和重复,并保证信息传送秩序的统一。

(4)不可否认性。网络金融活动直接关系到交易对象的资金安全,如何防止交易双方发生抵赖。在无纸化的交易方式下,要在交易信息的传输过程中为参与交易的个人、企业和国家提供可靠的标识。

二、网络金融安全防范技术

(一)网络金融网络安全防范技术

计算机网络安全是电子金融与电子商务活动安全的基础,一个完整的商务系统应建立在安全的网络基础设施之上。

网络安全技术所涉及的方面比较多,如操作系统安全技术、防火墙技术、虚拟专用网技术和入侵检测技术等。

操作系统是硬件和软件应用程序之间接口的程序模块,是网络应用的支撑平台和基础,是实现其他应用层次安全的保障。

防火墙将内部网与外部公网隔离开来,它建立在通信技术和信息安全技术之上,用于在网络之间建立起一个安全屏障,根据制定的策略对网络数据进行过滤、分析和审计,并对各种攻击提供有效的防范。它是企业内部网应用的一项重要技术。

虚拟专用网络(VPN)可以支持数据、语音及图像业务,是保证网络安全的技术之一,它是指在公共网络中建立一个专用网络,数据通过建立好的虚拟安全通道在公共网络中传播。企业只需要租用本地的数据专线,连接上本地的公共信息网,其各地的分支机构就可以相互之间安全传递信息。使用 VPN 具有节省成本、提供远程访问、扩展性强、便于管理和实现全程控制等好处,是今后企业网络发展的趋势。

(二)网络金融信息安全防范技术

实现信息安全是保证网络金融与商务信息安全的重要手段,许多密码算法已经成为网络安全和商务信息安全的基础。

信息的保密性是信息安全性的一个重要方面。保密的目的是防止他人破译机密信息。加密是实现信息保密性的一个重要手段。所谓加密,就是使用数学方法来重新组织数据,使得除了合法的接收者之外,任何其他人都不能恢复原先的"消息"或读懂变化后的"消息"。加密前的信息称为"明文",加密后的信息称为"密文"。解密是将密文变为明文的过程。

第二节　网络安全技术

一、防火墙技术

(一)防火墙概念

古时候,人们常在寓所之间砌起一道砖墙,一旦火灾发生,它能够防止火势蔓延到别的寓所,因此得名"防火墙",主要进行火势隔离。网络防火墙则是防止互联网的损坏波及内部网络,就像护城河。对内,这道屏障能够控制用户对外部的访问;对外,这道屏障能够阻断来自外部网络的威胁和入侵,提供保证本网络安全的一道关卡。

关于防火墙的定义有很多,其中最典型的是:防火墙是在两个网络之间强制实施访问控制策略的一个系统或一组系统。从狭义上讲,防火墙是指安装了防火墙软件的主机或路由器系统。防火墙具有以下特性:

(1)所有从内部到外部或者从外部到内部的通信都必须经过它;

(2)只有被内部访问策略授权的通信才被允许通过;

(3)系统本身具有高可靠性。

对金融企业的 Internet 而言,防火墙技术是保护信息资源的一种较好的措施,它将内部私有网络和外部网络进行隔离,能够防止一些外部攻击者通过 Internet 对内部金融网络的攻击。

(二)防火墙基本功能

防火墙是保护可信网络,防止黑客通过非可信网络入侵的一种设备。防火墙具有如下功能:①过滤不安全的服务和非法用户。所有进出内部网络的信息都必须通过防火墙,防火墙成为一个检查点,禁止未授权的用户访问受保护的网络。②控制对特殊站点的访问。防火墙可以允许受保护网络中一部分主机被外部网访问,而另一部分则被保护起来。例如,受保护网中的 Mail、FTP 和 www 服务器等可被外部网访问,而其他访问则被禁止。③作为网络安全的集中监视点。防火墙可以记录所有通过它的访问,并提供统计数据、提供预警和审计功能。

(三)防火墙类型和体系结构

自从第一个最简单的包过滤路由器防火墙问世以来,在防火墙产品系列中已经出现了应用各种不同技术的不同类型的防火墙。这些技术之间的区分并不是非常明显,但就其处理的对象来说,基本上可以分为包过滤型和应用网关型两大类。

1. 包过滤型防火墙

包过滤型防火墙的处理对象是网络层中的数据包,其功能是处理通过网络的数据包的信息,实现进出网络的安全控制。

由于包过滤型防火墙逻辑简单,价格便宜,易于安装和使用,网络性能和透明性好,所以通常安装在路由器上。路由器是内部网络和 Internet 连接必不可少的设备,因此在原有网络上增加这样的防火墙几乎不需要任何额外的费用,适用于安全性要求较低的小型电子商务和网络金融系统。

包过滤型防火墙的不足之处主要表现在:

(1)为完成一项特定任务,包过滤的规则可能比较复杂,且不易验证其正确性;

(2)一般的包过滤路由器在审计功能方面显得较弱,因而安全性不足。

数据包的源地址、目的地址以及 IP 的端口号都在数据包的头部,很有可能被窃听或假冒,这样会形成各种安全漏洞。

2. 应用网关型防火墙

应用网关型防火墙的处理对象是各种不同的应用服务,其功能是通过对网络服务的代理,检查进出网络的各种服务。

目前,防火墙技术一般和路由器结合在一起使用,为此,对具有包过滤功能的路由器一般又称为"包过滤路由器"。包过滤路由器在具体的工作中,主要是基于数据包中的协议类型和协议字段值对数据包进行区分,从而采取进一步措施允许或阻止数据包的通过。

网络通信是基于层次参考模型来进行的,所以,不同类型的防火墙负责处理不同层次的通信数据。包过滤防火墙负责处理网络层数据,而应用网关型防火墙负责处理应用层数据。

最简单的防火墙配置,就是直接在内部网和外部网之间加装一个包过滤路由器或者应用网关。为更好地实现网络安全,有时还要将几种防火墙技术组合起来构建防火墙系统。目前比较流行的有以下三种防火墙配置方案。

(1)双宿主机网关(dual homed gateway)。如图 3-1 所示,这种配置是用一台装有两个网络适配器的双宿主机做防火墙。双宿主机用两个网络适配器分别连接两个网络,又称堡垒主机。堡垒主机上运行着防火墙软件(通常是代理服务器),可以转发应用程序、提供服务等。双宿主机网关有一个致命弱点,一旦入侵者侵入堡垒主机并使该主机只具有路由器功能,则任何网上用户均可以随便访问有保护的内部网络。

(2)屏蔽主机网关(screened host gateway)。屏蔽主机网关易于实现,安全性好,应用广泛。它又分为单宿堡垒主机和双宿堡垒主机两种类型。先来看单宿堡垒主机类型。一个包过滤路由器连接外部网络,同时一个堡垒主机安装在内部网络上。堡垒主机只有一个网卡与内部网络连接(见图 3-2)。通常在路由器上设立过滤规则,并使这个单宿堡垒主机成为从 Internet 唯一可以访问的主机,确保了内部网络不受未被授权的外部用户的攻击。而 Intranet 内部的客户机,可以受控制地通过屏蔽主机和路由器访问 Internet。

双宿堡垒主机型与单宿堡垒主机型的区别是,堡垒主机有两块网卡,一块连接内部网络,一块连接包过滤型路由器(见图 3-3)。双宿堡垒主机在应用层提供代理服务,与单宿型相比更加安全。

(3)屏蔽子网(screened subnet)。这种方法是在 Intranet 和 Internet 之间建立一个被隔离的子网,用两个包过滤路由器将这一子网分别与 Intranet 和 Internet 分开。两个包过滤路由器放在子网的两端,在子网内构成一个"缓冲地带"(见图 3-4),两个路由器一个控

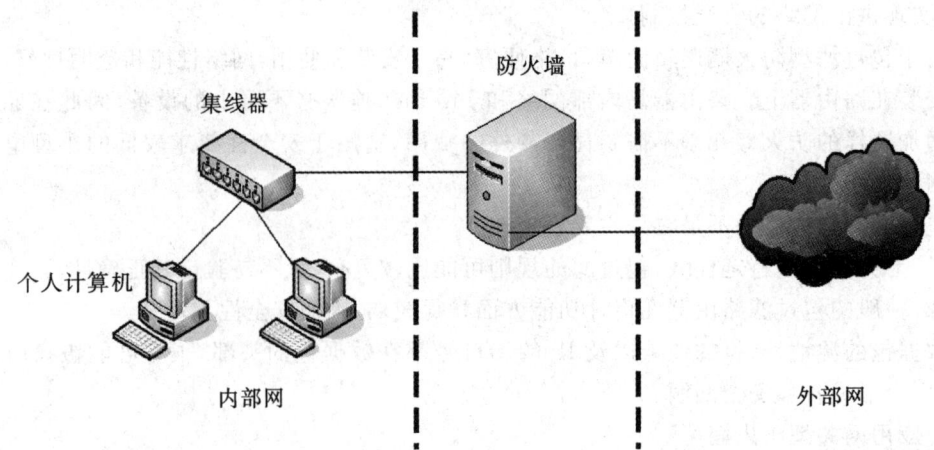

图 3-1　双宿主机网关

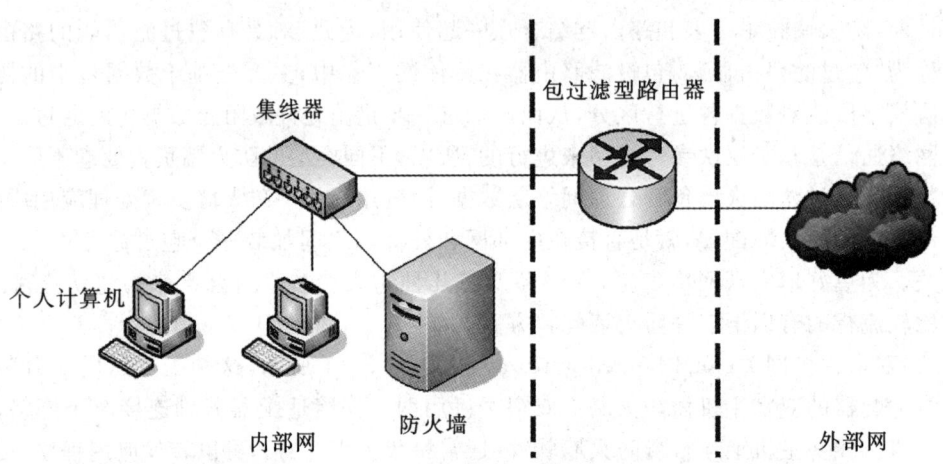

图 3-2　屏蔽主机网关（单宿堡垒主机）

制 Intranet 数据流，另一个控制 Internet 数据流，Intranet 和 Internet 均可访问屏蔽子网，但禁止它们穿过屏蔽子网通信。可根据需要在屏蔽子网中安装堡垒主机，为内部网络和外部网络的互相访问提供代理服务，但是来自两个网络的访问都必须通过两个包过滤路由器的检查。对于向 Internet 公开的服务器，像 www、FTP、Mail 等 Internet 服务器也可安装在屏蔽子网内，这样无论是外部用户，还是内部用户都可访问。这种结构的防火墙安全性能高，具有很强的抗攻击能力，但需要的设备多，造价高。

当然，防火墙本身也有其局限性，如不能防范绕过防火墙的入侵，一般的防火墙不能防止受到病毒感染的软件或文件的传输，难以避免来自内部的攻击等。总之，防火墙只是一种整体安全防范策略的一部分，仅有防火墙是不够的，安全策略还必须包括全面的安全准则，即网络访问、本地和远程用户认证、拨出拨入呼叫、磁盘和数据加密以及病毒防护等有关的安全策略。

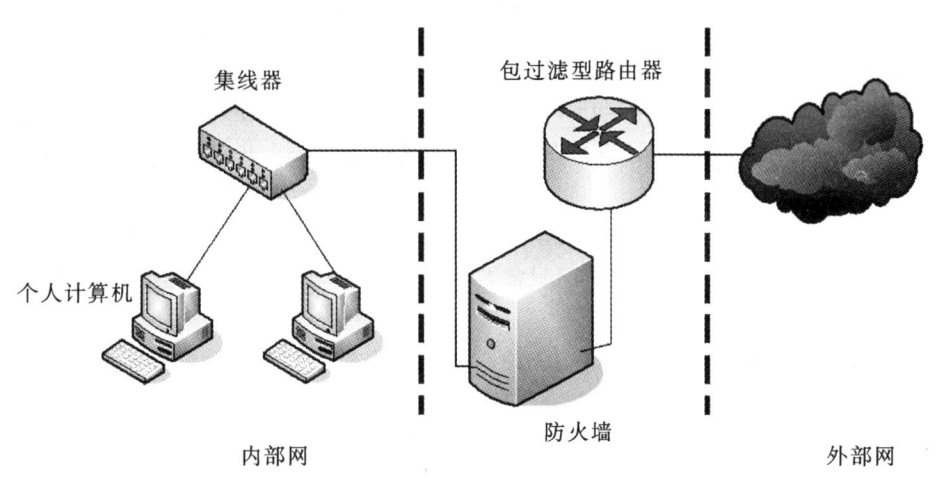

图 3-3　屏蔽主机网关(双宿堡垒主机)

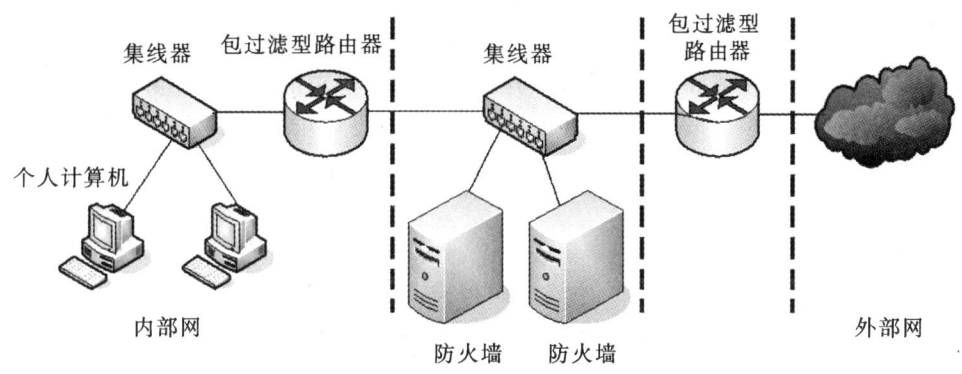

图 3-4　屏蔽子网防火墙

(四)防火墙安全策略设计原则

要实现防火墙的功能,防火墙的设计必须遵循一定原则,主要包括:

1.过滤不安全服务的原则

基于这个准则——"没有明确允许的就是禁止的",即只有明确和记录在册的服务允许通过,其他都在禁止之列。防火墙应封锁所有信息流,然后对希望提供的安全服务逐项开放,对不安全的服务或可能有安全隐患的服务一律扼杀在萌芽之中。这是一种非常有效实用的方法,可以形成一种十分安全的环境,因为只有经过仔细挑选的服务才能允许用户使用。

2.屏蔽非法用户的原则

基于这个原则——"没有明确禁止的就是允许的",防火墙应先允许所有的用户和站点对内部网络的访问,然后由网络管理员对未授权的用户或不信任的站点进行逐项屏蔽。这种方法构成了一种更为灵活的应用环境,网络管理员可以针对不同的服务面向不同的用户开放,也就是能自由地设置各个用户的不同访问权限。

二、入侵检测系统

入侵检测系统(intrusion detection systems,IDS)是一种网络安全系统,当有敌人或者恶意用户试图进入网络甚至计算机系统时,IDS 能够检测出来,并进行报警,通知网络采取措施进行响应。

在本质上,入侵检测系统是一种典型的"窥探设备"。它不跨接多个物理网段(通常只有一个监听端口),无须转发任何流量,而只需要在网络上被动地、无声息地收集它所关心的报文即可。

入侵检测系统的运行方式有两种:一种是在目标主机上运行以检测其本身的通信信息;另一种是在一台单独的机器上运行以检测所有网络设备的通信信息,比如 Hub、路由器等。

以 IDS 为代表的检测技术和以防火墙为代表的访问控制技术,从根本上来说是两种截然不同的技术行为。

(1)防火墙是网关形式,要求高性能和高可靠性。因此防火墙注重吞吐率、延时、高可用性等方面的要求。防火墙最主要的特征应当是通(传输)和断(阻隔)两个功能,所以其传输要求是非常高的。

(2)IDS 是一个以检测和发现为特征的技术行为,其追求的是漏报率和误报率的降低。其对性能的追求主要在抓报不能漏、分析不能错,而不是像防火墙那样的微秒级的快速结果。IDS 由于较高的技术特征,所以其计算复杂度是非常高的。

三、漏洞扫描技术

根据工作模式,漏洞扫描器分为主机漏洞扫描器和网络漏洞扫描器。其中前者基于主机,通过在主机系统上本地运行代理程序来检测系统漏洞,例如,操作系统扫描器和数据库扫描器。后者基于网络,通过请求或应答方式远程检测目标网络和主机系统的安全漏洞。针对检测对象的不同,漏洞扫描器还可分为网络扫描器、操作系统扫描器、www 服务扫描器、数据库扫描器以及无线网络扫描器。

漏洞扫描器通常以两种形式出现:单一的扫描软件,安装在计算机或掌上电脑上;基于客户机(管理端)/服务器(扫描引擎)模式或浏览器/服务器模式,通常为软件,安装在不同的计算机上,也有将扫描引擎做成硬件的。

网络漏洞扫描器通过远程检测目标主机 TCP/IP 不同端口的服务,记录目标给予的应答,来搜集目标主机上的各种信息,然后与系统的漏洞库进行匹配,如果满足匹配条件,则认为安全漏洞存在;或者通过模拟黑客的攻击手法对目标主机进行攻击,如果模拟攻击成功,则认为安全漏洞存在。

主机漏洞扫描器则通过主机上的代理程序对系统配置、注册表、系统日志、文件系统或数据库活动进行监视扫描,搜集它们的信息,然后与系统的漏洞库进行比较,如果满足匹配条件,则认为安全漏洞存在。

在匹配原理上,目前漏洞扫描器大都采用基于规则的匹配技术,即通过对网络系统安全漏洞、黑客攻击案例和网络系统安全配置的分析,形成一套标准安全漏洞的特征库,在此基础上进一步形成相应的匹配规则,由扫描器自动完成扫描分析工作。

在网络安全体系的建设中,安全扫描工具具有花费低、效果好、见效快、安装运行简单的特点。

四、网络病毒的防治

在网络环境下,计算机病毒具有不可估量的威胁性和破坏力,就网络的安全而言,病毒是其最大的隐患之一。防范病毒是实现网络安全非常重要的一项工作,采用反病毒技术可以有效防范病毒。反病毒技术包括预防、检测和攻杀三项功能,一般防病毒软件均采用此技术。

(一)计算机病毒的定义和分类

任何可执行的、会自动复制自己、影响计算机正常运行的代码都被称作计算机病毒。计算机病毒具有破坏性、传播性强、可激发性、感染性、针对性高和扩散面广等特点。

通常,把计算机病毒主要分为以下几类:

(1)引导型病毒:通过感染磁盘上的引导扇区或改写磁盘分区表(FAT)来感染系统,它是一种开机即可启动的病毒,先于操作系统而存在,所以用软盘引导启动的电脑容易感染这种病毒。该病毒几乎常驻内存,激活时即可发作,破坏性大。

(2)文件型病毒:以感染 COM、EXE、OVL 等可执行文件为主,病毒以这些可执行文件为载体,当运行可执行文件时就可以激活病毒。文件型病毒大多数也是常驻内存的。

(3)混合型病毒:兼有文件型病毒和引导型病毒的特点,所以它的破坏性更大,传染的机会也更多,杀灭也更困难。

(4)宏病毒:是一种新型的文件型病毒,它寄存于 Office 文档中,一打开隐藏有该种病毒的文档,宏病毒即被激活,该病毒还可衍生出各种变形变种病毒。由于 Office 的广泛应用,因此宏病毒的流行非常广泛。

(二)反病毒三大技术

1. 实时监视技术

这个技术为计算机构筑起一道动态的、实时的反病毒防线,通过修改操作系统,操作系统本身具备了反病毒功能,拒病毒于计算机系统之门外。时刻监视系统当中的病毒活动,系统状况、软盘、光盘、互联网、电子邮件上的病毒传染,可以将病毒阻止在操作系统外部。优秀的反病毒软件由于采用了与操作系统的底层无缝连接技术,实时监视器占用的系统资源极小,用户一方面完全感觉不到对机器性能的影响,另一方面根本不用考虑病毒的问题。

只要反病毒软件实时地在系统中工作,病毒就无法侵入计算机系统,从而可以保证反病毒软件只需一次安装,今后计算机运行的每一秒钟都会执行严格的反病毒检查,使由互联网、光盘、软盘等途径进入计算机的每一个文件都安全无毒,如遇病毒则自动杀除。

2. 自动解压缩技术

目前我们在互联网、光盘以及 Windows 中接触到的大多数文件都是以压缩状态存放,以便节省传输时间或节约存放空间,这就使得各类压缩文件成为了计算机病毒传播的温床。

如果用户从网上下载了一个带病毒的压缩文件包,或从光盘里运行一个压缩过的带毒文件,用户会放心地使用这个压缩文件包,然后自己的系统就会不知不觉地被压缩文件包中

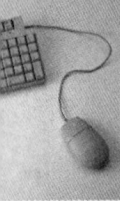

的病毒感染。而且现在流行的压缩标准有很多种,相互之间有些还并不兼容,全面覆盖各种各样的压缩格式,就要求了解各种压缩格式的算法和数据模型,这就必须和压缩软件的生产者有很密切的技术合作关系,否则,解压缩就会出现问题。

3. 全平台反病毒技术

目前病毒活跃的平台有 DOS、Windows、Windows NT、NetWare、NOTES、Exchange等。为了使反病毒软件做到与系统的底层无缝连接,可靠地实时检查和杀除病毒,必须在不同的平台上使用相应平台的反病毒软件,如用 Windows 的平台,则必须用 Windows 版本的反毒软件。如果是企业网络,各种版本的平台都具备,那么就要在网络的每一个 Server、Client端上安装 DOS、Windows NT 等平台的反病毒软件。在每一个点上都安装了相应的反病毒模块后,每一个点上才能实时地抵御病毒攻击。只有这样,才能使网络真正安全和可靠。

第三节 加密技术

一、加密技术基础

加密技术是信息安全技术中一个重要的组成部分。

所谓加密,就是用基于数学方法的程序和保密的密钥对信息进行编码,把计算机数据变成一堆杂乱无章难以理解的字符串,也就是把明文变成密文。这样,即使别人得到了密文,也无法辨认原文。

我们将未加密的消息称为明文,用 M 表示,明文可被传送或存储。用某种方法伪装消息隐藏其内容的过程称为加密,加密的消息称为密文,用 C 表示。加密时采用的一组规则称之为加密算法,可用加密函数 E() 表示。把密文转变为明文的过程称之为解密,对密文解密时采用的一组规则称之为解密算法,可用解密函数 D() 表示。加密、解密算法是在一组仅有合法用户知道的秘密信息(称之为 Ki)的控制下进行的。试图从密文分析出明文的过程称之为破译。具体图解见图 3 − 5。

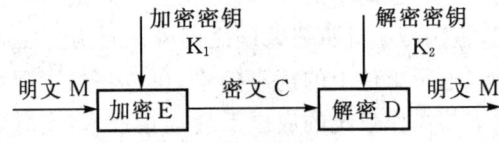

图 3 − 5 基本的加密过程

19 世纪,荷兰人 A. Kerckhoffs 提出一个密码分析的基本假设,即秘密必须全部隐藏于密钥中,而密码分析者已经知道密码算法,则有下述规则:

$$E_{K_1}(M) = C \quad D_{K_2}(C) = M \quad D_{K_2}(E_{K_1}(M)) = M$$

上式中,若无 K_1、K_2,则称为无钥密钥;若 K_1 等于 K_2,则称为对称密钥;若 K_1 不等于 K_2,则称为公钥密钥或者不对称密钥。

现代加密技术,以密钥作为标准,可将密码系统划分为对称密钥密码体系与非对称密钥密码体系。

二、对称加密技术

对称加密算法早在 20 世纪 70 年代就开始在商业网络中运用了。

对称加密又叫做私有密钥加密,其特点是数据的发送方和接收方使用的是同一把私有密钥,即把明文加密成密文和把密文解密成明文用的是同一把私有密钥。

使用私有密钥进行对称加密的过程是:

(1)发送方用自己的私有密钥对要发送的信息进行加密;

(2)发送方将加密后的信息通过网络发送给接收方;

(3)接收方用发送方进行加密的那把私有密钥对接收到的加密信息进行解密,得到信息明文。

整个加解密过程如图 3－6 所示。

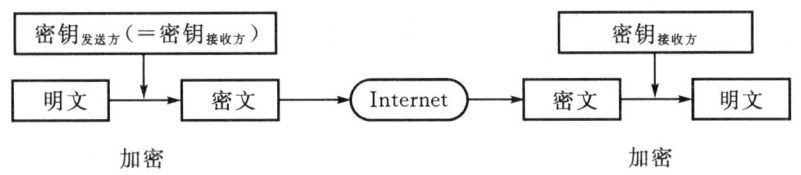

图 3－6　对称加密

对称加密系统既可以对密码块进行操作,也可以对密码流进行操作。

在密码块加密方式中,加密是对位长度的固定大小的明文块进行操作,形成也是对位长度的固定大小的密文块。这里的长度一般是 64 或者 128 位。解密则是对位长度的密文块进行操作,形成对位长度的明文块。

使用对称加密技术对信息进行加密和解密的速度很快,效率也很高,但需要仔细保存密钥。

对称加密技术的主要缺点是密钥的管理比较困难,因为交易双方必须要有同一把密钥,且不能让他人知道。一旦密钥泄密,则信息就失去了保密性,发送方和接收方再进行通信就必须要使用新的密钥。发送方把新密钥发送给接收方是件困难的事情,因为必须要对传送的密钥进行加密,而这就要求一把新密钥。

采用对称密钥的另一个问题是其规模很难适应互联网这样的大环境,因为如果某一交易方有多个贸易关系的话,那他就要维护多把专用密钥,因为每把密钥对应了一个交易方。

常见的对称加密算法有数据加密标准(DES)、高级加密标准(AES)、三重 DES 和Rivest 密码。

三、非对称加密技术

非对称加密又叫做公开密钥加密,需要采用在数学上相关的密钥对(公开密钥对和私有密钥对)来对信息进行加解密。

公开密钥加密技术是在 1976 年由斯坦福大学的 Whitfield Diffie 和 Martin Hellman 提出来的。与对称加密相比,公开密钥加密技术需要使用一对相关的密钥:一个用来加密,另一个用来解密。该技术的设想是:密钥对与相应的系统联系在一起,其中私有密钥由系统保

密持有,而公开密钥则是公开的,但由公开密钥不能推断出私有密钥。

依据公开密钥是做加密密钥还是解密密钥,公开密钥加密系统有两种基本的模式,即加密模式和验证模式。

(一)加密模式

在加密模式中,公开密钥系统对于信息的加密和解密过程是:

(1)发送方用接收方的公开密钥对要发送的信息进行加密;

(2)发送方将加密后的信息通过网络发送给接收方;

(3)接收方用自己的私有密钥对接收到的加密信息进行解密,得到信息明文。整个加密过程如图3-7所示。

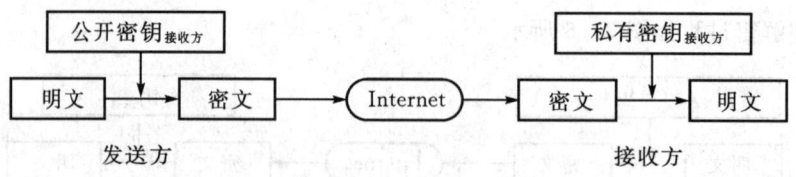

图3-7 公开密钥系统:加密模式

在这一过程中,只有真正的接收方才能解开密文,因为私有密钥是在接收方的手中。这一点似乎与对称加密很相似,但不同之处在于任何拥有该接收方公开密钥的发送方都可以向该接收方发送信息,而不是仅限于与接收方拥有同一把密钥的发送方。

(二)验证模式

在验证模式中,公开密钥系统对于信息的加密和解密过程是:

(1)发送方用自己的私有密钥对要发送的信息进行加密;

(2)发送方将加密后的信息通过网络传送给接收方;

(3)接收方用发送方的公开密钥对接收到的加密信息进行解密,得到信息明文。整个加解密过程如图3-8所示。

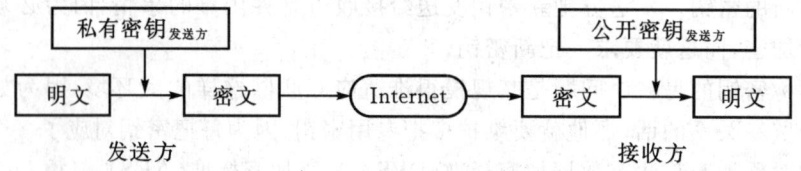

图3-8 公开密钥系统:验证模式

在这个过程中,任何能够成功地解密接收到的密文的接收方,都能肯定该消息确实来自发送方,因为只有发送方才拥有与解密公钥相对应的加密私钥,从而验证了该消息确实来自发送方。

与对称密钥加密系统相比,公开密钥加密系统的功能更为强大。但公开密钥加密系统对算法的设计提出了更高的挑战,因为公开密钥代表了攻击该算法时所要用到的额外信息。现有的公开密钥系统依赖的是假设某个特定已知的数学问题是很难解决的。

目前,著名的公开密钥系统是于 1977 年由美国麻省理工学院的三位教授 Ronald Rivest、Adi Shamir 和 Leonard Adleman 联合发明的,一般把三位教授姓名的首位字母联合起来,称其为 RSA 加密算法。

RSA 算法是一种可逆的公开密钥加密系统。它是通过一个称为公共模数的数字来形成公开密钥,公共模数是通过两个形成私人密钥的两个质数的乘数来获得的。

RSA 实验室对 RSA 密码体制的原理做了如下说明:

"用两个很大的质数,p 和 q,计算它们的乘积 $n = pq$;n 是模数。选择一个比 n 小的数 e,它与 $(p-1)(q-1)$ 互为质数,即除了 1 以外,e 和 $(p-1)(q-1)$ 没有其他的公因数。找到另一个数 d,使 $(ed-1)$ 能被 $(p-1)(q-1)$ 整除。值 e 和 d 分别称为公共指数和私有指数。公钥是这一对数 (n,e);私钥是这一对数 (n,d)。"

RSA 的安全性依赖于寻找较大的质数相对容易,但是要找到积为该数字的两个因数却很困难。如果该数字相当大,则寻找因数需要大量的处理资源,想要计算所有的范围是不可能的。

(三)加密和验证模式的结合

对于公开密钥加密系统的两种模式来说,如果只是使用其中的一种模式,那就无法在保障信息机密性的同时又验证发送方的身份,但在电子商务的安全中又需要同时实现这两个目的。为此,需要把这两种模式结合起来使用。

两种模式的结合使用过程为:

(1)发送方用自己的私有密钥对要发送的信息进行加密,得到一次加密信息;

(2)发送方再用接收方的公开密钥对已加密的信息再次加密;

(3)发送方将两次加密后的信息通过网络传送给接收方;

(4)发送方用自己的私有密钥对接收到的两次加密信息进行解密,得到一次加密信息;

(5)接收方再用发送方的公开密钥对一次加密信息进行解密,得到信息明文。

整个过程如图 3-9 所示。

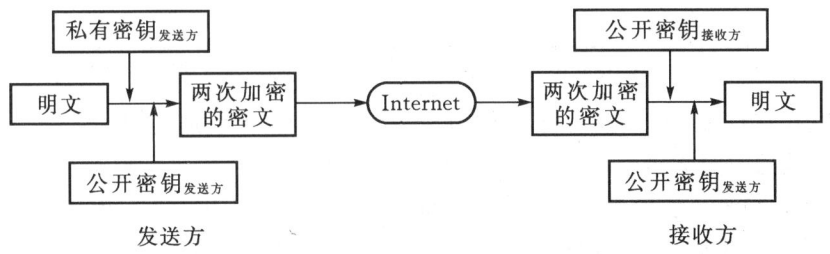

图 3-9　加密模式和验证模式的结合

在这个过程中,发送方为了证明该信息确实是自己发送的,所以用了自己的私有密钥来对信息加密,同时,为了让只有真正的接收方才能解开该消息,所以用了接收方的公开密钥再次对已加密的信息进行加密。接收方收到信息后,首先用自己的私有密钥才能解开该密文,从而保障了信息的机密性,随后,接收方再用发送方的公开密钥对已解密一次的信息再次解密,得到真正的信息,从而保证了发送方身份的验证。

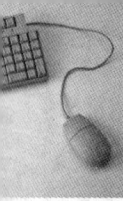

四、单向散列算法

单向散列函数是一种计算相对简单但却很难进行逆向运算的函数。从数学上来讲,就是相当给定一个值 x,利用单向散列函数 $y = f(x)$ 很容易求出 y 的值,但是如果给定 y 则不可能求出相应的 $y = f^{-1}(x)$。散列函数在数字签名中生成信息摘要,这是一种单向函数,具有以下特征:

(1)函数必须是真正单向的;

(2)散列计算不可能对两条信息求出相同的摘要。

目前,在电子商务和网络金融中用的最多的散列函数是美国政府的安全散列算法(SHA-1)。SHA-1 散列算法可以产生一个 160 位的输出值,相对于早期只有 128 位输出值的商用算法而言,具有极强的优势。

此外,由 RSA 数据安全公司研制的 MD5 算法虽然有一些理论上的缺陷,但使用还是比较普遍的。

五、混合密码技术

非对称密码和对称密码是两种不同的技术,用来解决不同的问题,它们有各自的特长和缺点,不能简单地进行比较。对称密码算法适合加密数据,其速度快并且对选择密文攻击不敏感。非对称密码可以适应网络的开放性要求,密钥管理问题较为简单,尤其可方便地实现数字签名和验证(见表 3-1)。

表 3-1　对称密码与非对称密码的比较

特性	对称密钥	非对称密钥
密钥数目	单一密钥	成对密钥
密钥种类	密钥是秘密的	一个密钥保密,一个密钥公开
密钥管理	简单但难于管理	需要数字证书及可靠的第三者
处理速度	非常快	慢
用途	用于大量资料的加密	用来加密小文件或对信息签名等不太严格保密的应用

资料来源:[美]Ravikalakota, Andrew B. Whinston. 电子商务安全指南[M]. 北京:清华大学出版社,2000.

由于公开密钥加密必须要由两个密钥的配合使用才能完成加密和解密的全过程,因而有助于加强数据的安全性。但是,公开密钥加密也有其缺点,主要是加密和解密的速度很慢,用公开密钥加密算法解密同样的数据所花费的时间是利用私有密钥加密算法的 1000 倍。所以,公开密钥加密不适合对大量的文件信息进行加密,一般只适用于对少量数据(如会话密钥)进行加密。将公开密钥加密与私有密钥加密算法结合起来使用,才能起到扬长避短的目的。

为了充分利用非对称密钥加密和对称密钥加密算法的优点,克服其缺点,解决每次传送更换密钥的问题,出现了混合密码系统。混合密码系统就是利用对称加密算法加密大量输入数据以提高机密性保障,然后利用公钥加密对称密钥,如果想使多个接受者都能使用该消息,可以对每一个接受者利用其公钥加密一份对称密钥,从而提供存取控制功能。因此,混合密码系统可同时提供机密性保障和存取控制。

第四节　数字认证技术

一、PKI 技术

(一)PKI 简介

PKI(pubic key infrastructure)是一种遵循标准的利用公钥加密技术为电子商务的开展提供一套安全基础平台的技术和规范。用户可利用 PKI 平台提供的服务进行安全通信。

使用基于公钥技术系统的用户建立安全通信信任机制的基础,是网上进行的任何需要安全服务的通信都是建立在公钥的基础之上的,而与公钥成对的私钥只掌握在他们与之通信的另一方。这个信任的基础是通过公钥证书的使用来实现的。公钥证书就是一个用户的身份与他所持有的公钥的结合,在结合之前由一个可信任的权威机构 CA 来证实用户的身份,然后由其对该用户身份及对应公钥相结合的证书进行数字签名,以证明其证书的有效性。

PKI 产品也允许一个组织通过证书级别或直接交叉认证等方式来同其他安全域建立信任关系。这些服务和信任关系不能局限于独立的网络之内,而应建立在网络之间和 Internet 之上,为电子商务和网络通信提供安全保障,所以具有互操作性的结构化和标准化技术成为 PKI 的核心。

PKI 在实际应用上是一套软硬件系统和安全策略的集合,它提供了一整套安全机制,使用户在不知道对方身份或分布地很广的情况下,以证书为基础,通过一系列的信任关系进行通讯和电子商务交易。

PKI 的基础技术包括加密、数字签名、数据完整性机制、数字信封、双重数字签名等。

(二)PKI 体系结构及功能

目前,在 PKI 体系基础上建立起来的安全证书体系得到了从普通用户、商家、银行到政府各职能部门的普遍关注。美国、加拿大等政府机构都提出了建立国家 PKI 体系的具体实施方案。

PKI 系统的建立应该着眼于用户使用证书及相关服务的便利性和用户身份认证的可靠性,具体职能包括:制定完整的证书管理政策,建立高可信度的 CA 中心,负责用户属性的管理,用户身份隐私的保护和证书作废列表的管理;CA 中心为用户提供证书及 CRL 有关服务的管理,建立安全和相应的法规,建立责任划分并完善责任政策。

一个典型的 PKI 系统如图 3-10 所示,其中包括 PKI 策略、软硬件系统、证书机构 CA、注册机构 RA、证书发布系统和 PKI 应用等。

(1)PKI 安全策略建立和定义了一个组织信息安全方面的指导方针,同时也定义了密码系统使用的处理方法和原则。PKI 系统包括一个组织怎样处理密钥和有价值的信息,根据风险的级别定义安全控制的级别。一般情况下,在 PKI 中有两种类型的策略:一是证书策略,用于管理证书的使用,比如,可以确认某一 CA 是在 Internet 上的公有 CA,还是某一企业内部的私有 CA。另一个就是 CPS(certificate practice statement)。一些由商业证书发放

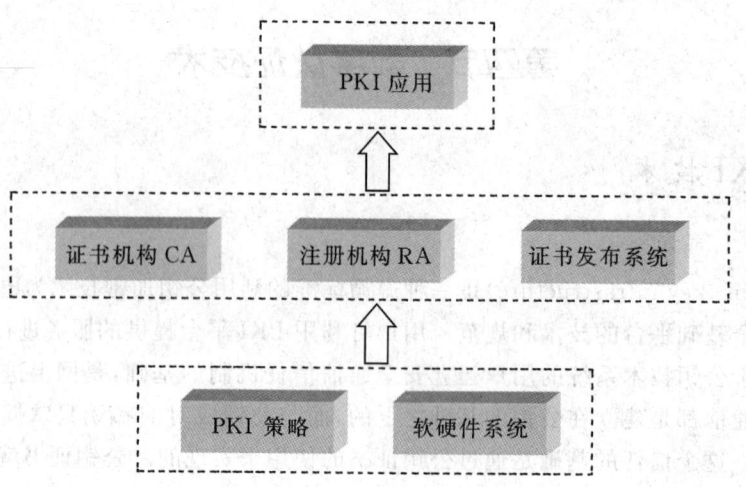

图 3-10　PKI 组成框图

机构(CCA)或者可信的第三方操作的 PKI 系统需要 CPS。这是一个包含如何在实践中增强和支持安全策略的一些操作过程的详细文档。它包括 CA 是如何建立和运作的,证书是如何发行、接收和废除的,密钥是如何产生、注册的,以及密钥是如何存储的,用户是如何得到它的等。

(2)证书机构 CA 是 PKI 的信任基础,它管理公钥的整个生命周期。CA 机构的作用包括发放证书、规定证书的有效期,以及通过发布证书废除列表(CRL),确保必要时可以废除证书。后面将会在数字证书部分进行详细介绍。

(3)注册机构 RA 提供给用户一个和 CA 之间的接口,它获取并认证用户的身份,向 CA 提出证书请求。CA 机构主要完成收集用户信息和确认用户身份的功能。这里的用户,是指将要向认证中心(即 CA)申请数字证书的客户,可以是个人,也可以是集团或团体、某政府机构等。注册管理一般由一个独立的注册机构(即 RA)来承担。它接受用户的注册申请,审查用户的申请资格,并决定是否同意 CA 给其签发数字证书。注册机构并不给用户签发证书,而只是对用户进行资格审查。因此,RA 可以设置在直接面对客户的业务部门,如银行的营业部。当然,对于一个规模较小的 PKI 应用系统来说,可把注册管理的职能由认证中心 CA 来完成,而不设立独立运行的 RA。但这并不是取消了 PKI 的注册功能,而只是将其作为 CA 的一项功能而已。

PKI 国际标准推荐由一个独立的 RA 来完成注册管理的任务,可以增强应用系统的安全。

(4)证书发布系统负责证书的发放。证书发布可以通过用户自己或是通过目录服务。目录服务器可以是一个组织中现存的,也可以是 PKI 方案中提供的。

(5)PKI 的应用非常广泛。PKI 广泛应用在包括在 Web 服务器和浏览器之间的通讯、电子邮件、电子数据交换(EDI)、在 Internet 上的信用卡交易和虚拟私有网(VPN)等。

一个简单的 PKI 系统包括证书机构 CA、注册机构 RA 和相应的 PKI 存储库。CA 用于签发并管理证书;RA 可作为 CA 的一部分,也可以独立,其功能包括个人身份审核、CRL

管理、密钥产生和密钥对备份等;PKI存储库包括LDAP目录服务器和普通数据库,用于对用户申请、证书、密钥、CRL和日志等信息进行存储和管理,并提供一定的查询功能。

(三)PKI体系结构的组织方式

在一个PKI体系结构内,成员的组织可以有很多方,包括按日常职能分类的COI方式(community of interest)、将PKI体系建立在现有的政府或组织机构管理基础之上的组织化方式以及按安全级别划分的担保等级方式。

以上方式都是基于以下因素考虑:由哪个机构来设置安全策略;在安全策略下用户该如何组织;在具体实施过程中采取哪种或哪几种方式的组合。而具体应该考虑系统可靠性、系统可扩展性、系统的灵活性和使用的方便性、CA结构的可信任性、与其他系统的互操作性、增加成员的开销、各系统模块的管理结构、责任划分等因素。

(四)PKI的操作功能

在实际运行中,PKI的多种操作方式又影响其他功能的实现方式,不同实现方式的组合将形成不同的PKI全局操作思想。

PKI具有十二种功能操作,涉及的成员机构包括PKI认证机构(P)、数据发布目录(D)和用户。

1. 产生、验证和分发密钥

用户公私钥对的产生、验证及分发包括如下方式:

(1)用户自己产生密钥对。用户选取产生密钥的方法,负责私钥的存放;还应向CA提交自己的公钥和身份证,CA对用户进行身份认证,对密钥的强度和持有者进行审查;审查通过后,对用户的公钥产生证书;然后将证书发放给用户;最后CA负责将证发布到相应的目录服务器。

在某些情况下,用户自己产生了密钥对后,到ORA(在线证书审查机构)去进行证书申请。此时,ORA完成对用户的身份认证,通过后,以数字签名的方式向CA提供用户的公钥及相关信息;CA完成对公钥强度检测后产生证书,并将签名的证书返给ORA,由ORA发放给用户或者CA通过电子方式将证书发放给用户。

(2)CA为用户产生密钥对。用户到CA中心产生并获得密钥对之后,CA中心应自动销毁本地的用户密钥对拷贝;用户取得密钥对后,保存好自己的私钥,将公钥送至CA或ORA按上述方式申请证书。

(3)CA(包括PAA、PCA、CA)自己产生自己的密钥对。PCA的公钥证书由PAA签发并得到PAA的公钥证书,CA的公钥由上级PCA签发,并取得上级CA的公钥证书;当它签发下级(用户或ORA)证书时,向下级发送上级PCA、PAA的公钥证书。

2. 签名和验证

在PKI体系中,对信息和文件的签名以及对数字签名的认证是很普遍的操作。PKI成员对数字签名和认证是采用多种算法的,如RSA、DES等,这些算法可以由硬件、软件或硬软结合的加密模块(固件)来完成。密钥和证书存放的介质可以是内存、IC卡或软盘等。

3. 证书的获取

在验证信息的数字签名时,用户必须事先获取信息发送者的公钥证书,以对信息进行解

密验证,同时还需要 CA 对发送者所发的证书,以便验证发送者身份的有效性。

证书的获取可以有多种方式:

(1)发送者发送签名信息时,附加发送自己的证书;

(2)单独发送证书信息的通道;

(3)可从访问发布证书的目录服务器获得;

(4)可从证书的相关实体(如 RA)处获得。

在 PKI 体系中,可以采取上述某种或某几种方式获得证书。

发送数字签名证书的同时,可以发布证书链。这时,接收者拥有证书链上的每一个证书,从而可以验证发送者的证书。

4. 验证证书

验证证书的过程是迭代寻找证书链中下一个证书和它相应的上级 CA 证书。在使用每个证书前,必须检查相应的 CRL,对用户来说这种在线的检查是透明的。用户检查证书的路径是从最后一个证书(即用户已确认可以信任的 CA 证书)所签发的证书有效性开始,检验每一个证书,一旦验证后,就提取该证书中的公钥,用于检验下一个证书,直到验证完发送者的签名证书,并将该证书中包括的公钥用于验证签名。

5. 保存证书

保存证书是指 PKI 实体在本地储存证书,以减少在 PKI 体系中获得证书的时间,并提高证书签名的效率。在存储每个证书之前,应该验证该证书的有效性。PKI 实体可以选择存储其证书链上其他实体所接收到的所有证书,也可以只存储数字签名发送者的证书。证书存储单元应对证书进行定时管理维护,清除已作废的或过期的证书及在一定时间内未使用的证书。证书存储数据库还要与最新发布的 CRL 文件相比较,从数据库中删除 CRL 文件中已发布的作废证书。证书存储区存满之后,一般采取删除最少使用的那些证书(LRU)。

6. 本地保存证书的获取

CA 证书可以集中存放,也可分布式存放,即可从本地保存的证书中获取证书。用户收到签名数据后,检查证书存储区中是否已有发送者签发的证书,并用签发者的公钥验证签名。用户可以选择在每次使用前来检查最新发布的 CRL,以确保发送者的证书未被作废;用户也可选择定期证实本地证书在存储区中的有效性。如果用户的本地存储区中未保存发送者的证书,用户则应按照上述证书获取的过程取得所需的证书。

7. 证书废止的申请

(1)证书废止的条件。

①当 PKI 中某实体的私钥被泄漏时,被泄密的私钥所对应的公钥证书应被作废。对 CA 而言,私钥的泄密不大可能,除非有意破坏或恶意攻击所造成;对一般用户而言,私钥的泄密可能是因为存放介质的遗失或被盗。

②另外一种情况是证书中所包含的证书持有者已终止或与某组织的关系已经中止,则相应的公钥证书也应该作废。

(2)证书废止的方式。

①如果是密钥泄露,证书的持有者以电话或书面的方式,通知相应的 CA;

②如果是因关系中止,由原关系中组织方面出面通知相应的 ORA 或 CA。

(3)处理过程。如果 ORA 得到通知,ORA 应通知相应的 CA,作废请求得到确认后,CA 在数据库中将该证书记上作废标志,并在下次发布 CRL 时加入证书作废列表,同时标明作废时间。在 CRL 中的证书作废列表时间有规定,过期后即可删除。

8. 密钥的恢复

在密钥泄密、证书作废后,为了恢复 PKI 中实体的业务处理和产生数字签名,泄密实体将获得(包括个人用户)一对新的密钥,并要求 CA 产生新的证书。

泄漏密钥的实体是 CA 的情况下,它需要重新签发以前那些用泄密密钥所签发的证书。每一个下属实体产生新的密钥时,将获得的 CA 用新私钥签发新的证书,而原来用泄密密钥签发的旧证书将作废,并被放入 CRL。

在具体做法上可采取双 CA 的方式来进行泄密后的恢复,即每一个 PKI 实体的公钥都由两个 CA 签发证书,当一个 CA 泄密钥后,得到通知的用户可转向另一个 CA 的证书链,可以通过另一个 CA 签发的证书来验证签名。这样可以减少重新产生密钥和重新签发证书的巨大工作量,也可以使泄密 CA 的恢复和它对下属实体证书的重新发放工作稍慢进行,系统的功能不受影响。

9. CRL 的获取

每一个 CA 均可以产生 CRL,CRL 可以定期产生,也可以在每次有证书作废请求后实时产生,CA 应将其产生的 CRL 及时发布到目录服务器上去。

CRL 的获取就可以有多种方式:

(1)CA 产生 CRL 后,自动发送到下属各实体;

(2)大多数情况则是由使用证书的各 PKI 实体从目录服务器获得相应的 CRL。

10. 密钥更新

在密钥泄密的情况下,将产生新的密钥和新的证书。但在密钥没被泄漏的情况下,密钥也应该定时更换。这种更换的方式也有多种。PKI 体系中的各实体可以在同一天,也可以在不同的时间更换密钥。

其中有一个问题要引起注意——密钥的更换时间,无论是签发者或是被签者的密钥作废时间,都要与每个证书的有效截止日期保持一致。

(1)如果 CA 和其下属的密钥同时到达有效期截止日期,则 CA 和其下属实体同时更换密钥,CA 用自己的新私钥为下属成员的新公钥签发证书。

(2)如果 CA 和其下属的密钥不是同时到达有效截止期,当用户的密钥到期后,CA 将用它当前的私钥为用户新的公钥签发证书;而 CA 密钥先到达截止日期时,CA 用新私钥为所有用户的当前公钥重新签发证书。

不管哪一种更换方式,PKI 中的实体都应该在密钥有效期截止之前,取得新密钥对和新证书。在截止日期到达后,PKI 中的实体便开始使用新的私钥进行对数据的签名,同时应该将旧密钥对和证书归档保存。

11. 审计

PKI 体系中的任何实体都可以进行审计操作,但一般是由 CA 来执行审计,CA 保存所有与安全有关的审计信息,如产生密钥对、证书的请求、密钥泄漏的报告、证书中包括的某种

关系的中止等。

12. 存档

出于政府和法律的要求以及系统恢复的需要,CA 产生的证书和 CRL 应被归档,作历史文件保存。另外,有关文件和审计信息出于调整或法规的规定也需要存档。

二、数字证书

对公开密钥技术而言,会面临公开密钥的分发问题,即如果把一个用户的公钥以一种安全可靠的方式发送给需要的另一方,就要求管理这些公钥的系统必须是值得信赖的。在这样的系统中,如果 A 想要给 B 发送一些加密数据,A 需要知道 B 的公开密钥;如果 B 想要知道 A 发来的文档的数字签名,B 需要知道 A 的公开密钥。所以,必须有一项技术来解决公钥与合法拥有者身份的绑定问题。假设有一个人自称某一个公钥是自己的,必须有一定的措施和技术来对其来源进行验证。

数字证书系统通过认证机构对公—私密钥对的持有者发放和管理数字证书。每一个数字证书包含了数字证书主题的一个公钥值和对其所作的无二义性的身份确认信息。其中,数字证书主体是指持有相应私钥的个人、设备或其他实体,而认证机构则用自己的私钥对数字证书进行数字签名。

对于用户来说,如果他已经安全地获得了某一认证机构的公钥,而且该用户是信任该认证机构的,那么该用户就可以获得认证机构的任一用户的公钥。方法是先获得该认证机构用户的一个数字证书拷贝,然后抽出其中的认证机构公钥值,并用认证机构的公钥来检验数字证书上的数字签名。这样,借用数组证书,用户只要知道了一个通信方(即认证机构)的公钥,就可以获得其他很多通信方的公钥。因而,可以获得很好的规模效应。

对于数字证书来说,可以通过不需要提供安全性保护的文件服务器、目录服务系统及其他的通信协议来分发。这是由于以下原因:

(1)公钥没有保密的需要,因此数字证书也不需要保密。

(2)数字证书具有自我保护功能,即数字证书所包含的认证机构的数字签名为其自身提供了鉴定和完整性保护。如果数字证书在传给公钥用户的过程中被入侵者篡改,公钥用户能够检测到这种篡改,因为数字证书中认证机构的数字签名将验证出来公钥用户是不正确的。

数字证书是一个经证书授权中心数字签名的包含公开密钥拥有者信息和公开密钥的文件。最简单的证书包含一个公开密钥、名称以及证书授权中心的数字签名。一般情况下证书中还包括密钥的有效时间、发证机关(证书授权中心)的名称、该证书的序列号等信息,证书的格式遵循 ITUT X.509 国际标准。

(一)数字证书基础

1. 证书格式

在 Internet 中,应用程序使用的证书都来自不同的厂商或组织,为了实现可交互性,要求证书能够被不同的系统识别,应符合一定的格式,并实现标准化。X.509 为证书及其 CRL 格式提供了一个标准。但 X.509 本身不是 Internet 标准,而是国际电联 ITU 标准,它定义了一个开放的框架,并在一定的范围内可以进行扩展。

为了适应 PKI 技术的发展,IETF 制定了在 Internet 上使用 X.509 和 CRL 的标准。其制定的标准把 X.509 作为标准,并对各标准项和扩展做了说明,基本接收了 X.509 作为 Internet 中的证书标准,但也定义了被 PKI 应用的 X.509 V3 和 CRL V2 标准格式的设置,这些设置包含了 PKIX 工作组对 X.509 所做的一些新的扩展。

X.509 目前有三个版本,即 V1、V2 和 V3,其中 V3 是在 V2 的基础上加上扩展项后的版本。V3 版本证书通过增加标准扩展项对 V1 和 V2 证书进行了扩展。另外,根据实际需要,各个组织或团体也可以增加自己的私有扩展。

X.509V1 和 V2 证书所包含的主要内容如下:

(1)证书版本号(version):版本号指明了 X.509 证书的格式版本,现在的值可以为 0、1、2,也为将来的版本进行了预定义。

(2)证书序列号(serial number):序列号指定由 CA 分配给证书唯一的数字型标识符。当证书被取消时,实际上是将此证书的序列号放入由 CA 签发的 CRL 中,这也是序列号唯一的原因。

(3)签名算法标识符(signature):签名算法标识用来指定由 CA 签发证书时所使用的签名算法。算法标识符用来指定 CA 签发证书时所使用的公开密钥算法和 hash 算法,须向国际知名标准组织(如 ISO)注册。

(4)签发机构名(issuer):此域用来标识签发证书的 CA 的 X.500DN 名字,包括国家、省市、地区、组织机构、单位部门和通用名。

(5)有效期(validity):指定证书的有效期,包括证书开始生效的日期和时间以及失效的日期和时间。每次使用证书时,需要检查证书是否在有效期内。

(6)证书用户名(subject):指定证书持有者的 X.500 唯一名字,包括国家、省市、地区、组织机构、单位部门和通用名,还可包含 E-mail 地址等个人信息等。

(7)证书持有者公开密钥信息(subject public key info):证书持有者公开密钥信息域包含两个重要信息,即证书持有者的公开密钥的值和公开密钥使用的算法标识符。此标识符包含公开密钥算法和 hash 算法。

(8)签发者唯一标识符(issuer unique identifier):签发者唯一标识符在第 2 版加入证书定义中。此域用在当同一个 X.500 名字用于多个认证机构时,用一比特字符串来唯一标识签发者的 X.500 名字。可选。

(9)证书持有者唯一标识符(subject unique identifier):持有证书者唯一标识符在第 2 版的标准中加入 X.509 证书定义。此域用在当同一个 X.500 名字用于多个证书持有者时,用一比特字符串来唯一标识证书持有者的 X.500 名字。可选。

(10)签名值(issuer's signature):证书签发机构对证书上述内容的签名值。

X.509 V3 证书是在 V2 的基础上以标准形式或普通形式增加了扩展项,以使证书能够附带额外信息。标准扩展是指由 X.509 V3 版本定义的对 V2 版本增加的具有广泛应用前景的扩展项,任何人都可以向一些权威机构,如 ISO,来注册一些其他扩展,如果这些扩展项应用广泛,也许以后会成为标准扩展项。

2.CRL 格式

证书废除列表 CRL(certificate revocation lists),又称证书黑名单,为应用程序和其他

系统提供了一种检验证书有效性的方式。任何一个证书废除以后,证书机构 CA 会通过发布 CRL 的方式来通知各个相关方。目前,同 X. 509 V3 证书对应的 CRL 为 X. 509 V2 CRL,其所包含的内容格式如下:

(1)CRL 的版本号:0 表示 X. 509 V1 标准;1 表示 X. 509 V2 标准;目前常用的是同 X. 509 V3证书对应的 CRL V2 版本。

(2)签名算法:签名算法包含算法标识和算法参数,用于指定证书签发机构对 CRL 内容进行签名的算法。

(3)证书签发机构名:签发机构的 DN 名,由国家、省市、地区、组织机构、单位部门和通用名等组成。

(4)此次签发时间:此次 CRL 签发时间,遵循 ITU-TX. 509 V2 标准的 CA 在 2049 年之前把这个域编码为 UTC Time 类型,在 2050 年之后把这个域编码为 Generalized Time 类型。

(5)下次签发时间:下次 CRL 签发时间,遵循 ITU-TX. 509 V2 标准的 CA 在 2049 年之前把这个域编码为 UTC Time 类型,在 2050 年之后把这个域编码为 Generalized Time 类型。

(6)用户公钥信息,其中包括废除的证书序列号和证书废除时间。废除的证书序列号是指要废除的由同一个 CA 签发的证书的一个唯一标识号,同一机构签发的证书不会有相同的序列号。

(7)签名值:证书签发机构对 CRL 内容的签名值。

另外,CRL 中还包含扩展域和条目扩展域。CRL 扩展域用于提供与 CRL 有关的额外信息部分,允许团体和组织定义私有的 CRL 扩展域来传送他们独有的信息;CRL 条目扩展域则提供与 CRL 条目有关的额外信息部分,允许团体和组织定义私有的 CRL 条目扩展域来传送他们独有的信息。

(二)证书的申请和撤销

证书的申请有两种方式,一是在线申请,另外一个就是离线申请。在线申请就是利用浏览器或其他应用系统通过在线的方式来申请证书,这种方式一般用于申请普通用户证书或测试证书。离线方式一般通过人工的方式直接到证书机构证书受理点去办理证书申请手续,通过审核后获取证书,这种方式一般用于比较重要的场合,如服务器证书和商家证书等。下面讨论的主要是在线申请方式。

证书申请的步骤如下:

(1)用户申请。用户首先下载 CA 的证书,又叫根证书,然后在证书的申请过程中使用 SSL 安全方式与服务器建立连接,用户填写个人信息,浏览器生成私钥和公钥对,将私钥保存在客户端特定文件中,并且要求用口令保护私钥,同时将公钥和个人信息提交给安全服务器。安全服务器将用户的申请信息传送给注册机构服务器。

(2)注册机构审核。用户与注册机构人员联系,证明自己的真实身份,或者请求代理人与注册机构联系。注册机构操作员利用自己的浏览器与注册机构服务器建立 SSL 安全通信,该服务器需要对操作员进行严格的身份认证,包括操作员的数字证书、IP 地址等,为了进一步保证安全性,可以设置固定的访问时间。操作员首先查看目前系统中的申请人员,从列表中找出相应的用户,点击用户名,核对用户信息,并且可以进行适当的修改,如果操作员同意用户申请证书请求,必须对证书申请信息进行数字签名。操作员也有权利拒绝用户的申请。操作员与服务器之间的所有通信都采用加密和签名,具有安全性、抗否认性,保证了系统的安全性和有效性。

(3)CA 发行证书。注册机构 RA 通过硬拷贝的方式向 CA 传输用户的证书申请与操作员的数字签名,CA 操作员查看用户的详细信息,并且验证操作员的数字签名,如果签名验证通过,则同意用户的证书请求,颁发证书,然后 CA 将证书输出。如果 CA 操作员发现签名不正确,则拒绝证书申请。CA 颁发的数字证书中包含关于用户及 CA 自身的各种信息,如能唯一标识用户的姓名及其他标识信息、个人的 E-mail 地址、证书持有者的公钥。公钥用于为证书持有者加密敏感信息、签发个人证书的认证机构的名称、个人证书的序列号和个人证书的有效期(证书有效起止日期)等。

(4)注册机构证书转发。注册机构 RA 操作员从 CA 处得到新的证书,首先将证书输出到 LDAP 目录服务器以提供目录浏览服务,最后操作员向用户发送一封电子邮件,通知用户证书已经发行成功,将用户的证书序列号告诉用户,请其到指定的网址去下载自己的数字证书,并且告知用户如何使用安全服务器上的 LDAP 配置,让用户修改浏览器的客户端配置文件以便访问 LDAP 服务器,获得他人的数字证书。

(5)用户证书获取。用户使用证书申请时的浏览器到指定的网址,键入自己的证书序列号。服务器要求用户必须使用申请证书时的浏览器,因为浏览器需要用该证书相应的私钥去验证数字证书。只有保存了相应私钥的浏览器才能成功下载用户的数字证书。这时用户打开浏览器的安全属性,就可以发现自己已经拥有了 CA 颁发的数字证书,可以利用该数字证书与其他人以及 Web 服务器(拥有相同 CA 颁发的证书)使用加密、数字签名等进行安全通信。

证书撤销流程步骤如下:

(1)用户向注册机构操作员发送一封签名加密的邮件,声明自己自愿撤销证书。

(2)注册机构同意证书撤销,操作员键入用户的序列号,对请求进行数字签名。

(3)CA 查询证书撤销请求列表,选出其中的一个,验证操作员的数字签名,如果正确的话,则同意用户的证书撤销申请,同时更新 CRL 列表,然后将 CRL 以多种格式输出。

(4)注册机构转发证书撤销列表。操作员导入 CRL,以多种不同的格式将 CRL 公布于众。

(5)用户浏览安全服务器,下载或浏览 CRL。

在一个 PKI,特别是 CA 中,信息的存储是一个非常核心的问题,它包括两个方面:一个是 CA 服务器利用数据库来备份当前密钥和归档过期密钥,该数据库需高度安全和机密,其安全等级同 CA 本身相同;另外一个就是目录服务器,用于分发证书和 CRL,一般采用 LDAP 目录服务器。

(三)证书的存放

数字证书作为一种电子数据格式,可以直接从网上下载,也可以通过其他方式。

(1)使用 IC 卡存放用户证书。即把用户的数字证书写到 IC 卡中,供用户随身携带。这样用户在所有能够读 IC 卡证书的电子商务终端上都可以享受安全电子商务服务。

（2）用户证书直接存放在磁盘或自己的终端上。用户将从 CA 申请来的证书下载或复制到磁盘或自己的 PC 机或智能终端上，当用户使用自己的终端享受电子商务服务时，直接从终端读入即可。

（3）另外，CRL 一般通过网上下载的方式存储在用户端。

（四）证书的使用

在实际应用中，为了验证信息的数字签名，用户首先必须获取信息发送者的公钥证书，以及一些额外需要的证书（如 CA 证书等，用于验证发送者证书的有效性）。

证书的获取可以有多种方式，如发送者发送签名信息时附加发送自己的证书，或者以另外的单独信息发送证书，或者可以通过访问证书发布的目录服务器来获得，或者直接从证书相关的实体处获得。在一个 PKI 体系中，可以采取某种或某几种上述方式获得证书。

1. 证书的验收

在电子商务系统中，证书的持有者可以是个人用户、企事业单位、商家、银行等。无论是电子商务中的哪一方，在使用证书验证数据时，都遵循同样的验证流程。一个完整的验证过程有以下几步：

（1）将客户端发来的数据解密（如解开数字信封）；

（2）将解密后的数据分解成原始数据、签名数据和客户证书三部分；

（3）用 CA 根证书验证客户证书的签名完整性；

（4）检查客户证书是否有效，即当前时间是否在证书结构中的所定义的有效期内；

（5）检查客户证书是否作废（OCSP 方式或 CRL 方式）；

（6）验证客户证书结构中的证书用途；

（7）客户证书验证原始数据的签名完整性。

如果以上各项均验证通过，则接受该数据。

2. 数字证书的使用

在实际应用中，结合不同加密算法的特点，数字证书的使用如图 3 - 11 和图 3 - 12 所示，其具体过程如下：

（1）发送方利用散列函数，把要发送的信息散列成固定长度的数字摘要；

（2）发送方用自己的私有密钥对数字摘要进行加密，形成数字签名；

（3）发送方把数字签名和自己的数字证书附加在原信息上，利用对称密钥进行对称加密，形成加密后信息；

（4）发送方用接收方数字证书中的公开密钥，来对发送方进行对称加密的密钥进行加密，将加密结果装入数字信封；

（5）发送方把加密后的信息与数字信封一起通过网络发送出去；

（6）接收方用自己的私有密钥对接收到的数字信封进行解密，得到发送方用于加密的对称密钥；

（7）接收方用解密得到的对称密钥对接收到的加密后信息进行解密，得到信息、数字签名和发送方的数字证书；

（8）接收方用得到的发送方数字证书中的公开密钥对数字签名进行解密，得到数字摘要；

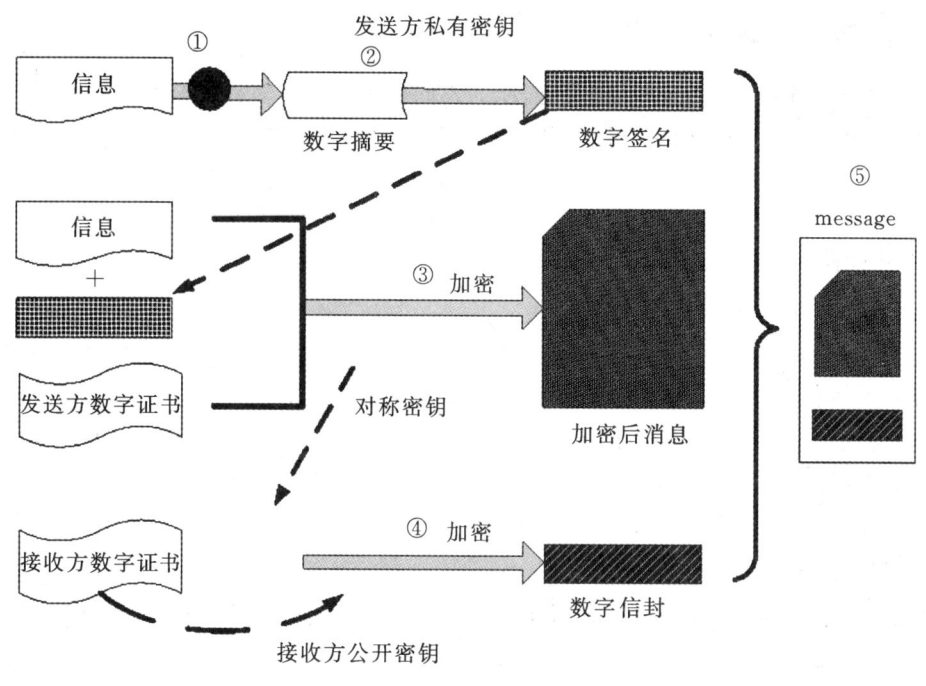

图 3－11　发送方

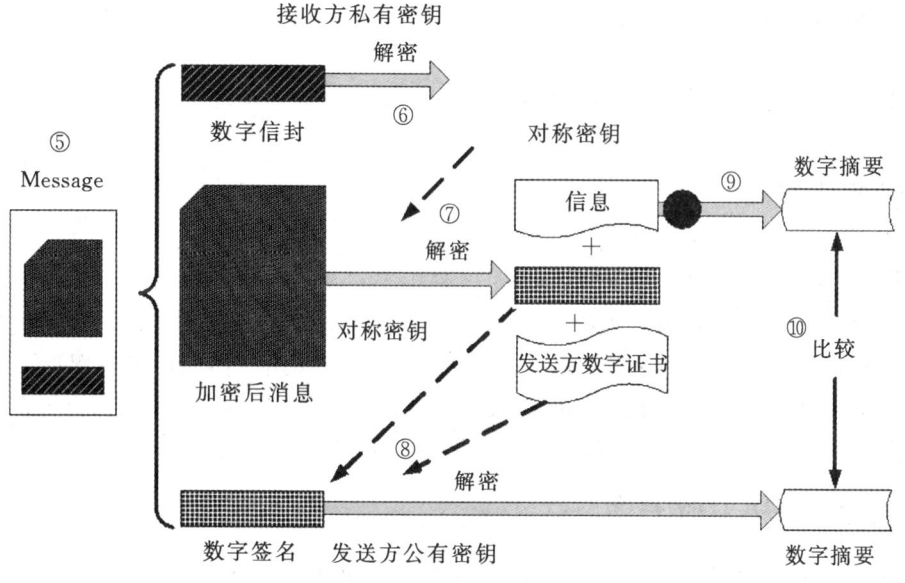

图 3－12　接收方

（9）接收方运用同样的散列函数，把解密得到的信息散列成固定长度的数字摘要；

（10）接收方比较两个数字摘要，若比较结果一致，则说明信息在传递的过程中未被篡改过，即保证了数据的完整性。

三、PKI 的服务应用

PKI 作为整个社会的安全基础设施,能为不同的用户提供多种安全服务,可以将其服务分为核心服务和附加服务两类。PKI 的核心服务主要包括提供认证、完整性和机密性等服务,PKI 的附加服务主要包括提供抗抵赖服务、安全时间戳和公正服务等。PKI 技术的广泛应用能满足人们对网络交易安全保障的需求。当然,作为一种基础设施,PKI 的应用范围非常广泛,并且在不断发展之中,下面给出几个应用实例。

(一)虚拟专用网络(VPN)

VPN 是一种架构在公用通信基础设施上的专用数据通信网络,利用网络层安全协议(尤其是 IPSec)和建立在 PKI 上的加密与签名技术来获得机密性保护。基于 PKI 技术的 IPSec 协议现在已经成为架构 VPN 的基础,它可以为路由器之间、防火墙之间或者路由器和防火墙之间提供经过加密和认证的通信。虽然它的实现会复杂一些,但其安全性比其他协议都完善得多。

(二)安全电子邮件

作为 Internet 上最有效的应用,电子邮件凭借其易用、低成本和高效等特点已经成为现代商业中的一种标准信息交换工具。随着 Internet 的持续增长,商业机构或政府机构都开始用电子邮件交换一些秘密的或是有商业价值的信息,这就引出了一些安全方面的问题,包括消息和附件可以在不为通信双方所知的情况下被读取、篡改或截掉,发信人的身份无法确认等。电子邮件的安全需求也是机密、完整、认证和不可否认,而这些都可以利用 PKI 技术来获得。目前发展很快的安全电子邮件协议是 S/MIME(The Secure Multipurpose Internet Mail Extension),这是一个允许发送加密和有签名邮件的协议。该协议的实现需要依赖于 PKI 技术。

(三)Web 安全

浏览 Web 页面是人们最常用的访问 Internet 的方式。如果要通过 Web 进行一些商业交易,该如何保证交易的安全呢?为了透明地解决 Web 的安全问题,在两个实体进行通信之前,先要建立 SSL 连接,以此实现对应用层透明的安全通信。利用 PKI 技术,SSL 协议允许在浏览器和服务器之间进行加密通信。此外,服务器端和浏览器端通信时双方可以通过数字证书确认对方的身份。结合 SSL 协议和数字证书,PKI 技术可以保证 Web 交易多方面的安全需求,使 Web 上的交易和面对面的交易一样安全。

四、定义 PKI 的标准

随着 PKI 的发展和应用的不断普及,PKI 的产品也越来越多,为了保持各产品之间的兼容性,标准化成了 PKI 不可避免的发展趋势。

PKI 的标准可分为两个部分:一类用于定义 PKI,而另一类用于 PKI 的应用。

(一)定义 PKI 的标准

在 PKI 技术框架中,许多方面都经过严格的定义,如用户的注册流程、数字证书的格式、CRL 的格式、证书的申请格式以及数字签名格式等。

国际电信联盟 ITUX.509 协议，是 PKI 技术体系中应用最为广泛，也是最为基础的一个国际标准。它的主要目的在于定义一个规范的数字证书的格式，以便为基于 X.500 协议的目录服务提供一种强认证手段。但该标准并非要定义一个完整的、可互操作的 PKI 认证体系。

PKCS 是由美国 RSA 数据安全公司及其合作伙伴制定的一组公钥密码学标准，其中包括证书申请、证书更新、证书作废表发布、证书内容扩展以及数字签名、数字信封的格式等方面的一系列相关协议。到 1999 年底，PKCS 已经公布了以下标准：

（1）PKCS#1：定义 RSA 公开密钥算法加密和签名机制，主要用于组织 PKCS#7 中所描述的数字签名和数字信封。

（2）PKCS#3：定义 Diffie - Hellman 密钥交换协议。

（3）PKCS#5：描述一种利用从口令派生出来的安全密钥加密字符串的方法。使用 MD2 或 MD5 从口令中派生密钥，并采用 DES - CBC 模式加密，主要用于加密从一个计算机传送到另一个计算机的私人密钥，不能用于加密消息。

（4）PKCS#6：描述了公钥证书的标准语法，主要描述 X.509 证书的扩展格式。

（5）PKCS#7：定义一种通用的消息语法，包括数字签名和加密等用于增强的加密机制，PKCS#7 与 PEM 兼容，所以不需其他密码操作，就可以将加密的消息转换成 PEM 消息。

（6）PKCS#8：描述私有密钥信息格式，该信息包括公开密钥算法的私有密钥以及可选的属性集等。

（7）PKCS#9：定义一些用于 PKCS#6 证书扩展、PKCS#7 数字签名和 PKCS#8 私钥加密信息的属性类型。

（8）PKCS#10：描述证书请求语法。

（9）PKCS#11：称为 Cyptoki，定义了一套独立于技术的程序设计接口，用于智能卡和 PCMCIA 卡之类的加密设备。

（10）PKCS#12：描述个人信息交换语法标准。描述了将用户公钥、私钥、证书和其他相关信息打包的语法。

（11）PKCS#13：椭圆曲线密码体制标准。

（12）PKCS#14：伪随机数生成标准。

（13）PKCS#15：密码令牌信息格式标准。

另外，PKCS#2 和 PKCS#4 已经合并到 PKCS#1 之中。PKIX 是由 IETF 组织中的 PKI 工作小组制定的系列国际标准，此类标准主要定义基于 X.509 和 PKCS 的 PKI 模型框架。PKIX 中定义的四个主要模型为用户、认证中心 CA、注册中心 RA 和证书存取库。

（二）PKI 应用标准

目前世界上已经出现了许多依赖于 PKI 的安全标准，即 PKI 的应用标准，如安全的套接层协议 SSL、传输层安全协议 TLS、安全的多用途互联网邮件扩展协议 S/MIME 和 IP 安全协议 IPSEC 等。

S/MIME 是一个用于发送安全报文的 IETF 标准。它采用了 PKI 数字签名技术并支持消息和附件的加密，无须收发双方共享相同密钥。S/MIME 委员会采用 PKI 技术标准来

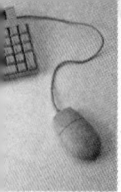

实现 S/MIME,并适当扩展了 PKI 的功能。目前该标准包括密码报文语法、报文规范、证书处理以及证书申请语法等方面的内容。

SSL/TLS 是互联网中访问 Web 服务器最重要的安全协议。当然,它们也可以应用于基于客户机/服务器模型的非 Web 类型的应用系统。SSL/TLS 都利用 PKI 的数字证书来认证客户和服务器的身份。

IPSEC 是 IETF 制定的 IP 层加密协议,PKI 技术为其提供了加密和认证过程的密钥管理功能。IPSEC 主要用于开发新一代的 VPN。

另外,随着 PKI 的进一步发展,新的标准也在不断地增加和更新。

第五节 网络金融活动的安全技术标准

目前,安全套接层(secure socket layer,SSL)和安全电子交易(secure electronic transaction)应用广泛,是电子金融活动的两种主要安全标准。

一、安全套接层协议 SSL

(一)SSL 协议概述

1. SSL 安全协议提供的服务

安全套接层协议是由 Netscape Communication 公司开发的,是保证通信安全的国际电子支付安全标准协议,也是国际上最早的一种电子商务安全协议。

安全套接层协议处于应用程序和网络层之间,为网络上应用程序之间的数据传输提供安全保护。它由握手子协议(Handshake Protocol)和记录子协议(Record Protocol)组成。握手子协议主要负责协商确定通信双方数据传输时采用的加密方式和所用密钥;记录子协议则根据上述协商结果实施传输数据的加密和解密。

SSL 安全协议主要提供三方面的服务:

(1)用户和服务器的合法认证性:认证用户和服务器的合法性,使得它们能够确信数据将被发送到正确的客户机和服务器上。客户机和服务器都有各自的识别号,这些识别号由公钥进行编号,为了验证用户是否合法,安全套接层协议要求握手交换数据进行数字认证,以此来确保用户的合法性。

(2)加密被传输的数据:安全套接层协议所采用的加密技术既有对称密钥加密技术,也有非对称加密技术。在客户机和服务器进行数据交换之前,先交换 SSL 初始握手信息。在 SSL 握手信息中采用了各种加密技术,以保证握手信息的机密性和完整性,并且用数字证书进行鉴别,以防止非法用户进行窃取、篡改和冒充。

(3)保护数据的完整性:安全套接层协议采用散列函数和机密共享的方法来提供信息的完整性服务,建立客户机和服务器之间的安全通道,使所有经过安全套接层协议处理的业务在传输过程中能完整、准确无误地到达目的地。

安全套接层协议作为保证计算机通信安全的协议,对通信对话过程进行安全保护。例如,一台客户机与一台主机连接上了,首先要初始化握手协议;然后就建立了一个 SSL 连接,从对话开始到对话结束,安全套接层协议都会对整个通信过程加密,并且检查其完整性。

2. SSL 协议进行安全保护的步骤

安全套结成协议作为保证计算机通信安全的协议,主要通过六个步骤对整个通信过程进行安全保护。

(1)接通阶段:客户通过网络向服务商握手,服务商应答;

(2)密码交换阶段:客户和服务商之间交换双方认可的密钥,一般选用 RSA 密码算法;

(3)会话密钥阶段:客户和服务商之间产生彼此交互的会话密钥;

(4)检验阶段:检验服务商取得的密钥;

(5)客户认证阶段:验证客户的可信度;

(6)结束阶段:客户和服务商之间相互交换结束的信息。

安全套接层协议建立在 TCP 协议之上,它的优势在于与应用层协议独立无关,应用层协议能透明地建立于安全套接层协议之上。安全套接层协议目前是电子商务和网络金融活动中应用最广泛的安全协议之一。SSL 之所以能得到广泛应用,主要原因是:

①SSL 应用范围广,凡是构建在 TCP/IP 协议上的客户机/服务器模式需要进行安全通信时,都可以使用 SSL 协议。

②SSL 被大部分 Web 浏览器和 Web 服务器所内置,比较容易应用。

(二)SSL 的体系结构

SSL 的设计目标是在 TCP 基础上提供一种可靠的端到端的安全传输服务,其服务对象一般是 Web 应用。SSL 不是一个单独的协议,它包括两个协议子层,即 SSL 记录协议和在记录协议之上的三个子协议(SSL 握手协议、SSL 密码更新协议和 SSL 报警协议),如表3-2所示,其中,最主要的两个 SSL 子协议是记录协议和握手协议。

表 3-2　SSL 体系结构

应用层		
SSL 握手协议	SSL 密码更新协议	SSL 报警协议
SSL 记录协议		
TCP		
IP		

记录协议定义了要传输的数据的格式,它位于 TCP 协议之上,从高层 SSL 子协议收到数据后,对它们进行封装、压缩、认证和加密。

SSL 握手协议是位于 SSL 记录协议之上的最重要的子协议,被 SSL 记录协议所封装。该协议允许服务器与客户机在应用程序传输和接收数据之前互相认证、协商加密算法和密钥。SSL 握手协议包括在初次建立 SSL 连接时使用 SSL 记录协议,以及在支持 SSL 协议的服务器与支持 SSL 协议的客户机之间交换的一系列信息。通过这些信息交换可实现如下操作:

(1)客户机认证服务器;

(2)客户机和服务器选择它们都支持的加密算法和密钥;

(3)服务器认证客户(可选择);

(4)使用公钥加密技术生成共享密码;

（5）建立 SSL 连接。

SSL 中两个重要概念是 SSL 会话（session）和 SSL 连接（connection），定义如下：

①连接：连接是提供某种类型服务的数据传输。对于 SSL，这样的连接是点对点的。连接是短暂的，每个连接与一个会话相联系。

②会话：SSL 的会话是客户和服务器之间的关联，会话通过握手协议来创建。会话定义了加密安全参数的一个集合，该集合可以被多个连接所共享。会话可以用来避免为每个连接重新进行安全参数协商。

（三）基于 SSL 的银行卡支付过程：

图 3-13 是一个典型的基于 SSL 的电子交易过程。

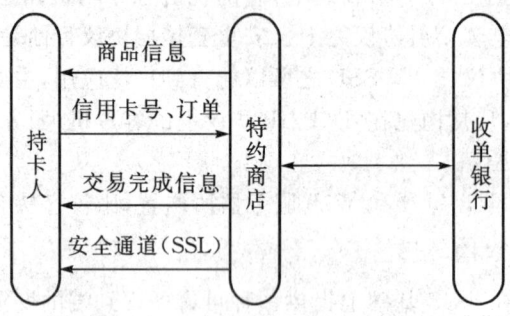

图 3-13　基于 SSL 的典型网上交易过程

SSL 协议存在的主要问题是此协议有利用商家，很难保证客户资源的安全性。客户的信息首先传到商家，商家再传至银行，对客户的认证是必要的，整个过程缺少了对商家的认证。更可能的是，一个城市的网上商店收到顾客的信用卡号码后如果没有采用好的办法保证其安全性，则黑客能通过商家服务器窃取信用卡号等信息。

二、安全电子交易协议 SET

（一）SET 协议概述

安全电子交易 SET（security electronic transaction）是一种电子支付过程标准，由 VISA、Master Card、IBM、Netscape、Microsoft 及其他业界主流于 1996 年 2 月合作制定，是专为网上支付业务安全所制定的标准，用以保护网上支付卡交易的每一个环节。SET 协议于 1997 年 5 月 31 日正式推出 1.0 版。

SET 是一种应用于 Internet 环境下，以信用卡为基础的安全电子支付协议，它给出了一套电子交易的过程规范。通过 SET 这一套完备的安全电子交易协议，可以实现电子商务交易中的加密、认证机制、密钥管理机制等，保证在开放网络上使用信用卡进行在线购物的安全。由于 SET 提供商户和收单银行的认证，确保了交易数据的安全、完整可靠和交易的不可抵赖性，特别是具有保护消费者信用卡号不暴露给商户等优点，因此它成为目前公认的信用卡网上交易的国际标准。

SET 协议的重点是确保商户和消费者的身份及行为的认证和不可抵赖性，其理论基础是不可否认机制(non-repudiation),其采用的核心技术包括 X.509 数字证书标准与数字签名、报文摘要、数字签名和双重签名等。

SET 协议使用数字证书对交易各方的合法性进行验证,使用数字签名技术确保数据的完整性和不可否认性。SET 协议还利用双重签名技术对 SET 交易过程中消费者的支付信息和订单信息分别签名,使得商户看不到支付信息,只能对用户的订单信息解密,而金融机构看不到交易内容,只能对支付和账户信息解密,从而充分地保证了消费者的账户和订购信息的安全性。

SET 通过制定标准和采用各种技术手段,解决了一直困扰电子商务发展的安全问题,包括购物与支付信息的保密性、交易支付完整性、身份认证和不可抵赖性等,在电子交易环节上提供了更大的信任度、更完整的交易信息、更高的安全性和更少受欺诈的可能性。

(二)SET 购物流程

SET 协议是一个开放式的工业标准。它支持多个对象在 Internet 上安全可靠地传送商贸和金融信息。任何人、任何系统都可以利用在 Internet 上的 SET 工具来解决商贸活动。SET 最主要的使用对象在消费者和商店、商店与收单银行之间(见图 3-14)。

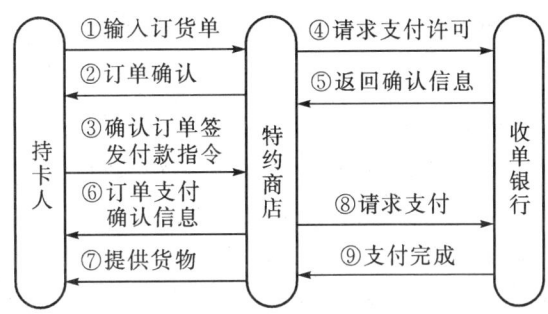

图 3-14　典型 SET 购物流程

一个典型的应用 SET 协议的过程如下:

(1)消费者利用自己的个人计算机通过 Internet 选定所要购买的物品,并在计算机上输入订货单,订货单上包括在线商店、购买物品名称及数量、交货时间及地点等相关信息。

(2)通过电子商务服务器与有关在线商店联系,在线商店做出应答,告诉消费者所填订货单的货物单价、应付款数、交货方式等信息是否准确,是否有变化。

(3)消费者选择付款方式,确认订单签发付款指令。此时 SET 开始介入。在 SET 中,消费者必须对订单和付款指令进行数字签名,同时利用双重签名技术保证商家看不到消费者的账号信息。

(4)在线商店接受订单后,向消费者所在银行请求支付认可。信息通过支付网关到收单银行,再到电子货币发行公司确认。

(5)电子货币公司批准交易后,返回确认信息给在线商店。

(6)在线商店发送订单确认信息给消费者。消费者端软件可记录交易日志,以备将来查询。

(7)在线商店发送货物或提供服务。

(8)在线商店通知收单银行将钱从消费者的账号转移到商店账号,或通知发卡银行请求支付。

(9)收单银行在认证操作和支付操作中间一般会有一个时间间隔,例如,在每天的下班前请求银行结一天的账。

前两步与 SET 无关,从第三步 SET 开始起作用,一直到第九步,在处理过程中通信协议、请求信息的格式、数据类型的定义等 SET 都有明确的规定。在操作的每一步,消费者、在线商店、支付网关都通过 CA(认证中心)来验证通信主体的身份,以确保通信的对方不是冒名顶替,所以,也可以简单地认为 SET 规格充分发挥了认证中心的作用,以维护在任何开放网络上的电子商务参与者所提供信息的真实性和保密性。

虽然早在 1997 年就推出了 SET1.0 版,但它的推广应用却较缓慢。主要原因在于:

(1)使用 SET 协议比较昂贵,互操作性差,难以实施,因为 SET 协议提供了多层次的安全保障,复杂程度显著增加;

(2)SSL 协议已被广泛应用;

(3)银行的支付业务不光是信用卡支付业务,而 SET 支付方式只适用于卡支付,对其他支付方式是有所限制的;

(4)SET 协议只支持 B2C 类型的电子商务模式,即消费者在网上购物与交易的模式,而不能支持 B2B 模式。

(三)SSL 和 SET 的区别和联系

SET 是一个多方的消息报文协议,SET 定义了银行、商户、持卡人之间必需的报文规范,而 SSL 只是简单地在两方之间建立了一条安全连接。SSL 是面向连接的,而 SET 允许各方之间的报文交换不是实时的。SET 报文能够在银行内部网或者其他网络上传输,而 SSL 之上的卡支付系统只能与 Web 浏览器捆绑在一起。具体来说,两者区别有以下方面:

(1)在认证要求方面,早期的 SSL 并没有提供商家身份认证机制,虽然在 SSL3.0 中可以通过数字签名和数字证书实现浏览器和 Web 服务器双方的身份验证,但仍不能实现多方认证。相比之下,SET 的安全要求较高,所有参与 SET 交易的成员(持卡人、商家、发卡行、收单行和支付网关)都必须申请数字证书进行身份识别。

(2)在安全性方面,SET 协议规范了整个商务活动的流程,持卡人到商家、到支付网关、到认证中心以及信用卡结算中心之间的信息流走向都制定了严密的标准,那些必须采用的加密、认证措施也都制定了严密的标准,从而最大限度地保证了商务性、服务性、协调性和集成性。而 SSL 只对持卡人与商店端的信息交换进行加密保护,可以看做是用于传输的那部分的技术规范。从电子商务特性来看,SSL 并不具备商务性、服务性、协调性和集成性。因此 SET 的安全性比 SSL 高。

(3)在网络层协议位置方面,SSL 是基于传输层的通用安全协议,而 SET 位于应用层,对网络上其他各层也有涉及。

(4)在应用领域方面,SSL 主要是和 Web 应用一起工作,而 SET 是为信用卡交易提供安全,因此如果电子商务应用只是通过 Web 或是电子邮件,则可以不要 SET。但如果电子商务应用是一个涉及多方交易的过程,则使用 SET 更安全、更通用些。

SET 的缺陷在于 SET 要求在银行网络、商户服务器、顾客的 PC 上安装相应的软件。

这给顾客、商家和银行增加了许多的费用,成为被广泛接受的障碍。另外,SET 还要求必须向各方发放证书,这也成为障碍之一。所有这些使得使用 SET 要比使用 SSL 昂贵得多。

SET 的优点在于 SET 可以用于系统的一部分或者全部。例如,一些商户考虑在与银行连接中使用 SET,而与顾客连接时仍然使用 SSL。这种方案既回避了在顾客机器上安装电子钱包软件,同时又获得了 SET 提供的很多优点。目前,大多数的 SET 软件提供商在其产品上都提供了灵活构筑系统的手段。

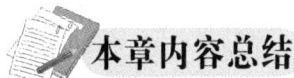 **本章内容总结**

网络金融活动建立于开放的 Internet 基础上,网络安全问题至关重要。网络金融活动存在信息的截取、篡改、假冒以及交易抵赖等安全隐患,通过建立有效的安全交易体系,可以实现网络金融活动中信息传输过程中有关有效性、机密性、完整性、不可否认性等安全控制要求。

网络金融的安全防范技术主要有防火墙技术、入侵检测技术、加密技术以及基于 PKI 的安全认证技术。

现代加密技术主要由对称密钥密码体系和非对称密钥密码体系构成。对称密钥密码具有加解密速度快但密钥分发管理困难等特点,适合对大量数据加密;而非对称密码可以在公开网络上方便地进行密钥管理工作,从而是 Internet 交易中广泛采用的加密技术。

数字认证技术包含数字签名、数字信封、数字摘要、数字证书等技术。这些技术的实施与管理都与认证中心有着密切的联系。

利用统一的安全标准可以实现不同企业网络平台之间的安全交易。目前,两种主要的网络金融交易安全标准是安全套接层协议(SSL)和安全电子交易协议(SET),在网络金融活动中广泛应用的是 SET。

 **上机实验题**

1.进行网上调查,研究国内目前基于 PKI 的应用都有哪些?

2.国内生产防火墙的厂家都有哪些? 其主要产品都包括哪些?

3.目前国内提供认证服务的机构主要分为哪几种?

 **复习思考题**

1.举例说明网络金融活动中存在的安全问题。

2.防火墙的功能和类型都有哪些?

3.比较对称加密算法(比如 DES)和非对称加密算法(比如 RSA),简述两者的优缺点。

4.一个完整的数字证书的验证步骤包括哪些?

5.进行网上调查,描述基于 SET 的购物流程具体包括哪些?

第四章
网络环境下的支付

本章内容提要

本章主要介绍网络环境下支付的含义、支付网络、支付工具和新兴的第三方支付服务。通过本章的学习，可以了解支付的含义及其随着社会经济与信息技术的发展而演进的过程，以及网络环境下电子支付的功能和特点；熟悉主要国际金融通信系统的发展背景和运作框架，及我国国家金融网的概况和网络构成；掌握各类电子支付工具的支付模式和运作流程，了解主要国际、国内信用卡组织及其服务，以及国际、国内资金汇兑和清算的主要方式和流程，掌握电子现金的特点和电子钱包的安全支付原理；了解新兴的基于网络的第三方支付服务的功能、作用和流程；了解移动支付的概念、类型以及基于社交平台的移动支付应用。

第一节　电子支付方式概论

一、电子支付的定义

（一）支付的涵义

支付（payment）是为了清偿商务伙伴间由于商品交易、证券交易、金融产品交易和劳务服务引起的债权债务关系所产生的经济行为。这种结清债权和债务关系的经济行为，也称为结算。因此，支付与结算含义基本相同，支付与结算可以直接理解为支付结算，或支付。

支付结算的发展，集中表现为两种基本形式，即实物支付结算和货币支付结算。广义的支付结算无论涵盖范围多广，都离不开这两种基本形式。人类社会最早的商品交易形式是以物易物，支付行为的结果是双方商品所有权的交换。至今实物支付结算并没有完全由货币支付结算所替代。

货币支付结算为社会上的经济交往提供了方便。因为货币是商品交易过程中固定地起着一般等价物作用的特殊商品，在商品交易中起中介作用。尤其是随着金融业的发展，货币本身的形态不断演进，从实物货币、金属货币、银行纸币、转账货币，到电子货币，货币的质和量一直在为满足社会经济生活的需要而进步，货币的质越来越轻，越来越便于携带、清点、保管和支付，货币代表的价值量可大可小，甚至不受金额限制。支付手段被认为是货币的五大基本职能之一。随着商品经济的发展，货币支付手段职能扩展到了商品流通领域之外，涵盖了契约上的一般商品，包括用于支付租金、交纳赋税、偿还贷款等。货币的出现标志着人类社会进入了具有现代意义的支付结算方式的时代。

货币支付结算又分为现金支付结算和转账支付结算两种表现形式。现金支付结算是发生经济行为的关系人直接使用现金结清应收应付款项的行为。例如,在商店购买商品,一手交钱,一手交货,当时钱货两清。现金支付灵活方便,曾被广泛使用,但随着商品生产和流通的不断扩大,随着银行信用业务的发展和计算机及网络技术的深入应用,现金结算越来越不适应大额支付的需要,并且受到现金管理制度的制约,因此,现金支付结算的使用范围和数量在不断缩小。当今世界各国的经济领域里,现金支付结算都只占很小的比重,取而代之的是转账支付结算。

转账支付结算是货币支付结算的主要表现形式。与现金结算方式相对称,转账支付结算是发生经济行为的关系人使用银行规定的结算凭证,通过银行划转资金,以结清债权债务的行为。例如,在同一城市的甲企业通过签发一张转账支票支付乙企业的货款,乙企业将支票送其开户银行,银行通过办理转账手续,就可将甲企业存款账户上的资金划转到乙企业的账户上,从而结清这笔货款。

早期的转账支付结算有支票支付、邮政汇兑支付等方式。

①支票支付:支付者给接收者开出支票,接收者将支票存入他的开户银行,银行给其上账并通过支票交易所把支票给支付者的开户银行。支付者的开户银行验证过支票没有问题后给支付者下账,若有问题,则把支票退回给接收者的开户银行。支票支付的最大缺点是加大了各银行和交易部门的开支。

②邮政汇兑支付:支票支付时,接收者得到的支票存在不能兑换的可能性。这个问题可由邮政汇兑支付得以解决。支付者给其银行发送一条指令,用于指示向接收者的开户行传送款额。支付者的开户行在向接收者的开户行转账前,首先检查支付者的账号下有没有可供支付的款额。因此避免了支票支付时不能兑现的可能性,又由于这一过程不需要通过交易系统,因此容易进行电子处理。

综上所述,支付活动本源于交易商务主体之间直接的经济交换活动,但由于现代银行信用中介的结果,演化为银行与客户之间、客户与开户行之间的资金收付关系;而银行之间的资金收付交易,又必须通过中央银行的资金清算,才能最终完成全过程。因此,支付便成为了由银行所提供的金融服务业务。

(二)电子支付的定义

随着社会经济与信息技术的不断发展,人们对于支付系统的运行效率和服务质量的要求越来越高,促使支付系统不断从手工操作走向电子化、自动化、网络化和信息化。

20世纪70年代以来,传统纸面支票和纸面现金支付方式逐渐将主导地位让给银行卡。在这一转换过程中伴随着银行计算机网络技术应用的不断深入,银行已经能够利用计算机应用系统将支付过程的"现金流动"和"票据流动"转变成计算机中的"数据流动"。

资金在银行计算机网络系统中以肉眼看不见的方式进行转账和划拨,这就是银行业推出的一种现代化支付方式——电子支付方式。所谓电子支付,是指社会经济活动中,发生经济行为的关系人,包括消费者、厂商和金融机构,以商用电子化工具和各类电子货币为媒介,以计算机技术和通信技术为手段,通过电子数据存储和传递的形式在计算机网络系统中实现在线或离线的资金流通和支付。美国《统一商法典》所下定义是:电子支付是支付命令发送方将存放于商业银行的资金通过传输线路划入收益方开户银行以支付收益方的一系列过程。

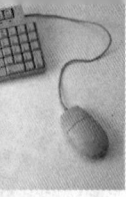

电子支付有两个层面的含义:一是以计算机及其网络为手段,将传统的支付方式电子化,即以电子通信取代传统的信函、电报等用来进行资金流动的信息传递,如通过 ATM 转账或通过 POS 机用信用卡进行结算;二是以某种形式的电子信息完全取代现金、票据等传统支付工具进行资金的传递,如荷兰的数字现金公司研制的网络型电子货币的代表"数字现金"(e-cash),以及英国银行和电信公司联合研究开发的 Mondex 卡等。

电子支付是高科技的产物,它需以网络为基础,以电子设施和各种交易卡为媒介,以计算机通信技术为支撑,将电子数据存储于银行的计算机系统中,并通过网络系统以电子信息传输形式完成流通与支付。

电子支付与传统的支付方式相比较有较大不同:

第一,电子支付的工作环境是基于计算机通信网络,而传统的交易支付方式是在较为封闭的系统中运作。电子支付的最终实现有赖于数据在不同的计算机系统间流动,仅凭各自独立的计算机是无法完成电子支付的,必须通过一定的通信技术将处于不同位置的计算机连接起来,形成一个计算机网络,才能完成电子支付过程。

第二,电子支付是以先进的数字流转技术来完成信息传输,采用数字化的方式进行款项支付的;而传统的交易支付方式则以传统的通信媒介,采用现金流转、票据转让和银行汇兑等物理实体来完成款项的支付。在传统的观念里,支付意味着具有实物形态的货币或票据的流通,而在电子支付环境下,支付意味着电子信息的流动。例如,采用电子现金进行支付,就是把现金数额转化为一系列加密的序列数,通过网络把代表一定金额的序列数在银行和接收电子现金的商家之间进行传递,从而完成支付。

第三,电子支付的实现需要一定的电子支付工具,一般要求有联网的电脑、相关的软件及其他一些配套设施,而传统的交易支付方式对设施没有什么特殊的要求。

第四,电子支付具有方便、快捷、高效、经济的优势,交易方只要拥有一台上网的个人电脑,便可足不出户,在很短的时间内完成整个支付过程。作为电子支付信息或货币价值载体的电子数据,在计算机通信网络的传输速度是相当快的,甚至可以忽略不计,支付人只需敲击一下键盘或刷一下卡,就可以实现资金的流动。

电子支付以电子数据的流动代替了传统支付方式的单据、现金和票据的流动,在形式上与传统支付存在很大差别,但二者在支付效果上并无不同。例如,消费者在商家的 POS 机上刷卡结账与支付给商家现金具有同样效果,都实现价金的支付;又如,银行通过电子支付系统进行电子资金转账,其效果与传统的票据转账并无二致。正是由于电子支付与传统支付具有同样的效果,才使其得到人们的认同并迅速发展起来。

当前,电子支付的主要类型有信用卡支付结算、电子支票支付结算(自动清算所)、电子资金汇兑(电汇)、电子资金转账、网络银行与移动支付等。

1. 信用卡支付

信用卡按发卡机构所提供的不同信用,其种类可做如下划分:

(1)贷记卡。贷记卡是具有透支功能的信用卡。其特点是当用户的资金不足时,在规定数额内银行可为用户提供透支贷款服务,以解用户的燃眉之急。但这种信用卡申办手续比较复杂,而且需要交纳保证金,且需要有担保人提供担保。

(2)借记卡。借记卡是不具备透支功能但其他购物结算功能都齐全的信用卡,如牡丹灵通卡、长城借记卡和龙卡转账卡。申办借记卡无需担保，不用交纳保证金，也不需进行资信审查。用卡时也不必使用身份证。这种卡具有储蓄存款、提取现金、购物消费的功能，手续简便，使用方便。

（3）收费卡。收费卡类似于贷记卡，区别是客户在收到账单的同时就需支付。这种卡功能较为单一，专用交纳某种费用或购物消费。像智能卡（IC 卡）就可以专门用来代发工资、交纳交通违规罚款、汽车加油等。

（4）旅行娱乐卡。旅行娱乐卡是具有特定用途的收费卡，可用于诸如航空公司、宾馆、出租车公司等服务行业。

2. 电子支票支付结算

电子支票支付结算又被称为自动清算所（automatic clearing house，ACH）支付。ACH系统的运作类似于传统的支票支付，区别在于其支付指令均为电子形式。

3. 电子资金汇兑

ACH 系统对于中小额的支付非常理想，但对于大额支付安全性则不够高，还需要增加其他辅助过程，对支付过程进行仔细检查。这种用于高额的支付系统称为电子资金汇兑。

4. 电子资金转账

电子资金转账（electronic funds tranfer，EFT）系统是银行同其客户进行数据通信的一种电子系统，用于传输同金融交易有关的电子资金和相关的信息，为客户提供支付服务。通过 EFT 系统，银行可把支付服务从银行的柜台延伸到零售商店、超级市场、企事业单位以至家庭，总之可延伸到社会的各个角落。

5. 网络银行

网络银行（internet bank），是指银行利用网络技术，通过 Internet 或其他共用信息网，将客户的电脑终端连接至银行，实现将银行服务直接送到客户办公室或家中的服务系统。它可以向客户提供开户、销户、查询、对账、行内转账、跨行转账、信贷、网上证券、投资理财等传统服务项目。

6. 移动支付

移动支付，顾名思义是用手机等移动终端实现资金的转移，在移动中实现支付。更准确地，我们可以将移动支付定义为以手机、PDA 等移动终端为工具，通过移动通信网络，实现资金由支付方转移到受付方的支付方式。

移动支付存在着多种形式，不同的形式实现的方式也不相同。移动运营商与 SP 合作，提供基于手机账户的代收费业务，本质上来说就是一种简单的移动支付；而利用银行卡账户或其他银行账户实现的移动支付，则需要更复杂的实现手段。

根据支付金额的大小，移动支付可以分为以下两种：

（1）微支付，即 micro payment，是指交易额少于 10 美元，通常指购买移动内容业务，例如游戏、视频下载等。

（2）宏支付，是指交易金额较大的支付行为，例如在线购物或者近距离支付（微支付方式同样也包括近距离支付，例如交停车费等）。

两者的区别除了支付金额差别之外，还在于安全要求级别不同。例如，对于宏支付方式来说，通过可靠的金融机构进行交易鉴证是非常必要的；而对于微支付来说，使用移动网络

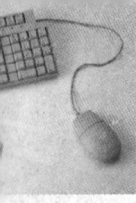
本身的 SIM 卡鉴权机制就可以完成对于交易的鉴证。

二、电子支付系统的功能

(一)传统支付结算方式的局限性

随着人类社会进入 21 世纪,跨入信息网络时代,电子商务逐渐成为企业信息化与网络经济的核心,而传统支付方式越来越不适应电子商务发展的要求。相对于电子支付,传统支付结算方式在处理效率、方便易用、安全可靠、运作成本等多方面存在着下列局限性:

1. 运作速度与处理效率比较低

大多数传统支付与结算方式涉及人员、部门等众多因素,牵扯许多中间环节,并且基于手工处理,造成支付结算效率的低下。

2. 安全问题严重

伪币、空头支票等现象造成传统支付结算的不确定性,导致商务风险增加,特别是跨区域远距离的支付结算。一些传统支付方式,如现金、支票,有时还带来人身安全的威胁,比如纸介质现金与支票等均是病毒的热点携带者。

3. 运作成本比较高

传统的支付结算方式由于涉及较多的业务部门、人员、设备与较为复杂的业务处理流程,运作成本较高。特别如邮政汇兑、支票等方式,很多不但需要设置专业柜台和人员处理,而且浪费资源。

4. 方便易用性差

传统的支付结算方式,包括目前一些电子支付方式在内,为用户提供全天候、跨区域的支付结算服务并不容易,或很难做到。随着社会的进步和商品经济的发达,人们对随时随地地支付结算、个性化信息服务需求日益强烈,比如随时查阅支付结算信息、资金余额信息等。

20 世纪 90 年代,电子商务作为一种新的商务形式出现并以前所未有的速度发展,由于传统的支付结算方式的局限性,使之越来越不适用于电子商务的发展特点,因此人们对支付结算系统的服务质量提出了更高的要求。具体来说,电子商务是商流、信息流、资金流和物流的统一,作为四大流之一的资金流是决定电子商务是否安全顺利、方便快捷、低成本开展的关键环节,其流动与处理的效率、成本高低直接关系到电子商务的开展效果,这就对支撑电子商务资金流流动的支付结算方式提出了更高的要求。在这种需求下,适应电子商务发展的电子支付系统开始广泛地被研究和投入使用。

(二)电子支付系统的功能

电子支付结算是以计算机技术和网络技术为基础,以电子设施和各种交易卡为媒介,以满足人们对支付的更高要求为目标的系统。具体来说,对于一个电子支付系统而言(可能专门针对一种支付方式,也可能兼容几种支付方式),它应该具有以下的功能:

(1)使用数字签名和数字证书实现对各方的认证。为实现交易的安全性,对参与贸易的各方身份的有效性进行认证,通过认证机构或注册机构向参与各方发放数字证书,以证实其身份的合法性。

(2)使用加密技术对业务进行加密。可以采用单钥体制或双钥体制来进行消息加密,并采用数字信封、数字签字等技术来加强数据传输的保密性,以防止未被授权的第三者获取消息的真正含义。

(3)使用消息摘要算法以确认业务的完整性。为保护数据不被未授权者建立、嵌入、删除、篡改、重放,而是完整无缺地到达接收者一方,可以采用数据杂凑技术。通过对原文的杂凑生成消息摘要一并传送给接收者,接收者就可以通过摘要来判断所接受的消息是否完整。若发现接收的消息不完整,则可要求发送端重发以保证其完整性。

(4)当交易双方出现纠纷时,保证对业务的不可否认性。这用于保护通信用户对付来自其他合法用户的威胁,如发送用户否认他所发的消息,接收者否认他已接收的消息等。支付系统必须在交易的过程中生成或提供足够充分的证据来迅速辨别纠纷中的是非,可以用仲裁签名、不可否认签名等技术来实现。

(5)能够处理贸易业务的多边支付问题。由于网上贸易的支付要牵涉到客户、商家和银行等多方,其中传送的购货信息与支付指令必须连接在一起,因为商家只有确认了支付指令后才会继续交易,银行也只有确认了支付指令后才会提供支付。但同时,商家不能读取客户的支付指令,银行不能读取商家的购货信息,这种多边支付的关系就可以通过双重签名等技术来实现。

三、电子支付系统的特点

相对于传统的支付方式,电子支付系统具有以下特点:

(1)电子支付是在开放的网络系统中,以先进的数字流转技术来完成信息传输,采用数字化的方式进行款项支付的;而传统的交易支付方式则以传统的通信媒介通过现金流转、票据转让和银行的汇兑等物理实体来完成款项的支付。

(2)电子支付的工作环境是基于一个开放的系统平台(即 Internet 中),而传统的交易支付方式在较为封闭的系统中运作。

(3)电子支付对软、硬件设施有很高的要求,一般要求有联网的计算机、相关的软件及其他一些配套设施;而传统的交易支付方式对设施没有什么特殊的要求。

(4)电子支付具有方便、快捷、高效、经济的优势,交易只要拥有一台上网的 PC 机,便可足不出户,在很短的时间内完成整个支付过程。支付费用仅相当于传统支付方法的几十分之一,甚至几百分之一。

(5)由于电子支付工具、支付过程具有无形化的特征,它将传统支付方式中面对面的信用关系虚拟化。如对支付工具的安全管理不是依靠普通的防伪技术,而是通过用户密码,软硬件加、解密系统以及路由器等网络设备的安全保护功能来实现的;为保证支付工具的通用性,需制定一系列标准;其风险管理的复杂性进一步增大等。

在电子商务中,银行作为连接生产企业、商业企业和消费者的纽带,起着至关重要的作用,银行是否能有效地实现电子支付已成为电子商务成败的关键。例如,一个简单的网上交易流程为:首先买方向卖方发出购物请求;卖方将买方的支付指令通过支付网关送往卖方的收单行;收单行通过银行卡网络从发卡行获得授权许可,并将授权信息通过支付网关送回卖方;卖方取得授权后,向买方发出购物完成信息。银行与银行之间通过支付系统完成最后的行间结算。从上述交易流程中不难发现,网上交易可以分为交易环节和支付结算环节两大

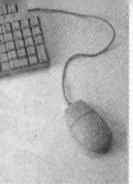

部分,其中支付结算环节是由包括支付网关、发单行和发卡行在内的金融专业网络完成的。因此,离开了银行,便无法完成网上交易的支付,更谈不上真正的电子商务。

美国的花旗银行开发的电子货币系统,可使消费者及企业在全球各地通过网络支付账款。VISA 集团在亚特兰大奥运会期间,发行了 30 万张智能卡。智能卡可记载转入的金额,并在每次刷卡时扣除消费金额,是一种储值卡式的电子货币。芬兰银行也于 1997 年 5 月在欧洲率先进行网络购物付款的试验。由于互联网络逐渐普及,金融业者纷纷开展网络金融服务业务,也促使电子货币时代加速来临。在全球推动商业自动化的计划中,商家与厂商间通过电子订货网络联系,而每一家商店则配有销售点系统(POS),消费者可通过商家的终端设备,用电子货币来支付各种款项。电子货币通常在专用网络上传输,通过 POS、ATM 机器进行处理。

近年来,随着 Internet 的发展,网上金融服务已在世界范围内开展。网络金融服务可满足人们的各种需要,包括网上消费、网上银行、个人理财、网上投资交易、网上炒股等。这些金融服务的特点是通过电子货币进行即时的电子支付与结算。在 Internet 电子商务条件下,支付过程对原有的支付系统提出了更高的要求,要求从发起到最后完成资金转账的全过程都是电子形式。电子货币的种类和形式也相应地有了进一步的发展。Internet 上的电子货币系统主要包括电子信用卡系统、电子支票系统和电子现金系统等。

在我国,经过多年的努力,中国国家现代化支付系统(CNAPS)的建设已取得很大进展。各国有商业银行也建设了各自的行内电子汇兑系统和银行卡授权系统。人民银行电子联行系统、同城清算系统已在全国大中城市得到普及;全国银行卡交换网络建设也已初具规模,以各发卡行的行内授权系统为基础,银行卡信息交换总中心和城市银行卡中心的建立为银行卡跨行交易创造了条件。所有这些都为我国电子商务的发展提供了必要的条件。

第二节　电子支付网络

自从我国 2001 年加入 WTO 以来,中国经济以更快的速度融入国际经济中。同时,由于电子商务的跨越国界性这一特点,也使国际商务交流合作的机会大大增加。因此,为了更好地参与到国际竞争中去,除了应该研究和了解我国的电子支付系统建设外,还应该密切关注国际电子支付系统发展的进展情况,了解与国际贸易和电子商务密切相关的国际金融网络和国际电子支付系统的发展情况。

为了解国际电子支付机制,必须了解国际金融通信服务的 SWIFT 系统和提供资金转账和证券转账的美国联邦储备通信系统 FedWire(Federal Reserve Communication System)系统。在此基础上,我们需要了解我国在电子支付系统方面建设的具体情况,着重了解中国国家金融网的开发和建设情况。

一、环球同业金融电信网络 SWIFT

(一)SWIFT 背景及简介

20 世纪 50 年代以来,国际贸易急速发展,计算机及通信技术的应用日益广泛。开始时银行收到的从各地发来的电文格式不同,必须经过人工转换后才能输入计算机进行处理,很不方便,而且传递速度也慢,并且容易出错。解决这个问题的办法是建立采用统一电文格式的全球性金融通信网络。

20世纪70年代初,欧洲和北美的一些大银行决定建立一个国际金融通信系统。该系统要能正确、安全、低成本和快速地传递标准的国际资金调拨信息。于是,这些大银行于1973年5月正式成立SWIFT组织,负责设计、建立和管理SWIFT网络,以便为该组织成员提供国际金融信息传输服务。1977年夏,SWIFT网络系统的各项建设和开发工作完成,并正式投入运营。

SWIFT,英文全称为Society for Worldwide Interbank Financial Telecommunication S.C.,中文一般翻译为"环球同业金融电信网络"。SWIFT组织的总部设在比利时,其创始会员为欧洲和北美洲15个国家的239个大银行。从1987年开始,包括经纪人、投资公司、证券公司和证券交易所等在内的非银行金融机构开始使用SWIFT。到1999年底时,全球已有189个国家和地区的6673个金融机构连接使用SWIFT,其中包括2202个成员行,2738个子成员行,1733个参与者。

中国是SWIFT会员国。我国的中国银行于1983年加入SWIFT,是该组织的第1034家成员行,并于1985年5月正式开通使用,成为我国与国际金融接轨的里程碑。我国其他国有商业银行、上海和深圳的证券交易所,也先后加入SWIFT。进入20世纪90年代后,除国有商业银行外,中国所有可以办理国际业务的外资和侨资银行、地方性银行纷纷加入SWIFT。SWIFT的使用也从总行逐步扩展到分行。SWIFT于1995年在北京电报大楼和上海长话大楼设立了SWIFT访问点SAP(SWIFT access point),它们分别与新加坡和中国香港的SWIFT区域处理中心主节点连接,为用户提供国际通信服务。为更好地为亚太地区用户服务,SWIFT于1994年在中国香港设立了除美国和荷兰之外的第三个SWIFT支持中心,这样中国用户就可得到SWIFT支持中心讲中文的员工的技术服务。

(二)SWIFT提供的通信服务

SWIFT的目标是在所有金融市场为其成员提供低成本、高效率的通信服务,以满足成员金融机构及其终端客户的需求。包括我国在内的全球的外汇交易电文,基本上都是通过SWIFT传输的。需要指出的是,SWIFT仅为全球的金融机构提供通信服务,不直接参与资金的转移处理服务,也就是说,在网络支付机制中起传递支付结算电文的作用,并不涉及支付电子文收到后的处理细节。

SWIFT提供的通信服务主要包括:

(1)提供全球性通信服务。189个国家和地区的6673个金融机构同SWIFT网络实现连接。

(2)提供接口服务。使用户能以低成本、高效率地实现网络存取。

(3)存储和转发电文服务(store-and-forward messaging)。

(4)交互信息传送(interactive messaging)服务。为提高服务的响应性和灵活性,SWIFT开发了基于IP的产品和服务,包括交互信息传送服务,作为存储和转发电文服务的补充。

(5)业务文件传送服务。SWIFT提供的银行间的文件传送(interbank file transfer,IFF)服务,用于传送处理批量支付结算和重复交易的电文。

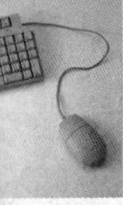

(6)电文路由(message routing)服务。通过 SWIFT 传输的电文可同时拷贝给第三方,以便能由第三方进行电子资金转账处理,或转到另一网络完成支付结算,或证券交易结算,或外汇交易结算处理。

(7)具有冗余的通信能力为客户提供通信服务。SWIFT 的设计能力是每天传输 1100 万条电文,而当前每日传送 500 万条电文,这些电文划拨的资金以万亿美元计。

SWIFT 系统提供的各类电文通信服务,全部采用标准化的处理程序和标准化的电文格式。这样,SWIFT 系统的通信服务可直接由计算机自动处理,中间不必经过转换和重新输入。实现从端到端的自动处理可以减少出错几率,提高交易处理效率和自动化水平,降低成本,减少风险。一笔通信服务通常 10 分钟内就可提交,传输一笔交易电文仅收费 0.36 美元。

为了与 SWIFT 接轨,我国的金融网络和金融应用系统的电文,或者直接采用 SWIFT 格式,或者基于 SWIFT 格式。

(三)SWIFT 的运作架构

目前 SWIFT 网络覆盖全球大部分地区,它将全球各个国家的电子汇兑系统用通信网络互联起来,为其成员提供低成本、高效率的服务。

该网络开始时有三个操作中心(operating centers,O. C.),操作中心也称为交换中心(switching centers),是 SWIFT 的核心。它们分别是 Belgium O. C.(在比利时的布鲁塞尔)、Netherlands O. C.(在荷兰的阿姆斯特丹)和 USA O. C.(在美国弗吉尼亚州的 Culpepper)。SWIFT 通过这三个 O. C. 将发报行和收报行连接起来。O. C. 之间通过全双工链路连接成一个环,必要时可相互备援。每个 O. C. 都有足够的备用设备。一旦在用计算机系统失效,就立即启用备用系统。此外,如果一个 O. C. 出故障,该 O. C. 的通信工作就转由另一个 O. C. 处理。1986 年 SWIFT 关闭了 Belgium O. C.,并将其业务转移到新建的 Netherlands O. C.。原则上每个国家有一个区域处理中心(regional processor,R. P.)。少数较小国家可共用一个 R. P.,因此,R. P. 也称国家处理中心(national processor)。O. C. 通过全双工国际数据通信链路同 R. P. 连接,各成员行则通过国内数据通信链路同 R. P. 连接。

支付电文的传输过程为:如果中国香港的一家成员银行(源行,即业务发生行),欲通过 SWIFT 向伦敦的一家成员行(目标行,即业务结束行)发送一份汇款电文,源行的计算机系统将电文发往中国香港的区域处理中心 R. P.,然后,经由 USA O. C. 和 Netherlands O. C. 发往 London R. P.,再由后者将电文发送到目标行的计算机系统中去。

(四)SWIFT 的特点

1.电文格式标准化

电文标准化后可实现端对端自动处理,提高处理效率,其简化处理程序类似于 EDI。

2.高度安全性

SWIFT 高度的安全性体现在以下方面:所有财务电文均加密;所有硬件系统都是双套设备,以相互备援;软件采用安全控制设计,并采用智能卡技术鉴别每个网络用户,以保证安全存取。

3.全天候服务

系统每周提供 7×24 小时的通信服务。SWIFT 还在荷兰、中国香港、英国和美国建立了用户服务中心(customer service center,CSC),向全球提供超过 10 种语言的全天候的用户支援服务。

4. 传送速度快,费用低

SWIFT 对发展中国家则减半收费。

5. 核查和控制管理方便

来电和去电的交换电文 SWIFT 都有详细的记录,以便核查。

二、FedWire——美国国家支付网络

联邦储备通信系统 FedWire(Federal Reserve Communication System)是美国的第一个支付网络。这个通信系统属于美国联邦储备体系(Federal Reserve System)所有并由其管理。它作为美国国家级的支付系统,用于遍及全美 12 个储备区的 1 万多家成员银行之间的资金转账。它实时处理美国国内大额资金的划拨业务,并逐笔清算资金,每天平均处理的资金及传送证券的金额超过 1 万亿美元,每笔金额平均 30 万美元。

(一)FedWire 的发展

FedWire 最早建于 1918 年,当时通过电报的形式第一次向各商业银行提供跨区的票据托收服务,通过 FedWire 实现资金调拨、清算净差额。而网络结构的 FedWire 是 1966 年开始酝酿,1971 年开始建设,到 1976 年才开始全面应用的,前后经历了十年,此后 FedWire 便获得了飞速的发展,由其处理的各类支付业务逐年增加。FedWire 当时称 F-CRS-70,属集中控制的星形网。随着分组交换数据网技术的成熟,美国中央银行自 1976 年又着手将 F-CRS-70改造为一个分布式的分组交换网 F-CRS-80,于 1982—1983 年间投入运行。目前,FedWire 采用通信网中的"综合业务数字网(ISDN)"技术,加强了系统通信能力,提高了安全性、可靠性,降低了成本和多区账务交叉引起的资金风险,现已将 12 个处理中心并为 3 个,分别在纽约、达拉斯和里士满。资金传送在纽约处理中心运行,其他业务在达拉斯和里士满两地平均分配。三个处理中心之间用高速链路相接,以共享数据和实现互相备份。较大的成员行同其所在地区储备银行有联机实时的计算机接口;较小的成员行则采用计算机终端方式;而边远地区的小银行,可通过电话接入 FedWire 或通过客户成员行进入 Fed-Wire 进行资金转账。图 4-1 以美国境外某银行 A 汇一笔美元到美国境外的另一家银行 D 为例说明 FedWire 的清算过程。

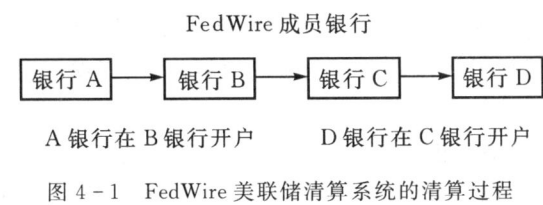

FedWire 成员银行

图 4-1 FedWire 美联储清算系统的清算过程

(二)FedWire 的基本结构

FedWire 是通过一个高速通信网,把整个储备银行及其分行连接在一起。每个储备银行都具有资金处理和证券业务处理功能,并都保存有各自的记录。每个地区联邦储备银行

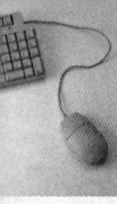

的网络将该地区的金融机构与上级银行连接在一起,并且整个系统把国家联邦储备银行及分支机构与全国一万多家商业银行及其他金融机构连成一体。

FedWire 系统由 14 个基本通信网处理中心(节点)构成,包括 12 个地区储备银行,1 个理事会和 1 个网络管理中心。每个处理中心都有一个专作网络交通的网络开关,以保证每一节点至少有两条路径可选择。纽约联邦储备银行是美国联邦储备系统所属国家联邦储备银行中最大的一家,它是美国与外国中央银行往来的枢纽。在几十公里外的新泽西州设有一个备用中心。1990 年 8 月份,由于大火将电力系统破坏,处理中心用发电机支持了三天,三天后发电机也无法支持,只好由总裁发命令用备用处理中心。

主处理中心配备两台机器,A 机用于处理业务,B 机作统计处理并监视 A 机的执行情况。机器设计时均留有很大的余地以备业务量的不断增长。

FedWire 中 14 个节点处理业务所用的机器大都是 IBM 公司生产,也有 AMDAHL、NAS、日立的兼容机,以保证软件兼容的前提下,尽可能高的性能价格比。整个系统有一个网络管理和监控系统。

(三)FedWire 的处理功能

FedWire 的功能齐全,它不仅提供资金调拨处理,还具有清算功能。因此 FedWire 不仅提供大额资金支付功能,还使跨行转汇得以最终清算。此外,FedWire 还提供金融信息服务。

通过该系统传输和处理的信息主要有以下几种:

1. 资金转账信息

资金转账信息即将储备账户余额从一个金融机构划拨到另一个金融机构的户头上。这些资金几乎全是大额资金。

2. 传输美国政府和联邦机构的各种证券交易信息

FedWire 证券转账系统建于 20 世纪 60 年代末,它的主要功能是实现多种债券(如政府债券、企业债券、国际组织债券等)的发行、交易清算的电子化,以降低成本和风险,它是一个实时的、交割与支付同时进行的全额贷记转账系统。具体实现时,由各类客户(如金融机构、政府部门、投资者等)在吸收存款机构开立记账证券账户,而各吸收存款机构在储蓄银行建立其相应的记账证券账户,清算交割时通过各吸收存款机构在储备银行的记账证券账户来进行。目前,已有近 98% 约 20 万种可转让政府债券是通过该系统进行处理的。

3. 传输联邦储备体系的管理信息和调查研究信息

FedWire 系统除了提供支付、转账汇款业务以及传输交易信息以外,还提供相关的其他金融服务,通过该系统,可以发布联邦储备系统的政策信息、管理信息以及相关研究成果。

4. 自动清算业务

在美国,大量采用支票被用做支付工具,通过 ACH 系统就可使支票支付处理实现电子化。ACH 系统通过自动票据清分机,实现支票和其他纸质凭证的自动阅读和清分,再进行传输和处理,以使支票支付的处理过程实现电子化。现在所有的美国联邦储备银行都提供对支票的电子支付服务,大多数的金融机构可接收电子形式的支票。图像处理和条码技术是支票电子支付系统的两大关键技术。图像处理包括获得物理支票的图像和存储其中的数据信息,然后将图像信息传送到支付机构。条码技术使支付机构能对拒付支票自动进行背书并可识别背书,以加快退票处理。

5. 批量数据传送(bulk data)

通过 FedWire 进行的资金转账过程是通过联邦储备成员的联邦储备账户实现的。因此,资金转账的结果将直接影响成员行持有的联邦储备账户的储备余额水平。

这样,通过 FedWire 结算的资金立即有效并立即可用。这也使 FedWire 成为可使用在美国的任何资金转账(包括来自 CHIPS 和其他支付网络的资金转账)实现最终清算的唯一网络系统。

(四)FedWire 的风险与控制

在联邦储备资金调拨系统中的清算是双向的,即联邦储备借记汇出者账户并贷记汇入者账户,并按照同一信息记账。系统白天有时也可出现透支,因为联邦储备可以对汇出银行账户发出贷方而没有相应的借方(在传输的时候,汇出行在联邦储备账户上资金不足,无法在账户中对可用资金进行借记)。即使汇出行不能立即和联邦储备银行清算它的资金余额,最后还是对汇入行支付。汇入方无论收到哪个支付信息,他们都会认为资金是由联邦储备银行支付的。凡是与 FedWire 联机的金融机构,传输一笔资金仅需几秒或最多几分钟。

这种允许白天透支的方式是联邦储备支付系统承担某种程度的承兑风险,是中央银行为了提高国家支付系统的有效性和可靠性的合理方式。但由于日益增长的透支量产生的储备银行信贷风险的不断增长,1982 年董事会要求储备委员会从道义上劝告占 FedWire50% 以上透支量的金融机构减少其账目中的透支量。同年 11 月 4 日纽约联邦储备银行发布了名为"关于通过联邦储备网络传输资金日间透支协议"的作业通告。这一协议授权联邦储备采取以下行动:

(1)要求银行签署一封给联邦储备的信,以它的资产担保通过联邦储备网络传输资金导致的任何负债。

(2)要求银行向联邦储备表明,它将保证充分控制日间透支。

(3)允许联邦储备银行提出一个最大总金额,以担保银行可能发生的债务,这个总额以银行的资产、资本、总的金融条件、可用的附属担保品和网络传输数量为基础(银行资本的 50%)。

在纽约联邦储备银行作业通告实践的基础上,联邦储备委员会开始更广泛的观察,不仅仅是 FedWire 的,还有私人电子支付系统的风险与总的日透支量的关系,并研究不影响支付系统的效率而尽量控制和减少这种风险的有效方式。1984 年 3 月,董事会请公众评论所制定的透支风险减少政策的可行性。在汇总和借鉴公众建议后,1985 年 5 月董事会发表了大额电子资金传输系统的政策宣言,其中包括允许透支的限额,以及第二天必须补上资金等条款,以确保 FedWire 对大额资金支付的安全,以免系统失败或用户对系统丧失信心等情况对国家的货币和经济系统产生不良后果。

由于 FedWire 系统在安全控制、风险防范、电信格式、信息传递等方面都实行了严格的规范和标准化措施,使得利用此系统大大提高了美国国内资金清算的效率,确保了联邦储备银行体系中大额资金清算和证券交易的安全。

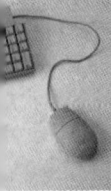

三、中国国家金融网

(一)CNFN背景及简况

中国国家金融网,英文为 China National Financial Network,简称为 CNFN。该网络于1995年开始建立,是在中国人民银行的卫星通信网和全国电子联行系统基础上,连接中央银行及各商业银行、非金融机构的全国性计算机网络系统。利用此系统可为各银行提供方便、快捷、安全的金融服务,为加强中央银行的宏观调控及金融监管提供了信息支持。

CNFN 将通过文件和报文传输向应用系统提供服务。CNFN 的目标是向金融系统用户提供专用的公用数据通信网络。其网络结构和集成的网络管理系统,不仅使其具有普通公用网的高可靠性和强稳定性,还具备专用网的封闭性和高效率等特点。它采用开放的系统结构和选用符合开放系统标准的设备为基础,使大量用户的各类计算机处理系统能方便地接入 CNFN。

(二)CNFN 的网络结构

CNFN 整个网络分为二级三层,该网络由国家处理中心(National Processing Center,NPC)、省市处理中心(City Processing Center,CPC)、县级处理中心(Country Level Bank,CLB)3 个层次节点构成,分为国家级主干网络和以城市为中心的区域网络两级。CNFN 分设两个国家处理中心(NPC),即北京主站和无锡主站,二者互为备份,有同样的结构和处理能力。在正常工作情况下,由主用 NPC(北京主站)控制、管理全网。一旦发生灾难,备用NPC(无锡主站)就接管瘫痪了的主用 NPC 的所有业务。

国家级主干网是一级处理节点(国家处理中心)与二级处理节点(省市处理中心)之间的广域网络,由中国人民银行卫星通信网和邮电部门 X.25 公用数据网共同构成,实行"天"、"地"互为备份。而区域级网(中国国家金融网区域级网)是二级处理节点(省市处理中心)与三级处理节点(县处理中心)之间的广域网络,在邮电部门提供的 X.25 公用数据传输网的基础上组建金融虚拟专用网,使整个金融网对内能覆盖所有的分行并应用于所有的业务,对外能联通 SWIFT,使中国国家金融网融入 SWIFT,实现与世界金融的接轨。CNFN 网络结构如图 4-2 所示。

(三)CNFN 三级节点的处理功能

在 CNFN 的三级节点中,全国处理中心 NPC 负责整个系统的控制和管理,负责应用处理;省市处理节点 CPC 和县处理节点 CLB 主要完成信息采集、传输、转发及必要的应用处理。

1.NPC 的结构和功能

NPC 是 CNFN 的全国管理中心,也是中国国家现代化支付系统 CNAPS 各应用系统的全国处理中心。因此 NPC 是 CNFN 的心脏,为确保 NPC 的安全,系统中的设备集成在互为备份的双桥局域网内。

NPC 的主要功能包括:①数据库管理。负责保持完整的 CNAPS 账户数据库。②完成交易处理。来自业务发起行的所有支付信息,都要通过 CNFN 网络发送到 NPC,然后依据应用系统的要求进行处理,再转发到接收行。③NPC 作为 CNAPS 的通信主站和控制中

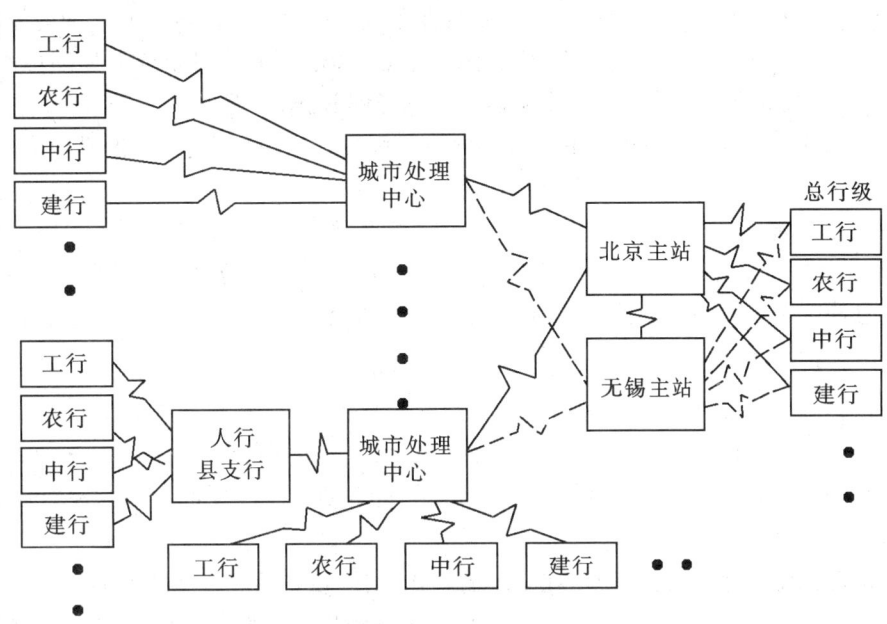

图 4 - 2 中国国家金融网络示意图

心,负责系统管理和网络管理。④实现灾难恢复。发生灾难时,保证将事务处理从在用 NPC 切换到备用 NPC。

为实现上述功能,在 NPC 设置了中国金融软件开发中心(CFDC)、系统控制中心(SCC)、网络控制中心(NCC)、数据库管理中心和应用系统控制中心(ASC)。

CFDC 的长远目标,是要全面支持 CNAPS/CNFN 的运行、维护和管理等软件版本的升级和配置。该中心具有应用软件开发环境、软件模拟测试环境和培训中心的功能。

SCC 的主要包括以下功能:终端用户管理,提供专门的应用支持服务;应用软件和网络软件管理,提供与软件开发中心的接口;远程应用软件的分配和配置管理,提供应用系统与终端用户之间的支持接口;对网络和应用系统进行计费统计等。

NCC 的主要包括以下功能:网络监控、网络故障诊断和恢复;卫星通信网络和地区通信网络的集成;网络管理;网络用户监管等。

数据库管理中心负责集中管理数据库。

ASC 主要包括如下分中心:①资金清算处理分中心,集中管理、控制全国清算账户,统一处理同城、异地的大额、小额批量支付系统资金清算和日终对账等。②银行卡全国授权处理分中心,负责跨行银行卡授权信息的交换处理和财务统计,传送查询授权信息和止付名单等。③政府债券簿记系统处理分中心,负责无纸政府债券的报价、交割清算和托管处理。④管理信息处理分中心,负责宏观货币政策信息的采集、分类、汇总和统计处理。

2. CPC 的功能

对 CNFN 来说,省市处理中心 CPC 是国家主干网络与区域网络的交汇节点,是区域网络内终端用户访问主干网和 NPC 的登录、分发节点。

CPC 的主要功能包括:提供金融业务处理纸票据截留服务;各种传输信息的登录和分

发;区域内一级和三级节点的信息转发;必要的业务、会计财务处理;区域通信网的控制和管理等。CPC由物理分离的如下应用处理分中心组成:同城清算所、城市清算处理中心、城市银行卡授权中心、城市政府债券簿记中心、城市金融管理信息处理中心。

CPC的各分处理中心,全都采用互为备份的双桥局域网的客户机/服务器结构,以适应应用系统的扩充,方便票据截留和开放性系统环境要求。

3.CLB的功能

CLB的主要功能包括:金融业务处理纸票据截留服务,各种传输信息的登录和分发,县内金融信息向二级处理节点转发,必要的业务和会计财务处理,必要的通信控制和管理。

(四)CNFN的安全与建设情况

CNFN传送的信息的日通信量和业务处理笔数都很大,而经其处理的信息都是影响金融宏观货币政策决策的重要金融信息,必须确保CNFN的安全。

CNFN的资源包括软硬件资源、数据资源和人员资源。CNFN的安全系统对所有这些资源都实行了可靠保护。

为了保证系统的物理资源安全,在系统的结构设计、设备的配置和选型上,必须安全、可靠,必须确保系统内所有计算机、通信设备、通信线路和机房环境等的物理安全。在系统的运行管理上,必须确保系统运行的安全、可靠,系统还要有故障动态检测和故障联机恢复等功能。

在CNFN的资源中,数据是最重要的资源,因此CNFN安全的重点在于对数据资源实施保护。在CNFN中,数据安全主要由安全访问控制和保密子系统组成。安全访问控制将对所有访问CNFN网络的用户名/用户标识、用户口令进行检查,以防止非法入侵。对不同用户,授权不同的等级权限,以防止用户越权使用系统资源(包括程序、数据文件、数据库等)。对网上传输的信息进行保护,防止中途被篡改,同时提供审计跟踪记录。保密子系统由软件和硬件组成,对网上传输的信息提供加密保护。

第三节　电子支付工具

本节主要介绍电子货币的基础知识、目前应用中的电子货币的分类、电子货币的安全性以及电子货币的应用实例等。

一、电子货币的产生与发展

(一)电子货币的概念

电子货币是一种使用电子数据信息、通过计算机及通信网络进行金融交易的货币。电子货币是适应人类信息网络时代的需要而产生的一种电子化货币,这种货币从形式上而言,已与纸币无关,而体现为一串串的电子数据。

随着Internet的普及应用,电子货币越发体现出"网络货币"的特点,即以Internet为基础,以计算机技术和通信技术为手段,以电子数据形式存储在计算机中,并通过计算机网络系统传递,实现其流通和支付功能。

随着 Internet 的迅速普及,电子商务已逐渐成为网络经济社会商业交易活动的核心形式,即借助 Internet 来开展商务活动。从前面知道,支付是商务的核心流程,实现网络支付结算是电子商务的基础与体现,同时被用来解决电子商务中资金流的问题。

根据刚才叙述的电子货币的定义,电子货币具有流通和支付职能,并越来越趋向于"网络货币"形式,据此可以认为,进行网络支付结算、处理电子商务中资金流的过程,其实就是电子货币在计算机网络上的流动过程。因此,电子货币应用的深度和广度将直接影响网络支付结算的效果,进而影响电子商务的发展。

(二)电子货币的基本形态与普遍运作流程

电子货币的基本形态是指电子货币的基本应用方式,即用一定金额的现金或存款从电子货币发行者处兑换并获得代表相同金额的电子数据,通过使用某些电子化方法将该数据直接转移给支付对象,从而实现债务清偿。该电子数据本身即称作电子货币。

电子货币的基本形态反映出电子货币的基本运作流程,如图 4-3 所示:

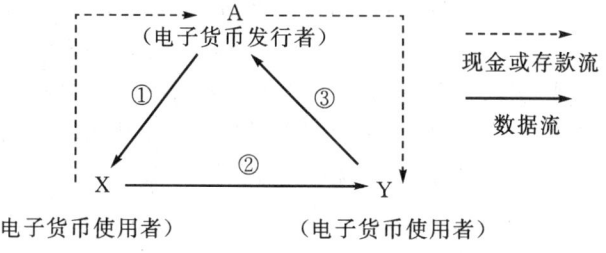

图 4-3　电子货币的基本运作流程

电子货币发行和运行的基本运作流程分为三个步骤,即发行、流通和回收。

①发行。电子货币的使用者 X 向电子货币的发行者 A(银行、信用卡公司等)提供一定金额的现金或存款并请求发行电子货币,A 接受了来自 X 的有关信息之后,将相当于一定金额电子货币的数据对 X 授信。

②流通。电子货币的使用者 X 接受了来自 A 的电子货币,为了清偿对电子货币的另一使用者 Y 的债务,将电子货币的数据对 Y 授信。

③回收。A 根据 Y 的支付请求,将电子货币兑换成现金支付给 Y 或者存入 Y 的存款账户。

电子货币在运作上以图 4-3 所示的基本形态为基础,但还有另一种较典型的体系,即在发行者与使用者之间有中介机构介入的体系。例如,在基本形态中的 A、X、Y 三个当事者之外,A、X 之间介入了银行 a,A、Y 之间介入了银行 b,即如图 4-4 所示的中介运作流程。

图 4-4 所示的有中介机构介入的电子货币运作流程分五个步骤,涉及五个当事者:

①A 根据 a 银行的请求,发行电子货币与现金或存款交换;

②X 对 a 提供现金或存款,请求得到电子货币,a 将电子货币向 X 授信;

③X 将从 a 处接受的电子货币用于清偿债务,授信给 Y;

④Y 的开户银行 b 根据 Y 的请求,将电子货币兑换成现金支付给 Y(或存入 Y 的存款

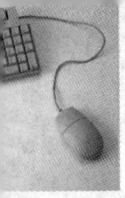

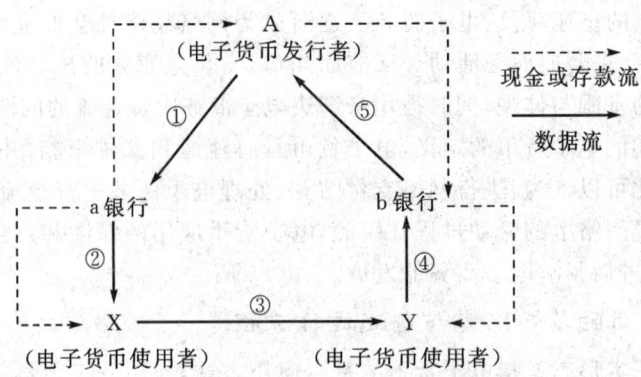

图4-4 有中介机构介入的电子货币运作流程

账户）；

⑤A根据从Y处接受了电子货币的银行b的请求，将电子货币兑换成现金支付给b（或存入b的存款账户）。

这种五个当事者型的电子货币体系或运作流程，在法律上所处的地位应如何确定还没有定论，不过对于基本形态的A、X、Y三个当事者之间的法律关系已明确的前提下，应用到五个当事者型电子货币体系的根据可以说是充分的。例如，图4-4中的a和b是A的代理人，因此，可以按AXY的体系构成三者之间的法律关系，以及可以按aXY、bXY和Aab体系分别构成三者之间的法律关系。

（三）电子货币的特证

电子货币除了具备上面所述的基本形态特征外，不同类型的电子货币还有以下一些特征：

（1）技术方面的特征。电子货币使用了电子化方法并采用了安全对策，上述图4-3中①～③的流程，即电子货币的发行、流通、回收的过程是用电子化的方法进行的。为了防止对电子货币的伪造、复制、非正当使用等，还需运用通信、密码等技术构成高度的安全保密对策。

（2）结算方式的特征。电子货币可分为预付型、即付型、后付型。具有上述基本形态的电子货币，属于预付型结算，当A行向X商户发行电子货币时，X要向A提供资金作为交换，在X的立场看，用电子货币对Y支付之前，预先向A支付了资金，所以是预付型（或储值型）的结算。例如，目前使用的广义信用卡（Debit Card，借记卡）以及路费储值卡等，其特征都是"先存款，后支用"。即付型结算是指购买商品时从银行账户即时自动转账支付，例如，目前使用ATM（自动柜员机）或银行POS（销售点终端）的现金卡。后付型结算，则是目前国际通行的信用卡（Credit Card，贷记卡也是狭义信用卡）的结算方式，其特点是"先消费，后付款"，由发行者提供消费信用。

（3）流通规律的特征。电子货币中不仅有只允许一次换手，即只能用于一次支付就返回发行者处的流通形式，也有可多次换手即多次辗转流通的形式，但无论是居于第几次换手的电子货币持有者，均有权向发行者（如银行）提出对资金的兑换请求。

（4）电子化方法的结算可以分为支付手段的电子化和支付方法的电子化。支付手段的电子化是对货币价值的电子化，电子货币即电磁记录本身是保有"价值"的，例如以代替现金支付为目的开发的电子货币项目"Mondex"和"e 现金"等均属这类结算。支付方法的电子化是指支付中，使用电子化的方法将等价物转移的指令传递给结算服务提供者以完成结算，例如 ATM 转账结算、银行 POS 的信用卡结算，以及通过 Internet 的银行转账与结算（即后面的网络银行支付结算方式）等均属这类结算。

（四）电子货币蕴涵的货币职能

目前应用的大多数电子货币是为了传递既有的货币而使用的新方法，并不是新形式的货币，也就是说，被称为电子货币的新事物的出现，对既有的商业银行业务或中央银行控制货币供应量的职能，并不会突然产生很大的影响。只是现在试验或实施的电子货币项目中，某些项目蕴涵着执行货币职能的可能性，基本上不能视之为通货。也就是说，目前电子货币蕴涵着货币作为普遍等价物的功能，但由于人们的应用和思维习惯及电子货币本身虚无缥缈的特征，应用范围还存在局限性，它仍然依赖于银行中的实体货币（现金或存款）来发挥作用，很难说是这些特殊的"电子数据"在单独执行货币的支付职能。

电子货币完全不同于传统的纸币，它依附于高科技，存在于计算机的存储器中，在全球化的 Internet 网络上流通，表现出"网络货币"的职能。使用电子货币，由于看不见一张印着或写着数字的纸，给人以虚无缥缈的感觉，让人们觉得这种货币不可靠。但随着电子货币的广泛应用，人们的传统观念将会转变。今后，有可能出现如下情况：人们接受了现金模拟型的电子货币之后，完全没有要兑换成实体货币的打算，或者认为没有必要兑换成实体货币，可以将电子货币用于下一次的支付，这样的人会越来越多。那么，这种电子货币就可能成为与通货地位等同的支付手段了，是名副其实的货币。这必将给现有的银行业务以及金融政策带来较大影响。后面将提到的，如电子现金，就有这种可能。

实际上，电子货币与有形货币一样具有真实的价值，并且能够安全、快捷、便利地完成每一笔交易。当人们真心地信任和积极、广泛使用电子货币时，网络支付与结算这种网络时代里的新型支付方式才能真正地发挥其威力，带来效益与快捷方便，这正是电子商务这种新型商务方式所追求的。

总之，电子货币是金融系统中的重要内容之一，研究电子货币无论在理论上还是在应用上都有着重要的意义，特别对信息网络时代里电子商务的发展、网络支付结算的进行均有影响。

二、电子货币的种类

目前，电子货币主要有三种形式，即信用卡、电子现金和电子支票。某些金融机构为了使客户能方便地使用各种形式的电子货币，开发出了电子钱包软件，供客户存储交易信息和进行安全电子交易。下面将分别介绍信用卡、电子现金和电子支票这三种形式的电子货币以及电子钱包。

（一）信用卡

信用卡是银行或金融公司发行的，授权持卡人在指定的商店或场所进行记账消费的信

用凭证,是一种特殊的金融商品和金融工具。"信用"一词来自英语 credit,其含义包括信用、信贷、信誉、赊销及分期付款等。信用卡于 1915 年起源于美国,至今已有百年的历史。银行于 1951 年正式发行信用卡,从此信用卡作为一种普遍统一标准的支付工具快速发展。世界上有五大国际信用卡集团,它们发行的信用卡分别是维萨卡(VISA)、万事达卡(Master Card)、运通卡(American Express)、大莱卡(Diner's Club)和 JCB 卡。目前在美国和欧洲,信用卡已经成为最普遍的电子支付方式。消费者通过提供有效的信用卡号码和有效期或 POS 系统,商店就可以通过银行专用通信网络与顾客进行结算。发展到现在,借助 Internet,消费者只要在 Web 页面填写信用卡号码和密码,就可即时实现网络支付结算,支撑电子商务的发展。

信用卡是由附有信用证明和防伪标志的特殊塑料制成的卡片。国际统一标准是长 85.72mm,宽 53.975mm,厚 0.762mm。信用卡正面印有发卡银行(或机构)的名称、图案、简要说明,打制的卡号、有效期,持卡人姓名、性别,发卡行名缩写;背面附有磁条和签名条,还可印上持卡人的彩色照片和证件号码等。

信用卡之所以能在世界范围内被广泛使用,与其本身丰富的功能是分不开的。信用卡的基本功能主要表现在支付结算、消费信贷、自动取款、信息记录与身份识别等多功能上。

在基于 Internet 的电子商务迅速发展的今天,信用卡应用型电子货币作为不受地域限制而采用的电子与网络支付工具受到了人们的普遍关注。其引人注目的原因除了其支付结算体系本身的电子化处理方式易实现的优点之外,还因为信用卡的支付,使适用于计算机网络空间,即虚拟空间的支付结算方法具有了独特的优点:一是特约网上商店无须太多投入即能付于使用;二是 24 小时内无论何时何地只要能上网均可使用;三是几乎所有的 B2C 电子商务网站均支持信用卡网络结算,非常普及;四是法律和制度方面的问题较少。

正是由于信用卡在电子商务中的广泛应用,人们提出了电子信用卡的概念。电子信用卡就是一种不通过物理媒介方式,而是使用电子方式交换信用卡号等信息的一种电子货币形式。具体来说,就是将信用卡输入电子计算机,通过电子钱包或电子钱夹管理器等软件,可以将信用卡所包含的信息转入电子钱包或电子钱夹内,成为电子信用卡。

在目前所有的电子货币类型中,电子信用卡的实用化程度是最高的。著名的 Cybercash 和 VISA/Master Card 的 SET 就是基于数字信用卡(digital credit cards)的典型支付系统。现在,我国也开始研制和使用自己的电子信用卡系统,例如招商银行的网上信用卡系统(http://www.cmbchina.com)(见图 4-5)。

1. 信用卡支付流程

这里以 Cybercash 信用卡的支付方式为例,说明信用卡的支付过程。

(1)客户通过安全方式将信用卡信息传送给商户。

(2)商户验证客户身份为信用卡账户所有者。

(3)商户把信用卡收费信息和数字签名发送给其银行或在线信用卡处理器。

(4)使用第三方进行验证的支付,即买卖双方都使用电子邮箱和第一虚拟银行的 FV 账户,来确保信用卡号码不在互联网络上传输,进而避开信用卡方面的安全问题。

(5)银行或处理方把信息送给客户银行进行授权。

(6)客户银行为商户返回信用卡数据、收费确认和授权。

图 4-5 招商银行提供的信用卡服务

(7)网上信用卡支付完成。

2.电子信用卡及其应用系统

将信用卡输入电子计算机,通过电子钱包或电子钱夹管理系统,装入电子钱包或电子钱夹内,成为电子信用卡。Internet 上的电子信用卡应用系统很多,根据其为事务提供安全性的级别和买卖双方在事务中使用的软件不同,大致可分为以下三类:

(1)纯信用卡支付方式。就是将没有加密的信用卡号通过电话线或 Internet 等公众网络进行发送,这是最简单的方式,它存在很大的安全问题,验证是其中最重要的问题。其工作过程如图 4-6 所示。

图 4-6 通过第三方验证的信用卡支付

(2)加密方式的信用卡支付方式。这种方式是指一旦有信用卡资料进入浏览器或其他电子商务装置时,加密就被激活,然后再安全地把经过加密处理的信息,通过 Internet 从消费者节点传输到商家的 Web 服务器上。这种支付方式还是存在许多问题,如信用卡本身的交易成本可能会阻碍低价值的付款即小额付款,它也无法防止商家通过信用卡信息进行欺骗,存在一定的风险。

(3)用第三方验证的支付方式。客户方只对信用卡信息进行加密,然后由一个可信任的第三方来加密信用卡信息并对买卖进行授权,而不是由卖方直接去进行信用卡处理,这样就可以防止卖方通过信用卡信息进行欺骗。其工作原理如图 4-7 所示。

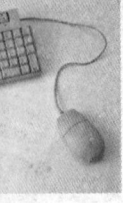

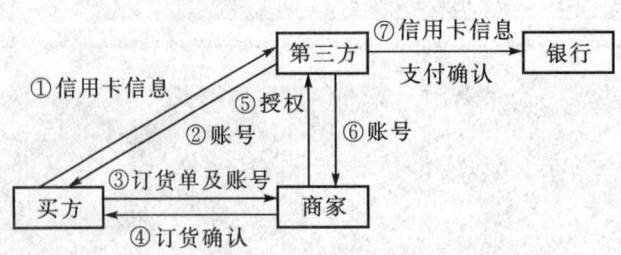

图 4-7　通过第三方验证的信用卡支付

发展到现在,一些不太安全的信用卡网络支付模式已逐渐淘汰,目前信用卡支付模式主要有 SSL 信用卡支付与 SET 信用卡支付,SSL 与 SET 协议在本教材第三章已经述及,这里结合信用卡的具体支付叙述如下:

(1)SSL 信用卡网络支付模式。

安全套接层协议(Secure Sockets Layer,SSL)是设计用来保证互联网信息传递的保密性的,并不是专门用于电子支付的技术,但是由于它内置于浏览器内,方便易用,目前已经成为国内外网上支付领域普遍采用的安全技术,许多银行和商城的网站服务器都使用了SSLServer 证书。通过 SSL,消费者在浏览商家页面信息的时候,其客户端的浏览器与商家服务器通过一个加密的安全通道进行信息交换,第三者无法通过窃听的方法把得到的加密数据还原成明文。同样,消费者的信用卡授权信息也将在安全的通道中传递。

SSL 协议在运行过程中可分为六个阶段:

①建立连接阶段:客户通过网络向服务商打招呼,服务商回应;

②交换密码阶段:客户与服务商之间交换双方认可的密码;

③会谈密码阶段:客户与服务商之间产生彼此交谈的会谈密码;

④检验阶段:检验服务商取得的密码;

⑤客户认证阶段:验证客户的可信度;

⑥结束阶段:客户与服务商之间相互交换信息结束。

SSL 在信息传递上的安全性,刚好适应了电子支付的需要。由于其架构简单,处理的步骤少,速度快,所以虽然存在较大的安全性漏洞,但依然被广泛地应用在信用卡在线支付模式中。

SSL 信用卡在线支付模式的工作流程如图 4-8 所示。

①身份认证。SSL 模式的身份认证机制比较简单,只是付款人与收款人在建立"握手"关系时交换数字证书;

②付款人建立和收款人之间的加密传输通道之后,将商品订单和信用卡转账授权传递给收款人;

③收款人通过支付网关将转账授权传递给其收单行;

④收单行通过信用卡清算网络向发卡行验证授权信息,发卡行验证信用卡相关信息无误后,通知收单行;

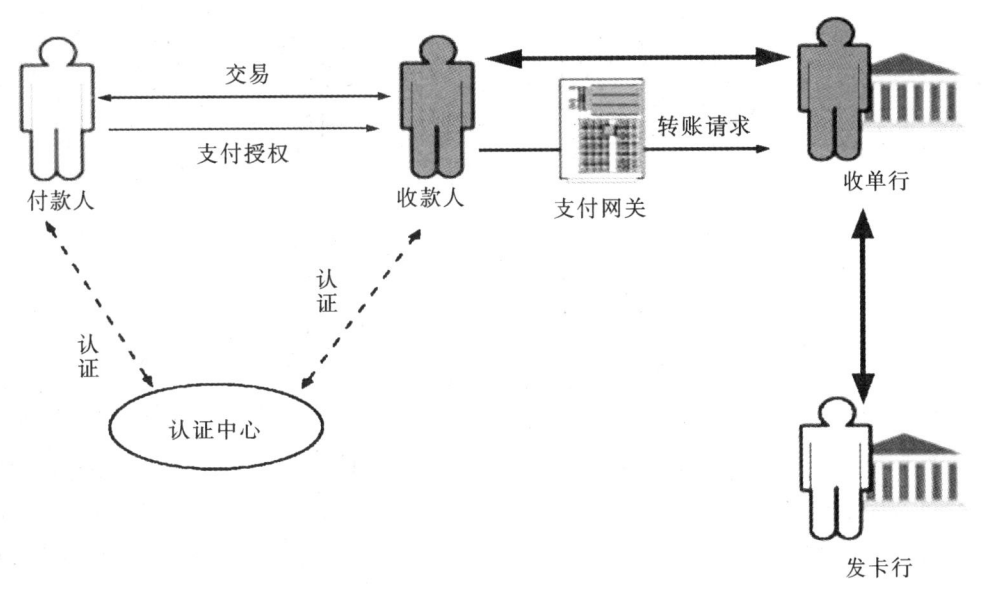

图 4-8　SSL 信用卡在线支付模式工作流程

⑤收单行通知收款人电子支付成功,收款人向收单行提款。

SSL 信用卡在线支付模式有以下优点:

①流程很简单,信用卡在线支付模式中,SSL 模式是流程最简单的模式;

②架构简单,认证过程比较简便,处理速度快,费用较低;

③使用方便,付款人只需在选购商品后输入卡号、有效期、姓名等资料,立即就可以完成付款。

但是 SSL 信用卡在线支付模式也有缺点:首先,付款人的信用卡资料信息先传送到商家,再转发给银行,付款人无法确认商家能够保密自己的相关信息;其次,只能提供交易中客户与服务器间的双方认证,在涉及多方的电子交易中,SSL 协议并不能协调各方之间的安全传输和信任关系。因此无法达到电子支付的“不可否认性”要求。

(2)SET 信用卡网络支付模式。

SET(secure electronic transaction)是安全电子交易(特别是安全网络支付)的简称。它是一个为了在 Internet 上进行在线交易而设立的一个开放的、以电子货币(如智能卡、电子钱包等)为基础的网络支付结算协议标准。SET 最初是由 VISA 和 Master Card 合作开发完成的。SET 在保留对消费者信用卡认证的前提下,又增加了对商家身份的认证,这对于需要支付货币的交易来讲是至关重要的。

在 SET 协议环境下,应用信用卡进行电子支付需要在客户端下载一个客户端软件(电子钱包软件),在商家服务端安装商家服务器端软件,在支付网关安装对应的网关转换软件,并且各参与者还要各自下载一个证实自己真实身份的数字证书,借此获取自己的公开密钥和私人密钥对,且需把公开密钥公开出去,手续稍嫌麻烦。图 4-9 显示的是 SET 信用卡网络支付模式的工作流程。

以下是 SET 信用卡网络支付模式具体的支付流程:

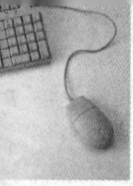

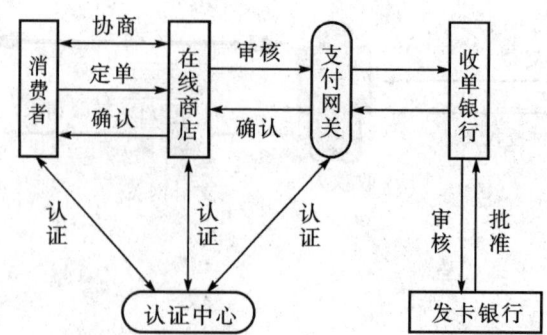

图 4-9　SET 信用卡网络支付模式的支付流程

①付款人在发卡行柜台办理应用 SET 在线支付的信用卡;收款人(商家)与收单行签订相关结算合同,得到商家服务器端的 SET 支持软件,并安装。

②付款人从银行网站下载客户端软件,安装后设置应用此软件的用户名、密码等,以防止被人非法运行。

③付款人访问认证中心网站,把信用卡相关信息,如卡类别、卡号、密码、有效期等资料填入客户端软件,并且申请一张数字证书。

④付款人在商家网站上选购商品,结账时选择 SET 信用卡结算方式,这时客户端软件被激活,付款人输入软件用户名和密码,取出里面的相应信用卡进行支付(此时 SET 介入)。

⑤客户端软件自动与商家服务器对应软件进行身份验证,双方验证成功后,将订单信息及信用卡信息一同发送到商家。

⑥商家服务器接收到付款人发来的相关信息,验证通过后,一边回复付款人,一边产生支付结算请求,连同从客户端来的转发信息一并发给支付网关。

⑦支付网关收到相应支付信息后转入后台银行网络处理,通过各项验证审核后,支付网关收到银行端发来的支付确认信息,否则,向商家回复支付不成功。

⑧支付网关向商家转发支付确认信息,商家收到后认可付款人的这次购物订货单,并且给付款人发回相关购物确认与支付确认信息。

⑨付款人收到商家发来的购物确认与支付确认信息后,表示这次购物与网络支付成功,客户端软件关闭。至此电子支付完毕。

SET 信用卡网络支付模式有以下优点:首先,每一步骤都通过数字证书验证对方身份,达到了电子支付安全性的要求;其次,使用双重数字签名,商家只能看到被允许看到的订单信息,而无法看到信用卡信息。商家只能够将信用卡信息传递到银行,由银行解密得到其中的明文。

而 SET 信用卡网络支付模式也存在以下缺点:首先,在一个 SET 交易过程中,参与交易的实体有客户、网上商店、认证中心、收单银行和发卡银行。据统计,整个交易平均需验证数字证书 9 次,数字签名的验证 6 次,传递证书 7 次,签名 5 次,分别做 4 次对称和非对称加密运算。完成一个 SET 的过程耗时 1~2 分钟,甚至需要更多的时间。其次,由于 SET 协议过于复杂,使用麻烦,成本较高,一般只适用于具有电子钱包的客户使用,如中国银行的电子钱包可以使用中国银行借记卡进行 SET 支付。最后,付款人需要安装数字证书和专用的软件来进行操作,所以步骤烦琐。

(二)电子现金

电子现金又称数字现金,是一种以数据形式流通的、能被消费者和商家接受的、通过 Internet 购买商品或服务时使用的货币。消费者用预先存入的现金来购买电子现金时,通过他的计算机产生一个或多个 64bit(或更长)的随机二进制数,银行打开消费者加密的信封,检查并记录这些数,进行数字化签字后再发送给消费者。经过签字的每个二进制数表示某一款额的电子数字。消费者可用这一数字现金在商业领域中进行流通。

电子现金是纸币现金的电子化,具有与纸币现金一样的很多优点,直观、方便,随着电子商务的发展,必将成为网上支付的一种重要工具,特别是涉及个体、小额网上消费者的电子商务活动,比如相距很远的两个个体消费者进行 C2C 电子商务时的网上支付与结算。

1. 电子现金的制作

(1)客户在银行建立账户并存储一定数量现金之后,就可使用个人电脑数字现金终端软件来产生原始数字代币,并将一个序列号加到数字代币上,然后将其发送到发行银行;

(2)通过将序列号与另一个随机数(所谓隐藏系数 blinding factor)相乘,银行只可以看见这个新序列号;

(3)银行用其签名私钥对代币所要求的价值进行数字签名,并将其回送给客户;

(4)客户再用隐藏系数分解序列号,取回原始的序列号。

采用这种机制,银行就不能追溯到刚产生的电子现金客户,因为银行看不到原始序列号。这种隐蔽签名(blind signature)技术,是由 DigiCash 的创始人 David Chaum 发明的具有专利权的算法,可用来实现银行对电子现金的认证,并允许电子现金的匿名。

2. 电子现金的分类

目前,广为接受的电子现金有两种模式,即 e 现金(e-cash)和 IC 卡型电子现金。

(1)e 现金是一种在线电子现金,可储存在计算机硬盘中,将代表纸币或辅币所有信息进行电子化的数字信息块。这个数字信息块可以认为是遵循一定规则排列的一定长度的数字串。例如,"01100100"这个数字串表示 100 元人民币,如果在某台计算机的硬盘中储存了一个"01100100"字符串,就表示硬盘存储了 100 元的电子现金。就像这样,现金数值转换成为一系列的加密序列数,通过这些序列数来表示现实中各种金额的币值。用户在开展电子现金业务的银行开设账户,并在账户内存钱后就可以在接受电子现金的商店购物了。

(2)IC 卡型电子现金是一种存在 IC 卡的存储器内,由消费者在自己的钱包里保存的虚拟货币。这种 IC 卡是一种专门用于存储电子现金的智能卡。其中,最典型的就是 Mondex 系统。Mondex 系统使用 IC 卡作为货币价值的计数器,即可以将 Mondex 的 IC 卡看成记录货币余额的账簿。在从卡内支出现金或是向卡内再存入现金时,通过改写卡内的余额记录进行处理。因此,Mondex 类似于存款货币,Mondex 的专用 IC 卡相当于存款账户。

3. 电子现金的特点

(1)独立性。电子现金不依赖于所用的计算机系统。

(2)匿名性。电子现金不能提供用于跟踪持有者的信息。因此在进行网络支付时也无法追踪,保护了客户的隐私。

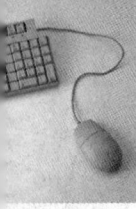

（3）无需银行中介的直接支付、转让。电子现金可容易地从一个人传给另一个人并且不能提供跟踪这种传递的信息。因此电子现金网络支付方式十分经济,成本低。

（4）可分性。电子现金可用若干种货币单位,并且可像普通的现金一样,把大钱分为小钱。

（5）不可重复使用。电子现金一次花完后,就不能用第二次。

（6）安全存储。电子现金能够安全地存储在客户的计算机、IC 卡或电子钱包中,而且客户以这种方式存储的电子现金可方便地在网上传递。

4. 电子现金的网络支付模式

我们这里主要讲的是纯电子形式的电子现金,即 e 现金的支付模式,这种形式的电子现金没有明确的物理形式,以特殊数字号码的形式存在。e 现金类型电子现金的网络支付流程如图 4－10 所示。

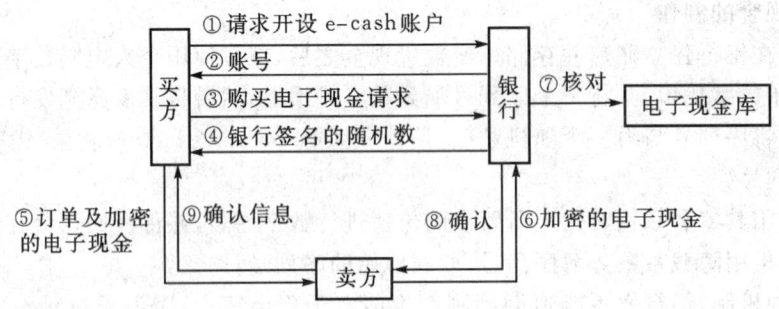

图 4－10　电子现金的支付过程

电子现金网络支付的步骤如下：

（1）购买电子现金。消费者在电子现金发布银行开立电子现金账号,并购买电子现金,银行将发给电子现金购买者具有银行签名的随机数（也即一定数额的电子现金）。

（2）存储电子现金。消费者使用个人电脑电子现金终端软件（电子钱包或者电子钱夹）从电子现金银行取出一定数量的电子现金,然后存储在计算机硬盘上。

（3）用电子现金购买商品或服务。消费者从同意接收电子现金的商家订货,使用电子现金支付所购商品的费用。达成交易意向后,将会生成相应的订单,买方将订单及加密的电子现金发给卖方。

（4）卖方接到买方传递来的订单及电子现金后,把加密的电子现金发给相应的电子现金发行银行请求审核电子现金的有效性。

（5）电子货币发行银行接收到卖方的审核请求后,通过对比电子现金库里的信息来核对该电子现金是否是由本行发行的货币,核对通过后,返回给卖方相应的确认信息。

（6）卖方收到银行的确认信息后,将电子现金转入自己的账户,同时向买方发送确认订单信息。

5. 电子现金网络支付的使用情况

（1）DigiCash（http：//www. digicash.com）公司提供了一种 e-cash 模式的系统。其主要特点是通过数字记录现金,集中管理和控制现金,是一种足够安全的系统。目前使用该系统发布 e-cash 的银行有十多家,包括 Mark Twain、Eunet、Deutsche、Advance 等世界著名银行。

(2)IBM 的 Mini-pay 系统提供了另一种 e-cash 模式。

(3)CyberCash(http://www.cybercash.com)提供用于小额电子现金事务。

(4)NetCash(http://www.isi.edu)是可记录的、匿名的电子现金支付系统。主要特点是设置分级货币服务器来验证和管理电子现金,比较安全。

(5)Mondex(http://www.mondex.com)是欧洲使用的、以 IC 卡为电子钱包的电子现金系统(预付式电子现金系统)。

目前电子现金支付方式存在的问题主要有两个方面:首先,电子货币没有一套国际兼容的标准,接受电子现金的商家和提供电子现金开户服务的银行都太少,不利于电子现金的流通;其次,应用电子现金对于客户、银行和商家都有较高的软、硬件要求,目前的成本较高。尽管存在问题,电子现金的使用在国外仍呈现增长势头。而我国由于多方面的原因和较落后的国情、消费文化等,还有待发展。

(三)电子支票

1.电子支票简介

在电子商务的发展过程中,B2B 电子商务(Business To Business,企业对企业之间的电子商务)一直占有最大的比重,而且一般涉及的交易额都比较大,而前面提到的以信用卡网络支付方式为代表的小额支付结算不能满足 B2B 电子商务加速发展的需要,迫切需要发展适合大额交易的网络支付手段。传统支票在企业间的商务支付结算中是主要手段,但是纸质支票存在费时费力、安全性较差、使用区域局限等不足。因此,借助目前快速发展与广泛应用的信息网络技术,迫切需要发展一种用户熟悉,且在使用方法上与传统支票比较类似,其应用流程模拟传统支票支付结算流程的新形式。这就是促进电子支票发展的需求因素和客观必然性。信息网络与安全技术的应用为纸质支票转化为电子支票创造了条件。早在1995 年,由美国一些大银行和计算机公司组成的金融服务技术联合会就开发并公开演示了使用 Internet 进行的电子支票交易系统,并且预言"这个系统可能会引起银行交易发生革命"。

电子支票,英文为 e-check,也称数字支票,是将传统支票的全部内容电子化和数字化,然后借助于计算机网络(Internet 与金融专网)完成支票在客户之间、银行与客户之间以及银行与银行之间的传递,实现银行客户间的资金支付结算。或者简单地说,电子支票就是纸质支票的电子版,它包含和纸质支票一样的信息,如支票号、收款人姓名、签发人账号、支票金额、签发日期、开户银行名称等,具有和纸支票一样的支付结算功能。

虽然电子支票在内容和运作方式等方面与传统支票是基本相同的,即电子支票系统可以建立在传统纸质支票系统基础上,但纸质支票系统中的签字、盖章、笔迹等安全机制对电子支票系统已不适用。首先,电子支票中的所有信息都以数据文件的形式存储、传送,涂改不留痕迹;其次,电子支票的传输平台 Internet 还存在安全风险问题和可靠性问题,所以电子支票必须采取安全技术手段来满足网络支付的安全需求。

具体来讲,在电子支票系统中使用数字证书可以实现身份识别,数字签名可以取代手写签名和签章,而且实现了信息的完整性和不可抵赖性,加密解密技术能实现支票信息的保密性,这些技术手段的综合使用能足够保证网络支付的安全需求。其中,由于电子支票的数字

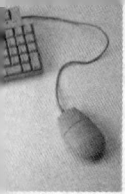

签名是用签发人的私钥生成的,私钥保存最为关键,一旦私钥被窃取,任何人都可以签发和使用电子支票。为了防止客户私钥在客户计算机或在网络传输时被窃取,私钥一般存放在硬件 IC 卡或 PC 卡上,由用户随身携带。这个硬件 IC 卡就称为电子支票簿装置。不同客户通过输入个人身份识别码(PIN)来激活电子支票簿,确保私钥的授权使用。

2. 电子支票的特点

(1)电子支票在内容、"外观"、支付流程均与传统支票十分相似,客户不必再接受培训,且因其功能更强,所以接受度很高。它很适合 B2B 电子商务的中、大额支付结算。

(2)通过应用数字证书、数字签名、加密解密技术,以及唯一支票号码检验,提供了比使用印章和手写签名更加安全可靠的防欺诈手段。

(3)电子支票将整个处理过程自动化,帮助银行缓解处理支票的压力,节省大量的人力和开支,极大地降低了处理成本。

(4)可以在任何时间、地点通过 Internet 进行传递,打破了地域的限制,最大限度地提高支票的收集速度,从而为客户提供了更方便快捷的服务,并减少了途中资金;

(5)电子支票技术还很容易和流行成熟的 EDI 应用的资金报文整合,以利于更广泛的发展。电子支票也可用于 B2C 支付,特别是随着我国个人支票的拓展,有可能是未来最有效率的网络支付手段。

3. 电子支票的网络支付模式

电子支票一般由客户计算机内的专用软件生成(也可以由银行专门软件生成特殊票文件,交由客户数字签名),一般应包括支付数据(支付人、支付金额、支付起因等)、支票数据(出票人、收款人、付款人、到期日等)、客户的数字签名、CA 证书、开户行证明文件等内容。

虽然目前有些电子支票网络支付系统是通过专用金融网络、设备、软件及一套完整的用户识别、标准报文、数据验证等规范化协议完成数据传输,从而控制安全性(类似金融 EDI 模式),表明这种方式已经较为完善。但成本更低、跨区域、应用更简单的基于 Internet 平台的电子支票网络支付系统正快速发展中,这种形式更适合电子商务的发展需要。

电子支票网络支付模式一般包含三个实体,即客户(购买方)、商家(销售方)和金融机构(客户的开户银行、商家的开户银行、票据交易所或清算所)。如果是同一家银行,金融机构就只有一家银行即可;如果是不同开户行,则借助票据交易所,可由一独立的机构或现有的一个银行系统承担,其功能是在不同的银行之间处理票据和清算。因此电子支票的网络支付模式可分为同行电子支票网络支付模式和异行电子支票网络支付模式两种。异行电子支票由于涉及两个或多个银行,以及中间的用于银行间资金清算的自动清算所,所以流程较为复杂一些。下面重点介绍异行电子支票的支付流程,一个完整的异行电子支票支付流程如图 4-11 所示。

(1)付款人(消费者)和收款人(商家)达成购销协议并选择使用电子支票支付;

(2)付款人利用自己的私钥对填写的电子支票进行数字签名后,通过网络发送给收款人,同时向银行发出付款通知单;

(3)收款人通过认证中心对消费者提供的电子支票进行验证,验证无误后将电子支票送交收单行索付;

(4)收单行把电子支票发送给自动清算所的资金清算系统,以兑换资金进行清算;

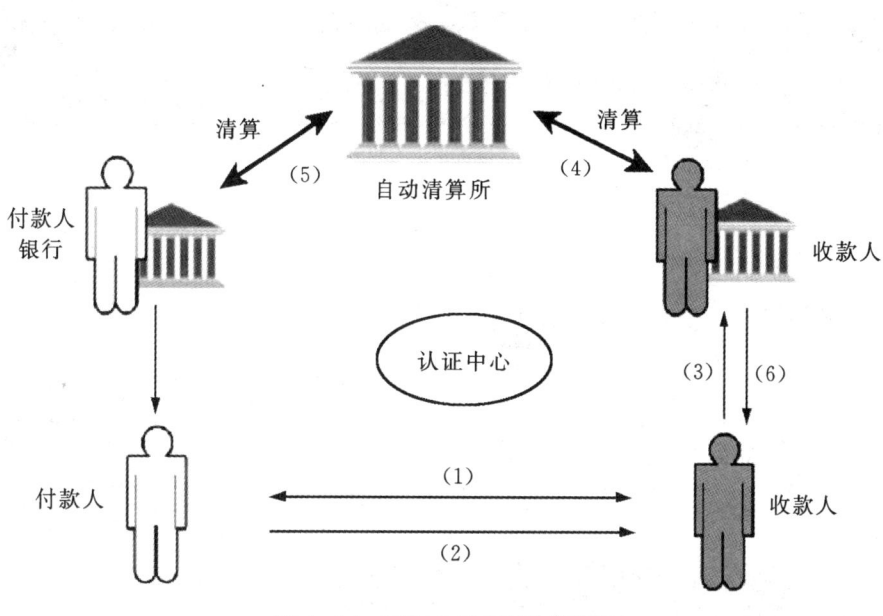

图 4-11　异行电子支票支付流程

（5）自动清算所向付款人的付款银行申请兑换支票，并把兑换的相应资金发送到收款人的收单行；

（6）收单行向商家发出到款通知，资金入账。

电子支票与电子现金的系统架构类似，最大的不同点是电子现金需要发行单位为其所发行的现金担保，因此电子现金发行单位在电子现金上的数字签名很重要，而电子支票的开票人即付款人要为其所开出的支票兑现做担保，因此付款人在电子支票上的数字签名很重要。

4. 电子支票的应用

电子支票支付遵循国际金融服务技术联盟（Financial Services Technology Consortium，FSTC）提出的 BIP（Bank Internet Payment）标准（草案）。典型的电子支票系统有 e-check、NetBill、NetCheque 等（见图 4-12）。

目前，基于 Internet 的电子支票系统在国际上仍然是新事物，处于发展之中。虽然金融专用网上运行的电子资金转账 EFT 和 SWIFT 系统与电子支票的应用原理类似，但转移到 Internet 上实际应用还有一个过程。

随着数字签名、数字证书和加密解密技术日趋完善，实际的大额网上支付应用需求已经出现，电子交易的飞速增长，B2B 交易必将成为网上交易的主流。考虑到研发的前瞻性，我国开展电子支票研发的时机已经成熟。特别是对于银行业来说，我国已加入 WTO，金融机构必将与国外的金融机构在提供现代化的金融服务方面展开激烈的竞争，因此研发我国自己的电子支票系统是一项特别紧迫的任务。

（四）电子钱包

1. 电子钱包简介

电子钱包（e-wallet）是一个可以由顾客用来进行安全电子交易和储存交易记录的特殊

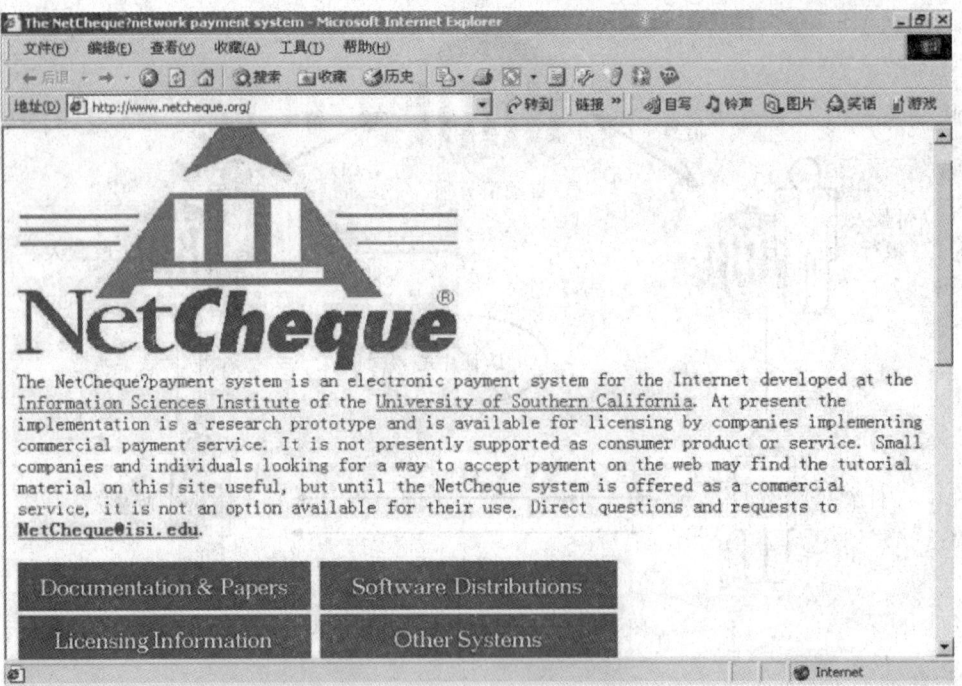

图 4-12　NetCheque 电子支票系统简介

计算机软件,就像生活中随身携带的钱包一样,也被称为"虚拟钱包"。电子钱包是一个在 SET 交易中运行在持卡人端的软件,持卡人的借记卡信息和与卡对应的证书都存放在电子钱包里。一个电子钱包里可以存放不同品牌的多张卡,当持卡人进行电子交易时,可以打开钱包,随意选择想用的卡来付款。电子钱包本身并不能用于支付,而用选择存放在电子钱包里面的自己的各种电子货币(如电子现金)或电子金融卡(信用卡、IC 卡)等来进行支付结算。它是顾客在电子商务活动中使用的一种支付工具,是在小额购物时常用的新式钱包。

电子钱包系统包括电子计算机系统、智能卡、刷卡设备、电子钱包服务系统、电子钱包微型阅读器、电子钱包终端以及其他协调统一系统的相关设备等,可以在具有中文环境的 Windows 2000、Windows XP 或 Windows NT 操作系统中运行。

电子钱包有以下特点:

(1)随着消费者网上购物次数变多,他们开始厌倦每次采购都要输入送货地址、信用卡信息、个人身份信息等,如果只需在网页上点击一个个人的"钱包"图标,就能把这些每次重复的个人商务信息都安全发送给商家网站,从而加快购物过程,提高购物效率,这就是电子钱包的作用。

(2)与实际钱包、智能卡类似,电子钱包把有关方便网上购物的信息,如信用卡信息、电子现金、钱包所有者身份证、所有者地址及其他信息等,集成在一个数据结构里,以便整体调用。它是在小额购物或购买小商品时常用的新式虚拟钱包。

(3)电子钱包网络支付一般采用 SET 协议安全机制,安全可靠。

(4)使用电子钱包购物,通常需要在电子钱包服务系统中进行(商家支持)。

(5)顾客需使用电子钱包客户端软件(免费)才可以使用电子钱包进行网络支付。

2. 电子钱包的功能

(1)数字证书的管理,包括电子证书的申请、存储、删除等。

(2)安全网络支付,即进行 SET 交易时辨认商户的身份并发送支付信息。

(3)交易记录的保存,即保存每一笔交易记录以备日后查询。

值得注意的是,顾客开始使用电子钱包时一般要进行注册,在以后每次使用钱包时都要进行"登录",进行电子钱包的身份确认。所以电子钱包持有者对自己的用户名及口令应该严格保密,以防电子钱包被他人窃取,否则就会像生活中钱包丢失一样,造成一定的经济损失。

3. 电子钱包的网络支付模式

使用电子钱包进行网络支付的基本流程如下:

(1)顾客将下载的电子钱包客户端软件装入计算机系统,输入对应电子货币(电子现金、信用卡等),从而成功配置电子钱包。顾客使用计算机通过 Internet 网络查寻自己想购买的物品。

(2)顾客网上填写订单,并提交订单。

(3)商家电子商务网站回送订单信息。

(4)顾客确认后,用电子钱包进行支付。单击电子钱包的相应项或电子钱包图标,电子钱包立即打开,输入自己的保密口令,顾客确认是自己的电子钱包并从电子钱包中取出电子货币,如选择某种信用卡进行付款。

(5)采用前面所述的 SET 信用卡网络支付模式进行支付结算。若涉及各方的认证信息加密传送交换。

(6)如果这张卡遭到商业银行拒绝后,顾客可以再单击电子钱包的相应项打开电子钱包,取出另一张电子信用卡,重复上述操作,完成网上支付。

4. 电子钱包网络支付的应用情况

电子钱包最早于 1997 年由英国西敏寺银行开发成功。网上购物使用电子钱包,需要在电子钱包服务系统中进行。目前世界上有 VISA 和 Mondex 两大电子钱包服务系统。其他电子钱包服务系统有 CyberCash 开发的 Agile Wallet、Launch Pad 开发的 e-wallet、IBM 公司的 Commerce Point Wallet 软件和 Microsoft 的 Microsoft Wallet 等客户端电子钱包软件。

电子钱包已在英国、中国香港、新西兰等国家和地区运行。我国的中国银行已率先提供中国银行电子钱包(结合长城借记卡应用)的网络支付结算应用。

5. 中银电子钱包

中银电子钱包是中国银行推出的,基于中国银行长城电子借记卡和长城国际信用卡的网上支付的服务产品。中国银行长城电子借记卡持卡人可以利用免费发送的电子钱包软件,使用长城电子借记卡实现人民币网上实时支付。中银电子钱包采用目前公认的 SET 国际安全标准,建立了完全符合国际标准的安全认证中心和支付网关,为客户提供安全、可靠、快捷、高效的电子商务支付结算。

使用中国银行电子钱包进行网上购物时的基本程序为:

(1)消费者在自己的计算机内安装中国银行电子钱包软件;

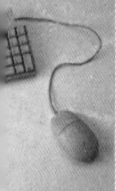

（2）登录中国银行网站（http://www.bank-of-china.com），在线申请并获得持卡人电子安全证书；

（3）登录到中国银行网上特约商户的站点，选购商品、填写送货地址并最后下达订单；

（4）点击长城电子借记卡进行支付，浏览器此时会自动启动电子钱包软件，消费者只需按提示输入卡号、密码等信息就可实时完成网络在线支付；

（5）等待送货上门。

中银电子钱包提供的安全电子交易有以下特点：

（1）确保信息的保密性。SET 协议通过多种先进的信息加密技术（例如 DES、RSA 等），确保数据信息在网络传输中的安全性。

（2）确保支付信息的完整性。SET 协议利用散列（hash）函数确保数字签名信息不会被改变和假冒。

（3）不仅对商户进行认证，而且对持卡人也进行合法性认证。SET 协议运用数字签名、认证等技术手段对交易双方进行全面的认证。

中银电子钱包具有管理账户信息、管理电子证书、处理交易记录、导入导出信息、设置相关选项和更改口令等功能。

三、电子货币的管理

（一）电子货币的发行管理

1. 电子货币发行权问题

从技术上讲，各个商家都可以发行电子货币，因此如果不加以控制，电子商务将不可能正常发展。对于电子货币的法律规范来说，法律首先应该限制电子货币的加密和发行主体，并规范其对电子货币的发行。也就是说，应制定法律明确谁具有电子货币的发行权。关于电子货币的发行权问题，欧盟各中央银行在 1994 年发布的《关于预付卡致 EMI 委员会的报告》中指出：只有信用机构被授权发行电子货币，发行机构应承担接受中央银行资金、建立电子货币流通系统并在客户要求支付时划拨或兑现中央银行资金的责任。如芬兰就采取了严格监管的方式，电子货币的发行权集中在中央银行；而美国等国家则采取适度监管的模式，国家鼓励并保护民间的发行。在我国 1996 年 4 月 1 日起实行的《信用卡业务管理办法》中规定信用卡的发行者仅限于商业银行，对于信用卡之外的其他电子货币种类，目前尚无具体的发行资格限制。

我国许多地方的商家为了吸引消费者，曾一度发行了不少各种形式的电子购物卡，引发了一系列的问题。2001 年初，国务院有关部门发布了《关于禁用代币券（卡）规定的紧急通知》，这个通知在一定程度上说明我国电子货币的发行进一步走向正轨。这个通知也说明我国应制定相应法律法规来禁止个人和商家非法发行电子货币，任何机关、企业和个人不准接受和使用非法发行的电子现金、电子支票等电子货币。法律还应规定电子货币的发行单位有责任保证其发行的电子货币必须是难以伪造或假冒的，这包括防止或查明复制机制，并禁止重复使用电子货币。另一方面，刑法也应制定打击利用电子货币犯罪的条款，防止犯罪分子将大量的电子货币通过 Internet 转移而洗钱。

中央银行作为监管者，应尽快制定中央银行在电子商务中的任务、目标、职责和法规，商业银行和非银行金融机构应在中央银行的方针、政策、法规的指导和约束下开展电子支付、电子结算业务。随着科技的发展,我国应加大对电子现金和电子支票等电子货币的研究,逐步建立起适应电子商务发展需要的电子支付工具,以及建立在 Internet 上的统一的网上交易支付和结算方式,并修改不适应这一发展趋势的法律。

2.电子货币发行者和使用者之间的权利与义务

在电子货币发行者确定后,接着应考虑的问题就是电子货币的发行者与使用者之间的关系问题,进而要考虑的就是各方的法律关系问题。电子货币的发行者与中介银行应当是一种代理关系,发行者为被代理人,中介银行为代理人,电子货币的使用者为相对人。发行者通过其代理人中介银行与相对人使用者发生关系,这一关系应受民法上代理法律制度的约束。即使是在比较简单的交易关系中,当出现欺诈、伪造、事故后(如电子信用卡被盗或丢失时),若造成了损失,该损失应由何方负责仍然是一个有争议的问题。在现阶段,尤其在我国,各家商业银行在发行信用卡等电子货币时,并不需要与客户签约。这就使得在银行及其客户之间缺乏一种明确的法律权利义务关系,在出现上述责任承担的问题时,找不到相应的签约依据。所以电子货币的发行机构有必要在发行电子货币时,与使用者、中介机构、有关销售商订立合同,明确各方的权利义务,以确保交易的顺利进行及争端的解决。

从对消费者的保护和损失的分担角度,以信用卡支付方式为例,按现有信用卡的有关法律来看,各国虽有不同,但是基本都偏重于保护消费者,从而使消费者承担的责任有限。而且这些规定都是调整信用卡在现实世界中运作产生的法律关系。但是由于在不同的模式中,商家所起的作用是不同的,用同一种规则来调整就会造成不公平。

3.跨国境电子货币发行问题

随着经济的不断发展,跨国经济也逐渐活跃起来,由于跨国经济主要是因货币流动而不是商品和劳务贸易流动而形成的,因此这些货币的流动有其自身的动力。各主权国家政府的货币和财政政策日益对跨国货币和资本市场的动态作出反应。2002 年,酝酿已久的欧洲单一货币——欧元——正式流通。作为历史上迄今为止最重要的跨国货币,欧元的诞生对欧洲和国际金融体制乃至世界经济,都产生了深远影响。

伴随着跨国货币发行的成功,借助电子商务热潮的涌现,有关专家对跨国境电子货币方案给予了极大关注。他们认为多国电子货币方案主要有两种:消费者在国外旅行时以预付卡向国外商人支付,或通过电子通信网络向国外商人购买,这是发行机构与消费者同国,而与商人异国的方案;发行机构以东道国币值向国外市场发行电子货币,这是发行机构与消费者、商人都不在同一国家的方案。

从法律角度看,在跨国境发行方案下,解决争端应适用的法律、调查机构的权限以及不同国家发行机构的损失分摊等方面都会引发新的问题。从调控和监管的角度看,欧盟各国中央银行之间的政策协调和信息交流被提升到更为重要的位置。同时,欧盟还应与一些国际组织加强合作,以共同探讨更广阔范围内跨国境电子货币方案的调控与监管。通过电子通信网络结算的软件式电子货币对此提出了更高层次的要求。不论欧元的电子货币方案暂时成功与否,都将为货币的演进提供借鉴与思考。

（二）电子货币的安全交易管理

只要是货币,就存在安全问题,而安全可靠正是货币能发挥支付与流通作用的最本质的

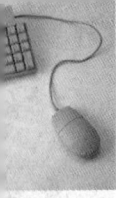

需求。电子货币正发挥出货币的作用,电子货币和传统货币一样,存在被伪造及被非法使用的安全性问题。因此关注其安全性,是非常重要的。

使用电子货币进行网上支付时,由于交易的双方见不到对方,甚至不在同一个国家,由此还带来一些新的安全性问题。例如:如何判定交易的双方是否真的存在;交易双方的身份如何验证;当交易双方的身份得到验证后,网上商家又如何知道该网上顾客的发卡银行的户头上有钱支付;支付的电子货币是否真实等。

所以,电子货币系统需要解决安全性、真实性、匿名性和可分性四个关键的技术问题,即:要能保证在线交易、资金转移和电子货币的绝对安全;买卖双方能够确认收转到的电子货币是真实的;确保消费者、商家和他们之间的交易都是匿名的;要能容易分割为更小额的货币,满足不同金额商品的货币支付要求。

解决电子货币安全性问题的总体方法,一般是采用加密技术以解决以上问题。采用数字签名,可确认付款方的合法性并防止对其付款信息的否认,并确保付款信息的正确性。借助密码技术对电子货币进行信息加密,可以防止信息泄露。建立网上认证机构(认证中心),可确认收款方的合法性并防止对其收款信息的否认。

电子货币的安全性涉及电子货币的应用,直接影响到人们对电子货币的接受程度,在我国这样一个具有悠久历史以及浓厚的消费和支付习惯的国家尤其如此,因为电子货币,特别是基于网络支付结算的电子货币毕竟是新生事物。但随着信息加密技术的不断提高,电子货币的使用会更加安全,并随着经济的进步和人们观念的改变,电子货币的应用也将越来越广泛。

因此,电子货币的出现引起了一系列金融监管上的难题。如何对一些中介性的技术服务商进行监管便是一个突出的问题。我国《支付结算办法》第六条规定,"银行是支付结算和资金清算的中介机构。未经中国人民银行批准的非银行金融机构和其他单位不得作为中介机构经营支付结算业务"。在"网络硬币"模型以及其他许多类似的支付系统中,都往往采用一些技术服务商作为中介机构,有的中介机构还通过银行进行结算,但有的中介机构已经实际发挥着支付结算和资金清算的职能。中国人民银行是允许这样的技术机构从事资金结算职能,还是维护银行的专营权,禁止这样的机构涉足网上支付领域,是必须加以面对的问题。

(三)电子货币的运行监控管理

电子货币的发展是关系到一国宏观经济管理以及国际金融合作的大事,有必要制定严格的运行监控管理制度,保证电子货币系统的正常运作。具体来说,包括以下几个方面:

(1)集中力量研究制定与电子货币有关的规范、政策和法律,明确定义电子货币相关方(消费者、商家、银行和操作者)的权利和义务,并可明确作为法律判决的依据。

(2)限制电子货币的发行主体。目前,电子货币发展比较快的国家有这样几类发行机构,即银行、受到管制的非银行金融机构及非金融机构。从发展趋势来看,主要工业国家的中央银行倾向电子货币的发行者仅限于信用机构,而且需要接受全面的风险监管。

(3)为避免电子货币系统在特定情况下危及社会支付制度的安全,监管当局应要求发行者制定翔实的业务计划。由于电子货币发行会在一定程度上影响到中央银行对通货的垄断发行利益,而且中央银行负有支付制度安全有效率运行的责任,因此央行必须审核每一个电子货币的发展计划。

（4）电子货币系统必须具有防范、识别、控制伪币及欺诈行为的安全计划和措施。潜在的伪币和欺诈行为会给电子货币发行机构或其他参与机构带来巨大的金融风险，采取高度安全措施也会关系到各方的利益。因此如有必要，电子货币系统的管理可聘请外部专家制定明确的安全计划，实施该安全计划并定期检查，尤其是在早期应有能力识别虚假信息并立即采取纠正措施。电子货币系统至少应具备监控发行和赎回电子货币余额的能力。故此电子货币系统为限制伪币和欺诈风险的发生应该包括以下的某一种会计和审核措施，即交易明细记录、交易限额规定或交易行为分析。

（5）建设全国统一管理的数字认证中心，确认参加电子货币和电子商务活动人员的合法身份，保障电子交易安全可靠。

（6）建立完善的电子货币发行、交易流量监测与统计机制，及时采取手段调控电子货币走势。中央银行可以向所有电子货币发行商提出储备要求，电子货币系统必须向相关国家中央银行汇报货币政策要求的有关信息。

（7）建立电子货币产品的担保、保险或其他损失分担机制。尽管通过风险管理及调控能降低电子货币系统失败的风险，但失败的可能性不会完全消除。消费者和商家愿意暴露于发行机构破产的风险之中的前提条件是他们有权从发行机构那里自由地赎回中央银行发行的货币，或者有适当的保险等保护性安排。因此，为了维护消费者和商家免遭损失及维护电子货币的信息，应建立起有效的担保、保险和其他损失分担机制，以确保电子货币的健康发展。

（8）基于电子货币的安全和防范洗钱可能性的考虑，应该对电子货币允许保有的价值额度、消费者单笔交易额等进行限制。央行还应将电子货币的储值金额纳入货币供应量范围，同时注意货币流通速度的变化问题。

第四节　第三方网上支付服务

随着电子商务的快速发展，对支付的方便快捷性和安全性提出了更高要求，因此出现了网上支付形式。目前，网上支付主要体现为两种不同的支付方式，即网上银行业务和第三方支付业务。"第三方"是独立于收付款双方之间的非银行投资机构。就目前而言，网上银行是完成企业间（B2B）网上支付的主要业务模式，尤其是针对大中型企业，因其单笔业务量大，合作商家及银行相对固定等原因，通过企业内部的 ERP 系统或者自建支付平台上就可以完成与相关银行的支付业务。

但是在个人支付领域，潜在的众多网上消费者、中小型网上商户，以及网上支付方便、快捷的服务在逐步推动着网上支付的繁荣。据中国互联网络信息中心（CNNIC）发布的《中国互联网络发展状况统计报告》显示，截至 2014 年 6 月，我国网络购物用户规模达到 3.32 亿，而使用网上支付的用户规模达到 2.92 亿，与 2013 年 12 月相比，我国网民使用网上支付的比例从 42.1% 提升至 46.2%。与此同时，手机支付增长迅速，用户规模达到 2.05 亿，半年度增长率为 63.4%，网民手机支付的使用比例由 25.1% 提升至 38.9%。

我国个人网上支付的市场规模和用户规模在近几年内都实现了跨越式的发展。据波士顿咨询公司预测，至 2015 年，我国网络零售市场将达到 2 万亿元人民币以上，超过美国；人

均网上消费额将达到 6220 元人民币,超过美国目前 1000 美元的平均水平。

一、第三方支付的概念和特点

第三方支付的定义为具有信誉保障,采用与相应各银行签约的方式提供与银行支付结算系统接口和通道服务,能实现资金转移和网上支付结算服务的机构。作为双方交易的支付结算服务中间商,它具有提供服务通道,并通过第三方支付平台实现交易和资金转移结算安排的功能。

第三方支付一般是通过专门的第三方支付平台来实现的,所谓"第三方支付平台",就是指由非银行的第三方机构投资运营的网上支付平台。第三方平台是指提供商通过通信、计算机和信息安全技术,在商家和银行之间建立连接,起到信用担保和技术保障的职能,从而实现从消费者到金融机构以及商家之间货币支付、现金流转、资金清算、查询统计的一个平台。

实际上,第三方支付是"信用缺位"条件下的"补位产物"。采用第三方支付,既可以约束买卖双方的交易行为,保证交易过程中资金流和物流的正常双向流动,增加网上交易的可信度,同时还可以为商家开展 B2B、B2C 交易等提供技术支持和其他增值服务。

在强大的市场推动下,第三方支付平台近几年内发展极为迅速。2013 年中国第三方互联网支付市场交易规模达 53729.8 亿,同比增长 46.8%,整体市场持续高速增长,在整体国民经济中的重要性进一步增强。2013 年与金融的深度合作,使第三方互联网支付公司找到了新的业务增长点,目前这种助力还没有完全爆发,据艾瑞咨询预测未来两年互联网金融对于第三方互联网支付的推动作用将会更强,或进一步提高交易规模增速(见图 4 - 13)。

2010—2017 年中国第三方互联网支付市场交易规模

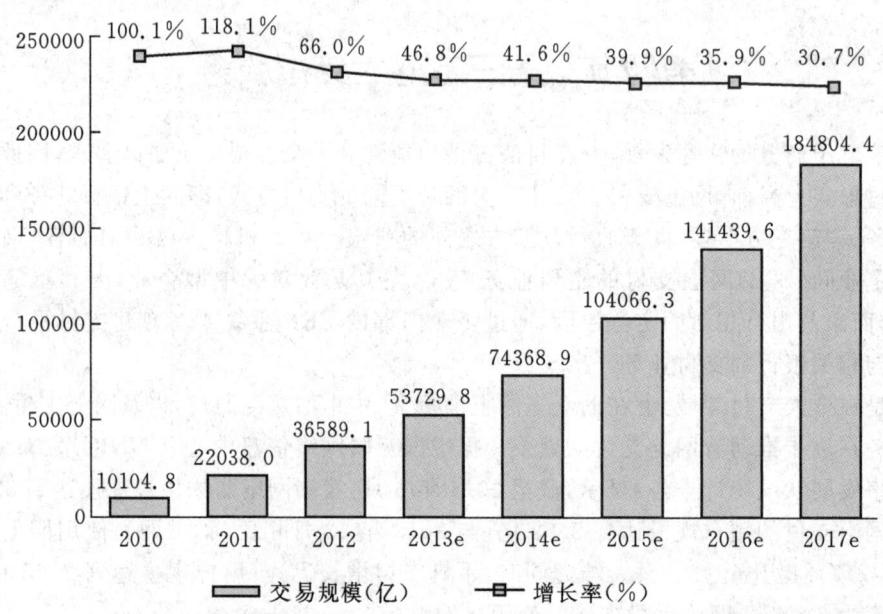

图 4 - 13　中国第三方网上支付平台交易额发展及预测(资料来源:艾瑞市场咨询)

第三方支付的出现与网上交易的特点密不可分。基于虚拟平台的网上交易主要呈现以下几个显著特点：

（1）与面对面交易不同，因双方信息不对称，对对方缺乏信任感。这是网上支付产生信用问题的根本原因。

（2）网上交易不能采用传统支付方式和工具清偿债权债务关系，不能使用纸质载体的支付工具在网上传递，只能通过传送支付指令和支付信息，采用账户划转方式进行，信息传递过程中存在安全问题。

（3）交易过程在前台终端的公用网上进行，而资金划转必须在银行支付结算系统的专用网上进行。公用网和专用网挂接和整合的新特点，决定了网上支付模式具有多样化的特点。

（4）对如何保证虚拟环境下金融系统资金运行的安全，还需要国家制定和补充新的法律法规。对在虚拟环境下实现安全支付提供相应的法律保障，在相当长的时期内仍存在一定困难。

二、第三方支付服务的作用

第三方在线支付平台是属于第三方的服务性中介机构，它主要是面向开展电子商务业务的商家提供电子商务基础支撑与应用支撑的服务，不直接从事具体的电子商务活动。第三方支付平台是独立于金融机构、商家和消费者的。

采用第三方支付平台提供第三方支付服务主要作用有：

1. 第三方支付是商家和顾客间的信用纽带

由于电子商务中的商家与消费者之间的交易不是面对面进行的，而且物流与资金流在时间和空间上也是分离的，这种没有信用保证的信息不对称，导致了商家与消费者之间的博弈：商家不愿先发货，怕货发出后不能收回货款；消费者不愿先支付，怕支付后拿不到商品或商品质量得不到保证。博弈的最终结果是双方都不愿意先冒险，网上购物无法进行。

第三方支付平台正是在商家与消费者之间建立了一个公共的、可以信任的中介，能够协调商家与消费者之间的关系，保护商家和消费者的利益，从而解决了买卖双方的信任问题，第三方并不涉及双方交易的具体内容，相对于传统的资金划拨交易方式，第三方支付较为有效地保障了货物质量、交易诚信、退换要求等环节，在整个交易过程中，可以对交易双方进行约束和监督。

2. 第三方支付平台充当交易各方与银行间的接口

第三方支付平台将多种银行卡支付方式整合到一个界面上，充当了电子商务交易各方与银行的接口，负责交易结算中与银行的对接，使电子支付更加简单、快捷。

当消费者在网上选择好商品，选择支付方式的时候，网页上可能提供了几种甚至几十种银行卡在线支付方式，这是因为不同银行卡在不同地区具有不同的支付功能，为了在网上能购买到满意的商品，消费者可能要在不同的银行开设不同的账户，并分别开通其网上支付业务。这对于消费者来说太过繁杂，而且会增加其在网上购物的成本。商家为了争夺客户也必须在多家银行开设账户。

引入第三方支付平台后，商家和消费者只需在第三方支付平台注册，由第三方支付平台和各银行签署协议进行账务划转，省去了商家和消费者与多家银行的交涉成本，使网上购物

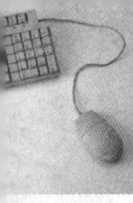

更加便利。同时,第三方支付平台的出现也是对银行零散的小额支付业务的补充,并为银行带来相应的利润。目前,第三方支付平台对接入的商家收取每笔交易金额2%的费用,其中1%是银行收取的费用。与第三方合作的银行越多,第三方经营业务的范围就越广,在同行业中的竞争能力就越强,要争取最广泛银行的合作也是第三方支付平台成功的关键。

3. 第三方支付平台能够提供增值服务,降低各方成本

通过第三方支付平台,可以帮助商家网站解决实时交易查询和交易系统分析,提供方便及时的退款和中止服务等一系列的增值服务。同时,采用第三方平台支付,可以降低消费者、商家和金融机构的成本。对于消费者来说,不必要再到特定的实体银行进行转账,或者再跳转到相应的银行网站页面来进行支付,相应地节省了时间,节省了机会成本。对于商家来说可以降低企业运营成本,商家不必自己开发支付系统。对于金融机构来说,可以直接利用第三方平台提供的服务,减少支付网关的开发成本。

三、第三方支付的支付流程和支付模式

在电子商务活动中,要靠交易各方的积极配合才能使整个交易流程顺利进行,具体来说,采用第三方交易平台进行支付要涉及消费者、网上商城、第三方支付平台和相关银行的支持,图4-14表明了第三方支付的具体流程。

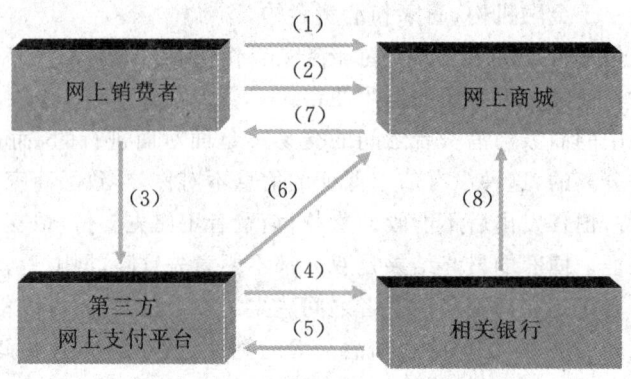

图4-14 第三方支付的流程图

(1)网上消费者浏览检索商户网页;

(2)网上消费者在商户网站下订单;

(3)网上消费者选择第三方支付平台,直接链接到其安全支付服务器上,在支付页面上选择自己适用的支付方式,点击后进入银行支付页面进行支付操作;

(4)第三方支付平台将网上消费者的支付信息,按照各银行支付网关的技术要求,传递到各相关银行;

(5)由相关银行(银联)检查网上消费者的支付能力,实行冻结、扣账或划账,并将结果信息传至第三方支付平台和网上消费者本身;

(6)第三方支付平台将支付结果通知商户;

(7)支付成功的,由商户向网上消费者发货或提供服务;

(8)各个银行通过第三方支付平台向商户实施清算。

第四章 网络环境下的支付

自 2005 年初起,国内第三方支付市场的竞争就日渐白热化。全球最大的第三方支付公司 PayPal 在 2005 年下半年高调进入中国,在上海建立了全球第 14 个本地化网站"贝宝",直接向淘宝网"支付宝"发起挑战。而包括 Yeepay、上海捷银、快钱、北京首信、网银在线、联动优势(中国移动与中国银联合资)、eBay 易趣的安付通在内的一大批国内支付公司也在这一时期浮出水面。第三方支付市场受到前所未有的关注,而 2005 年也被称为中国的"网上支付年"。到了 2008 年和 2009 年中国第三方支付市场出现爆发增长,特别是 2010 年中国人民银行《非金融机构支付服务管理办法》及《非金融机构支付服务管理办法实施细则(征求意见稿)》的出台,第三方支付行业结束了原始成长期,被正式纳入国家监管体系,拥有合法的身份。从 2011 年 5 月 26 日,央行颁发首批 27 张第三方支付牌照以来,至 2014 年 7 月 10 日,央行推出第五批 19 家第三方支付牌照的名单,至此,拥有第三方支付牌照的企业增加至 269 家,第三方支付将迎来更大的发展空间。

总结目前市场上的第三方支付公司的运营模式,可以将它们分为三种类型:一类是独立的第三方网关模式;第二类是有电子交易平台且具备担保功能的第三方支付网关模式;第三类是由电子交易平台支持的第三方支付网关模式。下面我们分别作出介绍。

1. 独立的第三方网关模式

独立的第三方网关,是指完全独立于电子商务网站,由第三方投资机构为网上签约商户提供围绕订单和支付等多种增值服务的共享平台。这类平台仅仅提供支付产品和支付系统解决方案,平台前端联系着各种支付方法供网上商户和消费者选择,同时平台后端连着众多的银行。由平台负责与各银行之间进行账务清算,同时提供商户的订单管理及账户查询等功能。这种模式在国外以 Cyber Source、World Pay 公司为代表,国内以首信易支付、百付通等典型代表。这类机构的特点如表 4-1 所示:

表 4-1 独立的第三方网关模式支付平台的特点

盈利方式	根据客户的不同规模和特点提供不同的产品,收取不同组合的年服务费和交易手续费。
客户群体	主要面向 B2B、B2C 和 G2C 市场,客户为中小型商户或者有结算需求的政企单位。
优势特点	独立网关,灵活性大,一般都有行业背景或者政府背景。
面临问题	没有完善信用评价体系,抵御信用风险能力有待加强;增值服务尚未开发,技术含量不大,容易被同行复制。
发展方向	加强安全技术方面的投入,严防技术漏洞;加强与特定行业或领域的合作,发展为行业支付结算平台。

以首信易支付为例,首信易支付(Pay Ease)始创于 1998 年,是中国首家实现跨银行跨地域提供多种银行卡在线交易的多功能网上支付服务平台。"首信易支付"平台是一个开放性的体系,直连 23 家全国性银行和中国银联核心支付系统,支持全国发行的银行卡和全球发行的国际信用卡,包括 VISA、Master Card、AE 和 JCB 的在线支付,是目前国内支持银行卡种最多、覆盖范围最广的支付平台。"首信易支付"平台可为电商企业提供应用于互联网和移动互联网的定制化电子支付解决方案。2011 年首信易支付获中国人民银行颁发的"支付业务许可证",2013 年首信易支付获国家外汇管理局授予的"跨境电子商务外汇支付业

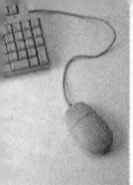

务"许可。同时,凭借其独具特色的二次结算模式,作为支付过程中的中立第三方,它保留了商户和消费者所有的有效交易信息,最大限度地避免了拒付和欺诈行为的发生。目前,首信易支付已经承担起部分政府机构与客户之间的桥梁作用,逐步渗透教育考试、政府服务、社区管理等公共事业领域,是少数持续盈利的第三方平台之一。

总之,成熟的运营管理经验和网络平台技术是此类第三方支付平台发展制胜的关键。国内庞大虚拟支付市场吸引着众多家公司进入这块市场,发展相对成熟。但是,其增值业务相对较少,进入门槛比较低,技术含量不是特别大,很容易被银行等机构复制等是其发展的局限。

2. 有电子交易平台且具备担保功能的第三方支付网关模式

这种类型的第三方支付平台,是指由电子交易平台独立或者合作开发,同各大银行建立合作关系,凭借其公司的实力和信誉承担买卖双方中间担保的第三方支付平台,利用自身的电子商务平台和中介担保支付平台吸引商家开展经营业务。买方选购商品后,使用该平台提供的账户进行货款支付,并由第三方通知卖家货款到达、进行发货;买方检验物品后,就可以通知付款给卖家,第三方再将款项转至卖家账户。这类机构的特点如表4-2所示。

表4-2　有电子交易平台且具备担保功能的第三方支付网关模式的特点

盈利方式	店铺费、商品登录费、交易服务费等,但是目前大多实行免费政策,处于扩大规模和狂敛人气的阶段。
客户群体	面向C2C、B2C市场,向个人或者中小型商户提供支付服务。
优势特点	拥有自己的客户资源,承担中介担保职能,按照交易记录建立个人信用评价体系,可信性相对较高。
面临问题	用户集中于自身的电子商务平台,平台间竞争激烈;认证程序复杂,交易纠纷取证困难;中介账户的资金滞留有吸储嫌疑,有悖企业的经营性质。
发展方向	进一步加强与银行、物流、认证相关单位合作,实现网上平台信息流、资金流、物流的完美统一。

这类第三方支付工具在国内颇具代表性。尤其支付宝和安付通独占市场鳌头,易趣的贝宝和腾讯的财付通在短期内也有非常好的表现。

3. 有电子商务平台的第三方支付网关模式

这种类型的网上支付平台是指由电子商务平台建立起来的支付网关,不同于第二种模式,这里的电子商务平台往往是独立经营且提供特定产品(虚拟产品或实体产品)的商务网站。支付网站最初也是为了满足自身配送商品和实时支付而研发搭建的,逐步扩展到提供专业化的支付产品服务。这种类型的在线支付企业进入时间早,又依附于成熟的电子商务企业,拥有坚实的后盾和雄厚的资金,占有了一大部分在网上进行买卖的客户源。其典型代表是云网支付@网。这类机构的特点如表4-3所示。

表 4 - 3　有电子商务平台的第三方支付网关模式的特点

盈利方式	年费＋手续费。
客户群体	面向为 B2C 市场,向中小型电子商务网站提供在线支付服务。
优势特点	最早是自身经营电子商务的企业,充分了解客户的支付需求。
面临问题	依附于自身的电子商务企业,发展行业受限;同时服务于所隶属的电子商务网站,又要服务于竞争对手——其他的电子商务网站,也会造成其他电子商务企业的质疑。
发展方向	提供多种增值服务,扩大自己的营销领域;整合电子商务资源,发展成为以支付为基础的行业咨询公司。

四、第三方支付服务案例

用户覆盖最广的第三方支付工具是支付宝,有 80％的网上支付用户使用支付宝实现网上支付;排在第二位的是财付通,有 21.1％的使用率;第三位的是银联在线,有 16.9％的使用率。支付宝由于早期依托于阿里巴巴和淘宝网,用户渗透基础较好,已经成为支付行业的标杆企业。腾讯旗下的财付通受拍拍网的影响,也有相当规模的用户覆盖。银联在线自2011 年发展在线支付业务以来成长迅速,是最近几年成长较快的第三方支付企业。图4 - 15显示了主要第三方支付工具用户的覆盖率统计数据。

主要第三方支付工具用户覆盖率

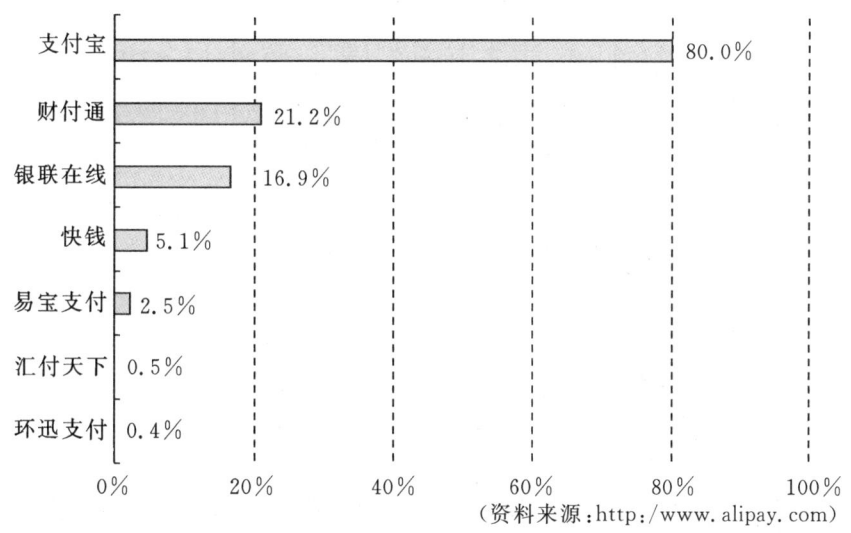

（资料来源:http://www.alipay.com）

图 4 - 15　2012 年中国主要第三方支付工具用户覆盖率统计

为了更直观地了解第三方支付,下面以淘宝网推出的第三方支付平台——支付宝——为例进行详细介绍。

(一)支付宝的产生及发展

浙江支付宝网络科技有限公司,是国内领先的提供网上支付服务的互联网企业,由全球

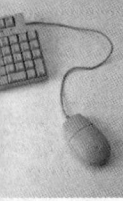

领先的 B2B 网站——阿里巴巴公司——创办。支付宝(www.alipay.com)致力于为中国电子商务提供各种安全、方便、个性化的在线支付解决方案。

支付宝交易服务从 2004 年建立至今,支付宝及支付宝钱包已经成为线上及线下众多商家首选的支付解决方案,为连接亿万用户及商户提供了基础的资金流服务。截至 2013 年 12 月,支付宝单日交易笔数峰值达到 1.88 亿笔,其中,移动支付单日交易笔数峰值达到 4518 万笔,移动支付单日交易额峰值达到 113 亿人民币。

支付宝庞大的用户群吸引越来越多的互联网商家主动选择集成支付宝产品和服务,目前除淘宝和阿里巴巴外,支持使用支付宝交易服务的商家已经超过 30 万家,涵盖了虚拟游戏、数码通讯、商业服务、机票等行业。这些商家在享受支付宝服务的同时,更是拥有了一个极具潜力的消费市场。

支付宝以其在电子商务支付领域先进的技术、风险管理与控制等能力,赢得银行等合作伙伴的认同。目前已和国内工商银行、农业银行、建设银行、招商银行、上海浦发银行等国内外 180 多家银行以及 VISA、Master Card 等国际组织建立了战略合作,成为金融机构在网上支付领域极为信任的合作伙伴。

支付宝交易是互联网发展过程中一个创举,也是电子商务发展的一个里程碑。支付宝品牌以安全、诚信迎得了用户和业界的一致好评。

(二)支付宝的支付流程:

图 4-16 表明了用户使用支付宝进行支付的具体流程。

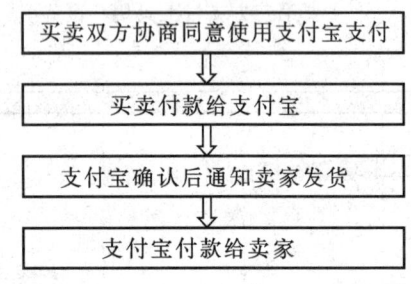

图 4-16　支付宝的支付流程

(三)支付宝服务内容

(1)支付宝交易:提供交易过程中的信用担保。用户在购物网站(如淘宝网)上选择并发起"支付宝交易",之后整个支付和货物的交割过程由"支付宝"负责监控,保证交易双方资金的安全。

(2)支付宝账户:提供安全快速的网上支付业务。用户可以在"银行账户"和"支付宝账户"之间进行资金划转业务,并支持相应资金往来记录的查询和管理。

第五节　移动支付

根据中国互联网络信息中心于 2014 年 7 月发布的《中国互联网络发展状况统计报告》显示,截至 2014 年 6 月,我国手机网民规模达 5.27 亿,较 2013 年底增加 2699 万人,网民中使用手机上网的人群占比进一步提升,由 2013 年的 81.0％提升至 83.4％,手机网民规模首次超越传统 PC 网民规模。

2014 年上半年,手机支付成为网络应用发展的最大亮点,用户规模半年增长率达 63.4％,使用率由 2013 年底的 25.1％增至 38.9％。移动支付打通各种商务应用,带动手机购物、手机团购和手机旅游预订等商务类应用快速增长。相比 2013 年底,手机购物、手机团购和手机旅行预订网民规模增长率分别达到 42.0％、25.5％、65.4％,可见移动支付作为网络环境下的支付手段将占有越来越重要的地位。

一、移动支付概述

(一)移动支付的定义

移动支付是指借助无线通信和移动互联网技术,通过智能手机或者其他移动终端设备实现无需接触的电子支付,目的是解决传统支付和 PC 支付的硬件制约,提升支付的便利性。移动支付的革新包括付款端和收款端的移动化,即不仅消费者可使用移动终端随时、随地进行支付,商户也可以使用移动端进行收款,从而摆脱笨拙、昂贵的传统收款终端,降低收款成本。

移动支付的产业链也发生了一定的变化,用户的消费行为,不再仅仅是由移动通信提供商、商家、银行三方通信提供服务。产业链包括了移动运营商、支付服务商(如银行、银联、第三方支付企业等)、应用提供商(公交、公用事业等)、设备提供商(终端厂商、卡片供应商、芯片提供商等)、系统集成商、商家和终端用户。它融合了移动通信技术、互联网技术、电子商务技术、金融行业相关技术等。

(二)移动支付的类型

移动支付可以分为远程支付和近场支付。

远程支付是指用户与商户不需要面对面交互,而是使用移动终端通过无线通讯网络,与后台服务器进行交互,由服务器完成交易流水处理的支付方式,如短信支付、客户端支付、智能卡支付和智能终端外设等,这种类型已经相对成熟,使用也比较普遍。

近场支付是指消费者在购买商品或者服务时,即时通过手机在现场支付,不需要使用移动网络,而是使用红外线、蓝牙等通道,实现与自动售货机以及 POS 机等的本地通信。近场支付又可以分为广义的近场支付通道和狭义的近场支付通道。

广义的近场支付通道包括手机射频、红外和蓝牙等,狭义的近场支付通道一般专指近场通信(near field communication,NFC)通道。NFC 是一种近距离无线通讯技术,允许电子设备之间进行非接触式点对点数据传输,相对于蓝牙、红外和早期的 RFID 而言,NFC 具有距离近、带宽高、能耗低等特点。

NFC 的上述特点,使得它尤其适合现场非接触式支付。国外对于该技术的尝试,始于 21 世纪初,且多由移动通信公司主导。韩国和日本分别于 2001 年和 2004 年推出了基于 NFC 的移动钱包方案。

近场支付是传统支付方式的一次升级,它在非接触支付、综合支付方面优势明显,但也有一些局限性,即需要专门的硬件支持、近距离支付等。NFC 实际上在和智能手机与移动

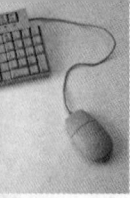

互联网的发展赛跑。如果 NFC 的技术提供商仍旧没有能提出更有吸引力的营销模式,那么基于手机软件的远程支付很可能严重挤压近场支付的发展空间,导致近场支付的发展前景受到影响。

二、移动支付工具

(一)远程支付的开山之作——Square 的移动支付平台

1. Square 移动支付平台简介

Square 公司由 Twitter 创始人杰克·多西(Jack Dorsey)于 2009 年创立。Square 系统上线伊始,共签约了商家 80 多万户,处理的支付额度达 20 亿美元。上线三年后,已经拥有 200 万户商家使用 Square 的系统,年度交易额跃升至 80 亿美元。随后其进军加拿大和日本市场。截至 2013 年 11 月其每月处理 100 万笔交易,每天交易额在 300 万美元,读卡器出货量 50 万个,其公司估值为 32.5 亿美元。

Square 用户(消费者或商家)利用 Square 提供的移动读卡器,配合智能手机使用,可以在任何 3G 或 Wi-Fi 网络状态下,通过应用程序匹配刷卡消费,它使得消费者、商家可以在任何地方进行付款和收款,并保存相应的消费信息,从而大大降低了刷卡消费支付的技术门槛和硬件需求。而它的盈利模式,仅是从所有交易中收取一定比例的费用。目前它的交易费还推出了包月套餐,每月仅需 275 美元,当月可随意刷卡。

2. Square 提供的主要移动支付产品和方案

(1)Square 读卡器(Square Reader)。Square 读卡器是一个直接连接到手机,可以完成刷卡业务的应用读卡器。读卡器插在手机的耳机插孔上,读卡器会把信用卡的磁条信息转换为音频,利用 Square 应用程序将音频再转换成数字信息,就得到了信用卡的刷卡信息。通过终端 APP 交互界面输入付款金额,APP 会将加密信息传送至后台服务器,服务器返回刷卡是否成功的信息。

值得一提的是,相较于传统的信用卡刷卡支付,Square Reader 是免费发放,且无需进行大量繁杂认证和填写大量表格,对于那些交易金额小、无法获得信用卡支付资质的线下商家,使用 Square Reader 大大便利了移动支付手段的应用。

(2)Square 钱包。Square 钱包是一种把用户的信用卡、优惠卡和收据数据信息集成在一个 APP 中,实现了"无现金、无信用卡、无纸质收据"的移动支付手段。用户进入一个网上商店时打开钱包 APP,选择该商店,商店的收款 APP 将自动检测到用户的姓名,结账时,用户只需向收款台报出自己的姓名,收款台即可完成扣款。

(3)Square 现金。通过 Square 现金功能,用户发一封 E-mail 便可完成转账。其具体做法是用户撰写一份邮件,收件人设置为收款人(不要求收款人是 Square 用户)的 E-mail 地址,在邮件标题中输入转账金额,抄送至 pay@Square.com。邮件发送后,初次使用者会在邮件发送后收到 Square 的链接,提醒绑定银行卡账号,完成后即可自由汇款。收件人收到 E-mail 里包含一个链接,通过该链接即可轻松地把收到的"现金"存入银行。

(4)Square 收款套件。Square 收款套件主要的服务对象是网上商户,其前身是 Bussiness In A Box,每个钱柜包括两个 Square 读卡器、一个 iPad 支架和一个由 iPad 控制的收银钱柜(便于接待不用信用卡的顾客),还可以选择是否添加打印设备。无论是现金还是信用卡,商家都能自如应对。附带的 Square 账单业务,可以同 Square 钱包业务相匹配,并具有定位功能,不但可以帮助用户查看和记录自己的消费记录,还可以通过地理位置发现商家,了解商家的特色和优惠情况。2013 年 1 月 Bussiness In A Box 由美国威瑞森公司投入使用,同年 7 月进入了苹果零售店,其 299 美金的价位远远低于传统收银设备 2999 美金的价格,受到了店家的热捧。

(5)电商平台。2013 年 6 月,Square 推出 Square Market,进入电子商务平台。该平台的目的是让美国本土的实体商家通过互联网接触更多的顾客。顾客可通过地理信息就近选择商铺和物品,并使用 Square 读卡器或者钱包、卡包进行支付。对于店主,使用 Square Market 的一大好处就是可以方便地通过该平台发布店铺信息,而且无需为在平台展示自己的产品付费,Square 收取每笔交易的 2.75% 手续费,已经为商家免去了巨额的电商平台费用。

Square Market 的运作模式非常类似于国内所谓的 O2O(Online To Offline),把线下商务的机会与互联网结合,让互联网成为现场交易的平台。

(二)中国的移动支付工具

1.中国的移动支付发展历程

我国移动支付的起步较早,但是发展缓慢。最早是 1999 年,国内开始出现移动支付的概念,中国移动与中国工商银行、招商银行等金融部门合作,在广东等一些省市开始进行移动支付业务试点。此后 2004 年银联也常常开展以手机和银行卡绑定的移动支付合作。2006 年中国移动在厦门启动近场支付的商用试验,2008 年近场支付试点扩大到长沙、广州、上海、重庆。中国移动作为移动支付的最早发起方,一直受智能手机渗透率太低、互联网覆盖范围小、商业银行和第三方支付未形成合力三方面的负面影响,没有能扩大移动支付受众规模。

终于,随着 2011 年 6 月,央行下发第三方支付牌照,银联、支付宝、银联商务、财付通、快钱等获得许可证。移动互联网的大潮袭来,加之近场支付 NFC 标准的统一,移动支付终于在国内打开局面。

2.中国的移动支付产品

(1)类 Square 读卡器。2012 年 2 月,曾有网络媒体展示过中国银联的一款移动读卡器,其形状和工作方式都与 Square 读卡器类似,还有密芯片,成本仅 20 元人民币,可以随时随地刷卡。但是之后并未见到银联大规模推广该读卡器。

除此之外,国内出现了大量的"手机刷卡器",达数十种之多,基本都以 Square 读卡器为蓝本。其中推广声势较大的包括快钱、拉卡拉、盒子支付等。以拉卡拉手机刷卡器 Q3 为例,它是一款通过音频进行数据传输的刷卡外设终端,支持 IOS、安卓、Windows Phone 等主流智能手机,为用户提供信用卡还款、转账汇款、余额查询、手机充值等便民生活服务。

拉卡拉手机刷卡器 Q3 为个人终端产品,官方售价为 99 元人民币,每个刷卡器支持 10 张转出卡。每笔交易(包括信用卡还款、付款和转账)收取的费用依据交易类型和交易金额的不同各有变化。例如对于全国异地跨行转账汇款,收取 0.3% 的手续费,2 元起,10 元封顶;使用借记卡购买支付宝充值码(用户没有网上银行或者银行卡的网上银行业务未捆绑支付宝账户,可以通过购买支付宝充值码,登录支付宝账户,输入充值码与手机验证码,完成支

付宝账户充值),收取 1% 的手续费,同样 2 元起,10 元封顶。

(2)近场支付。我国直至 2009 年才由中国移动研发了 2.4GHz 技术标准,基于该标准,手机用户更换带 NFC 芯片的 SIM 卡后,可在已改造的 POS 终端机上进行"刷手机"支付。此后,中国银联推出了 13.56MHz 的技术标准,中国移动支付市场的两大标准之争拉开序幕。这场争论一直延续到 2012 年,当年 4 月,央行召集商业银行、银联、运营商等 40 多家产业相关方,成立了移动支付标准编写组,银联的 13.56MHz 被确定为移动支付的标准;同年 12 月份,央行正式发布移动支付系列技术标准,该标准涵盖了应用基础、安全保证、设备、支付应用、联网通用 5 大类 35 项标准。2013 年 6 月,中国银联与中国移动合力打造的移动支付平台宣布正式上线。该平台以 TSM(可信服务管理)系统为核心,确立了运营商与银联之间的合作关系,将用户的银行卡、公交卡、校园一卡通、会员卡等多种实体卡电子化,使用 NFC 支付与金融 IC 卡可共享的新型的 POS 终端,完成支付。

在中国银联的手机支付频道下,共列出了三大类 NFC 支付硬件终端,具体包括:

①智能 SD 卡产品,主要为金融智能 SD 卡。该卡为 NFC 技术与 Micro SD 卡的结合,同时实现现场支付与远程支付,是银联主打产品。

②SIM 卡类产品,包括金融双界面(Simpass)和纯远程 SIM 卡。前者内置金融账户,可使用接触式和非接触式双界面实现银行账户的传统金融支付功能及非接触式金融应用。后者是银联与移动运营商合作产品,将银联 UP Card 应用加载在 SIM 卡中,借助无线通信网络或者数据短信,实现信用卡还款、转账、充值、缴费、网上购物、预订酒店、机票购买、电影票在线选坐等远程支付功能。

③其他配件产品,包括苹果配件和贴片卡。前者专门适配 ios 系统手机,实现基于 iPhone 手机的现场小额脱机支付和大额联机支付,并可与"银联手机支付客户端"配套使用,实现远程支付功能。后者结合手机管家、手机外壳贴片等方式,实现非接触式脱机支付。

三、基于社交平台的移动支付应用

(一)基于微信社交平台的移动支付功能简介

2014 年 7 月,中国银监会正式批准三家民营银行的筹建申请。其中就有以腾讯、百业源和立业为主发起人,在广东省深圳市设立的深圳前海微众银行,而作为腾讯唯一的支付平台型产品——微信,也就不能仅仅定义为众多移动支付工具中平凡的一种。未来微信作为腾讯旗下的支付平台,将会被赋予更多的互联网金融的功能。

1. 微信功能介绍

微信是腾讯公司推出的一款为智能终端提供即时通讯服务的免费应用程序。微信随着版本的迭代,平台产品呈现多元化。从普通的即时性通讯功能,到网络名人、公知分子、微博大 V 的公众平台开放;从基于 LBS 的地理信息导航,到公开企业接入接口;从自助服务平台迅速提高使用人数,到微信支付破茧而出。微信从一个社交平台,转型成为一个电子商务平台——从商品的查询、选购、体验、订购、支付,到最后售后,微信已经形成了一个电商闭环平台。

2. 基于微信的移动支付功能应用

微信支付是由微信客户端及腾讯集团旗下的第三方支付平台财付通联合推出的移动支

付创新产品,个人用户可以绑定银行卡进行移动支付;商户可以通过申请微信认证公众账号,入驻微信平台。

以招商银行为例,招商银行在国内先后推出首家全新概念的"微信智能客服"、"微信银行"和"网上智能客服"。2013 年 3 月底,招商银行推出了信用卡微信客服,不到三个月的时间,就有超过 100 万客户绑定了该客服平台。2013 年 7 月 2 日,在推出了信用卡微信客服80 多天后,招商银行宣布升级微信平台,推出首家"微信银行"。微信银行的服务范围从单一信用卡服务拓展为集借记卡、信用卡业务为一体的全客服综合服务,不仅可以实现借记卡账户查询、转账汇款,信用卡账单查询、还款、积分查询等卡类业务,还可以实现招商银行网点查询、贷款申请、办卡申请、手机充值、生活缴费、预约办理和跨行资金归集等多种便捷服务。此外,微信银行的在线智能客服还可以在线实时解答客户咨询。

微信支付还支持深圳发展银行、宁波银行发行的贷记卡以及招商银行、建设银行、光大银行、中信银行、农业银行、广发银行、平安银行、兴业银行、民生银行等的借记卡及信用卡。

正是由于微信开放、共享的互联网式发展思维,依托微信平台建立的客服系统,才能成为满足用户需求、提升平台用户黏性的正反馈式平台产品。

(二)基于微信的移动支付流程

1. 微信支付方式

用户只需在微信中关联一张银行卡(无需开通网上银行业务),并完成身份认证,即可将装有微信 APP 的智能手机变成一个全能钱包,之后即可购买合作商户的商品及服务,用户在支付时只需在自己的智能手机上输入密码,无需任何刷卡步骤即可完成支付,整个过程简便流畅。

2. 商户入驻微信平台申请流程

微信移动支付应用商户入驻微信平台的申请流程见图 4 - 17。

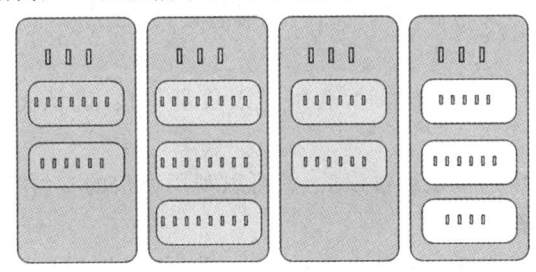

图 4 - 17　商户入驻微信平台申请流程

(1)商户入驻微信平台。

①目前微信支付功能仅开放给已经通过微信认证的服务号(企业、商店商家、非事业单位媒体类服务号),若已经通过微信认证,且是服务号,可直接进入第二步。

②订阅号商户可先升级为服务号,此步骤约 1 个工作日。

③未经认证的商户可先申请微信认证。(注意:申请认证的商户主体与后续申请微信支付权限的商户主体保持一致。)

(2)提交申请资料,等待审核。

①登录公众号,进入:服务—服务中心—商户功能。

②提交商户基本资料。

a. 商户据实填写微信支付售卖的商品/服务信息,并据此选择经营范围,填写商品信息,此处填写的商品信息将作为日后运营监管的依据;

b. 目前仅对经营范围之内的商户开放微信支付申请权限,经营范围之外的商户暂不开放。

③提交业务审核资料。此处提交的商户资料,要求与认证的商户主体一致,即认证主体与运营主体一致。

④提交财务审核资料。此处提交的公司财务资料,要求与业务审核中的主体一致,即运营主体与结算主体一致。

⑤等待审核。

a. 微信 7 个工作日内给出审核结果;

b. 审核结果将以平台通知的形式告知商户。

(3)进入开发、签订合同。

①通过审核的商户可以开始进行开发工作,微信已提供清晰的开发接口文档,以顺利完成开发工作。(注意:为了不耽误进入上述流程图中的第四步,商户可以将签订合同与开发工作同步进行。)

② 签订合同。

a. 通过审核后,商户便可在线下载合同,盖章后根据指引寄出;

b. 若申请公众号支付,则商户需要签订《微信公众平台商户功能服务协议》和《微信支付服务协议》;

c. 若仅申请 APP 支付,则商户仅需签订《微信支付服务协议》(下载、盖章、寄回),无需签订《微信公众平台商户功能服务协议》;

d. 若同时申请公众号支付和 APP 支付,则需签订《微信公众平台商户功能服务协议》和《微信支付服务协议》;

e. 微信在收到商户寄回的合同后,会由专人负责审核,确认无误后,会尽快盖章寄还商户。

商户入驻微信平台申请审核通过以后,就可以利用微信的支付功能开展业务了。

3. 微信平台支付方案

(1)应用场景。商户(包括企业和电商平台)入驻后,微信用户通过图文消息、自定义菜单、关键字回复等方式向订阅用户发送信息,推送商品消息,用户可在微信公众号中完成选购、填写收货地址、支付的流程。

商户也可以把商品网页生成二维码,发布在线下和线上的媒体,如车站、楼宇广告以及 Web 广告。用户用微信扫一扫后可打开商品详情,在微信中实现直接购买。

(2)移动购物整体解决方案。从支付角度来说,可以采用扫描线下静态的二维码,即可生成微信支付交易页面,完成交易流程,也可以采用扫描 PC 端二维码跳转至微信支付交易页面,完成交易流程。当然,微信中关注商户的微信公众号,在商户的微信公众号内完成商品和服务的支付购买,也是一种支付途径(见图 4-18)。

以微信支付为核心功能,通过微信后台提供硬件锁和支付密码验证完成终端的身份认

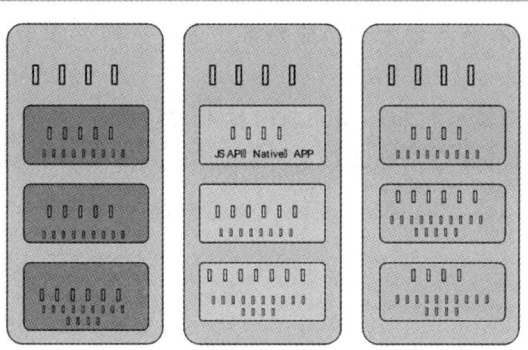

图 4 - 18　微信平台支付方案

证,通过终端异常判断、交易异常实时监控、交易紧急冻结等方式,保证了用户支付的安全性、稳健性。

　　微信的支付方案还大大提升了客户的维权便捷性,提供了客户关系维护、售后维权、交易统计的整套移动购物解决方案,保证了商家利用微信这一即时通信平台,合并企业需要在其他电商平台二次操作的问卷、交流、售后、满意度回访等业务,完满地实现了整体的支付方案,形成了商业模式上的闭环。

本章内容总结

　　本章主要介绍网络环境下的电子支付的含义,目前比较典型的国内外电子支付网络以及常用的电子支付工具,最后介绍了新兴的第三方支付网络。

　　电子支付是交易双方以电子化工具和各类电子货币为媒介,以计算机技术和通信技术为手段,通过电子数据存储和传递的形式在计算机网络系统中实现在线或离线的资金流通和支付。电子支付系统的功能主要有:使用数字签名和数字证书实现对各方的认证;使用加密技术对业务进行加密;使用消息摘要算法以确认业务的完整性;当交易双方出现纠纷时,保证对业务的不可否认性;能够处理贸易业务的多边支付问题。

　　国内外比较典型的三个电子支付网络包括 SWIFT、FedWire 和 CNFN。SWIFT 的目标是在所有金融市场为其成员提供低成本、高效率的通信服务,以满足成员金融机构及其终端客户的需求。FedWire 作为美国国家级的支付系统,用于遍及全美 1 万多家成员银行之间的资金转账,它实时处理美国国内大额资金的划拨业务,并逐笔清算资金。CNFN 是在中国人民银行的卫星通讯网和全国电子联行系统基础上的连接中央银行及各商业银行、非金融机构的全国性计算机网络系统,可为各银行提供方便、快捷、安全的金融服务,为加强中央银行的宏观调控及金融监管提供了信息支持。

　　电子货币是一种使用电子数据信息、通过计算机及通信网络进行金融交易的货币,主要有三种形式,即信用卡、电子现金和电子支票。电子货币的管理主要包括发行管理、安全交易管理和运行监控管理。

　　第三方支付是支付结算服务中间商采用与相应各银行签约的方式,提供与银行支付结算系统接口和通道服务,实现资金转移和网上支付结算服务。目前市场上主要有独立的第

三方网关、有电子交易平台且具备担保功能的第三方支付网关和由电子交易平台支持的第三方支付网关这三种第三方支付模式。

移动支付是指借助无线通信和移动互联网技术，通过智能手机或者其他移动终端设备实现无需接触的电子支付，可以分为远程支付和近场支付。近年来又发展出基于社交平台的移动支付应用。

 上机实验题

1.请上网查询关于电子现金支付网络使用情况的资料，包括：现在广泛使用的电子现金有哪几种类型？每一种电子现金是由哪家公司发行（或制作）的？该电子现金现在被使用的具体情况？如有必要，请以量化的数字说明。

2.上网查询关于我国第三方网上支付服务发展状况的资料，包括：我国现有多少家公司（或网站）提供第三方网上支付服务？每一家公司（或网站）所能提供的服务有哪些？提供的服务有何区别？每一家发展现状如何（例如，注册用户数量、年营业额等）？未来发展前景如何？由于我国已对有资格提供第三方网上支付服务的公司（或网站）发放经营牌照，这已引起该行业新的变化，试跟踪这些变化。

3.在第2题的基础上，选择一家第三方网上支付服务提供商，例如淘宝网的支付宝（http://www.alipay.com），在该网站上注册一个账号，具体地了解第三方网上支付服务的工作流程，体验该网站所能提供的服务，最后，将体验的结果进行归纳整理。

4.尝试在手机上利用微信平台完成一次移动支付业务。

 复习思考题

1.支付的涵义是什么？电子支付的定义是什么？

2.电子支付的主要类型有哪些？

3.电子支付系统的功能有哪些？

4.电子支付系统的特点是什么？

5.何为 SWIFT？SWIFT 提供的服务有哪些？

6.何为 FedWire？它是如何进行风险控制的？

7.何为 CNFN？请简述 CNFN 的网络结构。

8.请简述电子货币的定义、特征和运作流程。

9.电子货币包括哪些种类？试说明每一类电子货币的定义以及特点。

10.对电子货币的管理主要涉及哪些方面的管理？

11.什么是第三方支付？第三方支付的作用体现在哪些方面？

12.图示第三方支付的基本流程，并简要说明。

13.移动支付方式相比于传统的电子支付方式有何优势？

第五章
网络银行

本章内容提要

　　同传统银行相比,网络银行极大地拓展了金融服务的范围和领域,增加了金融服务的内容。本章从网络银行的概念入手,介绍了网络银行的主要特征、基本功能、业务流程、系统结构、业务服务、经营管理及其发展优势,以期对网络银行从技术、组织、管理和经营业务有比较全面的了解和认识。本章有以下重点内容:网络银行的主要特征、基本功能与业务流程;网络银行的产品与服务;网络银行的系统构建;网络银行的经营管理。难点内容是根据一般原理与理论理解国内外网络银行典型案例的运作与发展趋势。

第一节　网络银行概述

一、网络银行的基本概念

(一)国外的网络银行概念

　　比网络银行概念更为宽泛的一个概念是电子银行。根据国际清算银行的定义,电子银行业务泛指银行利用电子化网络通信技术从事与银行业相关的活动,包括电子银行业务和电子货币行为。电子银行提供产品和服务的方式包括商业 POS 机、ATM、电话自动应答服务系统、个人计算机、智能卡等。

　　1999 年 10 月,美国财政部货币监理署(The Office of the Comptroller of the Currency,OCC)发表的《OCC 网上银行检查手册》中,将网络银行定义为能使银行客户通过个人电脑或其他智能设备进入银行账户和获得银行有关产品和服务一般信息的系统,网络银行产品和服务包括对公司客户的批发业务和对个人的零售业务。OCC 提出的"系统"概念,实质上表明了网络银行作为一个独立组织存在和运行的方式,避免将网络银行活动与营销或宣传活动简单等同。

　　2000 年,美联储(The Federal Reserve System,FRS)对网络银行提出了一个内部使用的定义:网络银行是指利用互联网作为其产品、服务和信息的业务渠道,向其零售和公司客户提供服务的银行。

　　2000 年 4 月,英国金融服务局 (Financial Services Authority,FSA)在其公布的《储蓄广告条例》中,以附录的形式,对网络银行提出了一个笼统的表述。按照这种表述,网络银行可以定义为:通过网络设备和其他电子手段,为客户提供信息、银行产品和服务的银行。

　　1998 年,巴塞尔银行监管委员会 (The Basle Committee on Banking Supervision,

BCBS)发表了题为《电子银行与电子货币活动风险管理》的报告。在这个报告中,网络银行被定义为:通过电子通道,提供零售与小额产品和服务的银行。这些产品和服务包括存贷、账户管理、金融顾问、电子账务支付以及其他一些诸如电子货币等电子支付的产品和服务。这个定义将网络银行的活动与传统银行的活动分成了两个相对独立的层面,使对网络银行的研究摆脱了具体技术和业务方面的局限性。2000 年 10 月,巴塞尔银行监管委员会又发布了新的《电子银行集团活动白皮书》,对网络银行的定义进行补充,指出网络银行是利用电子手段为消费者提供金融服务的银行,这种服务既包括零售业务,也包括批发和大额业务。按照新的定义,网络银行具有了相对独立的地位。巴塞尔银行监管委员会在 2002 年10 月发布的《跨越电子银行业务的管理和监管》中,将网络银行定义为:一般为传统银行的延伸,将 Internet 作为传输银行产品和服务的电子渠道。

1999 年,欧洲银行标准委员会在其发布的《电子银行》公告中,将网络银行定义为:利用网络为通过使用计算机、网络电视、机顶盒及其他一些个人数字设备连接上网的消费者和中小企业提供银行产品服务的银行。这主要是从银行客户的角度概括网络银行的活动。随着网络银行在欧洲的发展,特别是在 2000 年后,欧洲中央银行在实际工作中已将网络银行的活动范围扩展到了所有客户。

2002 年 10 月,信息系统审计和控制协会在其发布的《网络银行信息系统审计指引》中,将网络银行定义为:使用 Internet 提供远程银行服务的方式,提供的服务包括传统银行服务和新兴银行服务两类。

（二）国内的网络银行概念

乌家培(2000)认为:"网络银行就是基于互联网或其他电子通信网络手段提供各种金融服务的银行机构或虚拟网站"[①]。

2001 年 4 月 23 日,时任中国人民银行行长戴相龙在"网络经济与经济治理"国际研讨会上的讲话中指出,认识网络银行,不能局限于某一技术阶段形成的银行形式。网络银行包含着这样一些基本属性:电子虚拟的服务方式、业务运行环境的开放、业务时空界限的模糊、交易实时处理、交易费用与物理地点非相关等。这些属性表明,网络银行不只是将现有银行业务移植上网,它是金融创新与科技创新相结合的产物,是一种新的银行产业组织形式。中国人民银行在 2001 年 7 月颁布的《网上银行业务管理暂行办法》中指出,网上银行业务是指银行通过互联网提供的金融服务。

王华庆(2003)认为:网络银行"指银行借助客户的个人电脑、通信终端(包括普通电话、移动电话、掌上电脑等)或其他智能设备,通过银行内部计算机网络、专用计算机网络、互联网或其他公共网络,向客户提供金融服务的方式"[②]。

李兴智(2003)认为:网络银行"是以现代通信技术、Internet 网络技术和电子计算机网络技术为基础,采用电子数据的形式,通过互联网络而开办银行业务,提供具有充分个性化的金融服务的一种新型银行"[③]。

① 乌家培.网络银行[M].长春出版社,2000:21.
② 王华庆.网上银行风险监管理与实务[M].北京:中国金融出版社,2003:3.
③ 李兴智.网上银行理论与实务[M].北京:清华大学出版社,2003:15.

欧阳勇、曾志耕(2004)归纳指出：网络银行(Internet banking)又称网上银行或在线银行(online banking，e-banking)，是指利用 Internet 及其相关技术实现银行及客户之间安全、方便、友好地链接，通过网络为客户提供各种金融服务的虚拟电子银行。通俗地说，网络银行就是在 Internet 上建立一个虚拟的银行柜台，开展各项金融服务。它以一种全新的银行与客户的合作方式，即"3A"：Any Where、Any Time、Any How 的方式，为客户提供服务。网络银行使用户可以不受空间的限制，只要能够上网，就能够安全、快捷地管理自己的资产和享受银行的服务[①]。

(三)网络银行概念的两个层面和三个要素

1. 网络银行概念的两个层面

一般而言，网络银行是指银行通过互联网向客户提供的各种金融服务，是一种全新的银行客户服务提供渠道，也是电子银行的一种。显然，网络银行可以是一个很宽泛的概念，也可以是一个比较狭窄的概念。

从广义上来说，网络银行是指基于互联网或其他通讯网络手段，向银行客户提供网络金融服务方式的银行机构或网站。网络银行业务就是指银行在该种方式下提供的金融服务。按照这一定义，电话银行、PC 银行、网上银行、互联网银行、手机银行等都属于网络银行的范畴。

从狭义上来说，网络银行是指通过互联网向银行客户提供金融服务方式的银行机构或网站。从这一层面上来说，网络银行等同于网上银行。本书所称网络银行即是狭义上的网络银行。

2. 网络银行概念的三个要素

无论是广义上的还是狭义上的网络银行，一般都包括三个要素：

(1)互联网或其他电子通信网络，如计算机网络、传真机、电话机等。

(2)利用模拟形式或数据形式电子通信手段提供服务的金融服务提供者，包括提供电子金融服务的商业银行或其他金融服务机构。

(3)利用电子通信手段接受金融服务的金融服务消费者，如以电子通信形式消费的各类终端用户，或者基于虚拟网站的各种金融服务代理商等。美国网络银行评价网站认为，在线银行应至少提供以下五种业务中的一种才可以称为网上银行，即网上支票账户、网上支票异地结算、网上货币数据传输、网上互动服务和网上个人信贷。

二、网络银行的主要特征、基本功能与业务流程

(一)网络银行的主要特征

网络银行与传统银行相比，有许多较为显著的经济特征，主要体现在以下几个方面：[②]

1. 组织机构虚拟化，销售渠道网络化

网络银行是虚拟化的银行机构，而银行网络从物理网络转向虚拟数字网络。传统银行

---

① 欧阳勇，曾志耕.网络金融概论[M].成都：西南财经大学出版社，2004：24.

② 欧阳勇，曾志耕.网络金融概论[M].成都：西南财经大学出版社，2004：29—31.

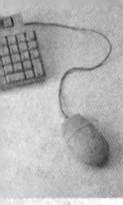

的服务严格受到时空的影响,网络银行则超越了时空制约。网络银行使银行服务模式从具有物理实在性的传统柜台模式延伸到虚拟的柜台交易模式,使传统的销售渠道可以通过Internet实现虚拟再现。虚拟化特征使人们业已形成的关于银行的概念受到全面的冲击,具有传统银行业所无法比拟的竞争优势。当然,虚拟化特征也带来了法律问题和安全问题,例如,电子凭证的合法性问题,数字签名的合法性问题,交易确认问题,数字传输的机密性、完整性问题等。

传统银行的销售渠道是分行及其广泛分布的营业网点,网络银行的主要销售渠道是计算机网络系统,以及基于计算机网络系统的代理商制度。这里的代理商制度就是聘请代理商作为计算机网络的前端代理人,借助代理人广泛的公共关系网络实现对传统银行营业网点的替代效应。通过网络银行,客户可以通过Internet在任何地方进行业务处理,银行业无须耗费巨资设立大量的营业性分支机构。传统银行的分支机构和营业网点不再被大量需要,将逐渐被计算机网络、基于计算机网络的前端代理人,以及作为网络终端的个人电脑所取代。

2.竞争实力信息化,业务范围模糊化

传统银行服务主要体现在资金和服务质量等方面的实力上。网络银行服务主要体现在营销观念、营销方法和各种理财咨询技能上。网络银行的整体实力将主要体现在前台业务受理和后台数据处理的集成化能力方面。随着Internet等社会公共网络和数据库的系统管理日益健全,在市场推广宣传、市场调研、客户追踪、特种业务服务和资产管理等领域,网络银行日益显示出比传统商业银行更具有较为明显的规模优势,有利于商业银行建立全方位的市场品牌战略。

传统银行业务的范围较为清晰,网络银行的业务范围正在处于高速扩张之中,因而具有模糊不清的特点。金融混业化、非金融机构的介入,使得网络银行的业务处于高速创新过程中。如微软公司积极开发网络银行的业务软件和相关的标准规格,希望借此分享网络银行业务的一部分市场份额。

3.盈利模式多元化,效益途径技术化

传统银行的发展动力来自获取资金利差的盈利,网络银行为商业银行通过信息服务拓展盈利机会提供了一条重要的营业渠道。20世纪80年代以来,随着非银行金融机构的迅猛发展、资本市场的扩展和金融创新浪潮的加剧,商业银行及其存贷业务在社会资金融通体系中的主导作用逐步削弱。银行向社会提供替代现金的各种支付手段、各类理财顾问、代客理财、基金托管等中间业务,已经成为现代商业银行业务中的突出领域。在网络时代,商业银行的信息既是为客户带来盈利的重要资源,同时也是商业银行自身盈利的重要资源。

传统银行获得经济效益的基本途径是不断追加投入多设网点,从而获得服务的规模经济效益。网络银行改变了这一基本的规模扩张模式,它主要通过对技术的重复使用或对技术的不断创新带来高效益。首先,网络银行的流程使原本繁杂的商业银行业务大大简化。其次,网络银行的流程有效地降低了商业银行的经营成本。例如,每月营业额近10亿美元的太平洋贝尔电话公司,在传统流程下每天需要运出数卡车的付款单。但在网络银行环境下,这些程序都被电子数据流取代了,只要将付款单从网络发到付款单位,付款单位填写好电子支票后,通过网络银行将款项转入到贝尔电话公司的账户上即可。

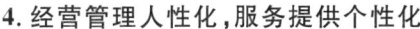

4.经营管理人性化,服务提供个性化

网络银行使商业银行的经营理念从以物为中心逐渐走向以人为中心。传统银行的经营理念注重地理位置、资产数量、分行和营业点的数量,而网络银行的经营理念在于如何获取信息并最好地利用这些信息为客户提供多角度、全方位的金融服务,有利于体现"银行服务以人为本"的金融服务宗旨。网络银行带来的经营理念的改变,将为传统商业银行创造出新的竞争优势。网络银行使商业银行的人力资源管理战略和技能培训发生改变。人才培养和培训的方向从基于单纯的业务技能培训,转变为基于综合商业服务理念的全面服务素质培训。

基于传统业务基础上的网络银行服务将满足客户日趋个性化的需求。一般地,银行客户主要需要五类金融服务产品,包括交易、信贷、投资、保险和财务计划。传统银行通常只能同时满足一至两项服务,而网络银行则可以同时向客户提供这五类金融服务。网络银行在提供金融信息咨询的基础上,以资金托管、账户托管为手段,为客户的资金使用安排提供周到的专业化的理财建议和顾问方案。网络银行采取信用证等业务的操作方式,为客户间的商务交易提供信用支付的中介服务,从而在信用体制不尽完善合理的情况下,积极促进商务贸易的正常开展,建立健全企业和个人的信用等级评定制度,实现社会资源的共享。根据存贷款的期限,网络银行还向客户提前发送转存、还贷或归还信用卡透支金额等提示信息。

5.货币形式电子化,资产资源无形化

信息技术使货币的形式发生了本质的变化。传统的货币形式以现金和支票为主,而网络银行流通的货币将以电子货币为主。电子货币不仅能够给商业银行节约使用现金的业务成本,而且可以减少资金的滞留和沉淀,加速社会资金的周转,提高资本运营的效益,同时还可以给政府税收部门和统计部门提供准确的金融信息。

网络银行给商业银行带来了一项重要的银行资产,即经过网络技术整合的银行信息资产或金融信息资源资本。银行信息资产既包括银行拥有的各种电子设备、通信网络等有形资产,也包括银行管理信息系统、决策支持系统、数据库、客户信息资源、电子设备使用能力以及信息资源管理能力等无形资产。银行信息资产虽然在网络银行之前就已经存在了,如银行电子化阶段,但只有到了网络银行发展阶段,银行信息资产才成为一种有独立意义的银行资产,而网络技术对这种资产的整合,使其形成与银行其他资产相并列的金融资产。

(二)网络银行的基本功能

从业务品种细分的角度来讲,网络银行一般包括以下几个方面的功能[①]:

1.金融信息与业务展示

网络银行主页体现了银行展示的和被访问的界面,全世界已经有 400 多家金融机构拥有自己的主页,其内容一般包括银行的历史背景、经营范围、机构设置、网点分布、业务品种、利率和外汇牌价、金融法规、经营状况以及国外金融新闻等。通过公共信息的发布,网络银行向客户提供了有价值的金融信息,同时起到了广告宣传的作用;通过公共信息的发布,客户可以很方便地认识银行、了解银行的业务品种情况以及业务运行规则,为客户进一步办理

① 杨国明,蔡军.网络金融[M].北京:中国金融出版社,2006:128-130.

各项业务提供了方便。

2. 客户的咨询投诉

网络银行一般以 E-mail、BBS 为主要手段跟客户进行联络,客户可以在他们方便的任何时候——无论在营业还是在银行关门之后,向银行咨询以及投诉。在此基础上,网络银行可以建立市场动态分析反馈系统并通过收集、整理、归纳、分析客户的各式各样的问题和意见以及客户结构,及时地了解客户关注的焦点以及市场的需求走向,为决策层的判断提供依据,便于银行及时调整或设计创新的经营方式和业务品种,更加体贴周到地为客户服务,并进一步扩大市场份额,获取更大收益。

3. 账户的查询

网络银行可以充分利用 Internet,向企事业单位和个人客户提供其账户状态、账户余额、账户一段期间内的交易明细清单等事项的查询功能。同时为企业集团提供所属单位的跨地区多账户的账务查询功能。这类服务的特点主要是客户通过查询来获得其银行账户的信息,以及与银行业务有直接关系的金融信息,而不涉及客户的资金交易或账务变动。

4. 申请和挂失

申请和挂失主要包括存款账户、信用卡的开户、电子现金、空白支票申领、企业财务报表、国际收支申报的报送、各种贷款、信用证开证的申请、预约服务的申请、账户挂失、预约服务撤销等。客户通过网络银行清楚地了解有关业务的章程条款,并在线直接填写、提交各种银行表格,简化了手续,方便了客户。

5. 网上支付

网上支付功能主要向客户提供互联网上的资金实时结算功能,是保证电子商务正常开展的关键性的基础功能,也是网络银行的一个标志性功能。没有网上支付的银行站点,充其量只能算作一个金融信息网站,或称为上网银行。网上支付按交易双方客户的性质分为 B2B、B2C 两种交易模式。目前,由于从法律环境和技术安全性方面的考虑,在 B2C 功能的提供上各家银行比较一致,B2B 交易功能的提供尚处在不断摸索和完善之中。网上支付主要有以下几个层面:①内部转账,方便客户对所属资金的灵活运用和进行账户管理;②转账和支付中介业务,能够实现不同客户之间的资金收付划转功能;③个性化的金融服务,提供传统商业银行在当前业务模式下难以实现的功能。

(三)网络银行业务的一般流程[①]

1. 办理网络银行业务的基本条件

(1)银行交易中心必须取得金融认证中心的权威认证。

(2)商家在交易中心设立网上商店,建立商户档案,将产品展示在 Internet 上。

(3)顾客最好持有银行账户或信用卡,也可以注册成为会员用户。会员既可以享受优惠,又能够只凭一个会员 PIN 支付货款。若不是银行客户的顾客在线购买,也可以通过数字现金、汇兑、同城交换、邮政汇款、货到付款等多种方式支付。

---

① 杨国明,蔡军.网络金融[M].北京:中国金融出版社,2006:128—130.

2. 网络银行业务的一般流程

享用银行的网络银行服务功能,个人或者企业首先要选择提供网络银行服务的银行。然后,向银行申请登记注册,获得进行网络银行业务操作的凭证。最后,根据计算机的指示,逐步进行操作。

客户办理了网络银行开户后,可以通过互联网直接登录到网络银行页面,登录时会提示安全警报,即通过安全链连接网络银行。如果是个人网络银行,那么在登录界面上输入账号、密码、验证码后,安全认证系统即开始对客户身份进行认证,如能确认客户身份,客户便可以登录到网络银行,从而可以进行交易。客户在提交支付(支付指令、B2B 支付和批量支付)时,系统会提示客户进行电子签名,以保证交易的唯一性和不可否认性,并可以根据支付指令的付款限额支持多级授权,以保证客户交易的安全性。另外,客户还可以通过查询指令来跟踪指令的审批和执行情况。

一般来说,客户在登录网络银行后,通过网络银行业务操作系统可获得三个方面的服务功能(见图 5-1):一是账务服务,包括余额查询、当天和历史交易查询等服务;二是支付服务功能,包括查询指令和支付;三是客户信息服务,包括修改客户资料、修改密码、支付客户证书等。在完成各项服务后,可选择退出登录功能,退出网络银行业务操作系统。

上述流程是可视的,是由客户来完成的,对于网络银行业务操作系统来说,这只是整个流程的一个环节,从客户将交易指令输入电脑到电脑反馈有关信息,还有一个如图 5-2 所示的复杂过程。

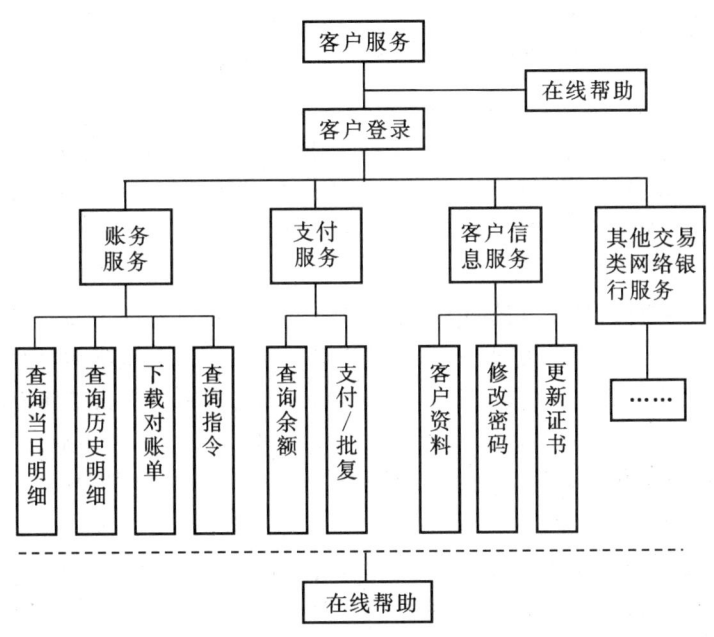

图 5-1　网络银行操作系统所提供的基本功能

(1)客户浏览器发出 HTTP 的交易请求,如邮寄出一份表单的数据;
(2)HTTP 的交易信息经过安全通道发送到网络银行的网络服务器;
(3)网络服务器上的应用程序接受客户传来的 HTTP 交易信息;

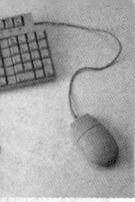

（4）网络应用服务器处理交易信息，包括验证该客户在本银行中规定的权限、交易数据的格式转换、数据运算等；

（5）网络应用服务器生成后台业务数据信息，提交业务主机（前置机）进行处理；

（6）处理结果返回到网络应用服务器；

（7）网络应用服务器根据返回的数据动态生成交易结果的 HTML 主页；

（8）交易结果的动态 HTML 主页返回到客户的浏览器。

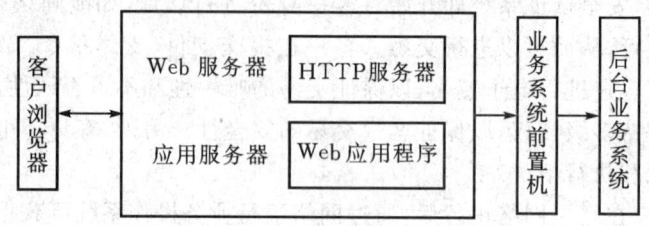

图 5-2　交易流程图

三、网络银行的产生和发展

（一）银行业的电子化过程催生网络银行

信息技术在银行业的应用推动了银行电子化的发展，从最初的计算器到金融电子化网络，不仅扩大了银行的服务品种和服务渠道，而且改变了人们的经济生活方式和社会生活方式。要了解网络银行的产生，必须先了解银行业的电子化过程。20 世纪 50 年代，计算机最早应用于银行业。1967 年，第一台自动柜员机出现在伦敦。20 世纪 70 年代末，第一家家庭银行在美国诞生。1970 年在美国出现了 EFT 技术。从历史演进过程来看，银行业电子化过程经历了银行业务处理电子化、自主银行服务、金融管理信息系统、网络银行服务和金融 Call Center 五个发展阶段。

银行电子化发展经历了五个阶段，随着相应的业务电子化处理和推广的过程，从脱机批处理阶段、联机网络阶段，到建立跨行、跨洲的环球网络系统和电子自助服务业务的全面推广，最终，伴随着网络技术的发展，推出了电子技术和网络技术全面应用的网络银行。

从纵向演进过程来看，技术创新升级日趋迅猛。随着网络银行数量和客户量的增长，其业务功能也历经了一个从简单到复杂、从低级到高级的发展过程，从开始作为传递银行相关信息的载体，到作为对其他服务渠道如营业网点、ATM、POS 机、呼叫中心等的补充和银行业务创新的支撑平台。

从横向渗透过程来看，网络银行集团的威力逐步彰显。随着网络银行的不断发展，现代银行业将建立起以网络银行为核心，业务和经营范围涉及保险、证券、期货等金融行业以及商贸、工业等其他相关产业的企业集团，在国际互联网充分发展的前提下，逐步形成以网络银行为中枢神经的虚拟的互联网托拉斯集团。信息技术是网络银行发展的支撑条件，但仅有信息技术是不够的，新技术必须与新的经营理念和经营方式有机地融于一体，才会充分地发挥新技术改造银行业面貌的潜在力量。信息技术必须有效地服务于特定的客户群体，才会给商业银行带来不尽的商业利润。因此，缺乏对特定群体的分析基础，不了解客户的差异性,就难以制定出有针对性的网络银行服务经营策略。

(二)国外网络银行的发展历程

1995 年,当 SFNB 开始提供真正的网络银行业务时,网络银行只是一种差异化的竞争策略。经过近十年的发展,网络银行已经成为一种整体性的市场需求。网络银行正在成为金融机构拓宽服务领域、实现业务增长、调整经营战略的重要手段。从地域分布来看,全球网络银行的发展总体上处于不平衡状态,北美(美国和加拿大)和欧洲的网络银行发展最为迅速,其网络银行数量之和占全球市场的 90% 以上。其次是亚太地区,如澳大利亚、新西兰、中国香港和新加坡。拉美地区的网络金融在 20 世纪 90 年代中后期也有较快发展,非洲的发展最为迟缓。

1. 美国网络银行的发展历程

1995 年 5 月,根据美国的《在线银行报告》,Wells Fargo 银行成为世界上首家向客户提供网上账户查询的银行。全美国最大的 100 家银行均拥有自己的网址和网页,但是其中只有 24 家被《在线银行报告》列为"真正的网络银行",因为只有在这 24 家银行的网站上客户才可以查询账户余额、划拨款项和支付账单;更多的网站只是提供银行的历史资料、业务情况等信息,而没有提供网上银行业务。

1995 年 10 月 18 日,世界上第一家交易型网络银行——安全第一网络银行(SFNB)——开始营业,为客户提供 24 小时全天候服务。SFNB 创办于亚特兰大,客户遍布全美,业务人员仅 19 人,1996 年存款额为 1400 万美元,1997 年发展到 4 亿美元。1998 年 10 月,因亏损被加拿大皇家银行(Royal Bank of Canada,RBC)金融集团收购。

1999 年,纯虚拟银行 Net Bank 宣布实现盈利,这家银行当时在全美和其余 20 个国家拥有 54000 个账户,其吸引客户的措施包括提供免费的账户查询、免费的账单支付和支票服务、免费使用 ATM 等。

2000 年,在美国,在互联网上设立网站的银行数量已从 1995 年的 130 家发展到 3800 家,占所有联邦存款保险的储蓄机构和商业银行总数的 37%,其中交易类网络银行 1275 家。在这些银行中,有 7 家是纯虚拟银行,还有近 10 家已提出申请。在线银行账户主要集中在美洲银行(170 万)、Wells Fargo 银行(130 万)、第一联合银行(100 万)、花旗银行(80 万)等大银行。

据美国联邦存款保险公司统计,1993—1998 年,美国传统银行的资产年增长率为 8%,而自美国网上银行出现以来,网上银行资产年增长率达 53%;1993 年与 2000 年相比,传统分行的业务从 42% 降至 22%,ATM 从 33% 降到 30%,电话银行从 23% 升至 35%;网络银行则从无到有上升到 13%。根据 Forrester Research 的调查,2004 年有 27% 的美国家庭使用了网络银行,比 2003 年增长了 25%。据预测,到 2020 年之前,美国将有 95% 的家庭在互联网上办理银行业务。

2. 欧洲国家网络银行的发展历程

21 世纪初,欧洲已有网络银行 120 多家,其中英国 18 家、瑞士 17 家、德国 16 家、西班牙 12 家、挪威 11 家,名列前五名。欧洲网络银行的使用人数已经超过 6000 万,等于每 5 个

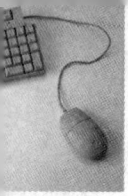

欧洲人就有 1 人在使用网络银行①。

斯堪的纳维亚地区网上银行业务的发展在欧洲处于领先地位,因为该地区互联网和手机的普及率很高。在芬兰和瑞典,15%~17%的银行顾客通过网络与银行往来。

在瑞士,所有的大银行如 SBS、UBS、CREDIT 和 SWISS 等都利用 Internet 为客户提供网上银行服务。瑞士信贷银行已与路透集团签订了一项为期三年、金额达数百万美元的协议,以拓展该银行的网上私人银行和财富管理业务。该银行将与路透集团进行合作,推出一系列面向私人投资者的网上交易和投资产品。该项协议包括 TIB Mercury Online 许可证,及基于 TIBCO Active Enterprise 平台的路透订单管理和订单发送产品许可证。此外,由路透专家组成的一个全球团队将在几大金融中心与瑞士信贷银行合作,把路透的技术与该银行私人银行业务结合在一起。

瑞士国内第一家完全在互联网上经营业务的银行——瑞士行情,2001 年 5 月 25 日在沃州的格朗开始营业。这家网上银行每天的营业时间为 18 个小时,目前其业务还仅限于转账和股票交易,一段时间后将扩大到金融、投资和外汇买卖等其他银行业务。这家网上银行是由瑞士行情集团和苏黎世集团分别出资 51%和 49%共同创立的,总投资为 2000 万瑞士法郎(约合 1130 万美元)。

英国近年来有多家银行宣布增加网上银行业务的投资。巴克莱银行表示将关闭 40~50 家分行,该行目前已约有 40 万网上用户;Abbey National 宣布将在未来三年内投资 1 亿英镑拓展网上银行业务;1998 年 10 月由英国保险投资机构 Prudential 创立的 Egg 网上银行在 1 年的时间内吸收的存款达到 120 亿美元。

德国各银行通过网络处理业务的账户 1998 年达到 690 万个,1999 年达到 1000 万个。德意志 24 银行是 1995 年成立的电话银行,1997 年开始提供网上银行服务,目前是德国最大的在线零售银行。1999 年 9 月底,它拥有 65 万个在线客户,2000 年底达到 100 万个。1999 年,在线交易约为 1 亿笔,业务范围包括账单支付、资金转账和贷款功能等。另外,德意志 24 银行还提供贴现和在线经纪服务(Brokerage 24)。

3. 日本网络银行的发展历程

日本富士银行推出了第一家网络银行,其他大银行也相继投入巨资推出网上银行服务。日本的网上银行还倾向于走分离于银行本体而独立发展的道路。索尼公司宣布已获金融监督委员会批准成立互联网银行,这是日本第一家由非金融机构设立的贷款机构。索尼银行有限公司于 2001 年 4 月 2 日成立,6 月 11 日开始营业,服务范围包括存款业务、销售共同基金以及个人信用卡贷款。其资本为 375 亿日元,索尼公司拥有 80%股权,樱花(住友)银行拥有 16%股权,其余 4%属于美国的 JP 摩根银行,客户可以使用樱花银行的 4000 台柜员机提存款项。索尼银行向政府提出申请,并于 2002 年与邮政储蓄网络联网,让客户通过该网络转账,其触角通过该系统的 2.5 万台 ATM 延伸至日本各个角落,除此以外,住友银行还增设了 7600 台 ATM。

---

① 2006 年中国首届电子支付大赛试题素材.网络银行[OL]. http://ebusiness.ccidnet.com/main/stsc Wlyh.htm,2006-5-55.

(三)国内网络银行的发展历程

中国大陆网络银行的建设始于20世纪90年代后期。从1998年招商银行的"一网通"网上银行服务正式推出到2013年,网上银行在中国已步入第15个年头,网上银行已经成为我国银行业发展的一个重要方向。近年来,中国内地几乎所有的大银行都将网上银行业务视为自身业务最重要的组成部分。2010年,"超级网银"的推出更是吸足了眼球,连接各商业银行的总行网银端口的第二代网银系统已在2010年8月31日成功上线。目前,全国城镇人口中约有超过30%的人使用过个人网上银行。我国银行的网上支付继续保持快速发展态势。截至2011年底,全国银行网上支付客户数量达3.69亿户;2011年发生业务151亿笔,合计交易金额高达695万亿元。从国内几家银行的网上银行发展态势来看,截至2013年上半年,中国工商银行个人网上银行客户数达到1.5亿户,较2012年同期增长了15%,网上银行交易额增长了12%。此外,在2013年工商银行移动银行客户率先突破1亿户,工商银行成为国内同业中首家拥有网上银行和移动银行"双亿级"客户群的商业银行。

建设银行电子渠道快速发展,应用水平明显提升。截至2012年末,建行全行个人网上银行客户数达到11926万户,较上年增长41.07%;交易量43.43亿笔,增长7.50%。手机银行客户数8390万户,增长78.68%;交易量3.81亿笔,增长85.06%。电话银行客户数12433万户,增长29.23%;短信金融客户15841万户,增长34.18%。电子银行交易量是柜面交易量的270.30%,较上年提高63.58个百分点。招商银行银行网站上线时间为1997年4月28日。截至2013年6月30日,招行网上银行替代率为88.23%,较上年提高2.22个百分点,零售网上银行累计交易49132.96万笔,同比增长51.92%,累计交易金额达91270.71亿元,同比增长26.36%,其中,网上支付累计交易37813.44万笔,同比增长53.35%,累计交易金额1705.92亿元,同比增长72.20%。

经过十多年的高速发展,中国大陆网络银行业务已经从最初的"以网络实现"进展到了追求创新和特色服务的第二阶段。网络银行业务逐渐成为商业银行一个重要的业务渠道和提高竞争力的有效途径。我国网络银行的发展总体上表现出以下特点:①网络银行的数量持续上升;②交易规模和客户数量快速增长;③业务品种不断丰富;④业务比重不断提高。网络银行不仅加速了电子商务的发展,改变了资金周转方式,提高了资金周转速度,对传统货币政策也产生了影响。

四、网络银行的产品与服务

(一)基于新信息技术运用程度的网络银行的业务产品类型

根据网络银行业务对新信息技术运用的依赖程度,可以将网络银行业务分为两类:一类是通过互联网提供的传统银行业务,也称基础网络银行业务,例如转账、存款、贷款、汇款业务等。另一类是依靠信息技术的新产品创新,包括新兴网络银行业务(如电子支票等)和附属网络银行业务(如CA认证服务等)①。

1.基础网络银行业务产品

西方商业银行开办的基础网络银行业务一般分为三类,即信息服务、客户交流服务、银

---

① 刘廷焕.金融干部网上银行知识读本[M].北京:中国金融出版社,2003:75-80.

行交易服务。

(1)信息服务。这是银行通过互联网提供的最基本的服务。信息服务的内容主要是宣传银行能够给客户提供的产品和服务以及提供公共信息。信息服务一般由一个独立的服务器提供,该服务器与银行内部网络无直接链接路径,因而降低了网络安全风险。

(2)客户交流服务。客户交流服务允许客户与银行系统之间进行一些互动交流活动,包括客户信箱服务、查询服务、贷款申请、档案资料定期更新(如地址、姓名)等。查询服务可分为个人业务和公司业务两类,主要以账户查询和信用查询为主,是客户交流服务的重要内容。账户查询包括账户余额明细、账户当天及历史交易明细和付款方信息查询。信用查询是指了解客户在银行发生的信用情况,包括信用的结构、余额、当前和历史交易记录等。客户交流服务使银行内部网络系统和客户之间保持一定的连接,其风险自然高于信息类服务,因此,银行必须采取合适的控制手段,监测和防止黑客以及非法操作者的入侵。

(3)银行交易服务。银行交易服务指银行与客户之间通过互联网发生的实质性的资金往来或债权债务关系,是网络银行业务的主体。按服务对象分为个人业务和公司业务两类。个人业务包括转账、汇款、代缴费用、证券买卖和按揭贷款等。公司业务包括结算、信贷、国际业务和投资银行业务等。各银行交易服务的具体业务可登陆其网络银行网页查询,不同银行会有一些差异。银行交易服务系统服务器与银行内部网络直接相连,无论从系统本身还是网络系统安全角度看,均存在较大风险。

2. 新兴网络银行业务产品

新兴网络银行业务是利用互联网的优势设计和开发的全新产品,真正体现了网络银行业务的特点,成为网络银行最有吸引力的业务品种。这些产品包括:

(1)电子账单呈示和收款服务。它利用电子邮件功能发出账单,通过银行间支付网络进行支付的电子化处理,主要向大公司提供现金管理和汇款处理服务的补充,这些公司每年发出数量巨大的反复发生的账单。

(2)商户对商户(B2B)电子商务。它为企业之间的商品交易提供网上支付和结算。

(3)商户对消费者(B2C)网上支付结算。个人客户在申请开通网上支付功能后,使用本人的银行卡进行网上购物后的电子支付。

(4)发行电子货币和电子支票。将电子货币储存在智能卡中,然后在互联网中使用。

(5)账户整合服务。向客户提供一个理财平台,通过该平台,客户能同时了解在多个银行、证券公司或保险公司开立的各类账户的交易情况。

3. 附属网络银行业务产品

附属网络银行业务是指网络银行在开发实现本行业务发展的信息技术产品时,利用已有的开发经验和信息技术产品为其他银行提供服务。附属业务产品一般不再具备金融服务产品的特征,但往往与银行提供的金融服务密切相关。附属业务主要包括提供身份验证、帮助小企业进入电子商务、出售软件产品、整合ATM网络与互联网、开发企业门户网站等。

(1)提供身份验证。银行利用加密技术可以验证自身账户持有者的身份,而且可以使自身账户持有者验证其他银行账户持有者的身份,业务交易双方能够知道他们不是与冒名顶替者进行交易。

(2)帮助小企业进入电子商务。一方面,一些银行可以帮助小企业建立从事电子商务的基础设施,包括互动网站、支付设施等;另一方面,一些银行可以向小企业提供电子采购服务,包括与供应商讨价还价、争取批量折扣。

(3)出售软件产品。大型银行凭借自身优势开发出网络银行的各种应用软件、风险管理软件,卖给缺乏技术力量或者不愿意投入研发力量的中小银行。

(4)整合 ATM 网络与互联网。它可方便消费者利用 ATM 网络从事电子商务,或者在其银行网站上处理银行业务。

(5)开发企业门户网站。这是指银行与不同的合作伙伴合作,向企业客户提供多元化服务,或者整合不同网站的付款渠道,方便客户支付结算。

(二)基于客户对象不同的网络银行的业务服务类型

基于客户对象不同,网络银行的主要业务又可以概括为公司银行业务、个人银行业务和公共信息服务三个方面:

1. 公司银行业务

网上公司银行业务仅面向网络银行系统的开户注册客户,所有数据均经过加密后才在网上传输。网上公司银行系统在用户进入网上公司银行时,设置了登录密码及附加密码,用户每次进入网上公司银行时,系统都会自动产生一个附加密码,供下次登录时使用,即用户每次进入网上公司银行的附加密码都是不一样的。另外,网上公司银行自动记载系统日志,用户的每一个操作都会被记载下来,便于稽核和发现并排除异常,保障系统安全。

网络银行可提供的公司银行业务具体包括以下几个内容:①账务查询;②内部转账;③对外支付;④活期定期存款互转;⑤工资发放;⑥信用管理;⑦公司账务查询和信用查询;⑧集团公司或总公司对子公司收付两条线的管理;⑨网上信用证;⑩金融信息查询;⑪银行信息通知。

2. 个人银行业务

网络银行最初以公司业务为主,随着网络的普及,网上零售业务需求逐年增大,网上个人银行业务逐渐向私人开放。广大公众只要在网络银行开立账户,即可享受网络银行提供的各种个人银行业务服务。

具体而言,个人银行业务包括:①业务查询;②转账业务;③代收代缴业务;④储蓄业务;⑤金融卡消费业务;⑥公积金贷款业务;⑦财务状态管理服务;⑧客户金融咨询服务;⑨客户意见反馈服务。

3. 公共信息服务

银行公共信息服务包括银行介绍、银行发布的广告、宣传资料、业务种类和特点、操作规程、最新通知、年报等综合信息。它对网上的所有访问者开放。

公共信息服务主要内容包括:①银行简介;②内部机构设置;③高级管理人员;④业务种类、特点和服务项目介绍;⑤银行网点分布情况,包括 ATM 分布情况;⑥银行特约商户介绍;⑦公用信息发布;⑧存、贷款利率查询;⑨外汇牌价、利率查询;⑩国债行情查询;⑪各类申请资料(贷款、信用卡申请等);⑫投资、理财咨询使用说明;⑬最新经济快递;⑭客户信箱服务;⑮宣传广告、年报公告。

以上三个类型的网络银行业务所涉及的业务品种也只是网络常见的主要业务,它代表了网上虚拟金融服务产品高度趋同化的特征。但是各银行在模块细化、业务品种内容涵盖

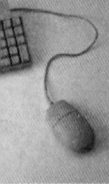

方面,却各具特色,存在较大差异,而且随着客户需求的变化,网络银行业务正在不断地创新。另外,常见业务品种涵盖的具体内容将在第四节的案例分析中予以介绍。

第二节　网络银行体系结构

一、网络银行体系的总体框架

网络银行体系结构可以从网络银行的组织机构和技术结构两个角度来进行描述。网络银行的组织结构描述了网络银行的组织管理层次,而技术结构是支持网络银行运营的基础和框架[①]。

(一)网络银行的组织结构

网络银行的组织结构从管理层次上可以分为四个子系统,即决策系统、监督系统、管理系统和执行系统。四个子系统之间的关系如图5-3所示。

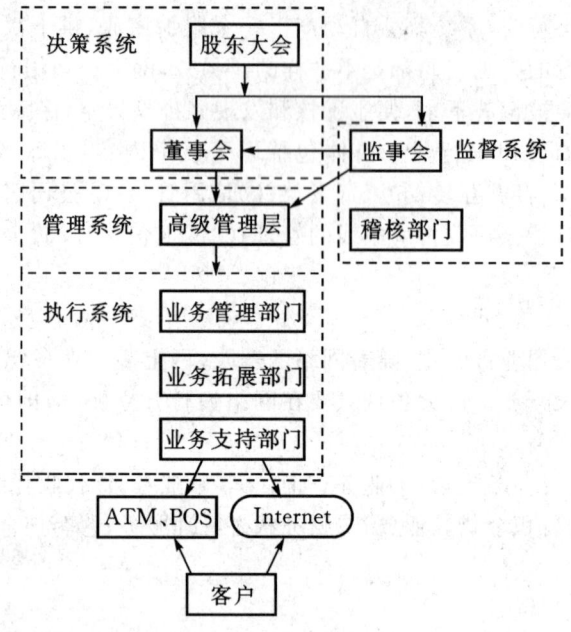

图5-3　网络银行的组织结构

决策系统主要由股东大会、董事会、监事会构成。股东大会是网络银行的最高权力机构。董事会是由股东大会选举产生的决策机构,监事会对股东大会负责,以监督网络银行的经营管理过程。监督系统由股东大会选举产生的监事会和银行的稽核部门组成。监事会的职责是对银行的经营活动进行监督和检查。稽核部门也称内审部门,对银行的日常业务进行检查和稽核,以便及时发现经营中存在的问题。

---

① 鸟家培.网络银行[M].长春出版社,2000:76—84.

管理系统的高级管理层由董事长、总经理、副总经理构成，有相应的战略管理、财务管理、人事管理、信贷管理和市场营销管理系统的支持。执行系统在管理系统的统一管理协调下，通过业务管理部门、业务拓展部门和业务支持部门负责网络银行的经营运作。其中，ATM、POS 等组成的电子银行系统由业务支持部门直接负责。网络银行从组织机构上减少了传统银行下设的分行、支行等中间层次。这种扁平化的管理层次，使报告关系简单化，管理效率得到了很大的提高。

（二）网络银行的技术结构

网络银行的技术结构，是根据网络银行的业务需求、银行现有各类信息系统及其与网络银行的关系、网络银行的安全要求等，对各种信息技术产品和银行业务信息系统进行科学配置而构成的计算机信息系统结构。一般采取"客户—网络银行中心—后台业务系统"三层体系结构，主要提供信息服务、客户服务、账务查询和网络支付功能。其中信息服务和客户服务由银行指定管理部门在全行范围内规划、运作和管理，网络银行中心具体实现账务查询和实时交易功能，并实现银行后台业务主机系统与网络银行中心的实时连接，为网络银行开展网络金融业务提供支持。

网络银行中心是网络银行顺利运作的关键，一般由银行主机系统、Web 服务器、应用服务器、数据库服务器、路由器、防火墙以及内部管理和业务操作工作台组成。通常由银行端 Web 服务器、两台互为备份的应用服务器和数据库服务器完成网络银行系统的具体业务功能。建立统一的网络银行中心，不仅有利于提高网络银行的管理效率和安全系数，也有利于向客户提供更高质量的金融服务。从不同的视角考察网络银行，能够比较全面地认识网络银行的技术结构。

1. 客户端系统和服务器端系统

从网络技术的角度看，网络银行可分为客户端系统和服务器端系统。网络银行与客户之间的简单关系如图 5-4 所示。

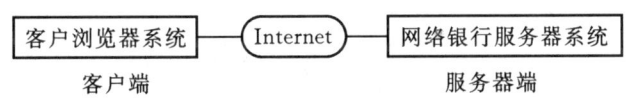

图 5-4　客户—网络银行关系示意图

网络银行的客户包括内部和外部两种。外部客户是寻求银行提供存款、取款、支付、贷款等金融服务的用户，而内部客户主要是银行内部员工与管理人员。外部客户通过 Internet 使用浏览器访问网络银行 Web 服务器（网站），需要通过外层防火墙检查过滤后才能登陆到网络银行系统。为了保证网络银行系统的安全性，内部客户访问系统也要通过内部防火墙。只有认证的用户才可进入网络银行系统，而数据信息必须以密文传送。通常，在后台应用服务器与外部客户之间设置两重或多重防火墙以提高安全级别。

客户端系统就是能够连接 Internet 并浏览网络银行的网页和进行操作的系统。对于客户来说，就是在计算机上安装一个客户端软件，并实现访问网络银行网页，获取银行服务的

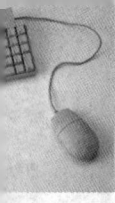

功能。客户端可以有多种接入方式,如 DDN 接入、MODEN 拨号接入、局域网 LAN 接入和 ADSL 接入等。在具体的实现方式上,网络银行可以自行设计客户端系统,也可以让客户使用通用的浏览器平台,如 IE 浏览器等。应用方式采用专用客户端软件的 C/S 模式或基于 Web 应用的 B/S 模式。

网络银行的服务器端系统主要实现提供给客户的各种功能,满足安全性、可靠性、可扩展性、易于管理性等方面的要求。其核心部分是客户身份验证系统和交易执行系统,通过设置各种服务器来实现各个子系统的功能。网络银行一般采用多个子系统来实现各种不同的功能。这样既有利于系统的管理,也不会造成整个系统的失灵。在网络银行的内部系统中,每个子系统都承担相应的功能。每个子系统都可以根据需要增加或调整服务器的数量。例如,客户身份验证系统主要进行客户身份验证,向客户端系统提供客户身份证明,保证客户交易数据传输的保密性。安全与证书服务器实现客户身份验证子系统的功能。安全系统和证书系统可以安装在一台服务器上,也可以分别使用独立的服务器,主要根据银行自己的客户规模来确定。

在 Internet 与内部系统之间通过路由器进行连接,实现从 Internet 到网络银行的路由选择功能。在内部系统与 Internet 之间设置防火墙保证网络银行系统的安全。服务器端结构如图 5-5 所示。

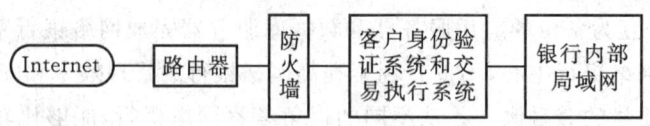

图 5-5 网络银行服务器端示意图

2. 前台业务处理系统和后台业务处理系统

从面对客户进行业务处理的先后次序来观察,网络银行可以分为前台业务处理系统和后台业务处理系统。前后台关系如图 5-6 所示。

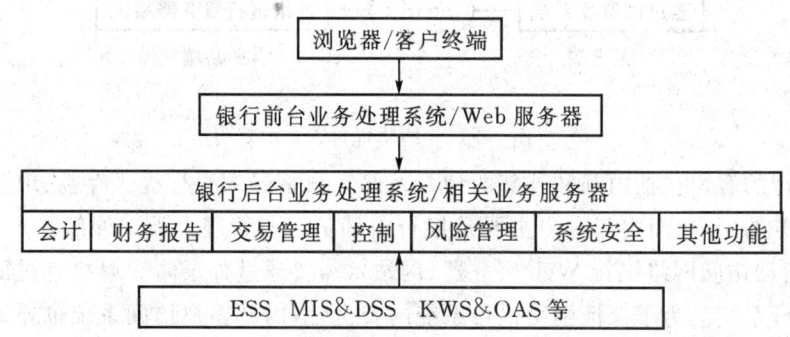

图 5-6 网络银行前台业务与后台业务系统关系

前台业务处理系统是指系统中与银行客户直接打交道的部分,其任务主要是接受和响应客户的服务请求,并将服务请求信息及时、有效、安全地传至后台业务处理系统,最后,由后台业务处理系统实现客户的服务请求。

后台业务处理系统主要处理客户通过前台发来的服务请求,实现并完成服务请求任务。服务信息处理通过后台的软件系统来实现,主要包括管理信息系统、决策支持系统、客户资源数据库、资金清算系统、财务管理系统、信贷管理系统、银行卡系统、风险管理系统和后台业务综合集成系统。后台业务处理系统一般对于客户是透明的,而客户只希望得到满意的服务,对于后台如何处理具体业务并不关心。后台业务处理系统直接决定着前台的服务质量。因此,要求前、后台业务系统能有效集成,通过后台业务对信息的处理和加工,及时反馈客户信息,以保证和支持前台业务处理的准确性和及时性。

(三)网络银行的管理结构

网络银行的管理结构主要由人员与部门组成,一般按照系统结构、应用结构、数据结构和网络结构为原则设置业务部门,使软件运行和硬件维护得到良好的支持。图5-7为典型网络银行管理结构。

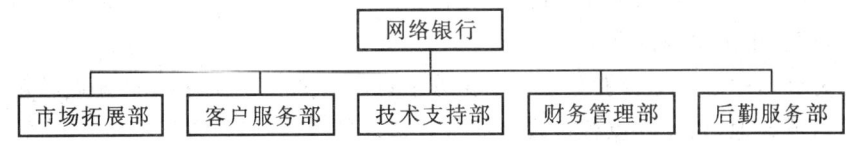

图5-7　网络银行管理结构图

(1)市场拓展部。市场拓展部主要从事网络金融服务品种及服务市场的开拓和发展,形成适合网络经济和电子商务发展的各种金融服务营销方式和理念。

(2)客户服务部。客户服务部主要负责为客户提供包括信用卡业务在内的各类技术支持和服务咨询,把握客户对网络金融服务需求的变化趋势,密切银行与客户的联系。

(3)技术支持部。技术支持部负责网络银行的软、硬件系统设备的维护,并对银行内部和外部非网络银行领域的信息技术管理提供服务和技术支持,还可直接负责相关金融服务产品的开发。

(4)财务管理部。财务管理部主要对网络银行硬件和软件的投资、服务预算、成本和收益等财务指标进行控制和管理。

(5)后勤服务部。后勤服务部主要对网络银行服务活动过程中的各种后勤需求提供支持。

二、银行交易处理系统

(一)网络金融的处理中心——银行综合业务系统

综合业务系统,又称核心业务系统,是金融业办理各类交易、进行账户核算、提供各种柜台服务和电子化服务的基础性系统,一般运行在电子化系统的主机、服务器端,并直接访问账务数据库,是金融电子化的数据存储中心和业务处理中心。在网络时代背景下,数据大集中后的综合业务系统作为一个后台系统,其核心地位和重要性显得更加突出,是网络金融最

底层和最基础的交易处理中心。

我国银行的综合业务系统在经历了单机批处理、区域集中式网络系统的发展阶段后，逐步发展为以大集中为基础、以客户为中心的面向交易的业务处理中心和信息管理中心。

(1)账务数据中心。21世纪初是我国各大商业银行进行数据大集中的总体规划和实施阶段，有些银行甚至进入了大集中后的应用集成和创新阶段。经过大集中后，各家银行建立了全国范围内的数据中心，全行上下一本账，汇集了全国范围内所有客户的账务信息及全行所有分支机构和营业网点的经营状况信息。银行综合业务系统是大集中中心的核心应用系统，管理着全行所有客户的账务数据，包括对公、对私的资产负债数据、银行卡数据、各类电子银行生产数据等，为建立规范化、标准化的运行管理体系，实现集约化经营、加速资金流动、促进金融创新奠定了良好的基础。数据大集中后的账务数据中心将成千上万个业务风险点集中为数个或者一个，为银行规避经营风险和加强管理提供了一个很好的技术平台，同时也将技术风险和责任进行了集中。如何保证数据中心的安全稳定和网络通畅，建立灾难备份中心和应急机制，是"后大集中时代"银行技术管理的重点，也对银行综合业务系统的安全性和可靠性提出了更高的要求。

(2)交易处理中心。综合业务系统承担着全行所有账户的资金收付处理和账务信息管理，来自同城或异地、营业网点柜台或自助服务系统(网络银行、ATM、POS、电话银行等)各种渠道的服务请求，经过金融支付网络和前置系统，服务请求被转换为标准的交易请求并传递给综合业务系统，由综合业务系统最终完成资金在账户间的支付处理，如图5-8所示。

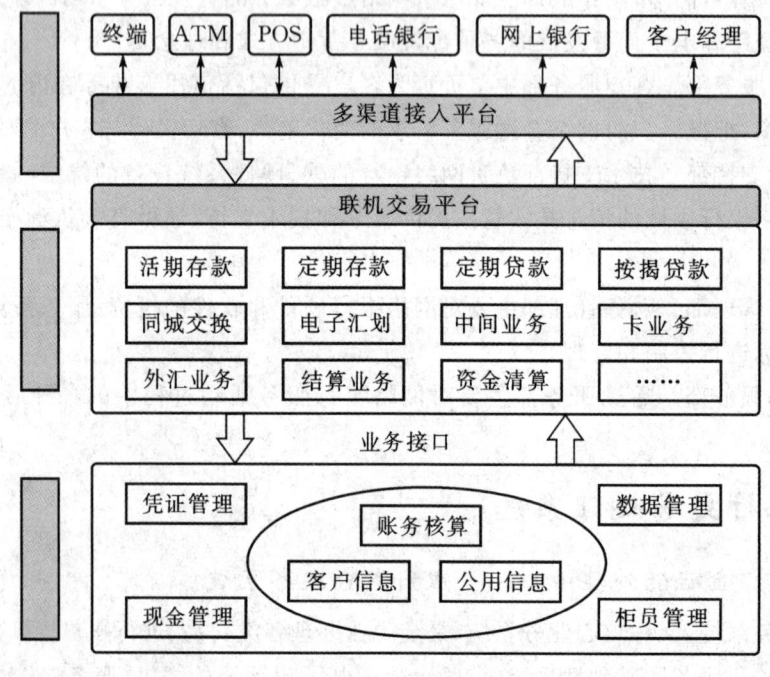

图5-8　银行综合业务系统的服务层次

在综合业务系统的升级换代过程中,随着银行业务流程再造的深入,综合业务系统已经实现了"对公、对私合一"、"本币、外币合一"、"存款、贷款合一"的业务流程改造,使银行柜员可为客户综合办理本外币、对公对私、会计出纳、储蓄信用卡等多种金融业务,为客户提供"综合化、一站式"的服务,充分体现了"以客户为中心"的服务理念,加强了银行对外服务的整体性;同时,通过优化前台劳动组合、均衡岗位业务量,实现了优化资源配置、提高劳动效率的目标。

银行综合业务系统的业务功能,包括通常所指的本外币储蓄业务、信用卡业务、对公业务、外汇结算业务和资金买卖业务,同时还处理各类自动转账业务(代收、代付等中间业务),以及各类客户自助银行业务(ATM、POS、网络银行、电话银行)等。同时,综合业务系统还具有各类业务报表、会计账务报表的汇总生成及输出的功能,提供交易数据的汇总、分析接口,满足CRM(客户关系管理)、MIS(管理信息系统)、DSS(决策支付系统)等系统的数据需求。

(3)信息管理中心。银行综合业务系统作为一个账务数据中心,在处理客户各类交易的过程中积累了大量的数据,形成一个庞大的信息资源中心,成为银行宝贵的信息财富。综合业务系统既是银行实施CRM、追求"以客户为中心"战略目标的数据提供者,又是CRM分析和决策结果的执行者之一(见图5-9)。首先,综合业务系统在为客户提供各类金融服务的过程中,详细记录了客户的交易行为,这些交易数据与系统中积累的客户基本信息构成了系统中客户信息模型的基本内容,是实施CRM的重要信息资源;其次,CRM系统的决策分析结果及据此形成的银行营销策略,需要通过综合业务系统来表现出对客户的个性化服务和差别服务。如通过动态调整客户的信用等级状况,综合业务系统会更灵活地控制客户的各类贷记业务。

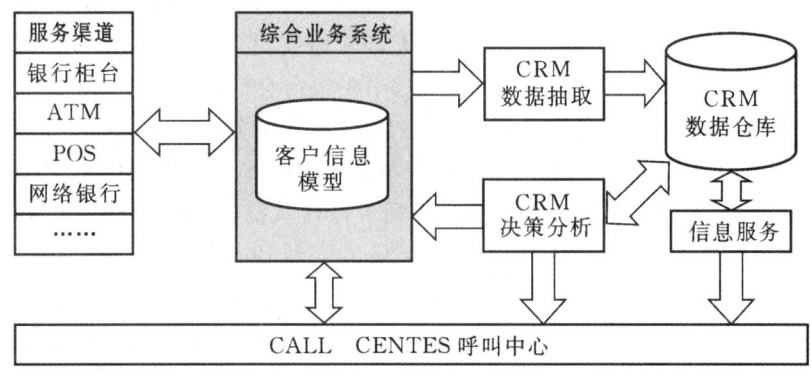

图5-9　银行综合业务系统的信息管理功能

综合业务系统也为银行的管理决策科学化提供支持,是银行全面实施管理信息系统的重要数据基础。根据银行现代化经营管理的特点及综合业务系统采集的业务数据内容,综合业务系统可以为系列的管理决策活动提供数据基础,包括产品(服务)的优化与调整、服务渠道创新与整合、资源最优配置、人员绩效考核。

(二)网络金融的大动脉——支付清算系统

1.支付清算系统的含义、作用与分类

支付清算系统也叫跨行业务与资金清算系统。跨行业务与资金清算系统是国民经济

资金流动的大动脉,社会经济活动大多都要通过跨行业务与资金清算系统才能最终完成。该系统一般由政府授权的中央银行组织建设、运营和管理,由各家商业银行和金融机构共同参加,也可由中央银行授权的机构进行建设、运营和管理。这类系统几乎涉及一个地区或国家的所有银行或金融机构,甚至连接多个国家的银行和金融机构,形成一个全球性的支付清算网络。在清算支付网络大动脉的支持下,消除了金融机构间资金往来的屏障,使网络金融业务的开展畅通无阻,真正实现了金融业务处理和资金划转的跨时空、网络化和自动化。

按所涉及的金融机构多少,支付清算系统可分为行内系统和行际系统两种。行内系统是在同一银行或金融机构内部运行的、用于分支机构和网点间的资金支付与清算业务,如我国各商业银行开办的电子汇兑、速汇通等实时转账、汇款业务就是建立在商业银行的行内支付清算系统基础上的。行际系统是严格意义上的支付清算系统,一般由第三方机构运营和管理,吸收各家商业银行和金融机构为会员,为会员间的资金支付与清算提供服务,如我国金融系统中的同城票据清算系统、电子联行系统、中国国家现代化支付系统和国际间的SWIFT 系统等。

2. 中国国家现代化支付系统

中国国家现代化支付系统(China National Advanced Payment System,CNAPS)是集金融服务、金融经营管理和金融宏观货币政策职能于一体,以中国国家金融网络(China National Financial Network,CNFN)为支持的通信网络,主要由上层资金支付清算系统组成的综合性金融服务系统。

中国国家现代化支付系统主要是发挥中央银行最终清算的职能作用,提供商业银行之间跨行的支付清算服务,同时,为参与者提供大额实时支付、小额批量支付、清算账户处理、支付信息管理等服务,并实现与各行行内系统、中央银行会计核算系统、国库系统的连接。

中国国家现代化支付系统的金融应用系统有同城清算系统(Local Clearing House,LCH)、小额批量电子支付系统(Bulk Electronic Payment System,BEPS)、大额实时支付系统(High Value Payment System,HVPS)、银行卡授权系统(Bank Card Authorization System,BCAS)、政府债券簿记系统(Government Securities Bookkeeping System,GSBS)、金融管理信息系统(Financial Management Information System,FMIS)。

通过中国国家现代化支付系统的建设,我国已经初步形成了以现代化支付系统为核心,商业银行行内汇兑系统为基础,同城票据交换系统为补充的现代化支付清算服务体系。2004 年大额实时支付系统已经成功推广到所有省会城市(直辖市)和深圳市,共 32 个城市。2005 年 6 月,已经向所有地市级支付网点完成推广,把地市级城市的大额支付业务上挂至各省会城市处理中心,从而全面完成大额实时支付系统的建设,运行了十几年的全国电子联行系统基本退出历史舞台。2006 年 6 月,小额批量支付系统也已经完成全国覆盖。大额实时支付系统与小额批量支付系统的基本比较见表 5-1、图 5-10 和图 5-11[①]。

---

① 张卓其,史明坤.网上支付与网上金融服务[M].大连:东北财经大学出版社,2006:163-165.

表 5-1 大额实时支付系统与小额批量支付系统的基本比较

比较项目	大额实时支付系统 HVPS	小额批量支付系统 BEPS
建设背景	2005.06 覆盖全国	2006.06 覆盖全国
系统从属	人民银行统一运行管理	人民银行、商业银行与其他金融机构共建、共有、公用
服务对象	金融机构、企事业单位、商家	金融机构、企事业单位、商家
业务内容	同城、异地的行内行际大额贷记支付、紧急贷记业务	付收时差支付、预先授权的循环支付和截留票据的支付
业务特点	逐笔实时、全额清算	多笔定时、净额清算
系统优势	实时跟踪、有效监控	减少现金、支票和各种票据的流量,节约转账成本
数据流程	图 5-10	图 5-11

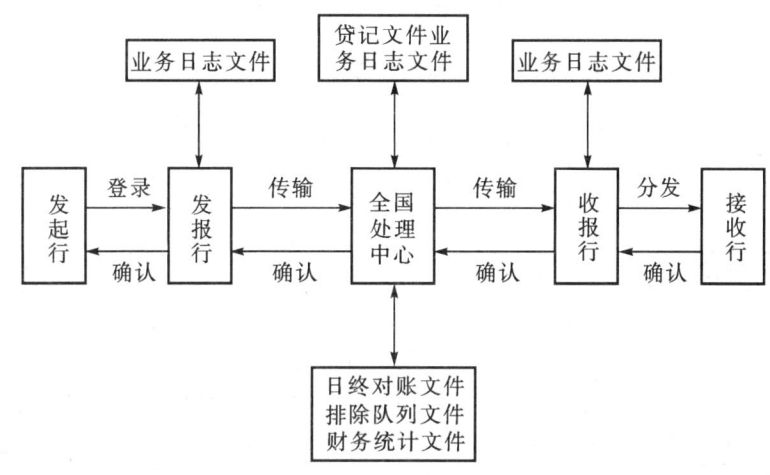

图 5-10 大额实时支付处理数据流程图

另外,SWIFT 从 1977 年 5 月正式投入运行以来,以其高效、可靠、低成本和完善的服务,在加速全球范围内的商品流通,促进世界贸易发展,加速国际金融结算,促进国际金融业务的现代化和规范化等方面,发挥了重要作用。中国银行于 1985 年成为中国在 SWIFT 的第一个会员银行。随后,中国工商银行等多家银行也相继加入 SWIFT。目前中国已有中国工商银行、中国农业银行、中国银行、中国建设银行、交通银行、中信银行和中国投资银行 7 家中资银行成为 SWIFT 会员银行,有 9 家外资银行成为附属会员银行。我国金融通信体系 CNFN 结构框架 SWIFT 的关联如图 5-12 所示。

3. 全国银行卡信息交换系统

全国银行卡信息交换系统是由中国银联建立和运营的全国银行卡跨行信息交换网络系统,以实现银行卡在全国范围内的联网通用和银行卡机具设备的共享(ATM、POS 等)。这一系统的建立从 2001 年底提出,并于 2002 年末实现了"314"工程的目标,即:首先,四家国有独资商业银行的银行卡业务处理系统要在 300 个以上地市级城市实现各类银行卡的联网

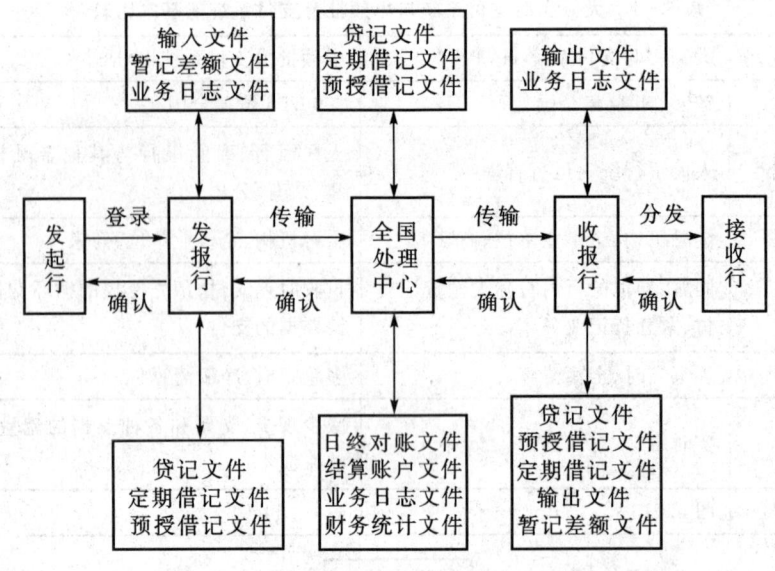

图 5-11 小额批量支付处理数据流程图

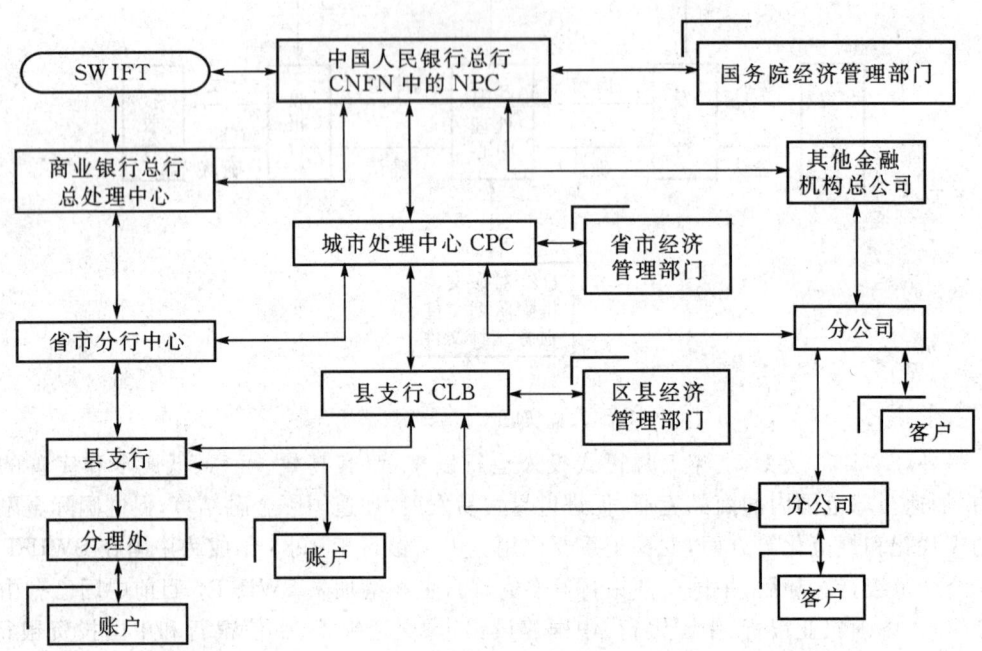

图 5-12 我国金融通信体系 CNFN 结构框架 SWIFT 的关联

运行和跨地区使用,股份制商业银行和邮政储汇局要实现所有地市级以上分支机构的联网运行,同时,各商业银行要明显提高网络运行质量和交易成功率。其次,在现有银行卡跨行信息交换网络的基础上,实现 100 个以上城市的各类银行卡的跨行通用。再次,在 40 个以上城市推广普及全国统一的"银联"标识卡,实现"银联"标识卡在这些城市内和城市间的跨地区、跨行通用。总的来说,我国已经形成了一个良好的银行卡受理环境。

截至 2013 年末,全国累计发行银行卡 42.14 亿张。其中,借记卡累计发卡 38.23 亿张,信用卡累计发卡 3.91 亿张。全国人均拥有银行卡 3.11 张,其中,信用卡人均拥有 0.29 张。北京、上海信用卡人均拥有量远高于全国平均水平,分别达到 1.63 张和 1.30 张。

银行卡跨行支付系统联网商户 763.47 万户,联网 POS 机具 1063.21 万台,ATM 52.00 万台,每台 ATM 对应的银行卡数量为 8104 张,每台 POS 对应的银行卡数量为 396 张。

银行卡交易额增速大幅提升。2013 年,全国共发生银行卡业务 475.96 亿笔,金额 423.36 万亿元。日均 13039.88 万笔,金额 11598.91 亿元。其中,银行卡存现 79.42 亿笔,金额 66.61 万亿元;取现 181.17 亿笔,金额 70.80 万亿元;消费 129.71 亿笔,金额 31.83 万亿元;转账 85.66 亿笔,金额 254.12 万亿元。

银行卡消费持续快速增长。2013 年,全国银行卡卡均消费金额为 7554 元,笔均消费金额为 2454 元。银行卡跨行消费业务 67.97 亿笔,金额 23.75 万亿元,分别占银行卡消费业务量的 52.40% 和 74.61%。全年银行卡渗透率达到 47.45%。

银行卡跨行支付系统业务继续保持增长。2013 年,银行卡跨行支付系统处理业务 99.14 亿笔,金额 27.81 万亿元,分别占支付系统业务笔数和金额的 42.04% 和 0.95%。日均处理业务 2716.16 万笔,金额 761.92 亿元。

三、银行管理决策支持系统[①]

(一)管理决策支持系统的发展历程

在信息时代,信息是银行决策的依据,如何更加有效利用这些信息,使其在银行市场拓展、战略决策、内部管理上发挥更大的作用,一直是银行信息技术不懈努力的另一个方向。随着信息技术的进步,信息决策系统在银行的发展经过了三个阶段。

1. 第一代是基于主机的查询报告系统

早期的信息系统以批处理方式处理数据,并将处理结果提交给数据用户。这些结果原本需要用户查阅大量的纸质文件才能获得,信息技术的运用提高了信息查询的效率。但它需要对复杂的数据库进行操作,需要了解数据的基本内容和一定的计算机知识,只能被商业分析员之类的信息提供者使用,而最终用户(管理者和执行者)却很难使用,不得不依赖于数据提供者来回答他们的问题。

2. 第二代是数据仓库和数据挖掘技术

第二代系统以数据仓库为特征,在处理能力上有很大飞跃,和第一代系统相比有如下优势:

(1)数据仓库的设计以满足商业管理决策为目的,而不是面向银行日常交易处理。

(2)数据仓库中的信息是经过清理、过滤的,具有一定的一致性,以使用者能够理解的形式存储。

(3)不同于记录着详细的当前数据的银行交易处理系统,数据仓库中保留着经过汇总的历史和当前信息。

---

① 李琪,彭晖.金融电子商务[M].北京:高等教育出版社,2004:71—77.

（4）以 Client/Sewer 方式向数据仓库用户提供使用接口和功能更加强大的决策支持工具。

数据挖掘是和数据仓库配套使用的策略和算法。数据挖掘是指将原始数据、基本信息进行必要的归纳、计算、推理、分析，最后形成对管理决策具有直接指导意义的信息。

3. 第三代是智能商务系统

在一定程度上，数据仓库仍然不能完全满足银行的商务需要。缺点之一就是许多数据仓库产品将焦点放在技术层面，而不是商务问题的解决方案。虽然数据仓库提供了功能强大的建设使用数据仓库的产品，但要用好这些产品仍需要较多的努力。

作为第三代管理决策信息系统，智能商务系统在以下方面优于数据仓库：

（1）智能商务不只支持最新的信息技术，而且提供了预先设计的应用系统解决方案。

（2）智能商务系统重在解决信息获取和信息向最终用户的传递问题，同时保证信息提供者、信息消费者同样方便地存取信息。

（3）智能商务系统支持各种形式的商业信息，而不只是存储在数据仓库中的信息。

（二）管理决策系统的技术模型

1. 数据仓库系统

数据仓库不同于银行交易系统的核心数据库，后者主要任务在于支持银行交易处理系统、保证银行的日常运行、正确记录客户数据信息、追求数据的绝对精确和可靠，数据来自银行联机交易处理系统；而数据仓库设计的目的是向银行管理决策提供支持，为银行决策服务，重在收集具有一定含义的信息及数据。因此，数据仓库的数据源应以保证决策的正确性为目标，而较少地关注数据的细节，是对具体数据源的抽象和概括。它的数据来源主要有三类，即银行业务核心数据库、银行其他数据库、外部数据（信息）库。

银行业务核心数据库是银行经营情况的最原始、最精确记录，其中存放着银行日常业务处理所产生的全部信息的现值，因此应该是数据仓库最重要最可靠的信息来源。但由于二者的本质差异，银行业务核心数据库中的数据进入数据仓库之前需要经过必要的处理。

银行内部的其他数据库也是数据仓库的信息来源，如人力资源数据库、资源数据库等对管理决策都具有十分重要的意义，也应经过归纳、过滤、复制，纳入数据仓库管理。

外部数据库是指银行外部的信息源，如定期发布的经济统计信息、经济新闻、行业发展分析报告等，这些信息为银行决策提供重要的外部环境参考因素，也应纳入数据仓库中。

来自银行业务核心数据库、银行其他数据库、银行外部数据库的数据经过提取后统一存放在数据仓库中，其中的数据已经经过清理、过滤、转换、分类，可供管理决策者进行数据挖掘、在线分析处理，以及进行其他形式的商业分析、市场研究、决策支持。数据仓库又可以被分成数据市场，其中包含着数据仓库中面向银行某一特殊领域的数据子集，如市场拓展、机构建设等。数据仓库系统构成如图 5-13 所示。

图 5-13 中示意了完整的数据仓库系统的各个子系统。如图 5-13 中左侧所示，来自不同数据源的原始数据经过提取、清理、转换后，变成更加适宜分析的形式。这个数据获取的过程可能包括对多个数据源的整合、过滤不必要的数据、修正错误数据、对数据进行必要的转换、将数据重新归类等多个步骤。

然后这些数据被存入银行数据仓库，从此可以进入数据市场供直接使用或进入数据分

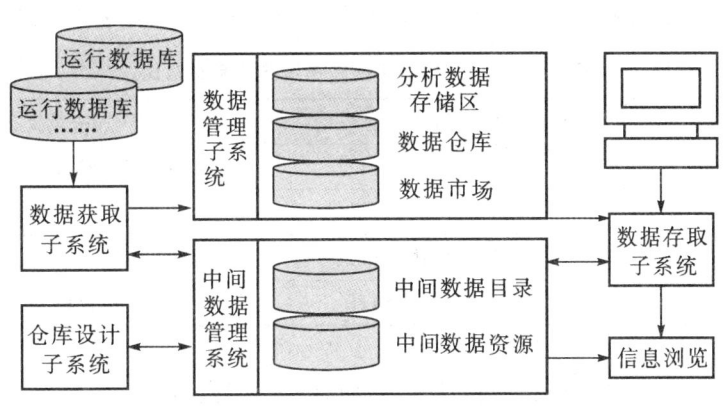

图 5-13　数据仓库系统构成

析系统进一步分析。

　　数据仓库主要用于数据挖掘。在数据挖掘过程中,存储在数据仓库中的商业活动的历史数据信息经过分析,揭示其中隐藏的商业模式和发展趋势,这可以帮助管理者作出战略决策,赢得市场竞争。数据挖掘可以从数据仓库存储的大量数据中发现新的相关性、商业模式和发展趋势。数据挖掘软件使用先进的模式识别算法以及各种数学统计技术,在堆积如山的数据中不断搜索,提取不为人知的战略性商业信息。原始数据经过各种预处理进入数据仓库,数据仓库经过数据挖掘形成最终信息的过程如图 5-14 所示。

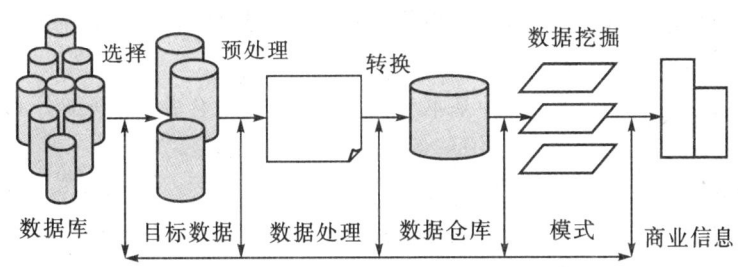

图 5-14　数据挖掘与信息形成过程

　　图 5-14 进一步说明了数据仓库和原始数据库之间的差别,以及原始数据是如何经过加工进入数据仓库的。首先,根据决策所需的信息,从原始数据库选择相应的信息,进入目标数据库;然后,对目标数据进行预处理、转换,进入数据仓库,完成原始数据的去伪存真、过滤筛选,数据仓库中的数据经过挖掘形成商业信息。上述过程是根据决策需要,定期或不定期不断进行的动态过程,保证了决策的时效性。

2.决策支持系统

　　决策支持系统以计算机信息系统为基础,在决策过程向管理者提供交互式的信息支持。决策支持系统依靠分析模型、专门的数据库、决策者自身的远见和判断、交互的计算机处理模型等帮助决策者作出初步或最终判断。因此,决策支持系统是面向特殊应用设计的快速响应系统,为决策者提供面向某种决策的专门支持。

决策支持系统和管理信息系统有着本质区别,二者的差别参见表5-2。

表5-2　管理信息系统和决策支持系统对比

项目	管理信息系统	决策支持系统
对决策提供的支持	银行经营情况的信息	信息与特殊决策支持技术
提供信息的形式和频率	定期、特殊与应需提供	交互式请求和响应
信息的格式	事先确定的固定格式	特定、灵活、合适的格式
处理信息的方法	提取数据、形成信息	数据建模分析

决策支持系统不但依赖数据库信息资源,而且依赖于模型库。一个模型库是一个包含很多模型的软件系统,其中每个模型都含有能够反映变量之间关系的分析和数学计算函数。它既可以是简单的加减运算,也可以包含能够揭示复杂关系的数据分析技术,比如线性分析、多元回归等技术。

智能商务系统中提供的决策支持工具有查询和报表、在线分析处理、数据挖掘。

3. 在线分析处理

迅速变化的外部环境,要求管理者和信息系统能够迅速对一些复杂的商务问题作出答复,信息系统为此先后发展了分析数据库、数据市场、数据仓库和数据挖掘技术,以及支持Web访问和在线分析处理的软件。

在线分析处理支持管理者交互地对大量数据进行检查和操作,帮助分析大批数据之间的关联关系,寻求商业模式、发展趋势等规律。它能够在线实时进行,快速对管理者的查询作出响应,使决策过程不受干扰。

在线分析处理一般包括以下几种基本分析操作,即数据合并、数据细分和上滚、数据切分和翻转等。

4. 数据挖掘技术

从前面提到的决策信息形成的过程可以看出,决策信息的质量和两个因素密切相关,即原始数据的质量和数据挖掘的技术。数据挖掘技术可以分为统计学方法和自动学习算法。

常用的统计学方法有因素分析、线性回归、主元分析、单变量曲线拟合、单变量及双变量分析。数据挖掘的算法可以分为如下几类:①分组;②分类;③数值预期;④关联发现;⑤顺序规律发现;⑥相似时间顺序发现。

5. 智能商务

智能商务就是根据数据资源作出商务决策,发现、分析、揭示新的机会。它更加强调数据仓库及数据挖掘技术对决策的直接支持作用,因此和具体应用背景密切相关。不同行业的智能商务需求不同。

银行业的智能商务主要集中在以下几个方面:①客户的盈利能力;②分支机构的盈利能力;③交叉销售产品的市场机会;④信贷风险管理;⑤新产品的机会;⑥费率政策的制定。

可以看出,智能商务应用系统是银行各类问题的完整解决方案,更加接近普通的商务问题,而不是数据仓库和数据挖掘后的零星信息。智能商务应用的基础是设计合理、信息丰富的数据仓库和功能强大的数据挖掘技术,需要决策支持工具的协助,智能商务的关键是各种商业模式。由此也可看出数据挖掘和智能商务的区别,数据挖掘可以发现未知的、潜在的规律性;而智能商务则是根据既定的商业模式确定需要收集的数据及信息,数据挖掘的方法和目标也比较明确。

智能商务系统的结构如图5-15所示。

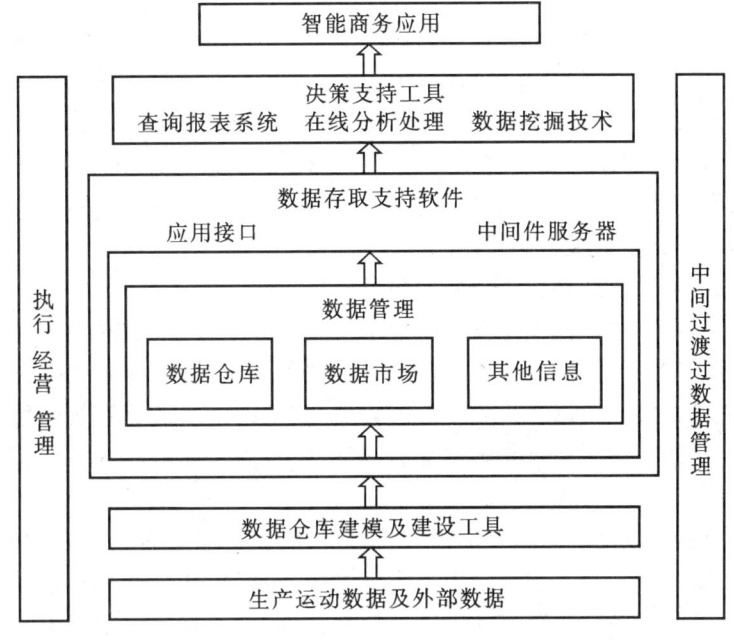

图5-15 智能商务系统的结构

总结上面介绍的各类决策支持系统技术模型,决策支持系统、在线分析处理系统、智能商务等更多地关注用户的使用界面,而数据仓库、数据挖掘技术,是搜集数据、形成信息的深层技术。

第三节 网络银行的运作方式

一、网络银行的模式

与传统银行相似,网络银行模式也可以从经营和提供服务两个方面来讨论。经营模式是指银行经营金融业务的类型和范围。银行提供服务的模式可以分为组织模式和发展模式。所谓组织模式是指银行为提供服务而设置的各类机构的组织形式;所谓发展模式是指银行以何种类型的业务作为主营业务。与传统银行相比,网络银行从经营模式、组织模式和发展模式等方面都发生了实质性的变化。

(一)网络银行经营模式的表现形式与发展趋势

1. 经营模式的基本表现形式

网络银行实施的经营模式大致可分为四类:

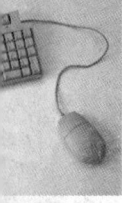

（1）一站式经营模式。它是指金融机构能够提供客户所要求的任何金融服务，包括银行服务、经纪服务和保险服务等，这种模式一般是传统大银行采纳的模式。

（2）虚拟一站式经营模式。它的功能和一站式相同，但差别在于各种金融产品和服务并不只是来自一家金融机构，而是来自多个合作伙伴，但使用同一个品牌，使客户感觉还是在一站式的购物环境中。

（3）单一产品最佳服务经营模式。它只专注于某一种金融产品，但能保证客户在这里得到的服务是最佳的服务。如 Capital One 的信用卡和 E-Loan 的网上按揭服务。

（4）金融服务门户网站经营模式。这是一种新兴的商业模式，也是最具发展潜力的一种模式，是一站式的更高阶段。它是指银行利用所掌握的大量的客户资讯，在充分了解客户需求的前提下，充当电子经纪人，利用自己的网站为客户寻找合适的产品，并在中间赚取中介费和手续费，即电子化金融服务门户网站。

2. 经营模式的形式演进趋势——金融服务门户网站

金融服务门户网站经营模式是互联网技术发展的必然趋势。随着银行建立网站的目标从吸引更多的客户和降低交易成本逐渐转变为以盈利为目的，也随着国外商业银行的后台核心系统不断完善并完成向以客户为中心的转变，越来越多的商业银行开始走向这一发展道路。它们将自己的网站与提供其他服务的网站动态链接，如保险网站、证券投资网站等，甚至是大型的虚拟购物商城或著名的搜索引擎网站等。通过对客户的账户行为及与银行的交易行为进行分析，以预测客户未来的需要。这样，它就可以在客户需要的时候，向客户推荐所需的产品。这一产品并不一定是银行自身的产品，还包括通过与其他站点的动态链接所代理的产品。这种营销行为既提高了客户的满意程度，又充分利用了银行自身的信息优势，得到了令人满意的经济效益。

这种趋势目前已成为国外商业银行网站发展的战略方向，它将每个独立网站之间的竞争转换为网站的联盟和并购，最终成为一些集团式的竞争。要达到这一点，首先需要完成向以客户为中心的转变，这不仅是后台核心业务系统的改变，还是经营理念的改变。另外很重要的一点，就是要有一种可以保障不同网站之间通信和链接的平台。

3. 经营模式的内容渗透趋势——综合化混业经营

金融机构按其提供的产品常被分为商业银行、投资银行、保险公司、证券公司及其他各类机构。这种分工因国家、地区和时间会有所不同。20 世纪 30 年代的大危机之后，以美国为代表的严格金融管制使得分业经营成为世界金融行业的一种基本格局。但是 20 世纪 80 年代以来，不断加速的技术进步和金融产品创新，使得金融机构的原有格局受到重大冲击。互联网技术打破了市场壁垒，也使得金融产品跨越了行业的限制，金融机构相互进入对方的领域几乎不用增加太大成本。各国的综合化经营一直在以各种形式进行着，1999 年美国国会通过了《金融服务现代化法》，废除了原来的分业经营管制，这标志着国际范围内金融业步入综合化混业经营的发展态势。在这种背景下产生的网络银行自然具有综合化混业经营的特点。我国由于分业经营、分业监管政策的限制，全能银行到目前还没有形成，网络银行的经营模式大多还处于分业经营状态。但银行、证券、保险的相互渗透促使网络银行向综合化混业经营的方向发展。平安保险的 PA18（www.pa18.com）综合服务网站即为典型代表。

（二）网络银行的组织模式

根据对物理性分支机构的依赖程度可以将网络银行分为纯网络银行（internet-only bank）、以互联网为主的银行（internet-primary bank）和"水泥加鼠标"型银行（clicks and mortar bank）。

1. 纯网络银行

纯网络银行是指那些仅仅依靠互联网开展业务的银行，一般只设一个办公地址，没有分支机构和营业网点，几乎所有业务都通过互联网进行。因此，这种银行也称为虚拟银行（virtual bank）。纯网络银行的心脏是放置在其法定办公地点的计算机服务器，客户存取款可以通过其他机构拥有的自动柜员机或者其他远程传递设备进行。

在初期发展阶段，纯网络银行一般不提供信用业务。在成熟阶段，则几乎具有传统银行所有的产品与服务。纯网络银行的优势虽然比较明显，如客户服务成本低，可以提供更为优惠的存贷款利率，可以提供投资、保险等综合业务。但与传统银行相比，目前仍存在一些难以克服的缺陷，如无法收付现金而产生对第三方的依赖性、缺乏客户基础、需要培养客户的信任度和忠诚度、银行技术设备的前期投入较大等。

2. 互联网为主的网络银行

这类银行是纯网络银行的发展形式，仍然主要通过互联网提供服务，但拥有有限功能的分支机构以及不被视为分支机构的物理设施（有限设施银行），如业务亭、ATM 等，从而克服了纯网络银行无法收付现金的缺陷。

3. "水泥加鼠标"型网络银行

"水泥加鼠标"型网络银行又称分支型网络银行、混合型网络银行。这是一种依附于传统银行的模式，即将网络银行作为传统银行的一个新的业务部门，利用互联网作为新的服务渠道，建立交易型网站。与纯网络银行的诞生基本同步，1995 年 10 月，美国花旗银行在互联网上设立自己的网站，开始向客户提供金融服务，成为第一家"水泥加鼠标"型银行。

（三）网络银行的发展模式

1. 纯网络银行的发展模式

就纯网络银行而言，目前有两种不同的发展模式：一种是以美国印地安那州第一网络银行为代表的全方位发展模式；另一种是以休斯敦的康普银行为代表的特色化发展模式。

（1）全方位发展模式。这种发展模式否认纯网络银行的局限性，认为随着科技的发展和网络的不断完善，纯网络银行完全可以取代传统银行，即所有的银行业务都可以在网络银行进行。为了满足客户的多样化要求，纯网络银行一直致力于开发新的金融产品和服务，并努力提供传统银行所提供的一切金融服务。

（2）特色化发展模式。持有这种观点的网络银行承认网络银行的局限性，因此更专注于具有核心竞争力的业务发展，即提供特色化服务。至于其他的业务可以让客户在别的银行获得，如康普银行只提供在线存款服务。

2. "水泥加鼠标"型网络银行的发展模式

目前，"水泥加鼠标"型网络银行的发展主要采取以下两种模式：

（1）购并模式，即收购现成的纯网络银行作为自己的分支。加拿大皇家银行（Royal

Bank of Canada,RBC)原来在美国只从事金融批发业务,1998 年以 2000 万美元收购了美国安全第一网络银行 SFNB 除技术部门以外的所有部分。此时 SFNB 的客户户头已有 1 万个,其存款余额早在 1997 年就超过 4 亿美元,但其发展已出现了停滞的迹象。加拿大皇家银行进行收购的战略目标有两个:一是扩大其在美国金融市场的业务和份额,通过收购 SFNB,可以迅速进入美国的银行零售业务市场。二是利用收购,将业务拓展到一个新兴的、飞速发展的领域,特别是拓展到美国这样信息网络技术发达的国家。这次收购使加拿大皇家银行迅速站在了网络银行的最前沿。

(2)延伸模式,成立与发展自己的网络银行。更多的传统商业银行是凭借其原有品牌和产品服务优势,利用原有 IT 部门或与计算机软件厂商合作,发展网络银行业务。美国加尼福利亚洲的 Wells Fargo 银行是这种模式的典型。Wells Fargo 银行是美国著名的商业银行之一,在 10 个州都拥有自己的营业机构,管理着数千亿美元的资产。为了适应客户多变的交易偏好并降低交易成本,早在 1992 年就开始建立自己的以网络服务为核心的信息系统。

二、网络银行的系统构建

网络银行建设要在需求分析的基础上,依据建设目标设计网络银行的系统结构,然后再进行系统建设。网络银行建设主要包括基础技术平台、安全平台、网站门户平台和业务平台等的建设①。

(一)网络银行系统构建的目标和原则

1. 网络银行系统的构建目标

系统构建的目标是建成将综合业务处理、智能化经营管理和客户服务集成成为一体的金融服务体系,确保银行有进一步提高虚拟化和信息化水平的能力,全面改善银行的经营环境,增强银行在数字经济环境下的竞争力。具体来说,其主要包括:

(1)建立具有集中财务结算处理的全面、完整的电子银行综合应用系统,为银行现代化的持续发展提供强有力的保证。

(2)体系结构的适应性要强,保证银行能不断拓展新业务,长期处于电子商务和各种服务新领域的前沿,提高银行在数字经济环境下的竞争力。

(3)在银行电子化的基础上,实现银行信息化和虚拟化,全面改善银行的经营环境,包括实现业务运行管理智能化,全面监控和管理银行的各类绩效指标,对银行的运营进行科学分析,为银行的发展提供及时、准确、科学的决策支持。

(4)随着电子银行构建的不断完善与发展,在时机和条件成熟时,将电子银行建成全面的金融服务中心。

2. 网络银行系统的构建原则

构建网络银行系统应遵循以下原则:

(1)系统的可扩展性。随着业务的发展,系统应具有调整和扩充系统功能的能力,同时

---

① 张卓其,史明坤.网上支付与网上金融服务[M].大连:东北财经大学出版社,2006:234-235.

保持应用和数据的一致性,适应不同应用环境和不同应用水平的需要。

(2)系统的可管理性。金融服务体系的构建,要能对结构复杂、分布广泛、计算机应用水平各异的所有用户和所有系统进行统一、安全的管理,确保业务的正常运行和系统的安全稳定。

(3)系统的安全性。系统的安全性涉及加密解密、安全和认证,防止非法侵入和病毒干扰。系统安全主要包括业务数据的安全管理、结算处理的安全控制、数据传输的加密解密、数据完整性控制、交易过程中的安全认证等。

(4)集成性原则。确保网络银行系统同已有电子银行业务信息系统实现有机集成,以便为客户提供全天候、全方位和个性化的综合业务服务。集成性原则还应体现业务服务、经营管理和客户服务三者的集成。

(二)网络银行系统构建的基本要求

1.建立公钥证书安全体系,保障应用级安全

网络银行系统建立了目前最为严密的 128 位 SSL 加密的公钥证书、1024 位证书认证安全体系,保证以下安全要素:客户身份认证;可靠性及不可抵赖性;信息的完整性、机密性;交易的审计;个人网上业务转账交易的安全设计;企业网上业务转账交易的安全设计;数据库内数据的加密存放。客户使用的密码都经过不可逆加密算法存放在数据库中,即使黑客入侵数据库系统,得到密码字段,也无法破译原密码。

2.利用防火墙等技术,保障网络级安全

在整个系统的网络框架上,采取了以总行站点作为入口的方式,以便于系统的安全监控及总行的统一管理。在总行的入口处,设立了两道防火墙及一个安全代理服务器以防止非法入侵;此外,防火墙及安全代理服务器上都有完整的信息审计记录,再辅之以完善的人为监控,可以最大限度地保证网络级的安全。

3.建立动态安全监控系统,保障系统级安全

采用国际领先的网络安全产品建立站点的实时监控系统和扫描系统。实时监控系统能够 24 小时监控到系统的所有服务活动,并能根据监控模版配置发出相应的反应。利用扫描系统分别在防火墙内部和外部有针对性地对服务器操作系统进行扫描,可以及时发现和补救系统安全漏洞。

4.利用多层授权机制,保障业务安全处理

企业客户在进行 B2B 等网上支付交易时,可根据金额大小选择是否需经过企业财务主管进行多层授权。企业客户(财务人员)与财务主管分别持有一个证书,超过规定限额的交易必须由企业主管持有其证书进行确认才能成交。每个企业客户的授权限额可由企业在开户时自行确定。

5.健全的内部柜员操作管理机制

网络银行内部管理系统使用浏览器/服务器结构,通过内网向全行提供内部管理的功能。系统内部从总行、省行到市行建立七级柜员制度,逐级管理。对于客户管理、柜员管理等重要功能,采用多重柜员审核的机制,保证这些操作不能被单一柜员独立完成。同时,柜员在内部管理系统上的所有操作都记入操作日志中,以后随时进行组合查询。

6. 与 CFCA 认证系统的紧密结合

CFCA 将是我国权威的认证机构,由它提供的 Non-SETCA 证书和 SETCA 证书是我国网络银行、电子商务 CA 安全证书的应用标准。目前,企业网络银行子系统已经将 CFCA 的 Non-SET 证书中的企业高级证书作为工商银行网络银行的企业客户证书和商户证书,并在全国推广;同时 SET 证书也用于我国的 B2C 网上购物电子商务应用中。

(三)网络银行系统构建的扩展性和稳定性

一个好的系统设计,应使系统能适应网络银行业务的发展和需要的变化而不断扩展。系统的扩展可以有如下几种方案:

(1)增加现有系统的容量。现有系统可通过增加磁盘、内存、中央处理器和网络适配器来实现扩充性。

(2)通过增加服务器来扩大容量。早期系统的网络服务器、应用服务器和数据库服务器的功能往往由一个服务器承担,系统的扩展可以由单一功能的三个服务器完成,形成新的系统。这种系统的好处是一个服务器失效不会使整个网站都损坏。

(3)通过负载分流器(load balancing)扩展容量。为进一步提高系统的可用性和容量,可增加 load balancer,系统中每种服务器配置两台,以提高系统性能,同时实现均衡负载。每种服务器都有两台设备,可以互为备份,任何一台设备出现故障或因维修而下线时,另一台设备可以将其作业接管过来,而不会导致用户使用的中断,以提高系统的可用性。

(4)通过站点分流器(site balancing)扩展容量。为进一步提高系统的灾难冗错性,可在另一地点复制另一个网站。site balancer 或 director hardware 能够将用户的业务请求导向适当的网站,以增加系统的输出和运行效率。此外,即使一个网站出现灾难,另一个网站还可使系统正常运行。软件设计时应使软件的架构富于扩展性。随着网站功能需求的增加,软件的架构要允许增加新的功能,而尽量减少增大维护和编码的复杂性。

(四)典型网络银行系统的基本结构[①]

每家银行根据其对网络银行风险认识的不同和自身业务功能的差异,对网络银行系统会有不同类型的设计和组合,但其基本的技术构成是类似的,其各部分的功能也基本相同。图 5-16 是典型网络银行结构图,主要由以下几个部分构成:

(1)客户浏览器。它分别为内部和外部客户服务。外部客户又分为企业、个人客户两种。

(2)路由器和防火墙。它主要是对流入网络银行系统的数据流进行过滤,隔离银行内部网络与非安全的互联网。目前的网络银行系统通常采用两层防火墙。外层防火墙将 Web 服务器同外部网络隔离,以阻止非法访问者和数据的侵入。内部防火墙 1 用于隔离网络银行的 Web 服务器与应用服务器,在软件上可以增加管理手段,如内部数据库可设定只对从特定接口来的请求作出反应,对其他的 IP 地址则不理会。通过内外两道防火墙隔离互联网和网络银行的核心业务系统,形成对互联网的双重隔离,使网络银行系统受到更好的保护。内部防火墙 2 用来阻止非法数据和用户通过金融专用网、Intranet 或 Extranet 进入系统。

---

① 乌家培.网络银行[M].长春出版社.2000:85-87.

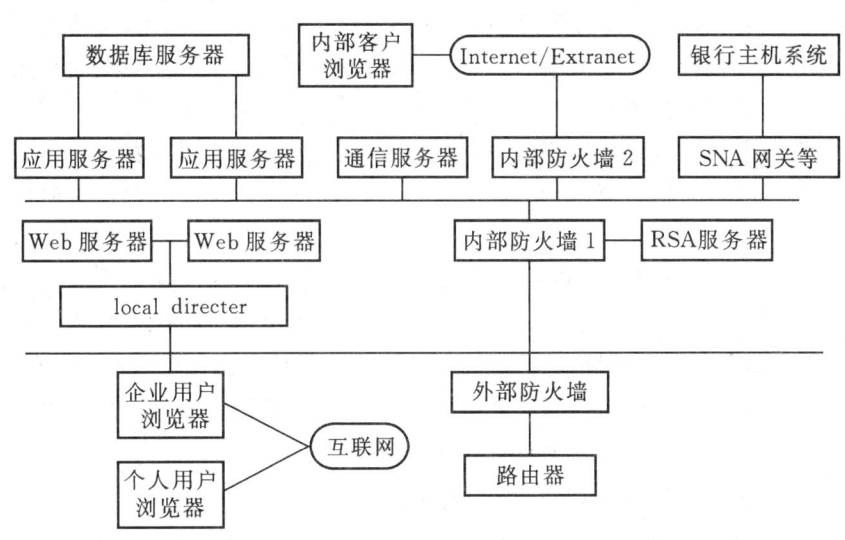

图 5-16　典型网络银行系统的基本结构

（3）Web 服务器。Web 服务器主要用来存放和管理 Web 网页内容，向前台提供客户交易界面，对外进行基本的静态信息传递服务，并管理业务信息系统的相应网页文件和其他银行信息的发布。Web 服务器是网络银行内外的接口，是外部客户的主要应用界面。虽然其安全性没有后台业务信息系统的要求高，但有更大的访问量要求。

（4）应用服务器。应用服务器是网络银行系统的核心之一，包含了网络银行所有业务逻辑和应用程序，包括会话管理、提交后台处理以及产生应答页面等。应用服务器支持 ASP、JSP 等标准的服务器端应用，与 Web 服务器共同构成网络银行业务应用系统的运行环境，实现网上交易业务的逻辑控制和流程处理，并完成 Web 服务器与数据库服务器之间的信息交换。为了保证系统的高可靠性，应具备良好的灾难恢复和系统备份功能，可以根据业务量的大小动态配置多台应用服务器。当一台应用服务器负载过大时，可以动态地将请求送到不同的应用服务器，均衡负载。例如，IBM 公司的 Net Bank 系统软件就利用 Web Sphere 集群技术动态配置多台应用服务器。从安全角度出发，在 Web 服务器和应用服务器上都要安装侵入监测系统（Intrusion Detection System，IDS），在边界路由器和外部防火墙之间、外部防火墙和 Web 服务器之间、应用服务器与内部防火墙之间，以及内部防火墙与内部用户网络之间都应安装 IDS。

（5）数据库服务器。网络银行的业务数据库用于存放各种应用数据，包括系统应用参数、客户信息、账户信息、交易信息等，既是宝贵的信息资源，又是系统安全的焦点。为便于发展综合业务服务，通常将数据库进行集中存放与管理。对于大型商业银行，一般设立独立的数据库服务器。中小型商业银行，有时将数据库服务器与应用服务器软件结合在一起，通过双机互为备份方式保证数据的可靠性。数据库服务器的主要作用是保存、共享各种即时业务数据（如客户支付金额）和静态数据（如利率表），支持业务信息系统的运作，对登录客户进行合法性检查，以及对数据库中的关键数据进行加密，保证客户数据的安全。

（6）RSA 服务器。RSA 安全认证服务器应用相关的 RSA 代理软件启动认证会话，设

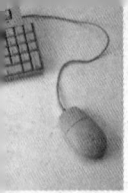

置并且实施安全策略,保护对专用网络系统、文件及应用的访问。借助认证服务器所提供的功能,可以保护网络银行各种访问端口、数据文件及其他资源。它还针对外部攻击和员工的恶意破坏,提供重要保护功能。

(7)通信服务器。在网络银行中心一般放置一台加密和通信服务器。通信服务器负责与各计算机中心连接,通信协议采用 TCP/IP 协议。客户的交易请求都通过通信服务器分发到各计算机中心的通信服务器上。通信服务器实现负载均衡、加密和解密功能。

(8)SNA 网关。SNA 网关是网络银行应用服务器与银行后台业务系统之间的通讯中间件。所有网络银行交易只有通过 SNA 网关才能到达主机,未通过 SNA 网关送交主机的网络银行交易均不会被主机系统接受,从而能更安全地保护主机免受入侵和破坏。

(9)银行主机系统。银行主机系统是银行后台综合业务系统的运行平台,客户数据及密码均存放在银行主机系统上,交易处理也在主机上进行。

(五)网络银行系统的基础技术平台建设[①]

网络银行系统的基础技术平台包括网络系统、硬件系统、网络管理系统和数据库系统。基础技术平台构成网上系统的运行环境,应具有很好的安全性、稳定性和可扩展性。目前全球大部分的电子商务平台都是运行在 UNIX 操作系统和大型数据库的系统上。

1. 对产品供应商的要求

建立网络银行需要相应的网络产品、硬件服务器产品、数据库产品、其他硬件产品、开发工具等一系列产品。产品供应商不仅能提供全球领先的技术产品,还应在电子商务应用系统方面具有丰富的经验,能提供相应的顾问咨询服务。

2. 对硬件服务器的要求

硬件服务器是系统的运行平台,在整个系统建设中起着重要的作用。目前中小系统多采用 Windows NT 和 UNIX 操作系统。在系统运行性能、稳定性、可扩展性和与大型数据库连接方面,NT 操作系统明显不如 UNIX 操作系统,而且 NT 平台比较容易遭受病毒袭击,安全性也不如 UNIX 平台。NT 的优点是所需硬件投资小,与前台工具配合较好。因此,大多数关键应用及高性能应用多采用 UNIX 平台,NT 平台主要应用对象是中小企业。从事电子商务和网络银行服务的系统,对安全性和系统性能要求都很高,随着业务量的迅速增加及数据集中程度的提高,以高可用性的 UNIX 系统构建主服务器体系较合适。

硬件服务器应支持各种电子商务应用,通过扩展可支持通用的多渠道解决方案,如移动设备(如 WAP 手机)等也可接入系统。对硬件服务器的具体要求是:①系统稳定、安全、可靠,支持标准的安全对策和安全协议,如 SSL、SET 等。②支持所需的交易处理能力,与交易处理中间件(TX series)无缝连接,使企业的交易系统达到较高的性能。③支持统一的界面(Web browser),使各种人员均能以统一的界面操作,提高效率,简化培训和系统维护。④基于标准,严格地遵循普遍流行的开放标准,如 HTTP(S)、HTML、JSP、JNDI、EJB、XML、RMI 和 CORBA/IIOP 等,以支持广泛的流行平台,并支持基于 Java、HTML、JavaScript、JSP、XML 等流行的网络开发语言和文档结构,以加快应用软件开发。⑤屏蔽网络异

---

① 张卓其,史明坤.网上支付与网上金融服务[M].大连:东北财经大学出版社,2006:238-241.

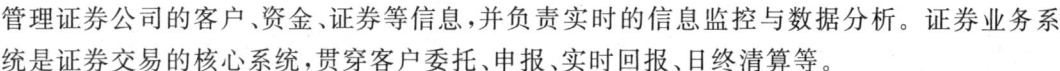

管理证券公司的客户、资金、证券等信息,并负责实时的信息监控与数据分析。证券业务系统是证券交易的核心系统,贯穿客户委托、申报、实时回报、日终清算等。

一个典型的证券交易系统由 11 类小系统组成:

(1)客户委托子系统,主要支持客户自己操作或操作人员代操作委托单处理系统,接受客户的委托,包括证券名称、买卖类别、委托数量、委托交易价格等信息。

(2)资金管理子系统,主要支持客户的资金账号信息和客户资金信息的管理,包括客户开户、消户、修改密码、挂失等。资金管理包括保证金的存取、冲账、利息结算等处理。

(3)证券管理子系统,主要支持证券账号管理以及客户各类证券的托管。

(4)信息咨询子系统,其主要支持对证券的报价显示、数据的及时分析以及技术分析,主要有 K 线、OX 图、量价线等。

(5)系统管理子系统,主要支持客户进行资金和证券的查询,包括客户资金、证券、委托历史资料及成交历史资料的查询。

(6)报表管理子系统,主要由两部分组成,一部分是前台实时报表管理部分,包括资金、证券的报表管理,另一部分是后台报表管理部分,主要处理日终的各类报表。

(7)报盘管理子系统,主要支持客户委托单的申报。

(8)即时处理子系统,支持对客户委托单的实时处理。

(9)日终处理子系统,主要为券商服务,支持当日交易结束后的结算处理,包括收市处理、备份及数据库清零等。

(10)系统维护子系统,是整个证券交易系统的核心部分,支持系统各级参数的设置和各操作人员的权限分配以及系统维护等。

(11)经理监管子系统,支持对客户资金和证券账目、客户交易情况等信息的采集,以便进行进一步的数据分析。

二、网络证券交易的基本方法

1. 网络证券交易的基本配置

投资者通过使用宽带或专线上网,保证信息传输速度。

2. 系统安装的硬件要求

一台计算机,性能越好,对信息响应速度越快。目前主流计算机都能满足进行网络证券交易的基本配置,如处理器 1.7G,内存 256M,硬盘 40G 等,分辨率 1024×768。

3. 系统软件要求

(1)操作系统:Windows 2000 以上或 Windows XP 等。

(2)浏览器:IE6.0 以上。

(3)通讯方面:具有网卡驱动程序,支持 TCP/IP 协议。

4. 网络证券交易商的选择

中国证监会对证券公司开展网络证券交易做了明确的规定,投资者可以将此作为选择网络证券交易商的参考。

投资者选择网络证券交易商主要考虑以下几个因素:

(1)投资者应选择取得中国证监会颁发的正式网络证券交易资格的券商,至少能给投资

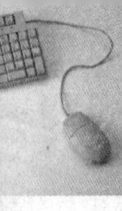

者在安全问题上提供一定的保证。因为所有获得网络证券交易资格的券商都经过证监会严格的审查,其交易程序一般都通过信息系统安全性设计的审定。

(2)网络证券交易商应具备完善的风险控制管理措施,包括对网上交易系统的安全性维护、数据的双备份和遇到故障时完善的应急措施和恢复手段,在技术上要保证客户交易数据的完整、安全和准确。这是所有网络证券商应尽的义务,也有利于保护投资者,而且在今后发生交易纠纷时也有相应的依据。

(3)投资者选择服务质量好的网络证券交易商,如主动提供上门服务、免费技能培训等。

(4)投资者要选择舍得在技术上投入的券商,如果一个券商不能充分发挥网络证券交易的优势,投资者即使获得了比较好的服务也是暂时的。

5.网络证券交易的流程

下面以中国的和兴证券网上交易开户流程为例,展示从开户到交易的整个网络证券交易流程。

和兴证券的网上交易业务适用于在和兴证券所属营业部开户的投资者。办理开户时,首先需要开立代表机构或个人的证券账户卡(股东代码卡),它是准确记载投资者所持有的证券种类、名称、数量及相应权益和变动情况的账册,是股东身份的重要凭证。每个投资者在每个市场只允许开立一个证券账户卡,即每位客户只能在深圳或上海开立唯一的股东代码卡,该卡如果遗失或损坏可以到营业部按一定的手续申请补发,但不能重新申请。

办理时,如果本人亲往办理的,需要提供本人中华人民共和国居民身份证(以下简称身份证)及其复印件;由他人代办的,还须提供代办人身份证及其复印件、经公证的授权委托书。

(1)开设资金账号以及办理银证转账业务。开立股东卡号后,要成为和兴证券的客户,享受和兴证券专业化的优质服务,还需要开立和兴证券的资金账户,即保证金账户。该账户是一个进行证券交易的清算账户,其功能是详细记录每一笔资金进出情况、每一次交易记录情况以及所持有股票的分红派息。

开户时须携带好以下证件:本人身份证、证券账户卡(股东卡)、同名银行存折或银行卡,代理人开户的,还需要代理开户人身份证原件及客户授权委托书。

客户须签署《和兴证券客户文档》,该文档包含《证券买卖委托合同》一式两份,内容包括开户申请表,《证券交易委托代理协议书》,《指定交易协议书》以及《银证转账协议书》。

(2)签约网络证券交易。投资者如果想申请办理网络证券交易业务,客户可选择签署《网上证券交易协议书》、《网上证券交易风险揭示书》一式两份。

(3)营业部柜台审核深沪证券账户卡原件、身份证原件及签署的《和兴证券客户文档》等资料,然后将资料输入证券交易系统,客户自行输入交易密码及取款密码,成功注册和兴(网络)证券客户。

(4)在和兴相关网站下载网络证券交易软件如钱龙软件,如图6-3所示。软件下载安装后,出现如图6-4界面。

投资者通过该软件,可以看到各种证券的相关内容,包括走势图、相关数据等,还可以输入证券代码查看证券的详情,如证券的及时交易信息、证券交易的历史信息等,如图6-5所示。

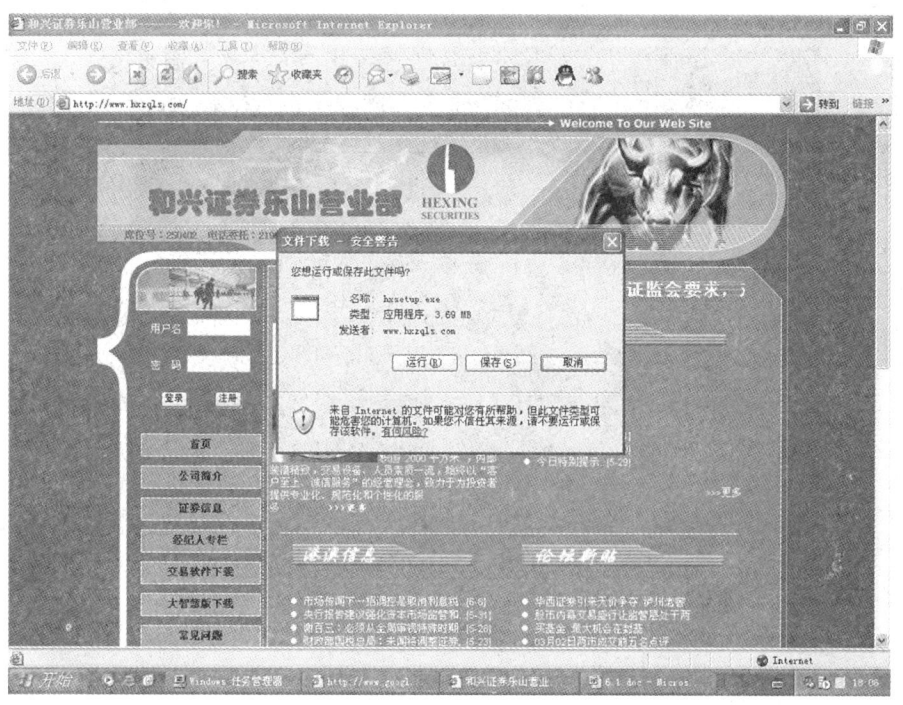

图 6-3 和兴软件下载界面

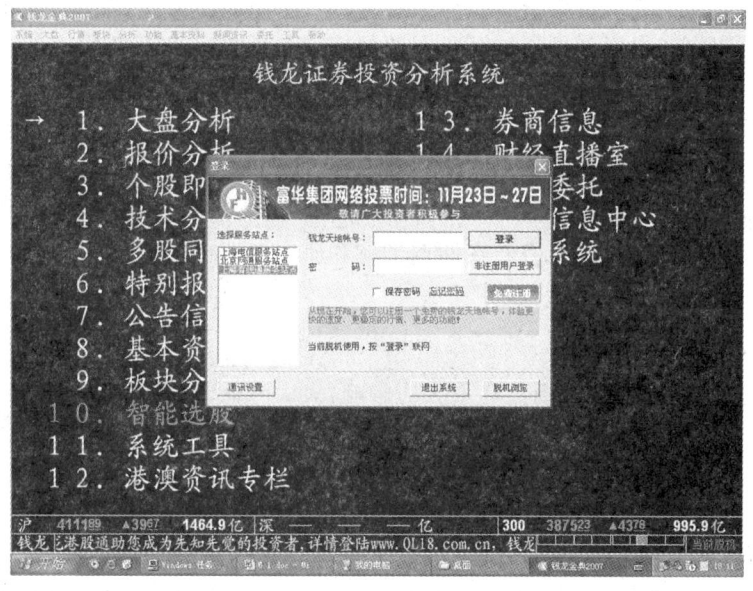

图 6-4 钱龙证券界面

如果使用 F12 键,可以输入资金账号查看自己的账户信息,也可以进行证券交易。

三、网络证券交易的类型

网络证券根据交易对象,一般分为网络股票市场、网络债券市场、网络基金市场和网络

图 6-5　证券交易即时信息

期货市场。

（一）网络股票交易市场

（1）网上实时获得股票市场信息。投资者要进行网络股票交易，首先要从网上获得实时股票市场信息。目前，投资者可通过互联网的网络交易所站点和互联网上的证券服务商站点了解股票市场行情和参与网络股票市场交易。

网络证券服务商开设的站点分为两类：一是传统的证券公司在网上设立专门的站点，如华夏证券等；二是网络服务商开发出网络交易系统，吸引证券公司加盟开办的站点，如证券之星等。

（2）网上实时股票交易。投资者在站点了解和研究股票市场后，在网络上进行实时股票交易。

（二）网络债券交易市场

网络技术的发展对债券市场具有重大的影响，大大降低了债券交易的成本，促进了债券市场的发展。网络不仅为债券发行者和投资者的沟通提供了一种有力的工具，使信息能及时传递给新的投资者，而且加速了清算系统合并和债务管理系统的一体化，因此，债券交易的电子化成为市场交易的主流。

网络为债券市场的发行者和投资者提供了直接交流的新的分销渠道，扩大了投资者的规模，自从 2001 年 1 月世界银行首次在网上成功发行全球电子债券后，许多国家都发行了电子债券。

与发达国家相比，中国的网络债券发展比较缓慢，主要提供以下几类服务：介绍债券种类并提供相关的分析和新闻；提供网络国债发售、交易及行情信息；提供电子下单、债券买卖、经纪中介等。目前大部分提供网络交易的证券商和财经门户网络都提供网络债券服务，如 www.chinabond.com。

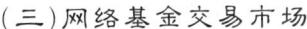

（三）网络基金交易市场

投资基金业在世界各国的国民经济中影响日益扩大，在金融体系中的地位也在不断上升。美国在 1999 年底，仅共同基金一项的资产规模超过了在金融市场上一直占统治地位的传统商业银行而成为又一大金融机构。最近几年，基金一直在迅速增长，随着开放式基金的准入，投资基金业的发展给中国经济带来深远的影响。

（四）网络期货交易市场

20 世纪 90 年代以来，在网络经济的冲击下，期货市场存在重大变化，国际期货市场竞争变得更加激烈，推动着期货市场的发展。

期货交易市场是期货交易主体、期货交易所、期货经纪公司和期货结算所构成的有机整体，是现代市场体系中的一个重要组成部分。发达国家期货市场及其结构和功能已实现了制度化、规范化和法律化。我国尚处于试点、起步阶段，有关政策法规正在不断完善之中。

期货交易主体，亦称期货交易者，根据参与交易的动机，可分为套期保值者和投机套利者。套期保值者主要是产品生产者、使用者以及经营者。他们进入期货市场的目的是为了寻找一种理想的保值手段，因而总希望价格能够平稳。期货投机者则希望价格波动频繁以便捕捉获利机会。因此，在这个过程中，期货经纪公司传统的资讯优势是依托信息的不对称性和信息的不完全性进行获利。而在网络经济时代，客户拥有信息资源的时效性和全面性有了极大的提高，传统的期货市场受到严重挑战。因此期货经纪公司需要节约成本赢得市场的竞争力。

期货经纪公司上网的好处是可以节约经营成本，减少营业部这一中间环节，同时减少风险。但在此过程中，利用品牌效应吸引客户，占有更大的市场是期货经纪公司在网络期货建设中的主要内容。

第三节　网络证券的业务与管理

一、网络证券的发行与交易

（一）网络证券的发行

1. 网络证券的路演

路演是指企业融资者在证券发行之前，往往会在若干地点进行巡回推介活动，向潜在的投资者展示企业证券的价值，以加深投资者对企业的认知程度，并从中了解投资者的投资意向，发现需求和价值定位，确保证券的成功发行。

雷曼兄弟公司是全球第一家正式采纳网上路演的券商（1999），网上路演充分利用互联网的特点，使路演不受时间、地域的限制。

全景网络是国内第一家提出网上路演创意并推出网上路演业务的公司。1999 年 8 月24 日，全景网络策划的在深市即将上网招股的著名高科技企业清华紫光进行网上路演，使清华紫光的网上路演成为网上路演第一家。在那次路演开始之前，全景最担心的问题是没有人上网来提问，但是网页一打开，几十个问题几乎同时出现于网上，该先回答哪一个问题？

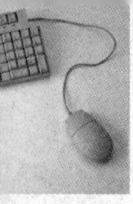

全景网站的页面阅读数一下子达到了 62.6 万,点击数则达到了 315 万次,创造了全景网络成立以来的历史新高。

2001 年初,中国证监会对外正式发出通知:"自 3 月 1 日起,新股发行公司在发行前必须以网上直播(至少包括图像直播和文字直播)方式向投资者进行公司推介。"自此,新股发行网上路演将由"选修课"变成"必修课",成为股票发行人、承销商与投资者之间互动交流的必经桥梁。从 2001 年 3 月 1 日起,股票发行正式从行政审批制向核准制过渡,在核准制下,新股发行价格将实现市场化,由发行公司与主承销商自行确定,这就意味着随着越来越多的中国企业将在国内市场或者海外市场上市,路演将成为它们企业顺利上市的必经之路,那时网上路演势必将成为它们的最佳选择。

2. 网络证券的分销

分销是指产品从生产出来一直到消费者手中的整个传递过程中所涉及的一系列活动,还包括在商品转移过程中取得这种商品和服务的所有权或帮助所有权转移的所有企业和个人(生产者、中间商、代理中间商、最终消费者等)。网络证券在整个过程中,同样也涉及债权、债务的转移,因此网络证券同样存在分销。

3. 网络证券的发行

网络证券形成后,发行人可以充分利用网络为自己的发行服务,比如利用网络公开发行证券。

公开发行中,发行人需要为自己的发行做广告。发行人可以利用自己的网站发布有关发行的所有信息,包括公司的各种有关信息,也可以通过专门的网络公司进行网络路演。通过网络路演回答投资者的提问,进行实时的交流,将发行公司和投资者连在一起。

发行公司还可以直接向公众发布招股说明书。网络证券的出现使许多公司通过网络发布招股说明书,将招股说明书放在自己的网站,或者通过电子邮件发给有关的投资者。发行公司可以采用链接技术使相关的内容连在一起,也可以将相应的网站连在一起。投资者在读招股说明书的时候,可以选择相应的链接或者到其他的网站浏览。

此外,发行人还可以向准投资者发出认购的要约。我国学者对于认购书的法律性质有不同的看法。加上我国证券发行的方式比较多,其中的分歧也比较大,比如上网定价方式发行股票时投资者投出的购买股票的文件性质等,大家有不同的认识。但总的来讲,这些交易同国外证券法中经常论述的要约的性质类似。这种要约是发行人向公众发布的出售公司证券的意思表示。发行人通过网络发行证券,向公众发布要约就变得更加容易,可以通过上面介绍的任何一种方式发出要约。投资者可以通过任何一种形式对要约作出承诺,购买股票的合同就通过网络完成,整个发行也就通过网络完成。如发行人可以在自己的网站上,在招股说明书的后面附上认购书,投资者直接在计算机上填好认购书,将文件加密传输,交易很快就完成了。

因此,证券发行的整个过程都可以通过网络完成。但是,许多券商也意识到虽然网络证券可能会对券商的业务产生影响,但从某种意义上讲,也可能是机会。一些券商已经尝试通过网络承销证券。一些大的网络证券经纪公司现在开始同传统的券商一起,在证券承销阶段,揽过来一些承销份额,然后组成所谓的电子承销团,通过网络承销证券。从长远来看,网上承销有取代传统承销方式的可能性。

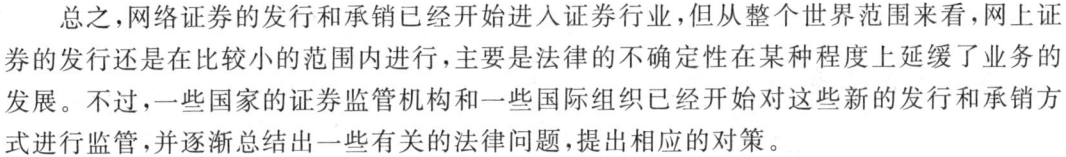

总之,网络证券的发行和承销已经开始进入证券行业,但从整个世界范围来看,网上证券的发行还是在比较小的范围内进行,主要是法律的不确定性在某种程度上延缓了业务的发展。不过,一些国家的证券监管机构和一些国际组织已经开始对这些新的发行和承销方式进行监管,并逐渐总结出一些有关的法律问题,提出相应的对策。

（二）网络证券交易

网络证券交易,就是指投资者利用 Internet 网络资源,获取国内外各交易所的即时报价,查找国际国内各类与投资者相关的经济金融信息,分析市场行情,并通过互联网进行网上的开户、委托、支付、交割和清算等证券交易全过程,实现实时交易。

网络证券交易通俗地讲就是利用网络来对证券业进行日常的交易活动,从证券业来看叫做网上的证券经纪业务,而从 IT 行业来讲叫做证券交易的电子商务或者是网络的证券交易。不管怎样来对这种经纪交易下定义,都表明了这是一种全新的交易方式。传统的股票交易还停留在证券交易大厅或者是利用电话等进行传统的炒股交易,而利用网络,从网上就进行交易,这不但提供了交易的便利,也可以避免因地理位置的局限而导致的交易失败。通过网络的证券交易方式,可以大大地节约交易的成本,也为证券公司带来很大的收益,同时股民也因此获得了交易的快捷和便利。

总之,证券行业的 e 化离不开证券的网络交易,当然券商要 e 化的也不仅仅是股票交易。

20 世纪 80 年代末,我国先后在上海、深圳两地设立了证券交易所。多年来,证券交易市场一直是中国经济生活中最具活力和吸引力的投融资市场,它不仅面向一般企业、机构开放,同时接纳所有个人入市交易和投资,其潜在的网络客户群极其庞大。因此,积极拓展网上证券交易业务,成为众多证券业公司在制定发展战略时不可缺少的要素。

目前我国网上证券交易模式主要有两种:

1. 客户—营业部网站—证券交易所模式

证券营业部直接和互联网连接起来,客户从网上直接通过营业部的网站下单及查询,还可以接收实时的股市行情、成交回报和信息等。通过这种网上交易方式,券商可以直接在网站上为客户提供各种特色服务,如股市模拟操作、国内外宏观信息报道、本公司证券分析师对市场行情的分析等。这种模式投资较大,但易于管理,形象鲜明,可以提供一切客户要求的信息服务,有利于创立公司在网上交易领域的品牌。

2. 客户—ISP 网站—营业部—证券交易所模式

证券营业部通过网络服务商（ISP）的网站和互联网连接起来,客户从 ISP 的网站获取实时的股市行情和信息,通过营业部下单、查询及获取成交回报。目前充当 ISP 的商家有电信局、有线电视台及其他的一些专业的互联网站服务商。

第一种交易方式尽管有特色,但因为投资成本高、客户交易规模小、固定成本高、对技术人员要求高等因素,营业部多数采取第二种方式,暂时租用商家的 ISP 网站开展网上交易。

我国网上证券交易过程大致分为四个步骤:①登记开户:主要是投资者到证券交易所营业网点开设资金账号。②委托交易:该环节是投资者填写证券交易单,包括交易的证券代码、证券数量等信息,通过网络进行交易委托,将交易信息发送到证券交易所进行公告,等待交易撮合。③交易撮合:证券交易所根据一定的服务原则对委托交易的订单撮合,使交易双

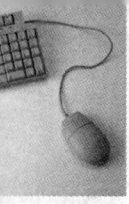

方达成证券交易。④清算交割：主要是对交易双方的债权、债务进行清算。

二、网络证券的运作平台

开展证券交易在国外已经被证明是最具发展潜力的网络金融业务。我国的一些券商从1997年开始探索网上证券业务，推出了各自网上证券经纪系统。现在已有上百家证券营业部开展了网上业务。

目前国内证券网站有两类，即IT类证券交易网站和券商类证券交易网站。1996年底出现了由IT业经营的证券类网站，这些网站在经营上有两个突出的特点：一是建立全而又全的金融门户网站；二是提供专而又专的个性化定制服务，即推出基于互联网、手机、寻呼机和个人无线数据接收在内的多通道个性服务，服务内容十分全面。另一类是券商类证券交易网站。从网站的建设上来看，券商的网站与IT业的证券网站有着明显的区别：IT业网站的内容十分丰富，管理模式先进；而券商的网站除了网上交易的功能以外，信息资讯服务十分缺乏、速度慢、规模小，不能满足用户多方面的要求，证券业对互联网的认识与IT产业有着很大的差距。

提供网上证券交易服务对于中小券商来说比大券商更具吸引力。因为大券商已经在全国范围内建立了以营业部为主体的传统店面式经营格局，其市场竞争的优势来自营业部的数量和由此带来的巨大客户群。另外，对大券商来说营业部模式与网站模式同时经营势必会出现管理上的冲突，这将对大券商的传统管理体制、企业文化等产生很强的冲击。而对于中小券商来说，投资一个营业部的投资支出和管理支出都较大，且受到证监会政策上的限制。在支持同等客户的条件下，建立和运行网站开展网上交易的投资只是传统营业部投资的1/3~1/2，且成功避开了监管部门对开设营业部的限制。因此，财力并不雄厚的中小券商在进入1999年以来开始积极向网络券商转型。

宏汇NSD2006网络证券平台是专业级网络证券平台。其秉承宏汇十余年专业、创新的特点，集证券分析流派的大成，提供深沪交易所完整分笔数据，满足用户个性化栏目、界面、操作、分析之需求。它拥有灵活、便捷的及时交流工具，实时同步解盘的功能，齐全的实时报警、选股、分析、数理统计功能并坚持创新，同时网上营业部搭建股民、券商交流、交易平台，实时在线答疑用户。

宏汇NSD2006网络证券平台[HHNSDV5.3(2006版)]除具有网站交易平台的一般功能外，还新增了许多特色服务。

（1）基于功能单元的授权管理。宏汇NSD2006版可基于功能单元授予用户使用权。这样，新注册用户自动获得的专业版（面向个人用户的完全功能）30个交易日的免费试用完结后，或者正式用户订购的权益到期后，还可以继续免费使用系统开放的基本功能即标准版功能。

（2）实时和历史行情表同列。将实时和历史行情表同列，让用户在看今天的股市行情排行榜时，也可以很方便地看到昨天、前天、大前天等以往每天以及按周、月、季、年等固定周期和用户自设周期显示的历史行情统计表。

（3）板块标记。用户可以使用本功能在股票名称上打上各种记号，以便一眼就能分辨出其归类，特别有利于适应深沪交易所可能推出的差异化交易规则。

（4）行情表信息链接。当宏汇网络证券平台上有相关股票的新闻信息发布时，将在行情表中显示该股票的信息链接标记（"信息地雷"），并以标记颜色的变化表示是最新信息或过时信息（已发布半小时以上），以便用户查阅。

（5）智能操作提示。当用户将鼠标指向某些带有隐含操作方式的关键对象时，系统将自动提示有关操作方法，以便用户更好地学习和使用宏汇 NSD。

（6）外挂和内置委托程序管理：用户可通过"交易＞自设交易管理"将券商委托查询程序添加到"交易"菜单中并可按键执行。此外，对于已开通宏汇 NSD 委托接口的证券营业部，用户可建立与之相关的委托连接，按 F8 键进行委托查询，其功能内置于 NSD 前端软件中，以便用户边下单边看行情。

此外，宏汇 NSD2006 网络证券平台［HHNSDV5.3（2006 版）］还对部分证券交易平添的基础功能进行改进：

（1）界面框架模式。界面框架模式是指系统菜单、工具栏、功能窗口等基本显示对象的颜色、停靠位置和状态。新版宏汇 NSD 提供了标准、传统、实用、经典和专业五种模式，用户可以通过"视图"菜单选择使用，其中传统模式与宏汇软件早期版本相似。

（2）分析画面风格。宏汇 NSD2006 版提供了精彩（黑底/白底/蓝底）、宏汇千禧和"钱龙"这几种分析画面风格，用户可以通过"视图"菜单选择使用，并可保存自设的画面方案。

（3）走势回放功能改进。用户在播放个股分时走势图时，可以按回车键切换播放个股 K 线图。

（4）自选品种管理器。将自选品种设置、投资品种设置、组合品种设置统一纳入到自选品种管理器中，以便用户设置和管理相关文件。

（5）行情画面操作标签。在行情报表功能画面增加排序标签，以便用户使用鼠标点击进行相关选择。用户可以在排序标签上按右键编辑标签内容。

（6）走势画面操作标签。在即时走势画面增加"对比"、"叠加"、"均价"、"堆积"等操作标签，以便用户使用鼠标点击进行相关选择。

（7）分析画面操作标签。在技术分析画面增加自用指标标签和"报价"、"成本"、"分时"、"区域"等操作标签，以便用户使用鼠标点击进行相关选择。用户可以在指标标签上按右键编辑标签内容。

（8）改进即时走势功能下的大单统计。增加大单买入次数、大单卖出次数等统计项以及大单设置。

（9）改进"板块和指数管理器"功能。用户可在设置自选股时加入备注。

（10）改进"基本分析"功能。增加 F10 个股文本资料，用户可按键或在基本分析功能画面导航栏中选择查看。

（11）改进"工具箱"对工具箱中的指标按自用、内置、易编程指标和易编公式指标进行规整，以便用户选择使用。其中，自用指标可以通过指标标签和快捷键切换。用户可将任何指标划归自用指标，具体操作是在已调出的指标名称上按鼠标右键并选择"放入自用指标中"。

（12）改进"点点通"。增加最近联系人，可发送表情等。

（13）改进"宏汇社区"。大厅中可以发送图片或表情，增加对某人说的选项，可将大厅聊天记录保存到本机上。

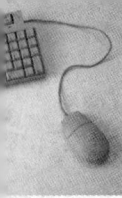
（14）改进网上营业部和工作室进入方式，使之更快捷。

（15）改进自动升级，增加"改进信息"，重新启动系统时用户可选择备份。

随着证券公司的合并和增资扩股的不断进行，中国证券公司正向集约化、规模化方向发展。作为支撑业务运转的基础平台，证券信息系统同样面临着变革和创新，具体表现为对以总部为核心的集中式交易系统的需求量越来越大。

利用集中式交易系统，具有相当规模的证券公司将远距离控制多个营业部和为更多远程大户提供服务，相应业务范围和工作模式都会有很大转变，因此需要一个强有力的网络解决方案来支撑证券集中业务。

我国证券公司网络平台的解决方案主要从以下几个方面进行：

（1）高可靠性。由于证券行业数据的重要性，为了保证多项证券业务的顺利进行，需要保证网络的不间断运行，提供强大的处理能力和良好的可管理性，因此，高可靠性是证券公司网络平台的重要内容。通常需要在网络设计中选用高可靠性网络产品，合理设计网络架构，制订可靠的网络备份策略，保证网络具有故障自愈的能力，最大限度地支持各个系统的正常运行。

（2）技术先进性和实用性。保证满足证券交易系统业务的同时，又要体现出网络系统的先进性。在网络设计中要把先进的技术与现有的成熟技术和标准结合起来，充分考虑到证券公司网络应用的现状和未来发展趋势。

（3）高性能。承载网络性能是网络通讯系统良好运行的基础，设计中必须保障网络及设备的高吞吐能力，保证各种信息（数据、语音、图像）的高质量传输，才能使网络不成为证券公司各项业务开展的瓶颈。

（4）标准开放性。网络证券交易平台的建立需要支持国际上通用标准的网络协议、国际标准的大型的动态路演协议等开放协议，有利于保证与其他网络（如公共数据网、金融网络、行内其他网络）之间的平滑连接互通，以及将来网络的扩展。

（5）灵活性及可扩展性。根据未来业务的增长和变化，网络可以平滑地扩充和升级，最大程度地减少对网络架构和设备的调整。

（6）可管理性。对网络实行集中监测、分权管理，并统一分配宽带资源。选用先进的网络管理平台，具有对设备、端口等的管理，流量统计分析，及可提供故障自动报警的功能。

（7）安全性。制订统一的骨干网安全策略，整体考虑网络平台的安全性。

三、网络证券的结算系统

中国证券市场的资金结算目前尚未有一个全国集中统一的结算系统。上海证券交易所的场内股票、证券交易通过上海证券中央登记公司办理结算；深圳证券交易所的场内股票和证券交易通过深圳结算公司办理；中央银行公开市场业务以及金融机构之间的国债、政策金融债的场外交易由中央国债登记结算公司办理结算。

（一）上海证券中央登记公司结算系统

（1）主要法规。目前，对证券交易的结算遵循有关业务规定进行。

（2）系统参与者。上海证券中央登记公司的结算成员包括上海证券交易所全体会员、各地登记公司和证券交易中心。资金结算系统由68个结算中心和8家代理结算银行组成。

结算中心选择各地中心城市的登记公司或交易中心承担,结算代理银行由商业银行担任。

(3)处理的交易类型。该系统为在上海证券交易所交易的股票、国债、基金的现货交易以及国债的回购交易集中办理结算。

(4)转账系统的操作。证券交割通过投资者开设在结算公司股东登记系统中的证券账户转账进行。资金结算通过上述资金结算系统完成。

(5)交易处理环境。每个投资者在中央结算公司股东登记系统中开设证券账户。证券实行集中托管,逐笔交割。资金结算系统在 T+1 完成证券交易的资金结算。资金结算采用三级结算体制,净额结算。投资者在某委托代理证券商处开立资金账户。证券商在本地结算中心和代理银行本地营业部开立资金结算账户,存入足够的结算备付金,并在本地结算中心开立保证金账户,缴纳保证金。对于 B 股票采用 T+3 交割制度,对境外证券商和托管银行实行逐项交收。股票交易经纪人通过计算机终端输入交易指令,交易由系统自动撮合完成。

(6)结算过程。在交易日终,根据上交所系统的成交记录进行资金结算。由于目前尚无全国统一的支付结算系统,所以对证券交易资金的结算采用三级结算体制。根据成交数据,轧差出结算成员应付应收资金相抵后的净额,向结算代理行发送划账指令以及各证券商的结算明细数据,向各地结算中心发送结算数据。各结算代理银行根据收到的指令,通过中央银行的全国电子联行系统进行资金转账,并将结算结果通知每一家结算成员。各地结算中心将结算公司发来的结算数据与代理银行划账通知核对后,通知代理银行当地营业部或本中心结算处,在各证券商资金账户上进行资金净额转账结算,并将转账数据通知各证券商。证券商将结算数据与结算中心划账通知核对后,为各投资者办理资金结算。以上结算过程在 T+1 日完成。

(7)DVP 安排。由于尚未建立起全国统一的支付结算系统,证券交割和资金转账之间的电子连结还不完善,因此难以实现真正的 DVP。但是,当卖方证券账户无足额证券完成交割时,结算公司通知其三天内补足欠券。当买方资金账户不足以支付其购入的证券款项时,以其保证金垫付。

(8)信用和流动性风险控制。如果卖方证券账户中无足额证券完成交割时,则冻结其证券成交资金,直到补足所欠证券时为止。若在三日内仍不能补足欠券,则以市场价买入证券强行平仓,以其被冻结资金抵付,不足部分由欠券方承担。当买方资金账户余额不足时,结算公司先以结算保证金垫付,并通知欠款方于 T+1 日补足欠款并支付垫款资金利息。自 T+2 日起,每拖欠一天处以拖欠金额 0.5% 的罚款,并支付欠款期间垫款资金的利息。

(9)收费。结算公司按成交股票面值收取 0.1% 的过户费。另外,上交所按成交金额向证券商收取 0.012% 的手续费(国债为 0.01%)。

(二)深圳证券结算公司结算系统

(1)主要法规。目前,对证券交易的结算遵循结算公司有关的业务规定进行。

(2)系统参与者。深圳证券结算公司的结算成员包括深圳证券交易所会员和国债特别席位,约 1000 多家。异地证券商资金结算通过异地结算代理机构进行。资金转账通过人民银行划转办理。

(3)处理的交易类型。结算公司为在深圳证券交易所交易的股票、国债、基金的现货交

易以及国债的回购交易集中办理结算。

(4)转账系统的操作。结算公司对证券进行集中托管与结算。在每个交易日闭市后,集中办理证券的交割过户。投资者账户卡可全国通行,此时,资金结算须预先缴纳保证金和结算头寸,资金结算采取如下三种方式:①90%的结算会员在深圳集中结算;②委托结算代理机构就地结算;③交易中心逐笔结算资金。

(5)交易处理环境。每个证券商都在深圳证券结算公司开设证券账户。证券实行集中托管。资金结算采用净额结算方式,在 T+1 日进行。证券商在进场交易前必须一次性向结算公司存放保证金和结算头寸各 20 万元。保证金每月根据上月交易量调整。证券商在结算公司开设保证金结算账户。异地证券商必须在所在地人民银行分支机构和深圳市人民银行分行分别开立资金账户。交易指令通过计算机终端输入,交易由系统自动撮合。

(6)结算过程。在每个交易日闭市后,在证券簿记账户系统中集中办理证券交割过户。结算公司根据成交记录为每个证券商计算出应收或应付净额结算金额,并在 T+1 日上午8:30 至 9:20 通过深圳交易所通讯网络将结算数据传送给各证券商。深圳本地证券商和在深圳有代表处的异地证券商中的净额付款方于 T+1 日上午 10:00 以前向结算公司交存支票。异地证券商必须于 T+1 日上午 10:00 以前从所在地人民银行分行通过电子联行汇款,并将电汇回单传真给结算公司。异地证券商采用就地结算方式的做法与上海证券中央登记结算公司的三级结算办法基本相同。

(7)DVP 安排。目前,支付系统的现状限制了 DVP 的实现。

(8)信用和流动性风险控制。对卖空采取处罚,冻结其资金账户。对买空采取罚息、通报、冻结证券账户等处罚方式。

(9)收费。结算公司按成交股票面值收取 0.1% 的过户费。另外,深交所征收成交金额的 0.01925% 作为手续费(基金为 0.036%,债券为 0.01%)。

(三)NET 法人股结算系统

(1)主要规则。NET 系统的证券结算主要遵循中国证券交易系统有限公司制定的《业务规则》、《证券托管、结算管理办法》及《结算交割实施细则》的有关规定。

(2)系统的参与者。入网证券商大约为 60 家,包括全国 17 个省市的一些主要证券公司、投资公司等。投资者必须是机构法人。

(3)处理的交易类型。NET 系统主要为法人股的无场交易提供电子报价、撮合、托管、结算以及信转账系统的操作。NET 系统是一个利用卫星数据通讯网络连接起来的、由中国证券交易系统有限公司运行的计算机系统。

(4)交易处理环境。资金转账在 T+1 日根据净额方式进行。入网证券商在 NET 系统开设证券账户和资金结算账户,并预先缴存保证金和备用金。证券商通过计算机终端输入交易指令,系统自动撮合、成交。

(5)结算过程。股票和资金均实行两级交割结算。每日交易闭市后,证券过户由系统自动完成,证券商资金账户作相应的借记。结算数据由 NET 网络传送给每一个证券商。各证券商的计算机系信用和流动性风险,系统设有卖空自动控制。对资金账户余额不足者,先以准备金垫付,每日收取 0.5% 的罚金。情况严重者,予以警告、通报直至停止交易。

(6)收费。系统按实际成交金额向买卖双方各收取 0.1% 的手续费,其中 70% 为交易手续费,30％为过户费。

(四)中央国债登记结算有限责任公司债券结算系统(央行公开市场操作资金结算系统)

(1)主要法规。财政部拟颁发的《国债托管、管理暂行办法》、《国债结算管理暂行办法》将是中央国债登记结算有限责任公司进行国债托管、结算的根本准则。

(2)系统参与者。目前,系统的联网客户有中国人民银行公开市场操作室和18家商业银行。系统还与上海证券中央登记结算公司、深圳证券公司相联结,对交易所容纳的债券总量进行控制,办理跨交易所的转托管业务。

(3)业务功能。该系统除了办理债券的登记和托管业务外,还进行债券发行,债券现货合同、回购合同和抵押业务的招标、投标处理,以及债券的交割过户等。

(4)系统的操作。该债券结算系统是以电话线联网的计算机网络。联网客户在系统中开设有证券账户和资金账户。

(5)交易处理环境。系统可以由用户双方选择"纯券过户"或"钱券对付"结算方式。撮合配对的交割指令在指定的交割日办理交割。采用同日内"钱券对付"方式时,结算成员必须事先缴存结算备用金。今后计划采用银行资金转账方式办理证券的同步交付。

(6)结算过程。交割日初,先将应交债券进行试交割。过户后暂时冻结,在日终,如果完成相应的资金转账或经银行确认,则证券交割成为最终的。

(7)DVP安排。证券不足时,不进行相应的资金交收。资金账户余额不足时,停止相应的债券过户。

(8)信用和流动性风险。证券交割和资金转账同日进行,只有当资金转账完成时,证券过户才最终生效。

(9)筹建中的政府债券簿记系统。政府债券登记、交割和结算系统正在计划筹建之中。该系统将依赖 CNFN、CHINADDN 和 CHINAPAC 提供的通讯服务,并与 CNAPS、国际结算系统联网。系统将采用统一的国际证券编码。

总之,在系统结算的过程中,系统的参与者将包括央行公开市场业务参与者、各托管代理机构、交易所的结算所、国债结算机构以及其他金融机构。

本章内容总结

网络证券作为网络金融的主要内容之一,与网络银行、网络保险都有紧密的联系。本章以网络证券优于传统的证券作为起点,介绍了网络证券的基本概念,国内外网络证券的发展情况,并通过网络证券的交易方式和交易模式的分析,根据网络证券交易中,投资者对网络证券品种的不同选择,重点介绍了对网络证券发展起着重要作用的交易系统和网络证券的发行,如使用网络证券交易系统的类型、构成、交易方法以及交易类型等。最后,通过网络证券商提供的交易平台,介绍了网络证券的交易过程。

 **上机实验题**

1. 熟悉综合类财经网站中网上证券的业务。

2. 查阅我国网上路演中心的网站,熟悉网上路演的基本业务程序。

3. 选择较好的证券交易系统,通过收集证券和上市公司的信息,以短线投资作为目标,选择某一证券,观察未来一月的证券交易情况。

 **复习思考题**

1. 什么是网络证券交易?从网络证券交易的优势,展望我国网络证券交易未来的发展。

2. 网络证券的交易类型有哪些?各种交易类型的发展前景如何?

3. 网络证券的发行需要经历哪些阶段?简述各阶段的操作过程。

第七章
网络保险

本章内容提要

本章从风险、风险管理与保险的关系以及国内外保险的发展背景出发,给出了网络保险概述,网络保险业务的模式、内容与流程,网络保险的运行环境与实践过程,网络保险的经营管理与发展策略,网络保险的国内外典型案例分析几个部分的内容。重点内容是网络保险业务的模式、内容与流程,网络保险的经营管理与发展策略。难点内容是综合运用相关知识分析把握网络保险的国内外典型案例,理解其成功的理念与秘诀。

第一节　网络保险概述

一、风险、风险管理与保险

(一)风险、风险管理的基本知识

1.风险的含义、构成要素与基本特征

(1)风险的含义。风险是指未来结果的不确定性。保险理论中的风险,通常是指损失发生及其程度的不确定性。

(2)风险的构成要素。风险的构成要素主要包括风险因素、风险事故和风险损失。风险因素是风险事故发生的潜在原因,风险事故则是风险损失发生的直接原因。其中,风险因素可以分为三类,即物质风险因素、道德风险因素和心理风险因素。例如,刹车系统失灵是风险因素,车祸是风险事故,人员伤亡是风险损失。

(3)风险的基本特征。一般地,风险具有客观性、普遍性、偶然性、可测性和可变性等几个特征[1]。

2.风险管理的含义、基本目标与主要环节

(1)风险管理的含义。风险管理是各经济、社会单位在对其生产、生活中的风险进行识别、估测、评价的基础上,优化组合各种管理技术,对风险实施有效控制,妥善处理风险所致的结果,期望以最小的成本达到最大的安全保障的过程。显然,风险管理的一条基本原则就是以最小的成本达到最大的安全保障。一般地,对风险的处理方法主要有回避风险、预防风险、自留风险和转移风险。其中,转移风险是应用范围最广、最有效的风险管理手段,保险就是其中的重要手段之一。

---

① 中国保监会普及保险知识编写组.保险知识学习读本[M].北京:中国金融出版社,2006:2—3.

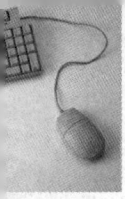
（2）风险管理的基本目标。风险管理的基本目标是以最小的经济成本获得最大的安全保障效益，即以最小的费用支出达到最大限度地分散、转移、消除风险损失，以实现保障人们经济利益和社会稳定的基本目的。

具体地，风险管理的基本目标可以分为三种情形：

第一，损失发生前力求避免或减少风险事故发生的机会；

第二，损失发生中力求控制风险事故的扩大和蔓延以减少损失；

第三，损失发生后力求使遭受损失的标的恢复到损失前的状态。

（3）风险管理的基本环节。一般地，风险管理过程包括以下几个基本环节：风险识别、风险估测、风险管理方式选择、风险管理决策实施、风险管理效果评价。

（二）保险的基本知识

1. 保险的含义与特点

保险（insurance）有广义和狭义两个层面的含义。

在广义层面上，保险包括由社会保障部门所提供的社会保险和由专业的保险公司按照市场规则所提供的商业保险。例如，社会养老保险、社会医疗保险、社会失业保险等就是社会保险；财产保险、人寿保险、意外保险、健康保险等就是商业保险。

在狭义层面上，保险主要是指商业保险，指由保险人和投保人之间签订保险合同，保险人通过收取保险费的形式建立保险基金，用于补偿因自然灾害或意外事故所造成的经济损失，或在人身保险事故发生时（比如被保险人死亡、伤残、疾病）或者达到人身保险合同约定的年龄、期限时，承担给付保险金责任的一种经济补偿制度。

商业保险具有几个基本特点：首先，从法律的角度看，它是一种合同行为，合同双方有相应的权利和义务；其次，从经济学的角度看，它以合同为依据，经济补偿或保险给付以合同约定的保险事故发生为条件；再次，从社会学的角度看，它体现了人们的互助精神，是一种社会化的制度安排，以保障社会健康发展[1]。

实际上，保险还可以表现为微观和宏观两个层面的含义。微观地讲，保险是指个人或组织根据保险合约按期向保险公司缴纳一定的费用，当被保险者发生灾害或遭受损失时，由保险公司按照预定保险金数额给予赔偿的一种经济活动。宏观地讲，保险就像一个蓄水池，在国民经济和社会保障体系中发挥不可或缺的功能与作用[2]。

2. 保险的基本要素、主要职能与业务分类

（1）保险的基本要素。保险的基本要素包括以下几个方面：第一，风险不是投机性的；第二，风险必须是偶然性的；第三，风险必须是大量的、分散的，即有大量同质而且相互独立的风险存在；第四，必须是可能导致比较大的经济损失的风险；第五，必须是多个经济单位的结合。

（2）保险的主要职能。保险的职能主要表现为分散风险、赔偿损失和融通资金等几个方面。

---

① 中国保监会普及保险知识编写组.保险知识学习读本[M].北京:中国金融出版社,2006:6.

② 李琪,彭晖.金融电子商务[M].北京:高等教育出版社,2004:224.

（3）保险的业务分类。保险业务可以按照不同的标准进行分类,主要分类为:第一,按风险对象分为财产保险、责任保险、保证保险和人身保险;第二,按保险的实施方式可分为强制保险和自愿保险;第三,按保险的保障职能可分为社会保险和普通保险两种形式。

3. 传统保险业务的基本流程

从本质上来说,任何一个保险公司的传统业务都是这样来进行的:不断地宣传自己的产品和服务(展业);不断地收取由众多投保人(往往也是被保险人)缴来的保险费,形成保险基金;当约定的保险事故不幸发生后,对被保险人进行保险金的赔偿和给付;由于保险事故发生和损失程度的不确定性,保险基金的形成与保险金的赔偿和给付之间必然存在着一定的时间差和数量差,使得保险资金的运用成为可能。另外,在承保之前,为了防止逆向选择行为,保险公司必须对保险标的实施核保。在承保之后,为防止道德风险,尽可能减少保险赔偿和降低给付的可能性,保险公司一般还要对保险标的采取积极的防灾防损工作。保险业的基本业务流程如图 7-1 所示。

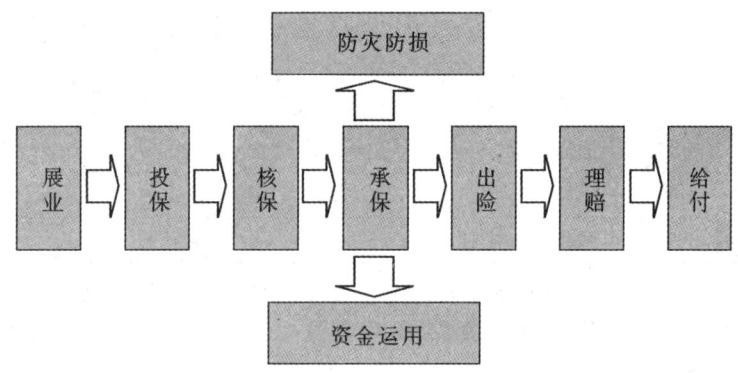

图 7-1 传统保险业务的基本流程

(三)保险业发展简介

1. 世界保险业的发展现状

（1）保险产业急剧扩张,保费收入增长,竞争更加激烈。19 世纪初期,全世界只有几十家保险公司,而现在已经超过 2 万家。

（2）保险承保范围日益扩大,新险种不断增加,保险金额巨大,索赔增多。险种的发展广泛涉及从货物运输、船舶、汽车、飞机、房屋、财产、人身保险,到海洋开发、人造卫星、航天飞机、核电站保险等领域的保险。

（3）发达的资本主义国家保险已经发展到极高水平,保险业务日趋国际化。从保险深度看,保险同国民经济和科学文化的高度发展成正比。保险深度是指保险收入在国内生产总值(GDP)中所占的比重,它反映了一个国家的保险业在国民经济中的地位。国际贸易的不断发展,保险标的的价值越来越高,一家保险公司甚至是一国的保险公司很难单独承保一个标的,必须进行国际合作。据美国《财富》杂志公布的 2006 年"全球最大 500 家公司——世界 500 强"排行榜显示,有 47 家保险公司上榜。前 100 强公司中有 12 家保险公司,如表 7-1,这凸现了保险业在金融、经济甚至社会发展中的重要地位。

表 7-1　2006 年度《财富》世界 500 强公司中的国内外保险公司一览表

范围类别	排名	中文常用名称	总部所在地	营业收入 （百万美元）
各个国家 进前 100 强的保险 公司	13	荷兰国际集团	荷兰	138235.3
	15	安盛	法国	129839.2
	16	安联	德国	121406.0
	20	美国国际集团	美国	108905.0
	21	忠利保险	意大利	101403.8
	28	英杰华	英国	92579.4
	42	伯克希尔哈撒韦	美国	81663.0
	52	保诚	英国	74744.7
	63	苏黎世金融	瑞士	67186.0
	69	日本生命	日本	61158.3
	76	州立农业保险	美国	59223.9
	85	法通保险	英国	56384.8
中国进前 500 强的保险公司	217	中国人寿	中国（大陆）	273.89
	331	国泰金融控股	中国（台湾）	194.68

注：(1)数据来源：http://economy.enorth.com.cn；

　　(2)中国台湾国泰金融控股的主要业务是人寿保险。

2. 世界保险业的发展趋势

世界保险业的发展，使得保险在国民经济中的地位和作用不断上升，表现出如下趋势：

(1)随着保险业的分工细化，保险业内部兼并收购和保险业外部与银行融通发展；

(2)保险公司重视资本运用以提高投资收益，重视保险业务创新，理财型寿险需求日趋旺盛；

(3)保险市场自由化，追求更加有效的监管模式；

(4)使用信息网络技术整合保险业务。

3. 中国保险业的发展现状与不足之处[①]

(1)市场规模迅速扩大。1980 年，中国保险业的保费收入为 6.4 亿元人民币。到 2013 年 12 月 31 日，保费收入为 1.72 万亿元人民币，其中财产险保费收入 6212 亿元，寿险保费收入 1.1 万亿元，健康保险公司总资产达 8.3 万亿元人民币，盈利状况继续改善，利润总额达到 991.4 亿元，保险保障基金余额 468 亿元，行业抵御风险的能力不断加强。

(2)市场主体格局初步形成。1980 年中国保险市场只有中国人民保险公司一家经营，截至 2013 年 3 月底，全国共有保险专业中介机构 2520 家，其中，保险中介集团公司 5 家，全国性保险专业代理机构 108 家，区域性保险专业代理机构 1652 家，保险经纪机构 433 家，保

---

① 数据来源：中国保险监督管理委员会网站 www.circ.gov.cn

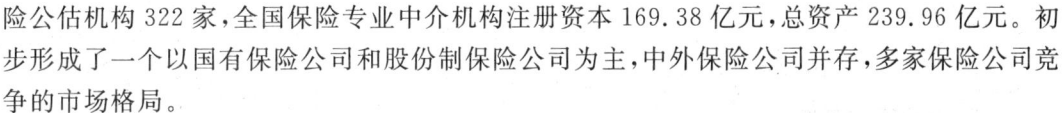

险公估机构 322 家,全国保险专业中介机构注册资本 169.38 亿元,总资产 239.96 亿元。初步形成了一个以国有保险公司和股份制保险公司为主,中外保险公司并存,多家保险公司竞争的市场格局。

(3)保险市场对外开放不断扩大。早在 2000 年底,就有 21 家外资保险经营机构获准在中国营业,外资公司保费收入 24.9 亿元。截至 2009 年第一季度末,共有 52 家外资保险公司在华设立了 277 家总分支机构。外资保险占全国市场的份额为 3.848%,保费收入从 2001 年底的 33.29 亿元增长到 2006 年年底的 259.1 亿元。

(4)保险法律体系初步形成。我国自 1980 年恢复国内保险业务以来,保险立法经历了从无到有、由粗到细的过程,逐步完善了相关法规。1983 年实施了《财产保险合同条例》,1985 年发布了《保险企业管理暂行条例》,1992 年通过了《海商法》,1995 年通过了《保险法》。为了更好地贯彻实施《保险法》,中国人民银行于 1996 年、1997 年、1998 年分别发布了《保险管理暂行规定》、《保险代理人管理规定(试行)》、《保险经纪人暂行规定(试行)》,逐步形成了中国保险法律法规体系的基本框架,标志着中国保险业开始进入依法经营、依法监管的新阶段。1998 年中国保监会成立以后,大力推进保险法规建设,已制定并颁布实施了大量的规章制度。

改革开放近四十年间,中国保险业虽然高速发展,但同国际保险业相比较,在发展中还存在一些缺陷和不足,主要表现为保险业发展水平较低,保险市场主体偏少,保险专业人才缺乏,保险资金运用渠道狭窄。

二、网络保险的基本概念

(一)网络保险的基本含义

网络保险(online insurance),也称保险电子商务,是指保险公司或新型的网络保险中介机构以现代信息技术为基础,以互联网为主要渠道,以电子商务技术为工具来支持保险经营管理活动的经济行为。

网络保险表现为通过互联网实现保险业的电子化、网络化发展,其基本内容就是保险公司或新型的网络保险中介机构建立网络化的经营管理体系,最终实现保险电子交易,其中包括通过互联网与客户交流信息,利用网络进行保险产品的宣传、营销,并且提供整个保险各个环节的服务,根据保险的业务流程实现全过程的保险网络化,包括保险信息咨询、保险计划书设计、投保、核保、缴费、承保、保单信息查询、续期缴费、理赔和给付等。

网络保险在本质上既是一种全新的保险销售方式和渠道,又是网络经济背景下的一种全新的保险经营理念和管理模式。

需要注意的是网络保险与网上保险经常被替代运用,但是也有专家认为二者是两个不同的概念,网络保险比网上保险概念要宽泛。保险公司利用网络媒介开展公司的一切经营活动,都可以称为网络保险,如保险公司与保险客户、政府等之间通过网络工具完成的商务活动和管理活动等。网上保险是指保险公司通过电子网络开展公司形象宣传、保险产品展示、相关服务咨询以及保险产品销售的商业活动,即保险产品的投保、核保、理赔或给付的全过程都通过网络来实现。一些专家认为,目前国内外网上保险都处于开发或起步阶段,尤其是国内,仅仅是个别保单的销售。但网络保险却发展得比较迅猛,如绝大部分保险公司有自

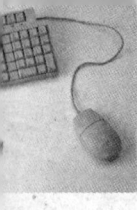

已的网页或网站,专门的保险产品介绍网站、保险信息网站也较多[①]。

(二)网络保险的两个层次

1. 狭义的网络保险

狭义的网络保险侧重突出保险的电子商务实现模式,强调利用网络技术实现保险业务再造,即保险信息咨询、保险计划书设计、投保、核保、缴费、承保、保单信息查询、续期缴费、理赔和给付等保险过程的网络化。

2. 广义的网络保险

广义的网络保险侧重强调保险企业内部管理的信息化程度,以及保险企业之间、保险企业与非保险企业之间、保险企业与保险监管部门之间、保险企业与税务部门等相关机构之间的信息交流活动。

广义的网络保险可以广泛渗透到保险行业的各个重要领域,体现出经营主体的多样性和发展水平的多层次性,能够表现网络保险更丰富的内涵:①网络保险包含了保险公司利用互联网开展电子商务的一系列活动;②网络保险涵盖了保险公司利用信息技术和网络进行内部管理的整个过程;③网络保险囊括了多层次参与主体利用互联网所进行的多样化专业服务[②]。

三、网络保险的特点与优势

(一)网络保险的特点

传统的保险业务主要通过柜台交易及通过代理人、经纪人等中介人交易保险商品。与此相比,网络保险从发展趋势上表现出下列主要特点:

1. 交易环境的信息化

网络保险推动保险交易从物理网络转向虚拟数字网络,所有的交易都是在网络上以数字化形式进行,传统的销售渠道可以通过互联网实现虚拟再现,扩大了保险公司的服务空间,形成了全天 24 小时的服务模式。网络保险具有信息储量大、调查容易、处理快捷和交流方便的特点。宽带、高速、广域和多媒体化的互联网络可以及时为客户提供大量高密度、多样化的专业信息,减少了投保人投保的盲目性和局限性。网络订单一般是标准化的电子保单,方便保险公司对各节点访问率进行统计分析,了解消费者的需求特征,制定市场扩张规划,设计险种组合,实现产品多元化经营。网络保险信息交流表现为两个方面:一方面,投保人通过在线浏览,对保险险种和有关条款进行比较确认后实现网上签单,简化了投保手续,给客户投保提供了很大的便利。另一方面,保险人也可以运用网络加强与公司股东、保险监督机构等相关人员和机构的信息交流,及时了解行业动态和政策法规。

2. 交易费用的趋低化

由于服务的虚拟性,保险公司能够大大节约代理手续费、管理费用、办公场地费用。网络把空间的制约降低到了最低限度,使保险公司突破了营销人员上门营销的地理限制。显

---

① 陈学慧. 网上保险——创新营销渠道[OL]http://www.teamdo.com.cn/Html/webyx/,2006-08-01.
② 李琪,彭晖. 金融电子商务[M].北京:高等教育出版社,2004:225.

著降低成本是网络保险的一个重要特征。保险经营成本过高一直是保险业不能快速发展的重要原因,而网络电子商务的运用则可以最大程度地改善这种不良状态。第一,保险人在线展业时,网络互动性优势使其可以免去代理人、经纪人等中介环节,只需支付低廉的网络服务费便可保证市场份额,大大节省了企业经营成本。第二,网络受众群体庞大,通过互联网出售保单或提供服务有一种规模经济效益。

3. 交易活动的交互化

传统的保险营销是自上而下单方向地将信息传递给受众。利用网络开展保险营销是一种自下而上的方式,它更强调互动式的信息交流,任何人都可通过网络发表见解。投保人可以直接将信息和要求传递给市场营销人员,提高了投保人的地位,使他们由被动的承受对象和消极的信息接受者,转变为主动参与者和重要的信息源。在整个过程中,保险企业与投保人持续地、信息密集地双向沟通和交流,让投保人参与到营销过程的方方面面。从保险产品设计、制作、定价到售后服务,网络保险能真正体现以客户为中心的营销理念。

4. 交易产品的多样化

长期以来,我国保险市场的保险经营依从于生产者导向模式,险种同构现象严重。运用网络电子商务技术可以在很大程度上改变这种窘境:一方面,保险人可根据消费者网络反馈制定新产品的开发规划。这既有利于满足社会不同层次的需要,加强保险产品的市场竞争能力,又有利于保险产品档次提升,形成险种优势,实现保险行业规范化经营。另一方面,投保人也可以运用网络在线申请订立特别保单,投保条件、可保范围、缴费方式、融资渠道等条款都依据个性制定。保险商品不再是一成不变的要式经济合同,而是别具风格的特色产品,具有相当的灵活性。

5. 交易渠道的多元化

网络保险创造了显著的渠道优势。首先,它为保险人将产品适时经济地转移给消费者提供了便利,不仅节省了流通费用,提高了市场占有率,也为消费者创造了一个产品比较的渠道。其次,保险销售网与银行网联网,将保险方和投保方有机地联系起来,使长期延续的上门收缴保费或保户到保险公司缴纳保费的繁琐结算方式逐渐消失。另外,从国外的经验数据看,相对于其他渠道,通过互联网分销的成本最为低廉。根据测算,代理人、经纪人、电话中心和互联网的保险销售成本比为 152∶116∶20∶10,每次服务成本之比为 19∶15∶8∶0.45。网络保险信息覆盖面广,保留时间长,发布费用低。消费者可以在多家保险公司及多种产品中进行比较选择,有利于客户充分领会保险合同的条款细节,了解保障权利义务,进行险种合理选择。实际上,保险信息一般针对特定市场制作,使保户从消极接受推销转变为自主选择。这更加符合消费者购买心理,更容易促成交易的达成,具有良好的促销效果。

6. 交易责任的明确化

网上投保透明度高,容易确认责任归属以规避风险,可以完整地体现保险的保障功能。在网络保险销售流程中,投保人不再沿袭传统中介展业模式,它直接与保险公司在线签约,经确认后填写电子投保单和保单,然后网上付款取单,整个过程完全公开有效地避免了以往保险中介因利益驱动侵犯隐私的事件发生,有利于保护客户商业秘密,将保险公司的承保风险降低到最低限度。

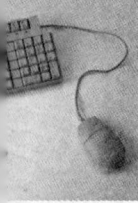

7. 交易服务的个性化

以往传统保险展业推行的是人海战术,营销人员素质低下,令公众信任感缺乏,严重阻碍了保险业的正常发展。运用电子商务网络展业,其服务水平不可相提并论。第一,在线投保不受时空的限制,可以为客户提供最完全的服务。网络的无间断性特点,使保险人与投保人可以全天24小时进行网上交易,投保不受时间限制。网络的跨区域性特点,使其可以为身处不同地理位置的消费者提供多样化、多层次化的服务。第二,保险人利用网络可以对公司员工和代理人进行培训,提高营销人员的基本素质,保证服务水平,使保险展业不再停留在只注重扩大规模、抢占市场的低效益经营水平上。

(二)网络保险的优势

保险作为一种传统的金融服务,其经营活动只涉及资金和信息的流动,而不涉及物流配送的瓶颈问题,这是保险金融服务开展电子商务的天然优势。与传统保险营销模式相比,保险公司、客户和代理人运用网络保险的优势分别表现为以下主要方面[①]。

1. 保险公司运用网络保险的优势

(1)降低经营成本,提高竞争力。保险公司通过网络销售保单,可以省去目前花费在分支机构代理网点上的费用,同时也可以免除支付给传统保险经纪人和保险代理人的佣金,另外,保险险种、公司评价等方面信息电子化后可以节省掉保管费和印刷费等费用。通过降低保险总成本从而可以降低保险商品的价格,这样就可以更好地吸引客户,提高保险公司的竞争力。

(2)降低进入壁垒,加剧行业竞争。保险产品的传统销售方式大多是通过代理人或经纪人进行销售,而要建立一个销售网络需要大量的时间和成本。开展网上保险以后,保险公司可以通过互联网销售保险产品,成本迅速降低,市场壁垒减少,为保险公司提供了平等的机会,加剧了行业竞争。保险公司会通过提供自己的特色服务来吸引客户,也会致力于发掘新险种、完善保险服务以留住客户,这样,也就间接地造福于客户。

(3)节省保险营销时间,加快新产品的推出。新产品在设计出来以后,通过网络保险,可以不用其他环节立即把信息放到网上供顾客浏览、比较和选择,投保人也可以在网上自行主动查询险种相关信息,了解保险产品的情况。这样一方面方便了投保人,另一方面也节省了保险公司的营销时间,并有利于加快保险公司新险种的推出和销售。同时,保险公司还可以根据客户的需求信息和反馈意见,对险种和服务及时地作出调整,并开发新险种。

(4)扩大保险公司知名度。网络保险有利于促进保险宣传和市场调研的电子化,在网络环境下,保险公司可以利用电子公告牌、电子邮件等方式向全球发布电子广告,并向顾客发送有关新险种信息、防灾防损咨询和保险动态等信息。这样,既能够扩大保险宣传,又可以提高服务水平,还能克服传统营销中借助报纸等传统媒体和印刷宣传小册子的信息量小、成本高和时效性差的不足,从而扩大保险公司的知名度,有效抢占保险市场。

2. 客户运用网络保险的优势

(1)保险价格下降刺激保险需求。利用网络销售保险产品,一方面省去了代理网点的费

---

① 王悦.我国发展网络保险的对策分析[D].成都:四川大学,2005.

用和一些宣传品的印刷费用,同时也省去了一部分传统媒体上的宣传费用;另一方面开展网络保险绕开了传统的保险中介,免除付给保险代理人及保险经纪人的佣金,从而可以降低保险公司的成本。这样,保险公司就可以通过降低费率吸引客户,使客户得到费率上面的优惠,于是,保险价格的下降就大大地刺激了保险需求。

(2)服务质量提高刺激保险需求。电子商务大大提高服务质量,保险产品和服务的信息更加全面,而且通过网络保险也大大地提高了客户的反馈速度,客户在线咨询可以匿名进行。保险公司的服务和险种的单价放在网上透明度更高,客户可以自主地在线比较和选择多家保险公司及多种保险险种,在线理赔也可以通过网络得到快速实现。另外,电子商务深化了个性化保险服务,能根据不同的人的需求设计不同的保险保障方案,通过保险市场的细分,刺激了保险需求。

(3)增加保险公司竞争透明度,加大投保人议价能力。电子商务的出现加剧了保险公司之间的竞争,增加了保险公司竞争的透明度,使得消费者方便及时地了解到各公司保险产品和价格方面的信息,并根据自己可以接受的价格,更有针对性地选择自己需要的产品和服务,这样就加大了投保人的议价能力,客户可从较低的价格中受益。

3. 代理人运用网络保险的优势

(1)创造签单机会。代理人和客户通过网络在线交流,随时都可以把握机会销售自己的投保方案,从而达到签单的目的。

(2)节约大量的时间。作为企业和客户之间的桥梁纽带,代理人通过网络则不须登门造访就可完成与客户的联系交流,从而节约大量的时间。

(3)提高满意度。通过建设代理人社区,提供大量实用的信息和服务,增加代理人的归属感和被尊重感,使其对企业的满意程度提高。

(4)创新营销方式。通过网络,代理人传统的一对一的营销方式发展为一对多的营销方式,不再只是单一地向顾客推销保险产品,而是与顾客网络互动,更精确、细致地分析、掌握客户的需求,为客户度身定制保险方案。

因此,无论从保险公司、客户还是代理人,网络保险项目经济效益和社会效益都是明显的。

四、我国发展网络保险的现实基础与制约因素

(一)我国发展网络保险的现实基础

1. 保险发展提供网络保险的行业基础

网络保险的出现,给我国保险业提高自身发展水平、赶超世界先进水平提供了前所未有的机遇。我国保险行业的历史短,没有太多包袱,而消费者对服务渠道的需求又增长得特别快,我国发展网络保险能发挥的附加价值将会比国外更大。在网络保险领域,国内外保险业基本处于同一起跑线上。国际上目前只有部分保险公司能提供网上投保,很多公司仍以提供信息服务为主。我国大多数保险公司已经意识到电子商务建设的重要性和迫切性,正积极进行电子商务尝试,机会远大于挑战。虽然国内保险电子商务仍有一段路要走,但是我国已经初步具备加快发展电子商务的环境和条件,如果我国保险业能抓住机遇及早登上信息快车,就可能在新一轮的保险竞争中取得主动和有所作为。

2.互联网发展提供网络保险的技术基础

我国从 1994 年进入国际互联网络以来，互联网从无到有，迅速发展壮大，与此同时，上网资费也在年年下调，各 ISP 公司争相提供优惠的上网服务，已使得中国人上网不再是一项奢侈的消费。中国网民人数正在翻番式地增加，加上网络基础设施的不断完善，这些都为网络保险的发展提供了必要的基础条件。

3.网民结构变化提供网络保险的客户基础

调查显示，不同工作方式、不同年龄的消费者对网络保险的态度有很大的差别，其中经常使用电脑等现代化通信设施的被调查者对网络保险的接受程度明显高于很少接触电脑的被调查者，年龄在 25 岁的被调查者对网络保险的兴趣远远大于年龄在 45 岁以上的被调查者，而 18～34 岁这一年龄段的人最有可能利用互联网选购保险。从我国的网民结构上来看，年龄处于 18～40 岁的占大多数，这一年龄段人群文化素质普遍较高，和接受保险的主要消费者年龄阶段刚好吻合。

4.电子商务制度建设提供网络保险的环境基础

我国从事安全电子商务的环境正在得到改善。如何在互联网这个虚拟世界中创造一个良好的商业环境，一直是致力于电子商务各方人士关注的焦点，包括确定交易各方身份的真实、有效，确保网上资金和信息流的安全，承认电子契约的合法有效等。我国电子商务环境建设已经取得了一定的进展。中国金融认证中心（CFCA）正式挂牌运营，标志着我国电子支付的安全认证系统基本确立，解决了制约我国电子商务发展瓶颈之一的安全网上支付问题，为发展网络保险提供了有力的保障。

（二）我国发展网络保险的制约因素

1.居民的保险观念相对滞后

由于受长期计划经济体制的影响及经济发展水平的限制，我国居民的保险意识比较淡薄，保险知识相对缺乏，有些人对于网络保险这一新鲜事物更无法理解，此外，"眼看、手感、耳听"的传统购物习惯根深蒂固，许多人还不适应"鼠标＋键盘"的投保方式；另一方面，绝大部分保险企业对网络保险认识不清，网络竞争意识不强，没有充分意识到知识经济时代抢占网络信息这一虚拟市场对赢得企业未来竞争优势的必要性与紧迫性。

2.网络交易的法律很不完善

网络保险推出后，其交易纠纷不可避免，谁有权力来认证、仲裁？如何禁止和惩罚利用电子商务进行保险欺诈的行为？网络保险一旦被人恶意破坏，又有谁来将其绳之以法？依据什么可操作的法规？无形的网上合同如何确定权利和义务？这些都尚待进一步明确规定。目前我国的信息化政策，特别是发展电子商务有关的政策还不够明朗，相应的标准、法律、法规都很不完善，跨部门、跨地区的协调存在较大问题。法律极有必要为"数字市场"建立基本的游戏规则。此外，我国还应在保险业电子商务应用方面制定相应的标准与规范，以避免因保险电子系统与其他电子商务系统相互沟通困难而浪费大量的时间与财力。

3.网络保险的监管难度较大

互联网打破了时空的界线，全球各地的人都可以按照一定的规则加入到网络上来，网络保险公司也可以为世界上的任何用户服务。网络保险这种跨国界的运行方式也跨越了各国的保险法律。面对网络保险这一新生事物，不但要求建立健全我国的保险监管体制，而且需要各国政府及保险协会通力合作。根据网络保险的特点,应以战略的眼光,从总体上把握网络保险的发展方向,达成对网络保险监管的共识,共同制定和完善有关网络保险的合作协议,以促进网络保险的良性发展。

4. 网络保险规模经营较小

网络保险的一个重要优势在于规模经济,而现阶段这一点很难实现。就网络保险自身而言,在业务范围和经营地域方面,目前我国实行着分业经营,而且保监会禁止异地出单,网络保险便无法发展成为跨地域的网上金融超市;在价格竞争方面,由于我国的金融业仍未放开竞争,网络保险无法以优惠的费率来吸引消费者在线购买网络保险产品。由于网络保险自身无法提供较传统保险更大的吸引力,网络保险公司需要在媒体上做大量的广告以推介其产品,推广费用极其高昂,以至于"在线保险几乎成了最昂贵的一种保险销售方式"。网络保险的初期投入巨大,需要一个迅速扩大的市场以实现规模经济,收回投资,否则在巨大的投入面前,网络保险将难以为继。

5. 保险公司管理水平较低

我国保险公司经营管理水平落后,主要表现在产品设计、营销方式和风险防范等方面。产品设计是保险经营中重要的一环,关系到投保人多样化的需求能否得到满足。一个成熟的产品设计,能根据市场需求的变化,随时调整自己的产品组合。由于我国精算人员的缺乏,严重影响了我国保险产品的开发能力。在营销方式上,我国的保险营销方式一直比较落后,代理人制度于1994年才由美国友邦公司引入中国,而且还未完善,所以对于网络保险,人们虽然普遍看好,但由于受到上述诸多条件的限制,才刚刚起步,要想更好地发展,还需待以时日。在保险公司风险防范技术上,国外保险公司已经建立起了一整套以风险资本为基础的风险防范技术,而对我国保险业来说,这种风险防范思想还是一个新事物,而网络保险又面临着许多新的风险的产生。如何化解这些风险,是摆在我们面前亟须解决的问题。

第二节　网络保险业务的模式、内容与流程

一、网络保险的业务模式

新型网络经济形态的出现促使世界保险业竞争由单纯的产品、费率竞争转变为服务、网络、技术、商务模式等的竞争。一方面,保险业利用电子计算机广泛收集信息资料,设计险种并厘定费率,为投保人提供风险识别、度量和防灾防损等咨询,实现日常保险业务的电子化管理,大大提高了工作效率。另一方面,保险业还通过与实力雄厚的网络公司联手,借用网络技术全新的业务模式角逐传统保险产品市场,凭借技术与业务渗透重新划分和抢占市场份额。网络保险的业务模式有两种基本类型和五种主要表现方式。

(一)网络保险业务模式的基本类型

与一般的电子商务业务模式的分类相似,作为一种金融电子商务,网络保险的业务模式也可以分为两种基本类型,即企业对消费者(B2C)网络保险和企业对企业(B2B)网络保险。

1. 企业对消费者(B2C)网络保险

企业对消费者(B2C)网络保险是保险公司对个人投保人或被保险人的电子商务平台,

它是针对个人被保险人销售保险产品和提供服务的平台,主要的产品包括人寿险、健康险、车辆险、家庭财产险等。

2. 企业对企业(B2B)网络保险

企业对企业(B2B)网络保险是保险公司对企业客户的电子商务平台,企业投保人通过互联网或各种专用商务网络向保险公司购买保险、支付保费并接受服务,涉及的产品主要包括货物运输险、小企业的责任险,对于财产险、工程险、信用险等大项目,目前的网络保险业务一般只提供风险知识。

(二)网络保险业务模式的主要表现方式

就网络保险与传统保险业务模式的关系而言,一般认为网络保险业务模式有三种主要表现方式:①保险公司提供的网络保险服务;②专门公司提供的网络保险服务;③各保险机构共同提供的网络保险服务[①]。

就网络保险对信息、技术与产品关系的处理而言,网络保险业务模式有五种主要表现方式,即保险公司网站、网上保险超市、网上金融超市、网上风险交易市场、网上风险拍卖市场等。例如,早在1995年美国亚历山大保险公司等世界六大保险公司就与英国电信公司合作建立电子化"世界保险网络"[②]。

1. 保险公司网站

保险公司建立自己独立的网站,旨在宣传公司产品和服务,销售保险产品,提供咨询、索赔等保险服务。这是纯粹虚拟的网络保险公司。它直接在网络经营销售保险,提供个性化的服务,具有很高的灵活性。美国的 Ecoverage 公司就属于这种纯粹的网络保险公司。我国目前不允许保险业出现自由费率,在价格、服务差别不大的情况下无法实现差异性,估计近期内不会按此模式建立全新的网络保险公司。

2. 网络保险超市

所谓网络保险超市,就是在一个大型的保险电子商务网站里,提供了众多保险公司的产品,并给出真实透明的条款和价格信息,消费者可上网轻松进行搜索和比较,并根据个人需求自主选择适合的保险产品及服务。这是由独立的服务商为保险人和顾客提供的一个交易场所,它提供了不同保险公司的产品信息,为顾客和保险中介提供了广泛的选择和完成交易的渠道。例如,2006年7月20日国内最大规模的专业网络保险超市——"买保险网"——正式上线运营。在上线仪式现场,奥运会游泳冠军钱红成功尝试在线投保,成为"买保险网"第一张保单的持有者。"买保险网"是由中体保险经纪公司携手人保财险、平安财险、太平洋保险、中华联合保险、大地保险、安邦财险、阳光财险等13家保险公司成立的国内最大的保险电子商务平台。

3. 网络金融超市

在这类和网络保险超市有些类似的市场上,顾客可以享受到金融超市提供的集储蓄、信贷、结算、投资、保险等多功能于一身的"一条龙"服务。2007年4月25日,立足于金融界、依托互联网的全国首家网络金融超市——钱袋网网站——在深圳发布。通过钱袋网这一平

---

① 张劲松.网络金融[M].北京:机械工业出版社,2006:88.
② 欧阳勇,曾志耕.网络金融概论[M].成都:西南财经大学出版社,2004:192-193.

台,投资者可以搜索查询到 58 家基金公司、数十家保险公司的理财产品信息,并便捷地选择购买最合适自己的理财产品。钱袋网负责人表示,钱袋网将倡导以个人为基本单元的网络消费模式,力求在网络上满足个人及家庭的诸多理财需求。现阶段,钱袋网将业务主要集中在保险、基金等金融产品的服务上,未来将开拓更多个人金融产品的推广服务,包括黄金、信托、券商集合理财、信托产品、银行理财等,以满足金融消费者更为专业化、综合化的服务需求。钱袋网成立不足半年,便结盟 58 家基金公司、数十家保险公司,有效交易会员达 5000余名。钱袋网开发出了全新的基于双网(即互联网、无线 WAP)和多平台(无线、短信、即时通讯等)的服务体验模式,投资者可以采取多种预订方式购买理财产品,而不仅限于互联网一种方式。

4. 网络风险交易市场

风险交易市场是风险面临者进行风险交易的场所,风险交易可以改变交易主体面临的风险状况从而满足自己的偏好,最终达到风险管理的目的。一般认为,资产定价理论把风险和机会联系在一起,认为高风险伴随高收益,期权定价理论则创立了风险交易市场,使人们在追求收益的同时可以限制损失,为金融衍生市场的迅猛发展奠定了理论基础,其在经济生活多个领域的广泛应用,为金融业的未来发展带来革命性的变革。风险交易市场的理论基础归功于罗伯特·默顿对布莱克—斯科尔斯期权模型的深入研究,通过不断松弛原有的假定,使发展的模型适用于更广泛的金融衍生商品和更为普遍的经济环境中。现代经济社会中没有风险交易市场,该卖的风险卖不出去,而有财力的机构虽然愿意做高风险、高回报的投资,却买不到这样的风险产品,因此各国都需要建立一个市场以便促成风险交易。网络风险交易市场则是由充当经纪人的网络服务商开设的便于保险公司、再保险公司和客户相互寻求风险交换的网络市场。

5. 网络风险拍卖市场

西方经济学界对拍卖一词的共识是:"拍卖是一个集体(拍卖群体)决定价格及其分配的过程。"在我国,1979 年版的《辞海》中,拍卖的定义是:"拍卖,亦称'竞买',资本主义商业中的一种买卖方法。"而 1989 年《辞海》再版时,对拍卖的解释改为:"拍卖,亦称竞买,商业中的一种买卖方式,卖方把商品买给出价最高的人。"1997 年 1 月 1 日起实施的《中华人民共和国拍卖法》,对拍卖的定义是:"拍卖是指以公开竞价的形式,将特定物品或者财产权利转让给最高应价者的买卖方式。"说明拍卖是一种中介服务性质的交易方式,拍卖交易是通过公开竞价完成的,拍卖是受到法律严格规范的经济活动。在电子商务迅猛发展的时代,风险拍卖市场也被顺势推向网络。网络风险拍卖市场是一种真正体现了以顾客为中心的商务模式。客户可以通过互联网,利用 B2B 商务模式,以拍卖的方式处置自身的风险,是一种很有吸引力的网络保险模式。在社会主义市场经济体制下,和拍卖一样,网络风险拍卖市场是市场经济规律的产物,适应市场而产生、生存和发展。

随着信息技术和互联网的迅速发展和普及,网络保险必将会出现我们现在难以预料的新型商业模式。

二、网络保险的业务内容

根据与保险产品交易关系的密切程度,或者与保险经营管理不同环节的联系,网络保险

的业务内容有不同的表现。根据与保险产品交易关系的密切程度不同,网络保险的业务内容可以分为基本服务、中级服务和高级服务①。根据网络保险涉及的保险经营管理环节,网络保险的业务内容可以分为在线宣传、在线销售、在线客户服务、在线客户追踪和在线业务合作②。

(一)基于与保险产品交易关系密切程度不同的内容分类

1. 基本服务

基本服务包括一般性的信息险种介绍和保单查询服务,以及保险公司形象和本公司形象特点的总体视觉效果,在主页下应当设有包含公司简介、机构名录、保险知识、险种介绍、服务之窗等内容的栏目;公司网站除宣传公司形象外,还要尽可能详细地在网上介绍各险种的具体情况,使访问者可以随意浏览,多角度地查询保险产品,获得险种名称、特点、保险责任、费率及条款全文等不同程度的资料。通过互联网加深与社会公众的沟通是开展保险电子商务的起点。

2. 中级服务

中级服务包括网上直销保险单服务和提供半自动化的网上保险服务。保险公司组织专门机构和人员负责处理客户的网上咨询和投诉,使客户可以在网上得到量体裁衣的投保方案。对客户在网上的投保申请保险公司应迅速派人上门收取保费和签单,对通过网络促成的保单,保险公司可根据实际费用支出的减少实行费率优惠的鼓励政策。

3. 高级服务

高级服务是指电子商务型的网上保险服务,即客户的咨询、投保、续期保险费的缴纳及各种保险金的领取等都可以通过网络来实现,客户足不出户就可以得到全方位的保险服务。

(二)基于网络保险参与保险经营管理的环节分类

1. 在线宣传

保险企业可以通过第四媒介——网络——来宣传自己的产品、服务理念、经营理念。这种宣传相对于传统媒介而言,成本十分低廉,而且可以针对个性需求进行互动宣传。同时,保险公司可以把自己的网站与重要的相关机构相连接,如保险监管机构、保险评估机构以及与保险相关的学术机构等,通过客户自己对信息的认识和判断来达到宣传保险企业的目的。

2. 在线销售

投保人可以在任何时间登录提供网上保险服务的网站,完成咨询、比较、选择等过程,回答有关问题,确定投保险种、交费方式、交费年限,指定受益人,并向保险公司发出电子邮件,保险公司核保人员通过电脑核保后(要做身体检查或生存调查的除外),客户就可以即刻通过网上银行(招商银行、建设银行等可为在线支付提供支持)缴纳首期保费,保险公司出具电子保单,客户可在指定型号的打印机上打印出正式保单,在线销售即告完成。

3. 在线客户服务

客户通过点击网站,可以了解保险企业的背景、保险规则解析、险种条款解释、承保核保

① 李琪,彭晖.金融电子商务[M].北京:高等教育出版社,2004:226.
② 欧阳勇,曾志耕.网络金融概论[M].成都:西南财经大学出版社,2004:193—194.

处理要求、定损核赔处理、费率标准、既往赔付案例等信息,或在双向互动方式下向保险公司提出各种保险问题,或在一定授权认证规则下对客户传递有关保险的各种信息,提供方便快捷的在线客户服务。客户购买保险产品后,可以根据自己的需要,通过在线客户服务变更与保险公司的合同约定内容,获得保险公司的理赔服务。

4. 在线客户追踪

售后服务是保险服务的重要组成部分。传统的营销方式极易造成营销队伍的不稳定,导致售后服务差,引起消费者的不满,也使保险企业损失大量的第一手材料。而在网上保险中,保险公司可以通过互联网和电子邮件,向客户发送、回收电子调查表格,或通过在线论坛等形式,来搜集、了解客户的意见,及时掌握市场需求变动等信息,以改善企业的经营管理。

5. 在线业务合作

保险企业的网站可以通过与保险代理机构网站、经纪机构网站、银行网站、房地产商网站、售车行网站、证券公司网站等相互合作,提供一揽子服务以销售保险。如与售车行网站合作,为通过网络购买新车或二手车的客户提供网上购买保险。这种合作既延伸了保险企业的业务触角,又形成了与相关机构的信息资源共享。

三、网络保险的业务流程

网络保险必须力求实现保险信息咨询、保险计划书设计、投保、缴费、核保、承保、保单信息查询、保单变更、续期缴费、理赔和给付等保险全过程的网络化,尽可能免除网下的人工程序。无论是网络保险还是传统保险,基本业务流程都是最关键的。根据基本业务流程,网络保险的具体投保步骤是这样的:客户通过公司网站提供的产品服务项目的详细内容,或利用搜索引擎,选择适合自己的险种、费率等投保内容;依照网上设计表格依次输入个人资料,确定后通过电子邮件传入保险公司;经核保后,公司同意承保,并以电子邮件的方式向客户确认,在客户正式签名后,则合同订立;客户通过网络银行转账系统或信用卡方式将保费转入公司,保单正式生效。客户在签订合同期间,还可利用网上售后服务系统对整个签订合同、划交保费过程进行监督,确保自己的利益不受侵害。

实际操作中,网络保险业务流程表现为前台业务流程和后台业务流程。其中,网上投保的前台业务流程如图7-2所示。当投保人根据专家推荐或自我判断完成了投保单的填写和递交后,网上业务便转入了后台业务流程,见图7-3。后台业务的关键是实现在线核保,由于大量传统保险产品还不能达到在线核保的要求,所以核保环节一般分为在线核保和离线延时核保,即对超出在线核保权限的投保单的离线核保。根据系统设置,核保人在核定各保险事项的同时可以对保险期限、保险费率、免除责任等内容进行调整,并提出相应意见。

第三节　网络保险的运行环境与实践过程

一、网络保险的运行环境

(一)网络保险运行环境的基本构成

保险公司的网上保险系统同投保人和其他部门都是通过Internet进行数据通信的。网

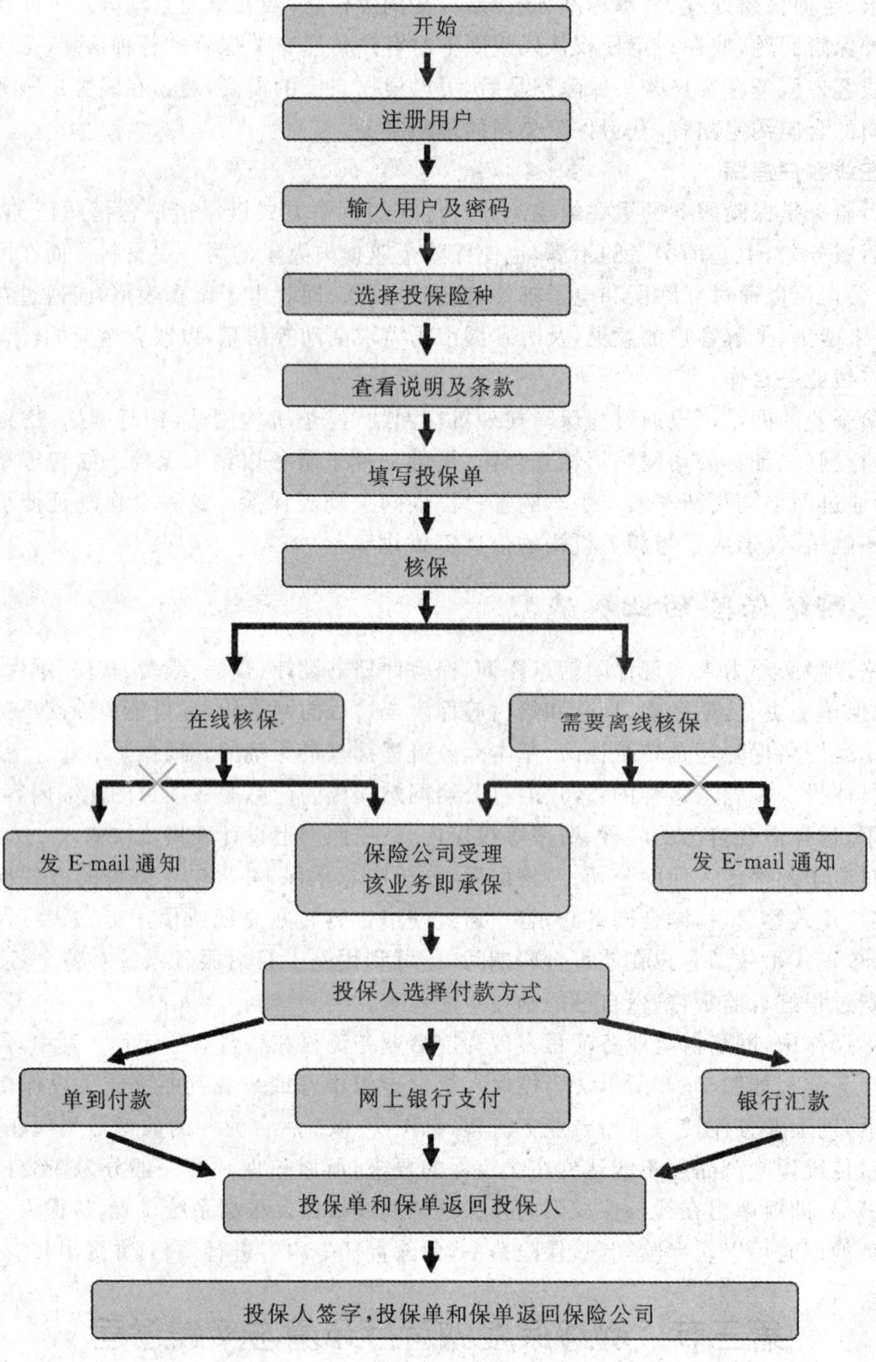

```
                    ┌──────────────┐
                    │     开始      │
                    └──────────────┘
                           ↓
                    ┌──────────────┐
                    │    注册用户    │
                    └──────────────┘
                           ↓
                    ┌──────────────┐
                    │  输入用户及密码  │
                    └──────────────┘
                           ↓
                    ┌──────────────┐
                    │   选择投保险种   │
                    └──────────────┘
                           ↓
                    ┌──────────────┐
                    │  查看说明及条款  │
                    └──────────────┘
                           ↓
                    ┌──────────────┐
                    │    填写投保单   │
                    └──────────────┘
                           ↓
                    ┌──────────────┐
                    │     核保      │
                    └──────────────┘
```

	在线核保		需要离线核保

发 E-mail 通知	保险公司受理该业务即承保	发 E-mail 通知

	投保人选择付款方式	
单到付款	网上银行支付	银行汇款

投保单和保单返回投保人

投保人签字,投保单和保单返回保险公司

图 7-2　网上投保的前台业务流程

络保险的运行环境包括网络基础设施、合作伙伴与主要相关部门三个方面。其中,网络基础设施包括开放的 Internet、保险公司的内部网络和其他相关部门的业务网络。合作伙伴包括投保人、保险公司、认证中心、银行、医院等,主要相关部门是工商税务部门、保险监管机

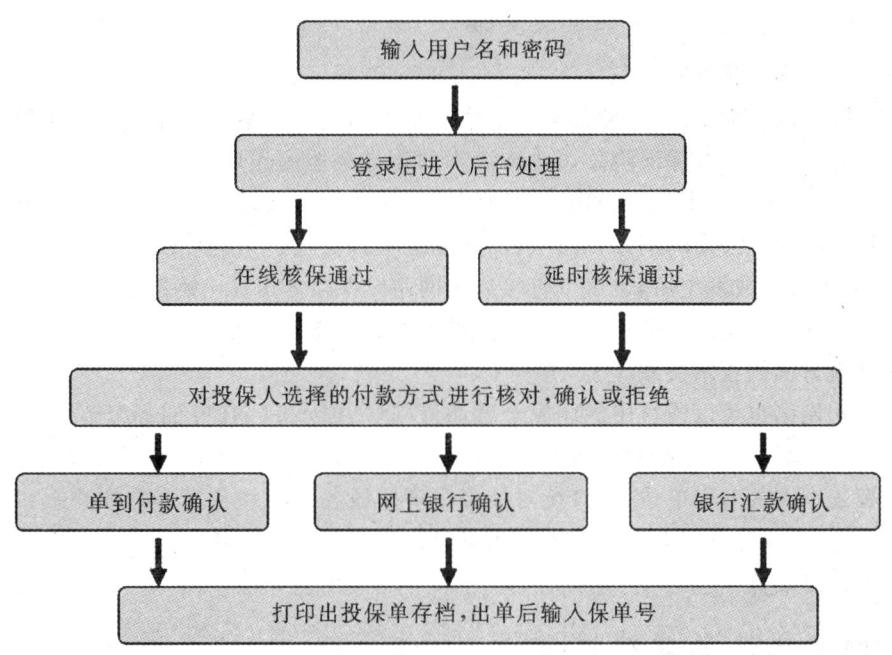

图 7 - 3　网上投保的后台业务流程

构、Internet 服务提供商。随着网络基础设施的不断升级,网络保险合作伙伴只有与主要相关部门通力合作,才能有效地推进网络保险的发展。网络保险运行环境的三个方面,亦即网络基础设施、合作伙伴与主要相关部门的相互关系可以用图 7 - 4 来表示。实际运行过程中,三个方面能够实现信息流、资金流的有机技术关联。

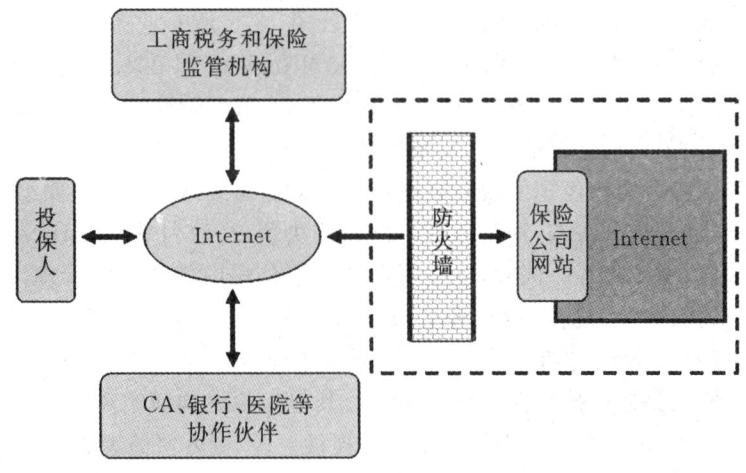

图 7 - 4　网上保险的运行环境

　　图中的 CA 为从事保险电子商务的投保人和合作伙伴颁发数字证书和提供认证服务,银行为其客户(投保人)提供网上保险的支付服务。要实现完整的保险电子商务会牵涉很多方面,比如发卡机构、支付网关、医院等相关机构进行验证、核实等环节。

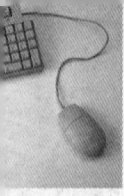

(二)网络保险运行环境的技术关联

1. 信息流方面的技术关联

从信息技术的层面来看,保险公司的一个完整的网上保险系统是保险公司网站和其内联网(Intranet)的集成,发挥保险公司业务流程的传导载体的作用。具体说来,由于信息交流效率的提高,许多原来由人工处理的业务将通过网络连接起来的计算机自动完成。比如,通过精心设计的保险公司的网站,客户可以充分地了解保险公司的产品和服务的信息并作出投保决策;保险事故发生后,也可以直接通过网站向保险公司提出赔偿的要求。大型的全国保险公司可建立从全国总公司到地方基层单位的垂直通信网络。

2. 资金流方面的技术关联

保险公司网络也可以通过中国国家金融通信网CNFN和CNFN的各级节点,同银行和其他金融机构互联,成为全国金融数据通信网的一部分。商业银行、保险公司、证券公司等金融机构覆盖全国的基层单位,可直接对社会经济领域各部门和各类客户账户提供综合金融业务服务,最后通过全国金融数据通信网完成相关的金融交易和电子资金清算,包括完成网上保险的最终结算。

二、网络保险的实践过程

(一)国外网络保险的实践简介

1. 美国的网络保险

由于在网络用户密度等方面占有明显优势,美国是网络保险发展的先驱,到2007年初几乎所有的美国保险公司现在都已上网经营。最早出现网络保险的是美国国民第一证券银行通过互联网销售保险单,仅营业一个月就销售了上亿美元的保单;安泰、友邦等的国际保险网站建设颇具规模;1999年成立的Ecoverage公司,几乎所有业务活动均通过互联网进行;美国加利福尼亚州最大的一家网络保险服务公司InsWeb早在1997年就有用户数为66万,到了2000年增加到了300余万,如今已经提供了28家保险商的费率咨询服务。调查数据显示,美国的保险公司从初期的网上发布产品资料信息,通过网站提供代理商地址咨询服务,到2007年各保险公司已经把发展互联网业务作为公司战略规划的重要组成部分。在网络服务的内容上,涉及信息咨询、询价谈判、交易、解决争议、赔付等;在保险品种上,包括健康险、医疗险、寿险、财产险等。同时,互联网还被用于公司内部的经营管理,决策人员开始利用互联网进行资料收集、统计分析、业务培训等。例如,InsWeb最初主要提供汽车险的网上报价,而后逐步拓展到定期寿险、住宅保险、健康保险等多种网上保险产品。InsWeb网站的主要营业收入是通过出售保险销售线索给其他保险机构而实现的。2005年InsWeb专门建立了Agent Insider系统来为保险代理人提供更多、更方便的展业的机会。当消费者提交了个人信息及投保意向后,InsWeb网站会将其作为销售线索转给在网站注册的保险代理人,并向代理人收取一定的费用。与其他网站不同,InsWeb网站的注册保险代理人并不需要交纳会员费。InsWeb在其网站上为消费者提供了学习中心,为消费者提供关于保险的文章、常见问题回答等。2005年有超过100万的消费者在其网站上使用其汽车险的报价服务。2006年InsWeb营业总收入达到了2850万美元,比2005年增长了14%。

2. 欧洲的网络保险

与美国相比,欧洲网络普及率低一些,且缺乏统一的政策和规范,这对早些年形成跨国界网上保险市场表现出诸多障碍。但是,到 2007 年年初欧洲网络保险的发展势头已经相当可观。特别是就单个国家而言,网上保险的发展势头更加引人注目。作为全球最大的保险及资产管理集团之一的法国安盛集团,早在 1996 年就在德国试行了网上直销。2006 年,这个集团约有 8% 的新单业务是通过互联网来完成的。1997 年,意大利 RAS 保险公司用微软技术建立一套造价为 110 万美元的网络保险服务系统,在网上提供最新报价。该公司月售保单从当初的 170 套上升到了 1999 年初的 1700 套。世界第二大再保险公司——瑞士再保险公司——则宣布,电子商务帮助该公司平均每年节省 7.5 亿瑞士法郎。英国于 1999 年建立的"屏幕交易"网址提供 7 家本国保险商的汽车和旅游保险产品,最初的几个月里用户数量每个月以 70% 的速度递增。由于电子商务已经开始动摇国际承保市场的整个流程,英国劳合社、国际承保协会和劳合社保险经纪人协会最新提出了积极的改革方案,明确规定在保费和理赔的会计方法和其他各个流程上应该考虑到电子商务的运用。

3. 日本的网络保险

1999 年 6 月,日本的 American Family 保险公司开始提供可以在网上申请及结算的汽车保险。同年 9 月底开始推出电话及互联网销售汽车保险业务的日本索尼损害保险公司,到 2000 年 6 月 19 日通过 Interner 签订的合同数累计已突破 1 万件。1999 年 7 月,日本出现首家完全通过互联网推销保险业务的保险公司。这家保险公司由总部位于美国的 Aflac 公司和日本电信共同投资设立和管理。这家名为 Aflacdirect 的保险电子商务公司利用 Aflac 和日本电信的资源开设了一家服务对象定位于 40 岁以下客户的网站。网民可以直接通过互联网向网站投保或获取保险信息、利用在线计算器计算保险金。Aflac 公司在 2004 年就已经计划在到 2009 年为止的 5 年内售出 30 万份保险。日本朝日生命保险公司于 2000 年 4 月 7 日宣布,该保险公司决定与第一劝业银行、伊藤忠商事等共同出资设立网络公司,专门从事保险销售活动,并于 2001 年 1 月开始正式营业。

4. 全球的网络保险

实际上,国外许多知名保险公司都已经非常重视在保险业务特别是寿险营销中引进电子商务。通过网络媒体,传统的保险销售手段发生变革,保险公司不仅拓展了业务,更完善了服务体系,国际网络保险必然持续走热。在从 2003 开始的十年内,超过三成的商业保险险种和近四成的个人险种将在互联网上在线交易。美国安德信咨询公司对全球 213 个寿险公司、银行、证券、代理人、资产管理师和国际互联网用户进行了调查,根据统计结果表明在 21 世纪前 5 年,全球寿险新保单中有 16%～19% 通过国际互联网销售。多年来,各国的保险公司、再保险公司和保险代理人都希望建立一个真正的保险业全球网络商务体系。2000 年前后,全球最大的三家网上保险服务公司(Limnet、Rinet、Win)逐步合并为 WISE(World Insurance E-commerce)即全球保险电子商务公司。这一体系的建立进一步推动了网络保险业环境的完善。

(二)国内网络保险的实践简介

1. 第一个阶段:静态服务信息介绍的启动尝试阶段

(1)合理规划,量力而行,实施网络信息系统的基础设施建设。开展网络保险服务需要

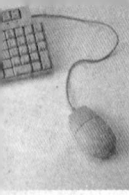

投入一笔建设网站和将网址与保险公司的计算机系统相连的资金以及必要的技术力量的支持；同时还要面临网络服务与现实保险销售渠道相冲突的风险。各大保险机构先后制定网络保险的发展规划，逐步实施电子化信息系统的基础建设。1997 年，我国第一个保险网站中国保险信息网(www. china-insurance. com)建立，拉开了中国网络保险的序幕。该网站是由中国保险学会和北京维信投资顾问公司共同发起成立的。在建立之初它以提供保险信息、发布保险新闻、便利保险学术交流、宣传保险业形象为目的，开辟了保险咨询、保险黄页、险种浏览、投保意向和网上投诉等服务性内容。这时可以说是中国网络保险发展经历的第一个阶段。在这个阶段网络保险实际上处于一种静态的服务信息介绍阶段。1997 年 12 月，新华人寿公司在网上完成的第一份网上保单，标志着我国保险业当时已经准备全面搭上网络快车。

(2)建立并完善自己的网站，树立保险公司的良好品牌形象。首先，保险公司先通过网址的公布和产品的商标注册，建立自己的"网上保险公司"。其次，保险公司采取多种方式进行网站的宣传，扩大公司在国内外保险市场的影响。再次，推出网上保险公司品牌。品牌是网上保险公司成败的关键，而网页设计则是树立公司网上品牌形象的关键。保险公司通过网页将本公司的品牌、经营险种、签单方式、特色服务、代理人的联系方式等内容向广大网民公布。为了尽可能地吸引潜在保险消费者，网页建设要有特色，内容丰富，并注重信息的实效性。对于网页的设计而言，一般坚持市场领先、险种创新、公司特色、针对性第一等原则进行市场定位，广泛运用多媒体表现形式，除了存储基本的文字信息外，还可以存储声音、图像甚至电影，真正做到图文并茂、声景交融，从各方面展示公司形象，传递保险信息。

2. 第二个阶段：市场主体多方互动的快速成长阶段

进入 2000 年以后，中国的网络保险迎来了快速发展的第二个阶段。近年来，网络保险引起了国内各保险公司、社会公众和政府机构的广泛关注。例如，早在 2000 年 9 月，中国社会调查事务所对北京、上海、广州、天津、武汉和哈尔滨等城市的调查结果显示，中国公众对于网络车辆保险的态度是：47％的被调查者希望尝试网络保险；被调查者希望通过网络保险的险种主要集中在机动车辆保险(40％)、人寿保险(31％)和儿童保险(19％)[①]。这一阶段的突出标志是大型公共保险网站和保险公司全国网站的建立，实现网络保险在实用性和技术性方面新突破。通过建立网上综合服务系统，推出真正意义上的网络保险，注重网络保险与传统代理营销方式相结合，充分拓展市场。这些年来，中国保险业对网络保险所进行的积极探索与尝试主要表现为：

(1)中国保险信息网改版为中国保险网(www. 3wins. com)。中国保险信息网在经历了三年的建设后，正式改版为中国保险网。中国保险网在主管部门、行业组织、保险公司和业内人士的大力支持下，通过向保险公司、保险中介机构以及广大保险消费者提供国内外保险及相关服务信息，逐步确立了自己在国内保险业中规模最大、内容最丰富、最具权威性的行业综合网站的地位，这次改版也显现了其作为目前国内最大的保险门户网站的全新形象。

(2)易保公司成立。2000 年 1 月，致力于为保险业提供全方位电子商务解决方案的易保公司成立，它本身不是一个网上的保险公司，也不是任何形式的保险中介。易保公司定位

---

① 数据来源：http//www. people. com. cn/GB/paper/1542/249857. html，2000-09-26.

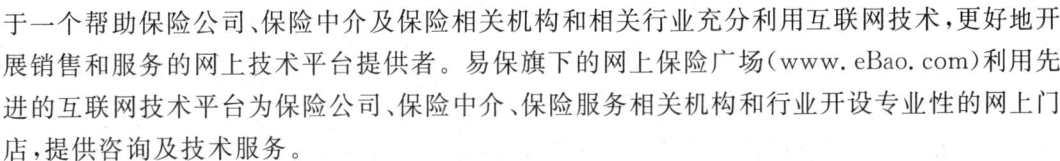

于一个帮助保险公司、保险中介及保险相关机构和相关行业充分利用互联网技术,更好地开展销售和服务的网上技术平台提供者。易保旗下的网上保险广场(www.eBao.com)利用先进的互联网技术平台为保险公司、保险中介、保险服务相关机构和行业开设专业性的网上门店,提供咨询及技术服务。

(3)网险网(www.orisk.com)建立。2000年3月9日,由朗络电子商务有限公司与中国太平洋保险公司北京分公司合作开通了大型电子商务保险网站——网险网(www.orisk.com),网险网以创建一流的网络保险超市(online insurance supermarket)为经营理念,力求建立了一套完善的网上实时认证、实时核保和在线支付体系。目前,网险网为客户提供了多种网上支付方式,并通过快递公司或专人送达保险公司所签发的保单。此外网险网采用了SSL加密传输技术及SET安全认证技术,并通过了国际Verisign安全机构认证。网险网服务项目包括为企业提供多种方式的B2C、B2B电子商务全面解决方案,以及与保险紧密结合的信息服务、广告服务。

(4)中国太平洋保险公司网站"网上太保"(www.cpic.com.cn)开通。2000年8月16日,中国太平洋保险公司宣布其全国性电子商务网站全线开通。网上太保是集保险超市、客户服务、企业频道、保险知识和保险新闻5大板块为一体的大型保险网站。而首批实现网上销售的太保公司产品共有8款。此外公司还提出了最终实现全面电子交易的目标,并计划在3年之内将电子商务业务量提高到整体业务量的10%~15%。

(5)中国平安保险公司网站"平安网"(www.pal8.com)建立。2000年8月18日,中国平安保险公司宣布了金融保险服务网站新概念,即首家专业理财网站"平安网"的诞生。平安网定位于理财新概念与生活新概念的融合,它以一站式个人综合理财为理念,建成一个网上金融超市。它是国内首家提供综合个人理财服务的一站式服务网站,提供的交易平台涵盖证券、保险、银行业务,并提供相关专业资讯和个人理财规划。其整体计划是利用3~5年时间迅速构建一个以电话中心和互联网中心为核心的3A化服务网络,为客户提供包括证券、保险、银行个人理财规划等多渠道综合性个人理财服务。

(6)泰康人寿保险有限公司网站"泰康在线"(www.taikang.com)开通。2000年9月22日,泰康人寿保险有限公司在北京正式宣布,由泰康人寿独家投资建设的大型网络保险网站"泰康在线"全面开通。2001年9月,泰康人寿完成了国内第一例网络保险理赔案。该网站不但能实现在线投保,而且率先在国内通过了保险类认证。这是国内第一家由寿险公司投资建设的、真正实现在线投保的网站。泰康在线采用了先进的电子认证技术,成为中国第一家保险类CA认证中心。泰康在线之所以被称为"第一",是因为它利用计算机网络技术对传统产业进行改造,把传统业务拓展到互联网上,使保户真正能够足不出户就可以投保。此外,在泰康在线投保的用户,还可以获得便捷的保单查询、自动生成的提醒通知书、网上变更保单信息、网上续缴保费、网上理赔、网上投诉等完整的人性化、电子化服务。

(7)买保险网(http://www.8ins.com/)上线运营。2006年07月20日,国内最大规模的专业网上保险超市——"买保险网"——正式上线运营。北京中体保险经纪公司携同国内一新保险电子商务平台"买保险网"主办的"中国保险服务创新与体育风险管理论坛暨'买保险网'上线仪式"在人民大会堂隆重举行。中国保监会、国家体育总局、中国保险行业协会、中国保险精算研究院,中国平安保险(集团)股份有限公司、太平洋财产保险股份有限公司及

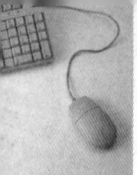

其他10余家保险公司的50多位代表出席了此次论坛。在上线仪式现场,奥运会游泳冠军钱红成功尝试在线投保,成为"买保险网"第一张保单的持有者。此次开通运营的"买保险网",是由中体保险经纪公司携手人保财险、平安财险、太平洋保险、中华联合保险、大地保险、安邦财险、阳光财险等13家保险公司成立的国内最大的保险电子商务平台。目前阶段,"买保险网"主要销售的是适合网上销售的车险产品,今后将逐步扩大销售范围,涵盖财产险、人身险以及体育保险产品等。此间专家认为,国务院颁布的《国务院关于保险业改革发展的若干意见》明确提出"运用现代信息技术,提高保险产品科技含量,发展网上保险等新的服务方式,全面提升服务水平",这预示着网络保险时代正在加速到来。

目前,中国保险公司在网络化进程中,大多处于第一或第二阶段。由于第二阶段是发展的关键,因此国内保险机构应本着统一规划、分步实施、避免低水平重复等原则,实施先易后难、重点突破的战略,将主要精力集中于第二阶段的建设与完善,等待时机完成跨越,进入安全在线交易的活跃成熟阶段,最终实现完全意义上的网络保险。

3. 第三阶段:安全在线交易的活跃成熟阶段

这一阶段全面实现网络保险,即实现保险信息咨询、保险计划书设计、投保、缴费、核保、承保、保单信息查询、保全变更、续期缴费、理赔和给付等保险全过程的网络化,从而彻底免除网下的人工程序。建立系统完善的统计数据研究,开发网上核保风险管理、公估、定损、理赔、勘察等系统,以及全球分销、促销和售后服务系统。

一般地,全程网络化的具体程序是:在B2C的模式下,客户浏览保险网站,获得充分保险知识和信息;确定保险意愿;征求个性化设计的保险方案或直接选择适合自己的产品和服务项目;填写电子投保意向书,确定后提交(保险合同要约),保险公司核保并同意承保,向客户确认(保险合同承诺),合同订立;通过网络银行转账系统或信用卡等方式缴纳保险费;电子保单签字生效;进入客户风险管理程序,提供其他网上服务,比如合同查询、现金价值查询、投资收益查询、退保、保险合同主体或内容变更、加注批单;最后进入网上的索赔、理赔程序。在B2B模式下,保险公司通过网络建立了与保险兼业代理人、专业保险代理人和保险经纪人的联系,通过中介机构进行的网络保险交易也同样变得便捷与迅速,从而使中介机构的优势得以充分发挥。此外,保险网络平台和网上保险市场的发展加快,成为了网络保险的重要组成部分,虚拟保险公司也出现了。

为了保障网络系统的安全,必须建立有效的风险评估和监测体系,主要环节包括网络系统安全规范制定与实施、系统安全隐患预测与防范、系统安全机制的建立与完善、系统安全程度的测定与检查、系统破坏后恢复与重建、系统安全的稽查与监督。为了确保各阶段网络保险的安全运行,还应建立可杜绝各种技术漏洞的网络安全保障系统,采用先进的保密技术措施,如加密访问控制、数字签名、鉴别公共密钥技术、防火墙技术、杀毒技术、防电磁泄漏技术、实时监控技术等,从而有效防止网络犯罪行为的发生,确保网络保险运作的安全。网络安全的管理是一项复杂的系统工程,网络安全保障系统必须是动态的,能适应现实情况的变化和发展,只有不断地升级,才能有效地防范网络安全风险。

综上所述,虽然对中国大多数的保险公司和保险中介机构而言,网络保险还普遍处于前两个阶段,但是不能否认的是这一轮保险业网络化高潮的确冲击了整个行业。

（三）国内外网络保险的比较分析[①]。

1.网络保险发展经历的阶段不同

中国的网络保险呈跳跃式发展，国外网络保险的发展一般都经历了三个阶段，即办公自动化阶段、内部网络建设阶段和网络保险阶段。中国保险公司在内部网络建设阶段停留的时间很短，该阶段与前后阶段间的界限模糊，因而发展过程表现为从办公自动化到网络保险的跳跃性。

2.网络保险业务演进过程不同

中国的网络保险业务演进迅速发展，水平参差不齐。中国多数保险公司网站一开始就进入了动态交互式信息检索阶段，而部分股份制保险公司的网站更是以在线业务信息查询为起点，与电子商务紧密结合迅速完成了从一般网站到网络保险网站的转变。而国外的网络保险公司的演进过程经历了静态信息服务、动态信息服务和网上在线交易的阶段。

3.对于客户群体的态度不同

客户群体是保险公司的利润源泉，保险公司都十分重视满足客户需求。国外公司更注重对客户进行细致的细分，寻找自己的目标市场，其结果是其针对不同的客户可以提供诸多层次的适当服务，市场被很好地开发。国内保险公司对现有客户的细分不够，很难提供周到的差异化服务。国外公司迅速抓住了网络上的客户特征，针对性的服务与营销使网络上的需求得到很好的满足，收入与利润迅速增长，而国内公司的反应速度比较慢。网络时代的到来对于国内保险公司的影响不仅体现在技术进步与业务的融合上，还体现在对先进经营管理方式的探索与全面应用上。

4.业务创新的方向有所不同

国外的公司倾向于提供系统化的完善服务，并且注重金融创新。各种手段的综合运用是国外公司的特色。例如，它们用浮动保费率制度，美国网络保险的保费费率平均低于传统方式10个百分点。国内保险公司由于受到政策的限制、信息网络发展程度的限制及保险公司自身实力的限制，不能像国外公司一样提供全方位周到的服务。

第四节　网络保险的经营管理与发展策略

一、网络保险的经营管理

在本质上，网络保险既是一种全新的保险销售方式和渠道，又是网络经济背景下的一种全新的保险经营理念和管理模式。在形式上，网络保险又表现为从微观到宏观各个层面的复杂系统或有机组织。因此，网络保险的经营管理既要尊重复杂系统或有机组织的演化规律，又要符合经济管理理论与实践的普遍原则和一般规律。实施网络保险经营管理关键点在于转变经营观念，实现模式的战略转移，充分利用信息技术，重新设计业务流程，调整组织结构，实现"以客户为中心"的市场拉动型的营销管理战略，真正发挥互联网络的信息平台优

---

① 李琪,彭晖.金融电子商务[M].北京:高等教育出版社,2004:252.

势,展现网络保险的市场潜力。

（一）网络保险的人力资源管理

推动中国网络保险从试验性向实用性发展的关键是人力资源管理,培养合格的、适应网络保险需要的不同层次的人才。

(1)从事网络保险的人员,需要既是电子技术网络专家又是金融专家的高级人才。CIO(chief information officer),即企业信息主管,是一个企业负责信息技术和信息系统的高级主管,也是企业领导者的一员。他在组织内部具有整体协调的能力和权力,其职能是从战略高度考虑公司信息系统的规划实施,掌握其发展前景。由于CIO在信息化的规划、实施、系统集成、资源管理以及日常的经营决策中发挥着不可或缺的作用,所以几乎所有的美国500强公司都设置了自己的CIO。而在中国保险公司中,技术和业务很难有效结合的原因之一就是缺乏能够深入了解业务的规律、参与业务核心层和经营决策的信息技术专家。目前,这种人才在国内非常缺乏,因此依据市场化原则引进此类高层次人才就显得尤为必要。

(2)保险公司应从提高员工整体素质入手,培养出熟悉网络操作的管理人员和营销人员,组建一支能够胜任保险网络安全管理的技术队伍,扩大中级人才阵容。网络经济具有很强的学习效应,即干中学,learning by doing,而学习效应所实现的收益递增主要来自工作中经验和知识的积累、增值与传递效应。各保险机构加强对员工的技术培训,增强员工在网络操作方面的技能,激励他们将所掌握的技术应用于实践中,就可以营造一种鼓励创新和学习的良好环境,提高保险公司的整体工作效率。

(3)保险企业可以配合政府部门和科研院校,多渠道培养具有一流专业水平的复合型保险人才,加强与国外企业的交流,将人才的培养和引进更好地结合在一起。

（二）网络保险的目标确定、需求分析与市场定位

网络保险的系统建设与经营管理要求组织的高层领导先进行目标确定,市场人员要依据既定目标进行市场和需求的调查分析,确定企业的市场定位。

保险公司建立网络保险系统的主要目标有两个:一是更好地满足投保人多样化的保险需求,扩大客户群,吸引更多的潜在客户,促进客户关系管理;二是提高企业的运行效率,强化内部经营管理,降低经营管理成本。

需求的调查分析包括分析自身需求、市场需求、客户需求等。市场的调查分析包括市场环境分析、客户分析、供求分析和竞争分析等。

网络保险企业要依据业务需求和自身条件,找准企业的市场定位,明确希望通过互联网营销做些什么、怎样做、对象是谁,然后才能研制保险营销主页,确定保险营销主页的风格取向、包装以及运用哪些技术手段来实现等。保险营销主页的内容要充实,不断创新,富有新意。好的保险营销主页只有一个标准:当访问者访问这个主页时会被深深吸引,并且成为经常的造访者。通过网络加深与社会公众的沟通,既是探索网络保险营销的起点,也是我国保险企业走向世界的基本途径。

（三）网络保险的业务流程改造

从信息技术层面来看,网络保险系统是保险公司网站和其内联网的集成,它们发挥着保险公司业务流程的传导载体的作用。保险企业进行电子商务,并不是对传统保险业务流程

的简单电子化和网络化,网上保险服务的流程也不是传统保险服务流程的简单复制,应该依据电子商务条件和运作方式,利用信息技术构造更加先进、合理和有效的业务流程。

网络保险不改变保险公司的展业、承保、核保、理赔等基本业务流程的内容,而是依靠信息技术改变这些基本业务的处理方式。为建立网上保险系统,保险公司必须充分利用信息技术,对原有业务流程进行重新设计。许多原来由人工处理的业务,将通过网络由计算机自动完成。客户可以通过保险网站了解公司的保险产品和服务等信息,作出投保选择;保险事故发生后,可以直接通过网站向保险公司提出赔偿要求。为防止逆向选择,核保成为承保业务中的重要环节,在许多寿险业务中,保险公司需要了解被保险人的健康状况,因此在决定是否接受投保申请时,保险公司要实现与医院系统的联网,才能及时通过互联网了解被保险人的既往病史,提高核保的工作效率。保险费的支付和保险金的给付是保险交易的必备环节,如果保险公司和网上银行以及认证中心实现了计算机联网,保险公司就能通过方便快捷的网上支付,降低运营管理成本。另外,与工商、税务和保险监管机构的信息交流,同样可以通过互联网高效完成,与监管机构的密切联系还有助于监控保险公司的经营风险。

(四)网络保险的组织结构调整

保险企业在网络保险业务构建的过程中,应根据网络保险经营的特点和要求,对企业组织结构作出适当的调整,从而实现企业运作的高效。实际上,网络技术的应用替代了公司内部许多基层人员的工作,取代了庞大的保险代理人队伍的工作,而且降低了部分中层管理人员的工作量;同时,大量信息通过网络进行及时快速的处理和传递,减少了公司内部原有的进行信息处理和传递的中间管理人员的层次和数量。因此,网络保险的出现,使得现代保险公司与传统的保险公司相比,省去了最底层的代理人队伍和减少了管理层次,提高了各个部门的专业化程度和整体的网络正效应。

(五)网络保险的营销模式转变

网络保险的出现为保险开辟了新的营销渠道,为保险公司进行市场调研、更好地宣传保险产品和保证售后服务提供了方便。但同时保险公司也需要相应地对其营销模式作出调整,具体的营销模式调整可以从不同的角度来进行。

(1)从传统集中于少数同质化险种的营销模式,向个性化、多险种营销模式转变。目前我国保险市场上险种同构现象极其严重,这容易加大业务拓展的难度,导致过度竞争,不利于保险行业的健康发展。网络保险具有很强的灵活性、针对性,我们应该利用网络保险的优势积极开发新险种,满足不同客户的多样化需求。

(2)从单向的市场营销向互动的网络营销模式转变。传统的保险营销手段,如媒体广告等,只能提供单向的信息输送,客户常处于被动接受地位。网络保险的出现促进了客户和保险公司之间的互动交流。我们应该充分利用网络高效互动的新型营销方法,强调以客户为中心,从市场调研、保险产品设计到承保后的各项客户服务工作,始终要和客户保持密切联系,从而能更好地满足客户的需要。

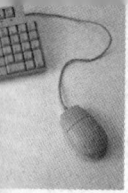
二、网络保险的发展策略

(一)网络保险的内联网和网站建设策略

内联网建设是保险公司或者中介机构从事网络保险服务的基础。完善的内联网是企业内部的网络计算机环境,通过企业管理信息系统,可以支持企业内部数据管理,支持企业部门、员工之间进行信息交流和协同工作。保险营销网站主页及其 Web 服务器的功能和作用都非常关键。首先,搭建 Web 服务器时要为站点起好名称。与品牌、商标一样,站点名称是互联网网址的标识,是访问者通往所建 Web 服务器的钥匙,要注意体现简洁易记、内涵明确和标志性强的原则。其次,恰当选择搭建 Web 服务器的方法。搭建 Web 服务器有自建和托管两种方法。自建 Web 服务器投资大,需要专线连接和专门人员维护,运行成本较高;托管 Web 服务器,即通常所说的虚拟主机,投资小,适合于规模小的保险公司。因此,网络保险的内联网和网站建设可以有不同的策略。

(1)独立建设网站的策略。选择该策略的保险企业首先要明确适合自身的网络保险发展策略。保险企业建立保险网站可以实现不同的发展目的,可以主要通过网站宣传公司和产品,也可以是通过设立网络化经营公司作为与母公司相对独立的战略经营单位。后者可以创建自身的品牌和商标。其功能是在母公司业务基础上开发出多样化的网络保险产品,以吸引一定的客户群体,开发潜在的市场势力范围。它的特点是拥有一个区别于传统业务的独特品牌,并倡导鲜明的经营理念和价值观念。明确了自身的网络保险发展策略以后,就可以购买软件包,包括保险信息发布系统、全文数据库检索系统、客户关系管理系统,培养、引进自己的电脑专业人才队伍,同时利用各种媒体做好自身的宣传工作。

(2)依托网络保险超市的策略。出于风险或自身经营能力的限制,网络保险企业可以选择具有优势互补功能的网络保险超市策略。网络保险超市是由几家保险企业联合创设的具有专卖性质的互联网站,此超市专门经营加盟保险企业的保险产品,进入超市的潜在客户可以对多个保险企业及其产品进行比较和选择,然后进行网络保险交易活动。这种策略适合生产能力很强而销售能力较弱的保险企业。

(3)利用网络代理人的策略。保险公司采取此类策略时,可以与已取得成功的网络公司建立合资经营关系,通过网络代理人来实施网络保险。网络代理人可以由互联网服务供应商充当,也可以由功能强大的搜索引擎来承担,还可以由成功运行的银行网站来实施。实施此策略后,保险企业可集中人、财、物,专攻保险产品的设计与管理,而将具体电子商务设计交由专业人士去做,从而获得高效率的承保系统、较低的日常管理成本和巨大的业务规模。

确定了内联网和网站建设策略后,就要进行网络保险系统设计,选择、配置计算机软硬件,进行网站平台建设、网络保险服务系统集成,完成网络保险系统技术支持体系的建设,从技术上保障网络保险系统的正常运行,支持网络保险的业务拓展与创新。

(二)网络保险的业务拓展与创新策略

网络保险技术平台和应用平台整合、试运行后,要推广网络保险营销主页,提供网上卖单和网络保险服务。网站要脱颖而出,商家需要注意以下几点:

(1)提高网站整体水平。保险业必须适应现代化信息技术的发展要求,认真研究电子商

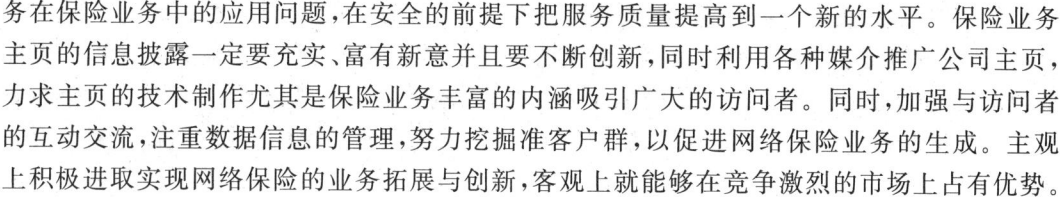

务在保险业务中的应用问题,在安全的前提下把服务质量提高到一个新的水平。保险业务主页的信息披露一定要充实、富有新意并且要不断创新,同时利用各种媒介推广公司主页,力求主页的技术制作尤其是保险业务丰富的内涵吸引广大的访问者。同时,加强与访问者的互动交流,注重数据信息的管理,努力挖掘准客户群,以促进网络保险业务的生成。主观上积极进取实现网络保险的业务拓展与创新,客观上就能够在竞争激烈的市场上占有优势。

(2)严格规范服务行为。保险当事人之间存在诸多影响因素与复杂利益关系,仅仅依靠网上运作难以支撑网络保险。要立足长远,承担行业发展的责任心,应对利用电子商务进行保险欺诈的行为。实现网上核保与网上理赔及支付等,既需要技术、资金、管理、人才等方面的支持,也需要社会公德意识与法制意识的不断强化。显然,要加快建立和完善网络保险业务,必须尽快解决目前制约该项业务发展的各种因素,如保险当事人双方之间充分、有效、及时的信息披露;理顺整个供应链上的信息流、网上安全、客户隐私保护、网上交易的法律效力;为客户提供个性化服务及为客户建立网页等。

(3)预算控制运作成本。与其他行业一样,保险业也面临着自身的经营困境。网络保险公司的经营困境和银行、证券类的金融服务公司相似,金融服务公司在客户服务和网上盈利两方面也是互有得失。银行业在提供完全的线上服务之前,同样有一段很长的路要走。纯粹的网上银行为了存活,也需先投入足够的资金。例如,1998年5月成立的美国E-surance网络保险公司,起初半年多的时间耗资近3500万美元,而业绩进展不大,陷入了进退两难的困境。经过多年的发展,该公司已经成长为一个颇有影响的网络保险公司。

(4)活跃激励营销创新。网络保险公司必须将网络营销和客户服务紧密地结合起来。公司要组织专门的人力、物力配合网络营销活动,及时对网上客户的访问和咨询做出反馈,做好营销服务工作。同时,要密切关注网上客户的需求、留言、意见和访问次数的变化情况,适时分析、及时创新网络营销。网络保险公司利用计算机网络,把它和遍布各地的客户、营销渠道联为一体,直接在网上完成从核保到核赔的业务流程。

根据网络保险的本质,要实现网络保险的业务拓展与创新,在"安全第一"原则下,营销创新策略具有核心地位,如何启动、活跃和激励营销创新呢?下面针对营销创新问题本身进行必要的策略分析。

(三)网络保险的营销创新策略

基于中国保险专业中介市场保持稳定发展,保险兼业代理业务继续调整,保险营销员继续发挥主梁道作用,网络保险的营销创新需要有一些必要的策略。

1. 深入分析保险市场的消费者行为

面临电子商务环境下保险市场,网络保险作为一种全新的营销模式,需要消费者行为进行深入分析。

(1)明确大众人群中的保险消费者。在传统保险营销理论中,保险消费者通常就是大众人群。传统保险企业的宣传、广告和营销策略是针对所有人的。在网络保险中,这种情况会得到根本的改变。那些主动上网搜寻保险产品信息的人往往就是真正的潜在保险消费者。

(2)把握消费者大范围选择比较产品的心理规律。互联网和电子商务系统具有强大的信息处理能力,为保险消费者选择保险产品提供了很大的选择余地,有利于消费者更加快捷地权衡考虑各种风险问题。对保险产品提供者保险公司来说,把握消费者大范围选择比较

产品的心理规律,设计符合消费者风险保障和投资理财需求的保险产品才是制胜之道。

(3)理解消费者的个性回归主流。早期的工商业都是将消费者作为单独个体进行服务的,个性消费是主流。随着近现代的工业化和标准化生产方式的普遍推广,消费者的个性被淹没于大量低成本、单一化的产品洪流中。现在,多数产品在数量、品种方面都得到极大的丰富,消费者获得了以个人心理愿望为基础挑选和购买商品或服务的空间。在心理学理论上,没有两个消费者的心理是完全一样的,每一个消费者都是一个细分的市场。因此,心理上的认同感已经成为消费者作出购买某品牌和产品的决策的先决条件,甚至消费者还可以主动地表达对保险产品需求的愿望。网络保险提供者必须理解消费个性化回归的主流。

(4)注重交易行为的科技依存度。一方面,随着知识、信息和电子技术的快速进步,产品更新换代加快,生命周期缩短,时尚的消费者期盼实时交付,希望在任何时间、任何地点都能完成交易。另一方面,随着现代生活节奏的加快,对消费者来说,时间和便利性已成为其购买行为的关键,大量的消费者希望能够在家里通过互联网对需要的产品和服务进行广泛的选择。人们日趋偏好通过电子手段来获取产品、服务和娱乐。网络保险的提供与消费自然就不会例外。

认识到消费者的这些新变化以及互联网固有的开放性和平等性,有利于传统保险业转变其营销理念。

2. 把脉电子商务环境下保险市场性质的动态变化

(1)网上交易虚拟化、直接化。在电子商务环境中,保险公司和客户通过虚拟网络平台直接进行保险商品交易。这种交易减少了传统保险业的许多环节,因而更加直接和自由。

(2)市场的多样化、个性化。各种保险企业在网上营造各自独特的营销模式,推出丰富的保险产品以吸引客户,使得保险市场呈现多样化和个性化趋势。

(3)市场细分的彻底化。目前保险市场的变化主要体现在保险市场划分越来越细和越来越个性化两个方面。传统保险经营在这两个方面无论怎么发展,最终还是针对某一个特定的保险消费群体。电子商务环境能把这两个方面的趋势推向极致。

(4)产品销售和交易方式的改变。传统意义的保险中介的地位减弱,直接在线保险交易的出现,以及营销的全方位化、实物操作的无纸化和支付过程的无现金化。

3. 实施以客户为中心的整合营销策略

传统的营销策略是由美国密歇根州立大学的麦卡锡(E. J. McCarthy)提出的,他将市场营销策略归纳为4P,即产品(product)、渠道(place)、促销(promotion)、价格(price)。在传统的保险市场营销中,由于技术手段和物质基础的限制,险种、费率、销售渠道、促销方式等成为保险公司市场分析和营销策略的关键性内容。4P理论的经济学基础是厂商理论,即利润最大化。因此,4P理论的基本出发点是企业的利润,没有把顾客的需求放到企业的利润同等重要的位置上,它指导的营销决策是一条单向的链。传统的营销决策过程如图7-5。

在电子商务环境下,保险公司的产品、渠道、促销、价格等方面都发生了很大的变化。这些变化又可以表现在以下主要方面:

(1)空间地域概念的弱化,每个网络保险公司都可以面对一个全球保险大市场。

(2)保险产品日趋个性化,甚至可以通过供需双方协商而特别定制。

(3)保险公司的品牌形象、产品宣传和销售渠道在网站统一集中发布。

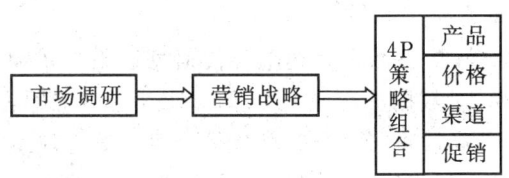

图 7-5　传统的营销决策过程

（4）实现公司成长目标后，可以更快降低商业成本从而大幅降低费率。

以上变化极其表现要求网络保险公司实施以客户为中心的整合营销策略，该策略能够真正实现企业与顾客的互动交流，其决策过程是一个双向的网络链，如图 7-6 所示。

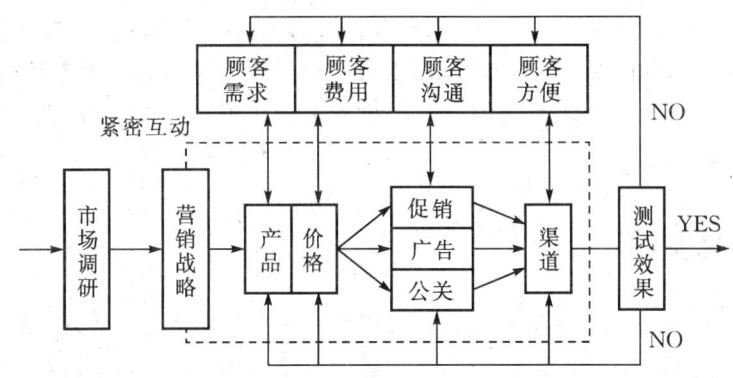

图 7-6　网络保险整合营销策略

4. 针对网络保险各服务环节灵活运用多元化营销手段

具体实施以客户为中心的整合营销策略，还得依靠市场主体针对网络保险各服务环节灵活运用多元化营销手段。多元化营销手段涵盖网络营销渠道、市场调研与数据分析方法、促销手段、网络保险产品设计、提供个性化的产品与服务等方面。

（1）网络营销渠道。与传统营销渠道一样，网络营销渠道包括直接营销渠道与间接营销渠道。但是网络营销渠道具有接触面广泛、信息发布集中便捷、对传统中介环节的依赖降低、投保手续简洁明快等方面的优点。

（2）市场调研与数据分析方法。一方面，电子化的保单有利于对客户信息的统计分析；另一方面，通过对网络交流反馈信息与交易信息的整理，有利于挖掘客户需求以便实现市场的细分。

（3）网络促销手段。目前，网络促销手段可以分为三大主要类型，即在互联网上建立的广告服务器、旗帜广告促销和站点广告促销。网络促销手段具有信息交流双向及时、广告效率高的优势。

（4）网络保险产品设计。网络保险产品设计绝不是传统产品信息的电子化，而是要设计适合于网上销售、充分体现网上成本优势的特色产品。

（5）提供个性化的产品与服务。避免传统营销中消费者在信息接受、服务感受方面的被动地位，重视以客户为中心的互动交流的个性化服务。

5. 加强顾客关系管理

顾客关系管理(CRM)就是一种充分利用现代信息通讯技术,将客户的要求、购买行为和其他信息传递到数据库,对数据进行加工处理,以求快速响应顾客需求和帮助企业中层进行生产计划安排,以及帮助高层进行经营管理决策为目的的管理系统。

对保险公司而言,CRM 所提供的功能可以归纳为三个方面,即对销售、营销和客户服务三部分业务流程的信息化,与客户进行沟通所需手段(包括电话、传真、Web、E-mail 等)的集成和自动化处理,以及对上述两部分功能产生的信息进行加工处理,产生客户智能,并为企业的战略决策提供支持。

顾客关系管理对保险公司的作用可以表述为:①提高效率。通过呼叫中心,实现客户与公司各种沟通渠道的融合,提高了信息利用的效率。②拓展市场。客户关系管理可以有助于保险公司开发个性化的产品,制定准确的营销策略,从而拓展市场。③客户服务。保险公司与客户在售前、售中和售后等各个环节都要与客户保持联系。客户关系管理使得客户可以选择多种形式与保险公司沟通,并且可以提供给客户更准确、详尽的信息,从而增加客户对产品的信息和满意度。

本章内容总结

本章从风险、风险管理与保险的关系以及国内外保险的发展背景出发,给出了网络保险概述,网络保险业务的模式、内容与流程,网络保险的运行环境与实践过程,网络保险的经营管理与发展策略,网络保险的国内外典型案例分析几个部分的内容。

(1)随着经济金融的现代化发展,风险、风险管理与保险的联系日趋紧密,动态复杂性特征非常明显。风险、风险管理与保险的基本知识与国际国内保险业发展的历史与现实是考察、研究网络保险的基础。

(2)网络保险(online insurance),也称保险电子商务,是指保险公司或新型的网络保险中介机构以现代信息技术为基础,以互联网为主要渠道,以电子商务技术为工具来支持保险经营管理活动的经济行为。网络保险在本质上既是一种全新的保险销售方式和渠道,又是网络经济背景下的一种全新的保险经营理念和管理模式。网络保险有狭义、广义两个层次,相对传统保险而言有明显的特点与优势。我国具备发展网络保险的现实基础,也受到系列因素的制约。

(3)从电子商务的角度来看,网络保险业务模式的基本类型包括企业对消费者(B2C)的网络保险和企业对企业(B2B)的网络保险。网络保险业务模式的主要表现方式则有保险公司网站、网络保险超市、网络金融超市、网络风险交易市场、网络风险拍卖市场等几种。网络保险的业务内容一般可以从两个角度进行分类:基于与保险产品交易关系密切程度不同分为基本服务、中级服务和高级服务三类;基于与保险经营管理不同环节联系差异分为在线宣传、在线销售、在线客户服务、在线客户追踪、在线业务合作几类。网络保险必须力求实现保险信息咨询、保险计划书设计、投保、缴费、核保、承保、保单信息查询、保单变更、续期缴费、理赔和给付等保险全过程的网络化,尽可能免除网下的人工程序。

(4)网络保险的运行环境包括网络基础设施、合作伙伴与主要相关部门三个方面。网络保险运行环境的技术关联体现在信息流与资金流两个方面。国际国内的网络保险的实践过程表现出基本相同的演进规律,也表现出一些明显的不同特点,包括网络保险发展经历的阶段不同,网络保险业务演进过程不同,对于客户群体的态度不同,业务创新的方向有所不同。

(5)网络保险的经营管理主要包括人力资源管理,目标确定、需求分析与市场定位,业务流程改造,网络保险的组织结构调整,网络保险的营销模式转变几个方面。网络保险的发展策略则主要包括网络保险的内联网和网站建设、业务拓展与创新、营销创新等几个方面的策略。其中,营销创新必须注意以下几点:深入分析保险市场的消费者行为;把脉电子商务环境下保险市场牲质的动态变化;实施以客户为中心的整合营销策略;针对网络保险各服务环节灵活运用多元化营销手段;加强顾客关系管理。

上机实验题

1.在互联网上选择国内外网络保险公司各一家,就成功经验与失败教训进行探讨与分析。

2.访问国内保监会等相关网站,跟踪国内网络保险的动态,了解最新成绩、问题与政策。

复习思考题

1.网络保险的业务内容可以从哪几个角度进行分类?分为哪几类?

2.就国内外网络保险的历史与现状进行简要的比较分析。

3.试分析网络保险的业务流程改造与组织结构调整的相互联系。

4.从一个具体的方面比较深入地探讨网络保险的营销创新策略。

第八章
互联网金融的创新与发展

本章内容提要

本章在讨论了互联网金融与网络金融区别的基础上，介绍了云计算和大数据技术在互联网金融领域的应用，详细分析了近年来涌现出的基于互联网的金融创新，具体包括比特币的应用、众筹、P2P等模式的互联网融资以及基于互联网的理财工具的应用。

第一节　互联网金融与网络金融的区别

一、互联网金融的定义

在本章节之前，本书都一直在用网络金融代表传统金融行业与互联网的结合，但事实上，网络金融不过是把线下的业务搬到线上来处理，金融业利用互联网技术实现其线下产品和业务的线上延伸应该和真正意义上的互联网金融还是有很大区别的。本节内容尝试着从互联网特性的角度去审视互联网金融和网络金融（网络金融亦可以理解为金融互联网）的差异。

2012年8月，谢平先生在《互联网金融模式研究》中对"互联网金融"给出了定义，他指出互联网金融在经济学上还没有一个严格的定义，它更接近于一个谱系概念。谢平先生将其定义为受互联网技术、互联网精神的影响，从传统银行、证券、保险、交易所等金融中介到无中介的所有金融交易和组织形式。互联网金融的形式既不同于商业银行间接融资，也不同于资本市场直接融资。

若要为互联网金融做出一个标准化的定义，大致可以定义为，借助互联网技术，融合开放、透明、分享、协作、互动的互联网精神，实现去中心化的资金融通、在线支付和信息中介等业务的一种新兴的普惠金融模式。

事实上，对于"互联网金融"很难下一个很精准的定义。第一，站在不同从业者的角度，很难摆脱主体思想的困扰。第二，互联网金融实际上是动态的概念，需要历史地去看待和评价。因为只有开放地去看待问题，才能与互联网的发展方向切合。第三，互联网金融与网络金融实际上是一条发展的链条。现实世界的业态主要分布在中间状态，有些可能距离理想化的互联网金融更近一些，有些可能靠近网络金融这一端，因此若要区分也只能做一个大致的判断。

二、互联网金融与网络金融的区别

如果单从技术层面区分二者,是很难办到的。互联网金融同网络金融一样,都是结合了互联网技术来实现线上金融业务处理。互联网金融可能更多地采用大数据与云计算技术,满足不同层次的客户。但是,如果仅用云计算的引入与否来判断,很容易产生误导。

事实上,是否具备互联网精神、能否以客户需求为导向并注重客户体验等要素是互联网金融与网络金融的本质区别。互联网金融与网络金融差异,更多体现于理念的不同而造成的模式不同。表8-1将互联网金融与网络金融进行了比较。

表8-1 互联网金融与网络金融的比较

比较项	互联网金融	网络金融
发展理念与思维	互联网观念、思维方式	传统观念、思维方式
管理方式	现代管理方式	传统管理方式
组织架构	相对独立,多变	附属、分支,相对稳定
客户群体	开放、年轻的客户	稳健、保守的客户
客户体验	较好:便捷、快速、互动	较差:繁琐、缓慢、单项
价格策略	免费、低价	相对高价、有资金门槛
信息透明度	对称、透明	不对称、不透明
去中介化	去中介化	中介化
导向与出发点	客户需求导向	自我、盈利导向

1. 发展理念及思维方式不同

(1)互联网金融拥有"开放、透明、分享、责任、协同、互动"的互联网发展理念,融合了互联网自身优势。例如,腾讯公司开发的余额宝业务带来的是名不见经传的基金公司声名鹊起,暗流涌动下的则是全民理财的盛大狂欢。通过余额宝交易平台,投资者直接投资于基金公司的理财产品,而不再需要通过银行中介进行投资,大大提高了投资者的投资收益。

(2)互联网金融的发展理念是全面的互联网化,而网络金融往往是将金融产品或者服务搬上互联网,是单一的、局部的互联网化。例如,网上基金超市,不仅提供包括证券投资的业务流程,还提供包括个人理财、个性化理财产品推荐等业务,而这些业务对于网络金融提供者来说还无法完全提供。

2. 导向与出发点不同

(1)互联网金融与网络金融在导向以及出发点方面存在明显的不同。互联网金融模式主要以客户需求为导向,出发点往往是去发现和挖掘客户的潜在需求、真实需求,设计和提供更多、更好的金融产品或服务,并以合适的方式将其提供给合适的客户。

(2)网络金融模式则主要以自我和盈利为导向,出发点往往是将已有的金融产品或服务推销给客户,产品无论如何定位,销售与业绩是核心关切点。

3. 标准化与非标准化方面的差异

(1)互联网金融发展初期主要提供标准化的产品和服务。对于客户来说,相对简单,易

于学习、识别、判断和比较。随后,根据用户的使用习惯,逐渐推出个性化、定制化的金融产品或服务。

(2)网络金融所推出的服务,并不以客户使用阶段和习惯作出调整,它的每一次改变,都是业务处理的需求,而非满足客户的个性化需求。

如表 8-1 所示,二者的区别更多是出于理念和核心关切点的迥异产生的,正是由于核心价值的不同,导致从组织架构到管理模式,从客户群体到客户体验,从价格策略到差异化服务都存在差异。这些表现形式的差异,直接导致经营模式、服务水平、盈利能力、生存状况的不同,最终产生的社会影响不可同日而语。

三、互联网金融与网络金融的联系

互联网金融包括三个层次,由下到上形成一个金字塔结构,这三个层次依次为交易技术、交易结构和权力契约。这三个层次存在自下而上的递进与支撑关系,如图 8-1 所示。

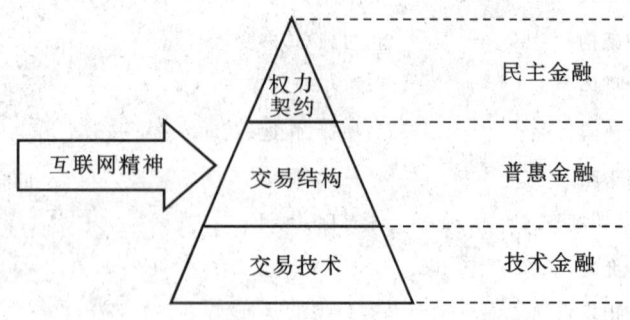

图 8-1 互联网金融的三层体系

其中,交易技术是网络金融的基础,表现为交易方式、交易渠道的变化(由线下转为线上、由实体机构转为网络平台),交易成本的节约(如业务的远程办理)和交易效率的提高(如数据审贷、自助操作等)。它是互联网金融的开端,亦是传统金融业务模式与业务渠道的网络化,继之以互联网行业对于金融业务的渗透(如网上支付、电商金融),并伴以新型金融形态(P2P 借贷、众筹融资、基金超市等)。交易技术对金融的影响直接而明显,是当前金融创新的技术驱动力。交易技术相对独立,能够在不影响金融行业格局的情况下推动金融发展,可归结为技术金融。

网络金融的交易结构显著区别于传统金融单一、集中的模式,表现为交易结构的多元化。这种多元化需要交易技术的强力支持,在没有互联网的情况下,大范围高效率的点对点服务不可想象,正是互联网的去中心化特质为金融行业的去中心化带来了可能。交易结构的多元化是互联网金融的核心层次。它承上启下,连接技术与权力。一方面,它使得交易技术的作用上升一个台阶,突破了金融创新的内在动力,展现出时代环境、新型文化对于金融行业的真正改造;另一方面,踏实的金融服务具备丰富性、易获得性、平等性和普惠性,为金融长尾问题的解决奠定了结构基础,并形成民主金融的结构支撑。从以多元化结构满足多样化需求的角度,这个层次上的互联网金融可归入普惠金融的范畴。

权力契约的变化居于网络金融的顶层,是对传统金融行业最具颠覆性的冲击。唯其影响深远,展现速度慢于交易技术和交易结构,目前主要体现于虚拟货币等"边缘"领域。但交易链的变化,必然导致权力结构的变化,随着大大小小或传统或新兴的金融力量逐渐崛起,它们对于传统金融权力的分割已成定局。金融权力的分散必然导致市场竞争的加剧,用户在此过程中同样会显著扩大自身的金融权力,尤其是大量普通人借助 P2P 融资平台等渠道同样可提供金融服务,成为未来庞大的分散化金融体系的重要组成部分,服务的提供者与使用者之间的权力契约将更加民主、平等。因此,这个层次的网络金融可归入民主金融的范畴,它不但意味着金融参与者数目的扩大,更意味着普通参与者权力的提升,如同电子商务中已经呈现明显趋势的消费者地位的反转。

对网络金融三个层次起到共同催化与推动作用的是互联网精神,如只有互联网技术,而没有分享、协作、普惠的精神,仅靠交易技术难以催生新型的交易链与主体结构;同样,如果只有去中心化的交易结构,而没有自由、平等的精神,网络金融也只能局限于普惠金融层次,虽然用户可获更多的金融服务,却无法掌握更大的金融权力,亦无法从根本上保障金融权力的长期性、稳定性和可靠性。因此,互联网精神是网络金融三个层次的共同支柱和融合剂。没有互联网精神就没有作为整体的互联网金融,只有林林总总、五花八门的技术化、互联网化金融现象,这也是我们认为互联网金融首先是基于互联网精神的根本原因。

第二节　云计算和大数据技术在互联网金融领域的应用

美国互联网数据中心指出,互联网上的数据每年将增长 50％,每两年便将翻一番,而目前世界上 90％以上的数据是最近几年才产生的,并且由于移动互联网的飞速发展,目前的网络数据中 85％是非结构化数据,它们多来自社交网络、电子商务、物联网等领域。如何加工这些海量的非结构化数据,传统软件已经束手无策,云计算的应运而生,对隐含巨大价值的数据进行"解密"工作,将推动整个人类社会进入大数据时代。

一、云计算和大数据技术的定义

(一)云计算的定义

狭义来讲,云计算是基于互联网的针对大数据的分布式计算方式,它把计算负担集中于远端服务超强计算力、超大存储空间的后台"云端",显著降低客户端的计算负担,并免去了用户的服务器软件、硬件部署与维护成本。

广义来讲,云计算的实质是一种基于互联网的服务提供方式,它既包括了物理的基础设施平台,又涵盖了平台之上的各类软件应用。通过网络访问来配置计算资源(包括网络带宽、存储空间、计算节点、应用和服务)共享存储池的能力,这些资源可以快速部署,根据所交付资源收取使用费用。

(二)大数据的定义

大数据(big data),是指所涉及的数据量规模巨大到无法通过目前主流软件工具,在合理时间内达到撷取、管理、处理,并整理成为帮助企业经营决策目的的资讯。在维克托·迈尔·舍恩伯格及肯尼斯·库克耶编写的《大数据时代》中大数据指不用随机分析法(抽样调

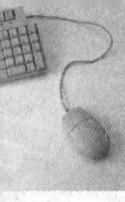

查)这样的抽样到总体的运算捷径,而采用所有数据特征抽样的穷举方法。目前,大数据的一般范围是从几个 TB 到数个 PB(1PB＝1024TB)。和传统数据不同,大数据的四个标志性特征,即容量(volume)、多样性(variety)、价值(value)、速度(velocity),这也是通常人们来形容大数据特征的"4 个 V"。根据目前互联网发展的情况,可以将淘宝网的后台服务器数据集总量 30PB(1PB＝1024TB＝1024×1024GB)作为参考标准,去判断数据集是否为大数据规模。

(三)云计算和大数据的关系

本质上,云计算与大数据的关系是静与动的关系。云计算强调的是计算,这是动的概念;而大数据则是计算的对象,是静的具体表现。如果结合实际的应用,前者强调的是计算能力,后者看重的存储能力;但是这样说,并不意味着两个概念就如此泾渭分明。从技术上看,大数据与云计算的关系就像一枚硬币的正反面一样密不可分。大数据无法用单台的计算机进行处理,必须采用云计算的分布式计算模型;而云计算也需要大数据为它提供原始数据,才能真正发挥其并行度高、存储冗余大、稳定性高的运算、存储能力。

事实上,从技术角度来看,我们称之的云计算就是将提供并行计算和分布式存储的平台同存储在平台底层的海量数据接合在一起,即云计算就是利用并行计算模型对存储的分布式数据进行处理、加工的平台。

二、云计算和大数据技术的作用

(一)大数据的作用

1. 大数据分析弥补抽样分析的缺陷

在 2006 年之前,研究个体事物规律多是通过总体特征抽样,进而通过对总体的抽样统计,得出某些个体的基本判断。比如,保险公司要计算某个人的车险保单定价,更多是通过对个体的出险因子的特征(比如年龄、驾龄、车型、年行驶里程等)进行描绘和分析,找到相关影响因子,然后根据与这些因子近似的人的行为进行总体抽样,寻找到总体的近似分布规律后再推断个体的出险分布。

云计算兴起、大数据引入后,抽样分布仍然重要,但是对事物规律的认识,已经从总体到个体发展为从个体再到个体自身。这是一个重大的认识上的突破。

2. 大数据使得一切预测变得有可能

从对总体特征抽象并抽样统计后,抽样分布是对整体中的个体预测遵循的重要标准之一。大数据的兴起,个人的行为轨迹数据通过社交网络、电子商务、物联网、移动终端网络,越来越多地被记录下,这些数据是现实世界对象(包括人)与行为的离散化、数字化投射,蕴含了丰富的信息,透过这些背后的大数据分析,个人行为很容易被预测。

3. 大数据降低长尾市场的成本

克里斯·安德森,美国《连线》杂志主编,喜欢从数字中发现趋势。他在一次与 eCast 首席执行官范·阿迪布的会面中,后者提出一个让安德森耳目一新的"98 法则",改变了他的研究方向。安德森意识到阿迪布那个有悖常识的"98 法则",隐含着一个强大的真理。于是,他系统研究了亚马逊、狂想曲公司、Blog、Google、eBay、Netflix 等互联网零售商的销售数据,并与沃尔玛等传统零售商的销售数据进行了对比,观察到一种符合统计规律(大数定律)的现象。这种现象恰如以数量、品种二维坐标上的一条需求曲线,拖着长长的尾巴,向代表"品种"的横轴尽头延伸,长尾由此得名。

"长尾理论"被认为是对传统的"二八定律"(大名鼎鼎的帕累托提出的著名理论)的彻底叛逆。过去人们只关注重要的人或重要的事,如果用正态分布曲线来描绘这些人或事,人们只能关注曲线的"头部",而将处于曲线"尾部",需要更多的精力和成本才能关注到的大多数人或事忽略。例如,在销售产品时,厂商关注的是少数几个所谓 VIP 客户,"无暇"顾及在人数上居于大多数的普通消费者。而在网络时代,由于关注的成本大大降低,人们有可能以很低的成本关注正态分布曲线的"尾部",关注"尾部"产生的总体效益甚至会超过"头部"。正如让 Google 坐上广告业头名的 AdSense 一样,它所关注的恰恰是百万计的中小型网站和个人,对于普通的媒体和广告商而言,这个群体的个体价值微小得简直不值一提,但是Google 通过为其提供个性化定制的广告服务,将这些数量众多的群体汇集起来,形成了非常可观的经济利润。

而 Google 之所以能在众多商家舍弃"长尾",从中找到盈利的解决方案,正是因为通过大数据,针对长久被主流市场放弃的"长尾"企业,实现个性化定制的广告投放方案,达到双方共赢的良性循环。

再如,对于搜索引擎的优化,使其满足服务于处于尾部的企业个体,也是搜索引擎个性化服务,满足"长尾"需求相应而实现盈利的一个例证。一个利用通用词汇"律师"进行检索到达网站访问者与一个搜索"北京商标权纠纷律师"到达网站的访问者相比,后者更加容易转化成该网站的客户。这也就是研究用户关键词检索行为分散性以及分散关键词策略的价值所在。

总体来说,满足长尾理论居于尾部的个体需求,是大数据利用潜在数据价值实现个性化定制的有效例证,消费者的行为习惯、消费需求、消费偏好、受众群体都是在满足过程中的参考指标,不单可以满足用户体验要求,还能在企业升级、工艺优化、成本降低等方面起重要作用。

(二)云计算的价值

云计算采用的是并行计算模型(多个计算节点运行相同指令操作同一数据集的不同数据段),且目前云服务提供商多采用计算迁移而非数据迁移的方式(计算迁移,迁移的数据量仅仅有运行程序;数据迁移,数据量太大,消耗资源太多),正因为计算迁移,所以云节点一般会通过高度数据冗余满足计算节点的满负荷运转状态。这些特性支撑了很多云计算服务的特性。

1. 增强数据的存储能力和可靠性

分布式存储具有内部高度数据冗余这一特点,一方面,云中部署的大量不同类型的存储设备通过软件整合可以提供强大的存储能力,满足金融业的大数据存储需求;另一方面,由于云计算高并行度,数据冗余可以提高数据的可访问性,并且冗余也提供了数据备份,可以短期内恢复宕机节点的执行任务,更好地解决了金融灾备问题。

2. 高并行度提高数据处理能力

云计算采用并行计算模型,并且采用了国际目前流行的计算迁移方法——通常仅按照

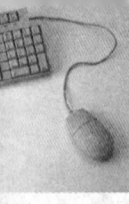

MB 计算的加工、操作数据的执行代码相较于等待加工的数据（GB，更多以 TB 计）而言，传输规模更小且传输速度更快，因此执行速度相较其他并行模型高出很多。

3. 优化资源配置，增加灵活性，提升客户体验

虚拟化技术的运用，可以更好地分割计算和存储资源。相较虚拟化技术运用后的资源分配策略，之前采用的实际资源分配存在的资源弹性差、资源共享度低、数据迁移量大等缺点。正是由于虚拟化技术的运用，使金融机构能够根据业务需求，快速调度和配置所需要的资源。云服务提供商甚至可以提供 24 小时无宕机、无错误的数据请求服务。

综上所述，在互联网金融蓬勃发展的当下，各金融机构争相拓展互联网业务，而目前开展互联网金融服务的最大瓶颈在于信息技术基础设施建设。互联网金融不仅要求金融机构的互联网服务平台具备很强的数据处理能力，同时对系统稳定性、架构灵活性、数据安全性、业务扩展性等方面也提出了很高的要求。一整套基础设施的建立需要耗费巨大的人力、财力和物力，而且建设周期长、业务变化快的特点更增加了最初系统架构的设计难度，许多寄希望依靠互联网金融获得快速发展的中小金融机构因此望而却步。通过云服务提供商，中小金融机构可以直接购买云端的基础设施服务，迅速开展业务。

三、云计算服务的层次

1. 基础架构即服务（Infrastructure-as-a-Service，IaaS）

该类云计算服务提供商通过互联网提供数据中心、基础架构硬件和软件资源，包括 CPU、内存、存储空间及网络带宽等。Iaas 使得用户能够部署和运行任意软件，包括操作系统和应用程序。用户不用理会云计算基础设施的细节，但能选择操作系统、设定存储空间、安装所需软件，也有可能获得有限制的网络组建（如防火墙、负载均衡器等）控制权。

IaaS 的核心在于虚拟化技术，包括硬件虚拟化、存储虚拟化等。虚拟化可隐藏底层的硬件架构，提供良好的可扩展性（如对于用户需要追加新的计算资源，只需要提交申请，资源管理器会分配计算资源给用户，用户无需知道资源从何而来，资源调度划拨过程对于整个资源池不会有性能上的波动，只是重新分配现有资源的使用权），形成易于维护的抽象平台。

2. 平台即服务（Platform-as-a-Service，PaaS）

该类云计算服务提供商在 IaaS 之上专门针对某个行业或者某种应用类型安装操作系统和配套软件，配置相应的环境，以方便用户根据环境进行具体应用的开发、测试与部署。用户不需要管理或控制底层的云基础设施，也基本不需要安装开发、测试与运行环境，只需要对应用程序的托管环境进行配置即可开始工作。

PaaS 的要点在于了解行业或者应用需求，为用户提供全面、稳定的关键环境和专业化工具，降低用户在软件环境搭建与维护方面的开支。PaaS 可视为一种特殊的 SaaS（软件即服务），它把应用环境（一般是开发语言和工具软件）作为一种服务提供给用户，而这个客户一般就是 SaaS 提供商。

3. 软件即服务（Software-as-a-Service，SaaS）

该类云计算服务提供商直接面对最终软件用户提供服务，用户一般通过客户端和浏览器访问服务，不需要管理和维护任何云端资源。尤其是面向浏览器的 SaaS 几乎消除了用户的全部软硬件维护负担，用户只需要直接使用浏览器访问网站形式的软件即可获取所需的各种服务。在云端软件改进或者升级时，对于用户是很难察觉的。

目前著名的平台级云服务商包括亚马逊、Google、微软等，国内则有盛大、阿里巴巴、华为等。应用级的云服务商数目众多，如网盘、云笔记、在线相册、网上地图等都属于云服务的范畴（见图8-2）。

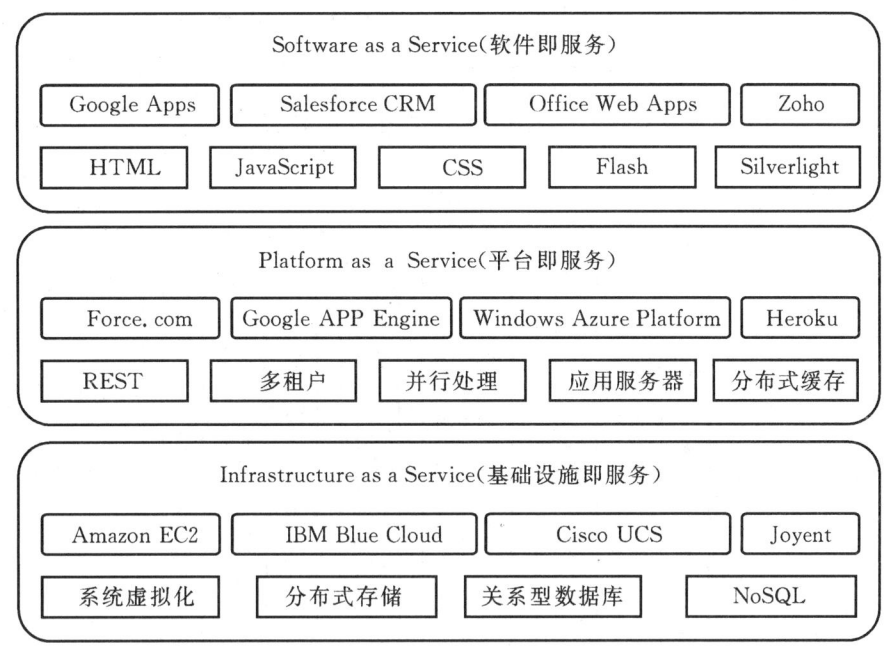

图8-2 云计算服务架构的三个层次

云计算是对传统客户端—服务器模式的一次重大革新，它的实质是计算任务的外包。用户不用自己维护基础设施、平台和软件，而是交给专业的公司去做。专业公司借助规模效应降低服务成本，提升服务质量。对于借助互联网提供服务的公司来说，云计算可有效降低运营成本，帮助企业专注于自己的核心业务。

四、云计算和大数据技术在金融领域的应用

大数据与云计算技术的结合，统称为云计算服务（见图8-3）。其颠覆了传统的计算和存储模型单一出现、结合度不高的局面。云端通过分布式存储技术，将大数据按照块存放在不同的存储节点上。IaaS层服务提供的高冗余的数据块，是整个云计算系统数据的稳定性、计算的高并行度、高的容错率的有力保证。PaaS提供标准化的服务，具有高并行度。SaaS针对客户提供无差别的、忽略后台软硬件资源的服务。

1. 大数据技术在互联网银行业的应用

大数据技术为商业银行提供了一种运营成本更低、业务更灵活的轻量级商业模式，可以摆脱对资本的重度依赖。目前存在的云服务平台类型有政府主导、全民所有的公有云，比如阳光政务系统、国税系统等；有企业主导的商业云平台（BPaaS），如银行业云服务提供商、阿里云、华为云等。商业银行需要根据自己的数据量和业务需求选择匹配的云服务模式以及

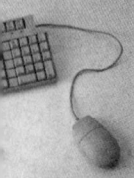

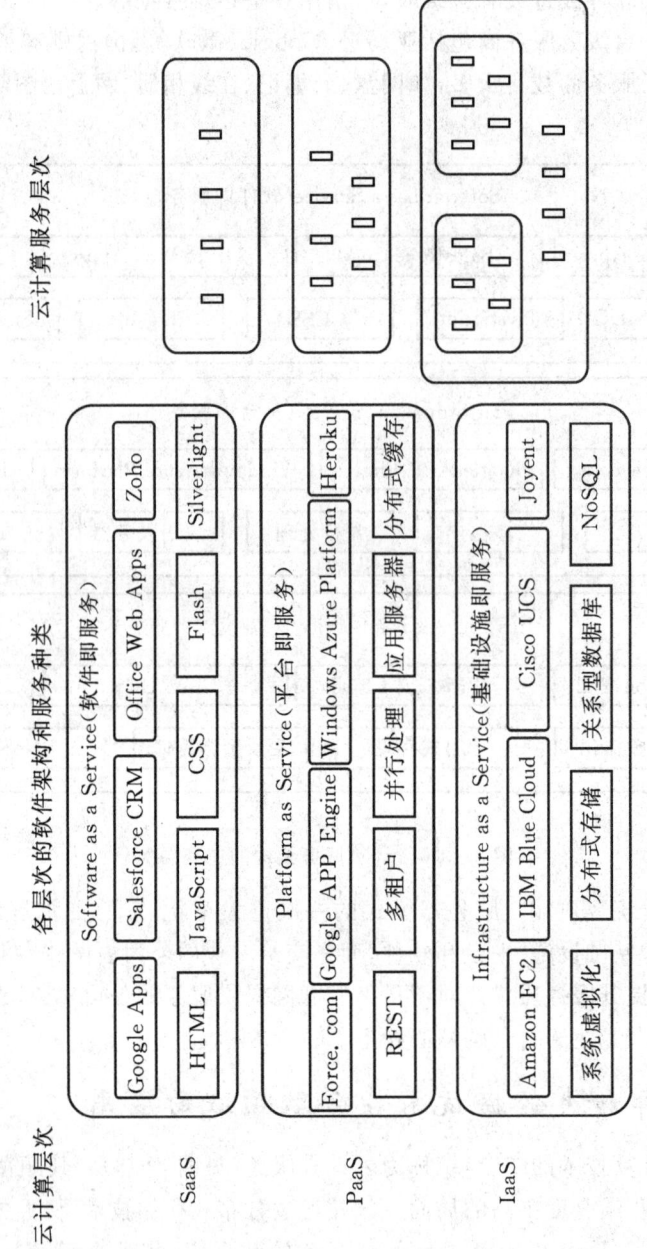

图 8-3 云计算技术服务的层次

部署方式,将大数据技术的服务价值发挥到最大。

通过 BPaaS 模式,商业银行可以从云端获取一系列标准业务流程的服务,比如记账业务、开票业务、付款业务、人力资源管理业务、风险监控业务、信息技术支持业务等。银行可以直接将这些标准化业务外包给云端服务供应商,或者向在线的业务流程专家咨询适合的业务流程解决方案,然后对企业进行业务流程再造,最终达到提高企业业务执行效率的目的。

通过 SaaS 模式,商业银行可以使用浏览器访问软件供应商提供的应用软件以及相关数据,常用的应用软件类型有财务管理、客户关系管理、企业资源规划、人力资源管理、档案管理、服务台管理等。通过云端访问应用软件比传统方式更加灵活,同时也免去了软件升级、系统兼容性等问题的困扰。

通过 PaaS 模式,商业银行可以从云端获得一整套与业务有关的应用软件、程序接口、数据库、存储资源、测试工具等。从云端获得平台服务可以帮助商业银行更加轻松地实施自定义系统的开发和运行维护工作,节省搭建庞大的服务器系统平台以及购买相应软件、硬件的开支。

通过 IaaS 模式,商业银行可以从云端购买所有的信息技术支持服务。从此以后,商业银行将不需要为信息系统建设和网络维护耗费大量资源,它们可以把业务重心放在如何为客户提供更好的产品和服务上,整个社会的资源也可以得到优化配置。

2. 大数据技术在互联网支付行业的应用

电商行业的迅猛发展对电子支付平台提出了越来越高的要求,特别是遇到大型的超低折扣活动时,消费者的买卖和支付行为更是集中式爆发,电子支付平台面临前所未有的巨大挑战。

面对飞速发展的电子商务和与日俱增的交易规模,如果没有雄厚的技术基础,服务器在面对众多网民同时操作的时候就会出现响应延迟、连接堵塞甚至系统崩溃等问题。云计算强大的计算处理能力、专业的信息安全管理、良好的系统扩展性正好弥补了传统电子商务和电子支付平台的不足,使得网上消费变得更加稳定、安全、可靠。大数据技术对互联网支付的作用包括:

(1)高效快捷。云端利用虚拟化技术,可以提供弹性资源分配。在流量大时,系统会自动增加可使用资源;在访问降低时,又会缩减资源,保持租赁服务成本处于低位。

(2)提高安全性和可靠性。大数据技术的服务提供商在互联网行业内一直处于技术的领先者地位,规避了本地技术资源的有限和存储的大量冗余,可以有较高的容错率。

(3)降低成本。相较于购买高价的硬件和软件资源,租赁云服务的价格只不过是九牛一毛。

(三)大数据技术在资本市场的应用

证券行业的后台系统往往各自为政,不能兼容和数据共享。信息的标准化与规范化更是相差甚远。基础设施的建设,硬件资源的更新周期相较于目前飞速发展的证券行业来说,已经不能提供稳定的、高效的服务,亟需技术革命的资本市场正是云计算服务的最大客户群。

(1)从证券交易所层面看,全球的交易所可以将其基础设施通过云联系在一起,并将各自的业务数据记录在公有云,从而搭建一个全球统一的交易平台,以降低交易失败概率,提高业务效率,合理利用资源弹性分配制度,减少设备等资源浪费。

(2)从证券公司层面看,大数据技术可以帮助证券公司更好地服务客户,实现以客户为中心的战略。

(3)从投资研究层面看,大数据能够及时提升证券投资交易的效率,推动定量分析的投资模式在国内的发展。

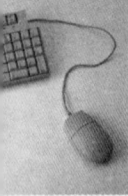

第三节　电子货币的新发展

一、比特币的起源

2008 年 11 月 1 日,一位自称中本聪的人在 metzdowd.com 上的密码学讨论组中发布了一篇题为《比特币:一个点对点的电子现金系统》的论文,该论文希望能创建一套"基于密码学原理而不是基于信用,使得任何达成一致的双方,都能够直接进行支付,从而不需要第三方中介的参与"的电子支付系统。这一系统应用密码学原理和 P2P,在无须显式第三方介入的情况下,出色地解决了数字货币的防伪造和防充足支付的问题。这意味着人们拥有一套绕过银行的数字货币流通体系。

2009 年 1 月 3 日,中本聪发布第一版比特币客户端。同日,他"创造"了一批 50 枚比特币。在此后大约一年的时间里,比特币只在极少量的密码界爱好者之间流传。比特币随后慢慢得到电子货币领域的重视,其后美国佛罗里达州的程序员把一万比特币发给一名志愿者,后者帮他用信用卡订购了两个披萨,实现了比特币历史上的首笔交易。图 8-4 显示了比特币的发展历程。

比特币价格的一路走高、大盘崩塌、重新抬高、暴涨暴跌引发了社会的热议,理论界、金融界、经济界纷纷对比特币的价值与意义展开争论。这些争论使得比特币进一步走出"数字货币"狂热信徒的小圈子,引起普通民众的关注。风险资金的涌入,推波助澜般地帮助其不仅在电子商务流域流通,而且在美国一些实体店也开始逐步接受比特币付款。截至 2014年,比特币"发行"了大约 1170 万个,总市值约为 16 亿美金。

二、比特币的原理与发行

(一)比特币的定义

比特币是一种无须显式第三方介入的防伪造、防重复支付的数字货币系统。防伪造比特币系统构造了总账本保留所有货币的所有流通信息,在交易时,对每一个货币的来源进行追溯,一直追溯到该货币被创造出来的那个时刻;每进行一次交易,就多记录一次流通信息,并在点对点网络上进行广播,使得所有节点(即使用比特币的所有计算机)都保有全部货币的全部流通信息。这样任一个节点在交易之前就可以轻松发现伪造的货币,从而杜绝假币的流通。

(二)比特币的原理

为防止同一个货币被重复支付,比特币系统采用了工作量证明法。比特币系统中的每笔交易都要向网络进行广播,重复支付就意味着多次广播了关于同一个比特币的交易。比特币网络节点将把它接收到的其中一次交易放在一个区块(一个区块包含了规定时间内的所有交易单,记为 A)进行验证,验证方法是进行一次哈希的解密计算,如果计算成功,则向全网进行广播。

验证成功之后,如果另一个节点在区块 A 的基础上完成了下一个区块 B 的验证,它就会把 B 的区块挂在 A 之后,以此类推,形成一个区块链。对于统一比特币的多次交易会形成多个区块链,最终的结果就是哪个链条最长,哪个交易就被确认为有效,其他交易则被废

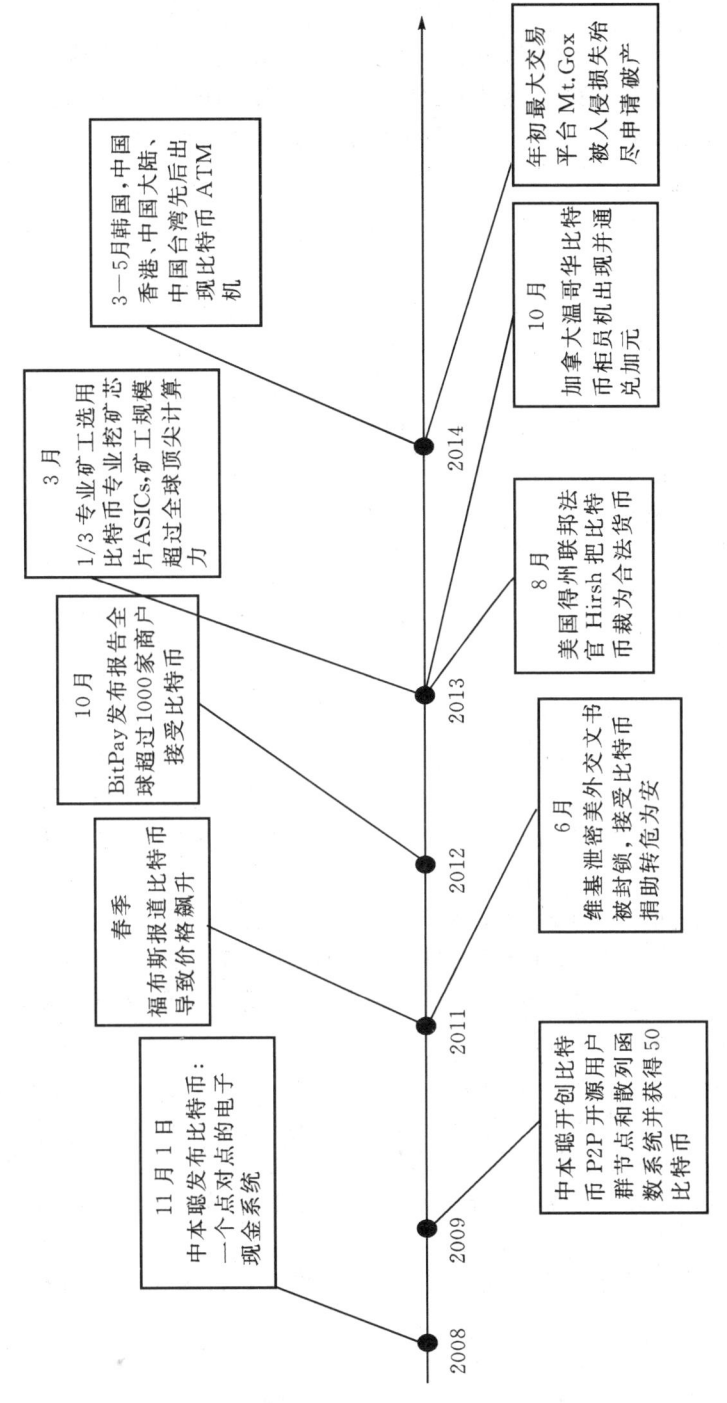

图 8 - 4　比特币的发展历程

弃。这样就确保了一个比特币无论被重复支付多少次，只能有一次有效，从而解决了重复支付问题。

在所有节点上保存全部交易记录，通过哈希的计算量对交易进行验证，两者结合起来，

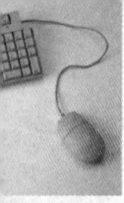

构成了一个安全、可靠、去中心化的支付系统。其本质是把集中监管的工作量交付给一个人人参与的庞大网络,网络中的所有节点都承担了监管职责。如欲伪造货币或欺骗其他用户,就是要欺骗整个网络中的节点,这需要比整个网络更大的计算能力,因此无法得逞。这为比特币从技术层面造就了核心特点,无须第三方监管的安全电子支付。

(三)比特币的发行

比特币的产生方案是一个暗含奖励机制的创造过程,"对每一个区块的第一步交易进行体术化处理,该交易产生一定数量的、归该区块创造者(也就是第一个对交易进行成功验证的人)拥有的电子货币。这样就增加了节点支持该网络的激励,并在没有中央集权机构发行货币的情况下,提供了一种将电子货币分配到流通领域的一种方法",以及"如果某笔交易的输出值小于输入值,那么差额就是交易费,该交易费被增加到该区块的激励中"。

也就是说 2009 年 1 月 3 日中本聪创建的首批 50 个比特币可视为"创世纪"比特币,它被"创造"出来之后进行流通,后续比特币通过验证"创世纪"比特币参与的交易产生,再加入流通渠道,产生滚雪球效应,从而使得比特币越来越多。

比特币由算法凭空产生,不与任何事物或现实货币相锚定,这是它最独特的地方,这一特色令其充满争论,同时也是其最迷人之处。

三、比特币的特点

1. 比特币是一种真正的"电子货币"

人们使用比特币进行转账和支付,转走的是实实在在的货币(尽管本质上这个货币仍然只表现为账单上的一个条目),而不是货币数量。这意味着用户可以把比特币钱包离线存储,同时也意味着用户的钱包文件一旦被破坏,这些比特币也就被破坏,可能永远无法找回。

2. 比特币是一种"自由"的货币

这里的自由有两方面的含义:①由于无须第三方监管,用户可自由使用比特币不需要获得任何机构的许可;②比特币具有匿名特性,用户的比特币地址只是一串符号,这串符号与用户的身份没有任何直接联系,用户亦可随时生成、启用新地址,匿名性使得用户可以随心所欲地使用比特币而不用担心泄露个人信息。

3. 比特币是一种去中心化的货币

由于没有中央发行机构,甚至没有实体发行设备,只要有人运行挖矿软件,比特币就能够被发行。这使得它的发行机构机构极为健壮,难以被破坏。除非限制网络的使用,否则任何机构都很难阻止比特币的发行和流通,也无法冻结比特币资产。

4. 比特币是一种世界货币

它没有国界的差别,转账和支付不需要经过传统金融机构,因而可在全世界范围内自由流通。

5. 比特币是一种不易监管的货币

它的设计初衷就包含逃脱监管的色彩,因此各国政府想对比特币进行监管殊为不易。比特币的匿名性和世界范围的自由流通特性也使得它容易被用户用于洗钱、黑市等非法交易,为其带来负面影响。美国政府已经把比特币列为监管对象,监管方式是强制比特币交易所注册为货币服务商,定期向财政部下属的金融犯罪执法网络报告,这就监控了比特币与美元兑换的出口,但对于不通过交易所进行的兑换,监管机构则无能为力。

6.比特币是一种完全的信用货币

由于它不与任何实物或法定货币挂钩,本身由算法产生,因而它的减值只取决于人们对它的信任程度和供求关系。如果人们信任它,迫切想拥有它,它的价值就会一路飙升,否则它就变得一文不值。价格的产生,证明了信用的价值,价格的不确定性又展现了完全基于信用的弊端,这形成了比特币价值的矛盾体。

7.比特币是一种"安全"的货币

精心设计的防伪造、防重复支付机制及大量计算资源的"记账"背书使得比特币网络很难被攻破,比特币在网络中的传输极为安全。但另一方面,由于没有第三方监管机构,钱包一旦损坏、丢失或者被盗,无人帮助用户追讨损失,这同样形成了比特币安全的矛盾体。

8.比特币是一种没有通货膨胀的货币

算法决定了比特币的总发行量为 2100 万个。全部发行完后,即使用户的需求再强烈,也没有办法再增加发行量,这就杜绝了通货膨胀的隐患。这种特性却也带来了通货紧缩的忧虑,尤其在通货紧缩的忧虑下,人们更倾向于把比特币留在手里等待升值,更不愿意把它拿出来,这会加剧通货紧缩现象。

9.比特币的转账费用低廉,正常转账无需支付任何手续费

为防止大量微额支付冲击网络,在支付额低于 0.01 时会收取 0.0001 个比特币的手续费作为对矿工的奖励。

比特币的这些特性受到支持者的狂热追捧,也容易遭到反对者的口诛笔伐,争论的焦点在于比特币的价值到底从何而来。支持者认为货币只是价值衡量物,无需政府强权的背书,因而其价值完全可以只源于人们的信任,所谓信则灵,不信则不灵。反对者则认为,比特币凭空产生,却能换到法定货币,是一个精心设计的骗局,它的价格完全由投机欲望催生,如同"郁金香泡沫"一样,只是一场击鼓传花的游戏。

这场争论短时间不会有明确的结果,比特币在这样的争论中逐渐走进现实世界,而争论的双方都容易忽视这样一个事实:比特币不仅仅是一类虚拟货币,它更重要的意义在于货币发行非国家化的实验,以及互联网直接民主的实践。

四、比特币的价值与意义

无论以后的发展道路如何,客观地说,比特币打造非国家化货币的努力已经接近成功,尽管这个成功可能只局限于特定领域和有限用户。作为一次基金的金融实验,比特币影响了一大批技术爱好者,构建了比特币社区,形成了自己的货币乌托邦。它对于技术、金融、经济、社会的影响将逐步显现。

(一)比特币验证了电子货币的技术可行性

与银行转账只改变账户余额不同,比特币转账确实把"钞票"从一个地址转移到了另外一个地址。不用经过印钞、验钞、存款、清点、搬运等一系列过程,比特币直接以电子化形式存在和流通,安全、可追踪、防欺诈。这实质上节省了价值跨时、跨地交换的成本,直指货币流通的核心。未来电子化发行的货币必然也会从比特币得到启发,或者有所借鉴。

(二)比特币创造了新型的支付体验,纯软件、点对点

你可以想象不通过任何第三方平台(包括银行、第三方支付等)把钱从一个账号转到另一个账号吗? 比特币可以做到,而且可以安全、可靠地做到。许多人把脱媒作为互联网金融

的一大要素,甚至根本特征,在脱媒方面,比特币已经远远超越任何一个金融产品,它的传输过程根本无需任何机构介入和监管,天生安全,(几乎)无法欺骗。

(三)比特币创造了全新的三方记账模式

任何一笔交易,不但交易双方的钱包中有记录,网络上还存在着一个总账本。通过这个总账本,可以追踪到每个比特币的来龙去脉,这对于未来的货币监管、捐款监督、信用评估都具有重要价值。

(四)比特币重构了社会契约

自由本位的货币(包括目前所有的法定货币)本质上是一纸契约,政府低成本印出的每张钞票代表着其与持有者签订的一份价值合同,这个合同名义上以政府的信用为担保,实质上以政府的强制力推动执行,因而是一种强力契约。个体既无选择的余地,亦无对抗的能力。在国际范围内,作为硬通货的美元则是美国政府与所有国家国民签订的强制契约,它直接赋予美国政府在全球范围内的铸币权,导致了"美元是我们的,美元的问题是你们的。"

而在比特币的世界里,一切依赖于计算机的民主投票。这是一场民主的金融权力诉求,不仅仅是我们努力的结果,这是互联网金融时代送给全人类的一份礼物,无论它今后是否能真正地成为流通货币,它都远比所带来的交换价值更有意义。

第四节　互联网融资的应用与发展

一、互联网融资的基本概念

融资(financing)是指为支付超过现金的购货款而采取的货币交易手段,或为取得资产而集资所采取的货币手段。融资通常是指货币资金的持有者和需求者之间,直接或间接地进行资金融通的活动。

互联网融资是指通过互联网把闲置资金与融资需求这一供求信息在比传统融资市场更大范围的空间内进行匹配,进而产生了网上直接融资这一全新的融资模式。在这一模式下,资金的供求双方无需融资中介的介入,通过网络完成要约。

互联网服务器中,存储有大量的个人信息,以用户个人的消费水平、消费额度记录、收入状况、还款能力等数据建立透明的个人信用评价系统,不但很好地解决了作为金融市场融资的核心关切问题,更增强了人与人之间的信任。这也为互联网金融时代无抵押、无担保融资提供了可行性。

通过互联网的参与,目前资本市场上的融资模式开始向金融脱媒方向发展,无论是 P2P 借贷,还是众多互联网巨头推出的 B2C 平台,又或者是股权认购与否的众筹模式,都是互联网响应资本市场破坏性需求的一种变革,它来势凶猛且不可逆转,是一次互联网对金融行业的重大改革,对中小企业乃至整个地区、国家的经济都有较大的影响。

二、互联网融资的 P2P 模式

(一)互联网 P2P 融资模式的定义

P2P 是 person to person 的缩写,是指人与人之间直接对接。P2P 外延已经成为一个金融词汇——P2P 借贷(person to person lending 或者 peer to peer lending)。

根据银监会与小额信贷联盟的公文,P2P借贷的中文官方译名为"人人贷"。P2P借贷的定义是资金的供需双方在特定的网络环境中建立直接的借贷关系,网络中的每一个参与者都可以发起,通过各国网络进行信息流通交互,建立一定的规则,对金额、期限、风险、利率等因素进行匹配,签署具有法律效力的电子合同。

(二)互联网时代 P2P 融资的发展状况

1. 互联网 P2P 融资模式的发展状况

P2P网络借贷平台这一商业模式最早出现在英国。2005年,理查德·杜瓦、詹姆斯·亚历山大、萨拉·马修斯和戴维·尼克森四位年轻人共同创办了一个平台网站——Zopa,为有资金需求和闲置资金的个人及小型企业提供了一个互助平台。该网站当年3月在伦敦正式上线运营,被认定为全球首家P2P网络借贷平台。2006年,美国出现提供类似服务的 Prosper Marketplace。2007年,我国首家P2P网络借贷平台"拍拍贷"正式上线运作。这种借贷方式由于其便利性和灵活性,迅速在全球范围内得到广泛复制。

我国对于P2P借贷的追捧热度超过了全球任何一个地方,2009年年末,中国的P2P借贷公司共有9家,截至2013年9月末,这个数字已经超过了500家,整个行业进入快速扩张阶段。

经济越发达的地区,P2P平台发展得越迅速,广东、浙江、北京三地的P2P借贷企业数量超过了全国P2P平台总数的50%(见图8-5)。

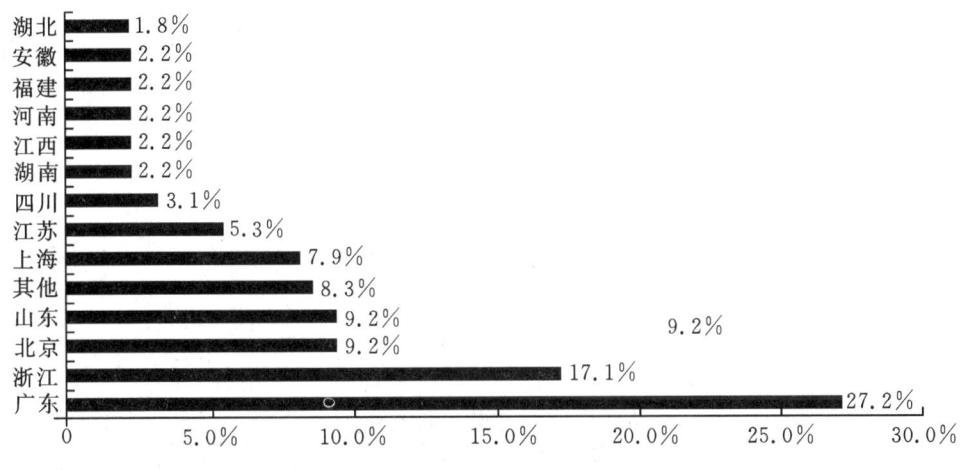

图 8-5 截至 2013 年 10 月我国 P2P 借贷企业地区分布

2. 互联网 P2P 融资的意义

P2P借贷的诞生,并不是一个新鲜实物。社会化分工带给人类的宝贵财富使人类开始懂得交换,从开始的以物换物,到现在的资金与债券交换,本质是相同的。在互联网时代之前,P2P借贷作为一种民间借贷方式已经长期存在,但是受自身局限性的限制(范围限制、心理限制、隐私压力等),P2P借贷一直不能健康、有序地增长性发展。虽然其长期存在,但始终不是资金借贷的主流渠道。

互联网的出现为P2P借贷破除信息不对称困局,闲置资金流出单纯社交圈,借贷范围显著扩大以及消除隐私压力带来了可能。

与传统金融行业相比,P2P行业基数规模并不大,但是年增长速度却超过300%。究其

发展原因,有如下几个方面:

(1)细分市场的需求。针对客户群体细分需求,小微企业客户往往地域分散、贷款需求"短小频急"、缺乏良好担保抵押。从个人消费贷款和个人经营贷款来说,同样有高成本低效率和风险不确定问题,金融机构(尤其是银行)很难开展细化业务满足贷款需求。

(2)利润和成本空间的吸引。以银行为代表的传统金融机构无法满足大量的小额社会性借款需求,存款利率管制的现状无法满足存款人更高的利息收益需求,钱多和钱少并存是我国社会经济活动中的一个比较突出的问题。一方面是大量资金无处可去,只能获得远低于通货膨胀的存款利息;另一方面是大量的个人和小微企业缺钱,以极高的利率到处借钱。

(3)准入门槛较低、无特殊监管。P2P借贷公司的注册资金从100万元到5000万元不等,而根据2014年初的新闻报道,10万元即可开办一家P2P借贷公司,各种民间借贷也以P2P的形式改头换面出现。

(4)互联网技术、数据挖掘技术和信用体系的必要支撑。大数据、虚拟化、云计算等互联网技术的普及与全面发展,从信用审查,到资金交付,所有的环节都可以交给互联网技术完成。

P2P借贷模式提供了新的融资渠道,缓解了小微企业贷款难的困局,填补了正规金融服务的空缺。而随着客户互联网使用习惯的成熟和P2P平台自身实力的加强,行业将继续"爆炸式增长"。

(三)互联网P2P融资模式的原理

就起源而言,P2P借贷属于金融脱媒。个人借贷的传统途径是通过银行等金融机构来实现,个人将存款汇集到银行,然后银行作为媒介寻找借款人并放款(见图8-6a)。而作为中间服务方——P2P借贷平台(见图8-6b),其为P2P借贷的双方提供信息流通交互、信息价值认定和其他促成交易完成的服务,但不作为借贷资金的债权债务方。具体服务形式包括但不限于借贷信息公布、信用审核、法律手续、投资咨询、逾期贷款追偿以及其他增值服务等。有些P2P借贷平台事实上还提供了资金中间托管结算服务,仍然没有逾越"非债权债务方"的边界。

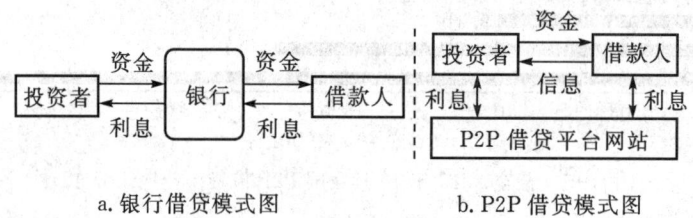

a.银行借贷模式图   b.P2P借贷模式图

图8-6　两种借贷模式对比

(四)互联网P2P融资模式的借贷流程

整个借贷过程中有三个基础参与方,即借款人(筹资者)、P2P网络借贷平台、出借人(投资者),借款人和出借人都必须注册为平台会员,提供基本信息以获得放款或者借款资格,网络平台仅公布注册账号信息,以保持借贷双方的匿名性。以人人贷网站的P2P借贷流程为例(见图8-7),具体的借贷流程如下:

当资金需求方通过P2P借贷平台发布资金需求信息,平台审核通过后,于借款列表展示借款人信息及需求金额;投资者通过查找借款列表信息,选择合适投资人,进行竞标投资,中标者账户资金转入平台监管账户,投资者获得出资凭证;在融资需求期限截止日期前,平台转款进入借款人账户;到期后借款人还款,平台收取手续费、资产管理费用,出资人收取本金与利息。

图 8-7　人人贷网站的 P2P 借贷流程

参与 P2P 借贷各方在借贷关系形成过程中的主要行为和关系如表 8-2 所示。

表 8-2　P2P 借贷基础参与方的主要行为和关系

步骤	P2P 网络借款平台	借款人	出借人
第一步	制定一定规则	提交信用审核材料,明确借款需求要素	注册成为平台会员
第二步	审核	等待资金对接	筛选符合自己风险收益、偏好的借款需求
第三步	确定借款利率	签订电子合同	签订电子合同
第四步	办理放款手续,签订电子合同并收取相关费用	收到款项	投资成功,等待放款
第五步	监督还款及各类费用支付,追讨违约项目	分期或者到期偿还	收回投资

在借贷行为实现过程中,为更好地搭建平台以吸引更多的参与者,在基础参与方之外,P2P 借贷平台还引入对资金流转提供清算和结算服务的银行或者第三方支付机构,提供建立风险评级体系的各类信用机构、监督管理机构,有的还引入为资金安全提供担保的服务机构,以及聚集了众多融资需求资源的各类组织、机构和平台(见图 8-8)。

(五)P2P 融资业务的核心基础——信用评价

从国内 P2P 网贷平台的收益率水平来看,其普遍在 15% 以上,且不同模式之间收益率水平相差不大,远远高于银行存款或其他理财产品的收益水平,这主要体现了投资者对于网

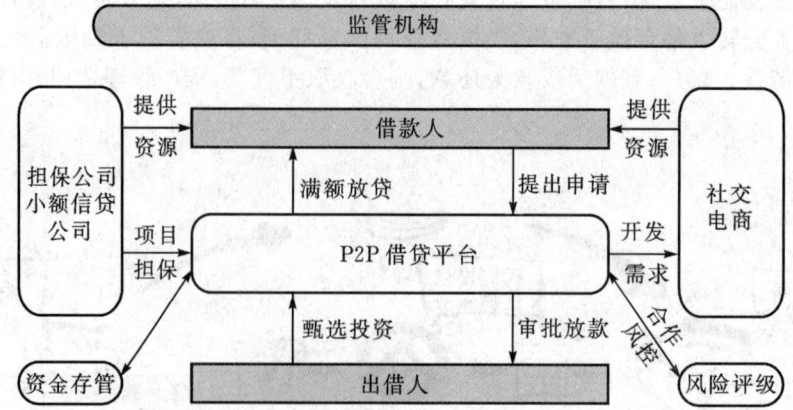

图 8-8　P2P 借贷产业链及流程示意图

络借贷平台风险所要求的溢价。利率的刺激是借贷产品的核心因素,也是 P2P 快速增长的原动力。但是若要 P2P 融资模式能长久发展并获得成功,其重要的支撑就是信贷业的信用评价体系,借款人的信用评价是整个 P2P 融资业务的最核心基础。

借款人的信用水平由多种因素综合决定,其中个人信用记录最具权威性。个人信用记录的基本内容主要有自然人的身份证明和个人社会档案、个人社保、个人账户和收入来源、个人可支配额用于抵押的资产等组成。美国有专门的商业化的个人征信机构,个人征信系统已被广泛运用于企业的营销活动中。我国的全国性个人信用信息基础数据库属于央行,只对各国有商业银行、股份制商业银行和城市商业银行开放联网查询。P2P 网络借贷平台没有权威渠道获得较为完备的个人信用记录,所以一些较大的 P2P 平台已经通过各自的不同手段在逐步完善征信和评级,比如房产抵押和实名认证、线下沟通、保险担保、与国外征信公司合作等方式,来提高平台的信誉度,尽量减少违约问题。然而,信用评级系统本身并非是一日之功,尤其是个人信用评级更是难上加难。

在美国常采用 FICO 评分方式来完成个人信用的评定。FICO 是美国个人消费信用评估公司开发出来的一种个人信用评级方法。其基本原理是利用 FICO 信用分模型计算消费者的信用分。FICO 信用分模型利用高达 100 万的大样本的数据,首先确定刻画借款人的信用、品德,以及支付能力的指标,一般来说客户的信用偿还历史占 35%,信用账户数占 30%,使用信用的年限占 15%,正在使用的信用类型(分期付款、消费者融资、抵押贷款)占 10%,新开立的信用账户占 10%。将借款人过去的信用历史资料与数据库中的全体借款人的信用习惯相比较,检查借款人的发展趋势是否跟经常违约、随意透支,甚至申请破产等各种陷入财务困境的借款人的发展趋势是否相似。从而确定该借款人的信用违约风险。

(六)P2P 融资模式的案例分析

1. 英国 P2P 融资平台 Zopa 的案例分析

(1)Zopa 的运营模式。

P2P 融资的行业典范是 P2P 借贷平台鼻祖 Zopa,目前是英国最大的 P2P 网络借贷平台。作为一家仅有 45 名员工的企业,截至 2013 年 10 月,Zopa 的累计放款额已达 4.09 亿英镑,单月放款额突破 2000 万英镑。

早期的 P2P 借贷公司都采用竞标模式形成贷款利率。在这种模式中,借款活动的发起人是借款人。借款人首先提出借款需求,在网络平台上发布借款列表。平台信用审核,展示借款需求。经过平台审核后,出资方根据个人收益预期和风险偏好筛选标的。多个出资方可对同一标的投标,依据时间优先和价格优先原则达成一致的借贷利率。最后完成招标和展示,收取管理费和服务费。

Zopa 则更改了早期的 P2P 运行策略,其运作方式是 Zopa 向借款人提供 3 年期和 5 年期两种贷款,利率水平由借款人的信用等级决定,借款资金按月偿还,可以提前还款且不收取任何违约金或者罚息。与贷款的期限匹配,投资者也可以进行 3 年期或者 5 年期投资,Zopa 在后台把投资者的资金分成 10 英镑一份,根据投资者和借款人信用等级的要求,分散到风险不同的一揽子借款人。投资者每月都会收到还款,投资者获得的收益是一揽子借款人偿还的、扣除了 Zopa 收取的费用和预估的坏账(有一部分交给"安全保护基金")之后的金额。为保证风险被有效分散,Zopa 建议客户至少投资 2000 英镑,这样资金可以被分配到200 个以上客户手中。若借款人未能按时还款,将有"安全保护基金"向投资者先行垫付。投资者可以提前支取资金,但要给 Zopa 支付 1％的费用,Zopa 的"快速回款系统"会在 3～5日内将资金退换给投资者。

Zopa 的收益主要包括以下内容:

①向借款人收取的手续费,包含在借款人支付的利率当中,在借款请求获得成功后立即支付,手续费高低与借款人的信用有关;

②向投资者收取的每年 1％的管理费,这笔费用在借款人还款时收取。

(2)Zopa 的信用评级体系。

Zopa 以信用评级机构 Equifax(艾可飞)公司的信用报告作为参考,为贷款风险评估划定级别为 A＋、A、B、C 和商业贷款五个级别,而且其目标客户群定为在坏账率仅有 0.2％的A＋级,目前其 80％的客户为 A＋。

(3)Zopa 的安全保障策略。

在英国,仅有保险公司有资格开展担保业务,所以 Zopa 并没有针对投资人的借出款项担保,但它建立了能降低投资人违约风险的安全保障策略。其设立了安全保障基金。安全保障基金是在贷款人不能按时还款时,先行将本息垫付给投资者,并获得向借款人追索还款的权利,其资金来源是向各个借款人收取的风险准备金。借款人的风险评分越低,风险准备金的比例就越高,如果评级良好,就可以少承担一些风险准备金,最值得称赞的是,Zopa 放弃了对基金的监管权力,而请第三方理事会监管,只用作偿付出借人损失。

2. 中国 P2P 融资平台拍拍贷的案例分析

(1)拍拍贷的运营模式。

拍拍贷成立于 2007 年 6 月,公司全称为"上海拍拍贷金融信息服务有限公司",总部位于上海,是国内首家 P2P 纯信用无担保网络借贷平台,同时也是第一家由工商部门批准,获得"金融信息服务"资质的互联网金融平台,现有员工 800 余人。截至 2013 年底,注册用户超过 200 万人。拍拍贷的最大特点在于采用纯线上模式运作,平台本身不参与借款,而是实施信息匹配、工具支持和服务等功能,借款人的借款利率在最高利率限制下,由自己设定。

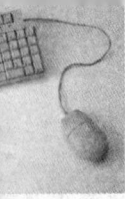

其采用的运作模式主体仍旧是竞标模式。其修改了少数细节,有效提高了违约成本,间接保证了出借人的利益。拍拍贷对投资者不收取费用;对于借款人,借款期限在 6 个月(含)以下,借款成功后收取本金的 2%;期限在 6 个月以上的,收取本金的 4%;不成功则不收取服务费。第三方支付平台需要收取充值服务费和取现服务费,一般按笔数收取 3~10 元不等。在某些认证过程中,拍拍贷会通过第三方进行认证,并代收第三方指定费用。此外,如果借款人逾期,出借人收回全额罚息、利息、本金后,拍拍贷再按照每天逾期本金的 0.6% 收取催收费用,由拍拍贷奖励积极参与催收的出借人或者补贴催收成本。如果借款人逾期超过 60 天,拍拍贷把对该笔借款所收的成交服务费按比例如数补偿给出借人。借款人还款后,网站将从出借人那里收回这笔费用。

(2)拍拍贷的信用评级体系。

拍拍贷并没有采用评价技术外包手段,其依靠公司现有技术来完成 70% 的信用审核工作。拍拍贷的审核系统对接了公安部的全国公民身份信息中心、教育部的学历信息中心、法院诉讼数据中心及各地的工商信息中心等,这些可靠信息源是信用审核的基础。对于每个借款人,拍拍贷现在已发展出 2000 个数据维度。拍拍贷的信用体系分为 A(分数区间 126~150)、B(101~125)、C(76~100)、D(51~75)、E(26~50)、HR(0~25)六个级别,分数越高,表明信用等级越高,相应的贷款成功率也就越高。信用等级也影响借款人的借款额度。

(3)拍拍贷的安全保障策略。

拍拍贷主要采取"本金保障"策略。2011 年 7 月,在全行业走向担保模式的情况下,拍拍贷也推出"本金保障"策略来吸引更多的投资者。具体内容是对于同时满足通过身份认证、成功投资 50 个以上(含 50 个)借款列表(同一列表的多次投标视为一次)、每笔借款的成功借出金额小于 5000 元且小于列表借入金额的 1/3 三个条件的投资者,当列表坏账总金额大于收益总金额时,拍拍贷将在 3 个工作日内赔付差额。投资者要得到本金保障并不容易,要花费大量的时间来筛选可信借款人,再进行多次小额而分散的投资操作。拍拍贷作为目前中国极少数不提供担保的 P2P 借贷公司,它在与投资者签订的电子合同中明确注明,平台对收益及本金不提供任何形式的担保,一切风险由投资者自己承担。

三、互联网融资的 C2P 模式——网商贷

(一)网商贷的商业运作模式分析

网商贷是业界对阿里巴巴推出的 C2P 借贷的形象称呼,事实上,网商贷是阿里巴巴旗下两家小额贷款公司——浙江阿里巴巴小额贷款股份有限公司和重庆阿里巴巴小额贷款股份有限公司推出的针对国内小微企业数量众多、融资需求频率高、需求额度小的实际特点,建立以"网络、数据"为核心的小额贷款模式,俗称阿里小贷。在放贷规模、贷款方式、社会影响力等方面,网商贷都堪称业界翘楚。

阿里巴巴以其平台上的中小企业数据库和信用记录等电子商务行为数据(包括商品发布、销售数据、供应链情况及客户评价等信息)为信用依据,通过交叉检验技术和第三方验证确认客户信息的真实性,将客户在电子商务平台上的行为数据映射为个体的信用评价,使得大批量向小微企业发放"金额小、期限短、随借随还"的小额贷款服务成为可能(见图 8-9)。

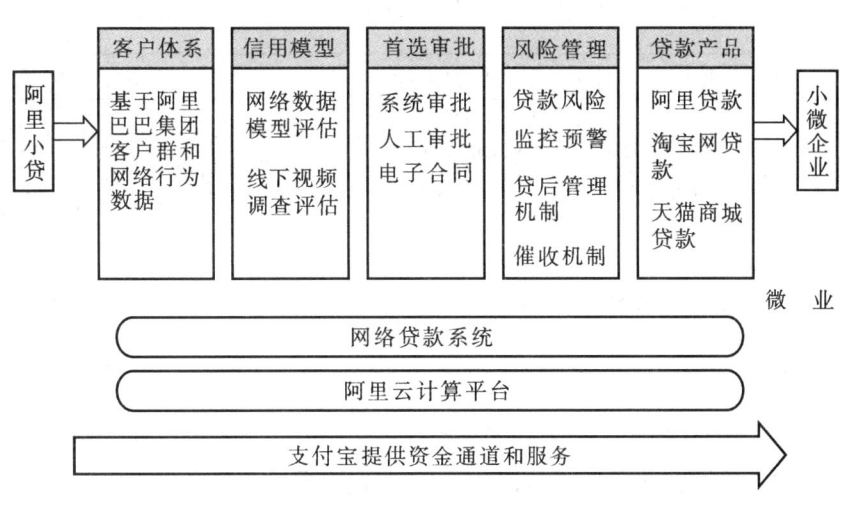

图8-9 阿里小贷运作模式

针对不同客户类型,网商贷在审核流程、审核条件,乃至最终提供的贷款金额上均有差异。目前网商贷仅对阿里巴巴集团旗下B2C(包括淘宝网和天猫商城)和B2B(包括阿里巴巴诚信通和中国供应商)平台上的小微企业提供贷款服务。B2C平台的客户可以获得订单贷款和信用贷款,此类贷款占到贷款总额的80%左右。订单贷款是一种应收账款质押贷款,为淘宝网、天猫商城的卖家解决短期资金周转难题,最高可贷100万元。其流程是卖家根据已发货订单申请质押贷款,网上操作3分钟即可获得贷款,按日计息,并在确认收货后由系统自动完成还款。信用贷款是以卖家在淘宝网、天猫商城的网络交易数据、行为数据作为信用评估依据,完全线上操作,贷款额度最高为100万元,贷款期限最长6个月,按日计息,随借随还。网商贷为B2B平台客户提供阿里信用贷款,这类贷款占比20%。阿里信用贷款是为阿里巴巴诚信通、中国供应商等付费会员提供的无抵押无担保贷款产品,其主要放贷依据是会员在阿里巴巴平台上的网络数据,以及贷前调查团队通过视频调查交叉验证得出的企业及企业主综合评价,随后给出贷款授信额度,一般为5万~100万元(一次授信可循环使用)。阿里信用贷款的申请略微复杂,条件包括会员注册时间、企业销售凭证、法人代表的身份认证等8类条件。表8-3列示了阿里网商贷两种贷款类型的比较。

表8-3 阿里网商贷贷款类型比较

	淘宝网、天猫商城平台小贷(80%)	阿里巴巴平台小贷(20%)
平台类型	B2C平台,为淘宝网和天猫商城提供订单贷款和信用贷款	B2B平台,为阿里巴巴上的企业客户提供信用贷款
贷款额度	订单贷款:贷款额度较小,最高额度为100万元,贷款周期30日 信用贷款:贷款最高额度为100万元,周期6个月	信用贷款:门槛为5万~100万元,贷款期限为1年,2013年起,试点最高300万元

	淘宝网、天猫商城平台小贷(80%)	阿里巴巴平台小贷(20%)
贷款方式	解决燃眉之急的贷款,审核通过即打入客户支付宝账户	循环贷:获取一定额度作为备用金,不取用不收利息,随借随还 固定贷:获贷额度在获贷后一次性发放
收费模式	利息收入 订单货款:日利率0.05% 信用贷款:日利率0.06%	循环贷:日利率0.06% 固定贷:0.05%

(二)网商贷的优势

针对自有平台用户提供小额贷款服务,阿里巴巴有着其他平台无法比拟的优势,首先借款人的资料信息,可以通过淘宝或者阿里巴巴后台数据库获取,对其个人包括企业的历史交易记录、个体信用状况,甚至包括其参与活动、广告投放、消费者反馈都可以具体量化,从而完成小微客户信用评级分层。

更具优势的是,阿里小贷的客户评级并不影响客户的贷款利率水平,主要是影响贷款额度。比如"五星"(淘宝网卖家分级标准之一)的贷款额度是500元,"一钻"的贷款额度升到2000元。互联网的基因和技术使阿里小贷在2012年的不良贷款率仅为1.02%,同期中国整个银行业的小微企业贷款的不良率为5.5%~6%。

(三)网商贷的C2P模式与P2P模式的区别

C2P与传统的P2P借贷公司的最大区别在于其资金来源是非个人投资者。阿里的贷款都是阿里小贷公司先用自有资金放款,然后对小贷资产进行证券化转让。这实际上已经实现了监管要求下的证券化,同时出现了非常明显的投资者机构化的趋势。阿里小贷提供的融资金额按照规定是区区16亿人民币,但是目前其投放的金额已经达上百亿,把贷款打包成信托产品、证券化,甚至从联合发售的货币基金——余额宝,获得融资也不无可能,预示阿里小贷的大时代已经来临。

四、互联网融资的众筹模式

(一)互联网众筹融资模式的定义

"众筹"是英文crowdfunding一字的中文翻译,意思是汇集多人的投资力量,支持他人的奋斗和努力。crowdfunding的概念源于crowdsourcing(众包),后者的意义更加宽泛,是指一个人通过接受并协调来自多方的零散贡献达成自己的目标。众筹可视为众包概念在筹资行业的具体化,通过接收来自多方的零散投资为一个具体的项目或尝试提供资金;众筹也可以是通过向大量投资者销售股权来为公司(一般都是新成立公司或即将成立的公司)筹集资金的行为。

2000年初,Artist Share的出现被公认为是首家众筹网站,此后众筹网站就如雨后春笋般层出不穷。随着模式分化和数量增长,众筹行业越来越表现出多样化和差异化,出现大量基于不同行业细分、不同地域细分、不同产品细分、不同主题细分的差异化平台。另一方面，各种众筹平台的增加也推动了众筹项目范围的扩大和数量的快速增长。目前，全球的众筹项目已经扩展到艺术创作、生活创意、科技设计、产品定制、生活救助、医疗救济、学费筹集、旅游筹资、研究筹资、互动筹资、天使投资、股权投资等领域，无所不包。

（二）互联网众筹融资模式的分类

众筹平台按不同的分类标准可以划分为不同的类型。

按照众筹平台的项目来源和定位为标准，平台可分为两类，即综合型众筹平台和垂直型众筹平台。综合型众筹平台不针对特定某些行业，可以为多类型目标筹集资金；垂直型的众筹平台主要针对特定的类别或行业的项目开展众筹活动。

以众筹平台项目的投资回报是否主要采取股权方式，可分为股权众筹和非股权众筹平台。

根据股权众筹是否包含领头机制，可以分为领头式股权众筹和非领头式股权众筹。领投机制是指在少数对项目所在领域有相对丰富经验的投资人指导和带领下，其他跟投人一同对企业进行投资的众筹模式，比如，国内的大家投和天使汇都包含领头机制，都可认作是领头式众筹平台，而美国的 Funders Club、英国的 Crowd Cube 则属于非领头式股权众筹平台。

（三）众筹模式的优势

和传统的银行融资、证券融资以及天使投资、风险投资等模式相比，众筹模式有自身的优势。

（1）众筹模式提供了一种成本低廉、流程简单的融资模式。对于传统创新者和创业者来说，他们往往拥有优秀的创意，却缺乏实现资金。而热衷于创新与创业投资的普通人往往缺乏相关信息渠道，使得投资需求无法与融资需求对接和匹配。众筹平台为项目提供低成本或者零成本的资金。

（2）参与门槛低。对于项目发起人的资质，众筹平台的要求很低，而且申请过程比较透明、简单。

（3）可以提供市场调研功能，并且项目可以获得众人推广。对于不缺乏资金的项目发起人而言，如果想要了解市场对于研发的新产品的需求情况，众筹平台就是一个很好的选择。通过非常廉价的产品展示以及和关注者进行互动，就可以获得相对真实的市场潜在需求信息，并且从本质上讲，抛开对项目的监管，众筹平台就是一个 SNS 平台，除去融资功能，还有众多参与者的免费市场推广作用。"我们的咖啡厅"是一个天使汇发起的众筹项目，结果200 位股东提供的社会资源，使得这家咖啡店的营收远超预期。

（四）非股权众筹模式分析

1. 非股权众筹的运作模式

非股权众筹业务的概念相对清晰简单，比较容易理解。非股权众筹项目参与主体中，除众筹平台外，还有项目发起人、项目支持人和第三方支付机构。

其中，发起人按照众筹平台项目上线要求，提供项目说明和宣传资料，包括文字、图片、语音、视频等。项目支持人只要拥有第三方支付账户就可以完成项目资助。第三方支付机

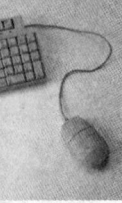

构在整个众筹项目中起到划款的作用。对于国内现阶段的非股权众筹平台而言,第三方支付机构往往只是项目支持人款项划入众筹平台的募集账户的工具。对于国外非股权众筹平台而言,第三方支付机构的作用相对较大。第三方支付机构一般会为募集项目设定专门的托管账户。项目发起人被允许上线募集资金,那么众筹平台一般是把募集款项划入第三方支付机构设定的专门托管账户。一般而言,若募集成功,第三方支付机构扣除相关费用后,将托管账户剩余募集款项划入或分批划入项目发起人的账户。若失败,则会按要求把账户内的募集资金退回资助者的账户。

非股权众筹项目的回报形式多种多样,有物质层次的,也有精神层次的,可能是一个回报,也可能是回报组合。莫扎特、贝多芬在内的大量艺术家也用类似的方式为自己的工作筹资,为了回报定期捐助者,这些著名艺术家也会向他们提供作品的早期版或特别版。由此可见非股权众筹的回报方式是经过历史长河考验过的。

2.非股权众筹的融资程序

(1)筹资准备。众筹平台审核发起人提交的项目是否符合规范、资料是否齐全,必要时会和发起人进行互动,并给出建议。审核材料包括项目的介绍材料、项目期限设定、项目筹集金额设定、回报内容设定等。

(2)筹资活动的展示和互动。众筹平台会把通过审核的项目按照类别的展区,供他人了解,必要时会和发起人发起一个互动,让其他人更加深入了解项目价值和意义。

(3)筹资活动的事后督促。在项目众筹结束后,如果募集成功,平台除了安排资金的划款或让第三方划款外,还需要督促回报的兑现。如果期间项目未能如期完成,需要在平台上及时公布进展状况,并解释原因。如果回报是产品形态的,平台往往会承担一个监督和质量检验的角色,当然平台一般不保证项目能够有效完成。

非股权众筹平台一般是根据募集的金额和募集的状态进行收费。不同平台的收费规则也存在较大差异。由于部分非股权众筹平台引入第三方支付机构来完成划拨工作,便于提高平台的透明运作水平,最终取得更佳的信用和更多的支持。

发起人融资成功有两点十分重要:一是发起人要选择一个适合项目;二是发起人要对众筹活动有充分的准备,并设定合理的众筹目标。

3.非股权众筹的问题与隐患

(1)尚未引入第三方支付机构进行风险隔离。未引入第三方支付机构,不能隔离资金同平台之间的联系,集资规模不透明,存在资金安全隐患。

(2)山寨文化下的知识产权保护难题。项目在运行乃至完成阶段,项目创意很可能被剽窃,山寨的后果就是类似产品泛滥,市场未能形成进入门槛,导致恶性竞争。

(五)股权众筹模式分析

1.股权众筹的运作模式

股权众筹是投资者以股权的形式在众筹平台出资投资一个项目,投资人主要用资金等作为等价换取创业企业的股权,从而为创业者提供在线融资对接服务,促进创新型、小众、专注细分领域等类型企业的成长。与非股权众筹不同,股权众筹是一种风险高、期限较长的投资行为,投资存在流动性差、没有分红、股权被稀释、被投资企业经营失败等风险,甚至存在参与的众筹项目被定性为非法集资的可能性。另外,股权众筹的运作模式,所需要的专业人员和业务所需的法律要求等也和非股权众筹存在巨大的差异。

股权众筹平台的发展无论在国外还是国内，都受到较大限制，不少股权众筹平台和项目都"胎死腹中"。因为股权性质的众筹，一直游走在违法边缘，面临着非法集资和非法发行股票的法律风险。

非法集资主要针对商品众筹，若众筹平台发布的项目信息不实或是虚假项目，在平台上归集投资者资金，形成资金池等行为则存在非法集资的嫌疑；若平台在投资人不知情的情况下将资金池中的资金转移或挪作他用，更有导致"集资诈骗罪"的可能。

而股权众筹最容易触碰的法律红线便是非法证券活动。《中华人民共和国公司法》规定，非上市公司的股东人数不能超过 200 人，而有限责任公司股东数则不得超过 50 人。另外根据我国《证券法》第十条规定，向不特定对象发行证券的、向特定对象发行证券累计超过 200 人的，都算是公开发行证券，而公开发行证券则必须通过证监会或国务院授权的部门核准，需要在证券交易所进行，并遵循一系列规则进行交易。

此前，有公司在淘宝网、微博等互联网平台向公众转让股权、成立私募股权投资基金等，这种行为已经被监管层明确定性为一种新型的非法证券活动。实际上，发行数额在 50 万元以上便达到了立案标准。法律监管的空白，是目前制约股权众筹模式发展的最大阻力。

目前，国内能够有稳定的众筹项目的平台有天使汇、大家投、贷帮网等。相较于 P2P 借贷的火热场面和行业巨额（千亿量级）总融资额的迅速累积，国内最大的众筹平台的总融资额刚刚突破 2.5 亿。

不过，这与目前参与众筹的许多国内投资者并不具备专业的投资能力，也无法对项目的风险进行准确的评估有关。这是股权众筹发展面临的又一大障碍。

2. 股权众筹模式成功运营的要素

（1）股权众筹平台需要对投资人进行资格认证。一般而言，股权众筹平台要求投资者必须是合格投资者，否则就没有投资资格。

Funders Club 是美国一家股权众筹平台，其在 2012 年 7 月开始推出该众筹平台，在短短 16 个月的时间里，就由超过 7400 位投资者组成的集体通过 Funders Club 共为 55 家公司投资了近 1000 万美元。投资范围不仅在美国本土，如硅谷和纽约，还有来自菲律宾、印度、智利、巴西和加拿大的公司。投资的行业也不一而足。该公司对合格投资者的定义是个人年收入在 20 万美元以上，或和配偶共同年收入达 30 万美元以上，或者除住宅以外资产净值在 100 万美元以上的人士。在投资之前，投资者需要完成一个投资者资格问卷调查并在上面签名，这将作为法律文件的一部分。

对国内众筹平台天使汇而言，成为投资者也需要进行认证，具体步骤包括在平台上填写个人信息、描述投资理念和进行身份验证三个环节，最后上传投资者资料来完成（比如投资者的名片、职位证明的照片或者扫描件）。

（2）股权众筹平台需要对融资方进行审查。在进行众筹融资活动前，一般众筹平台会要求融资方提供一系列必要的资料，一方面是需要向投资者说明融资方项目未来的发展前景，另一方面也需要融资方展示对未来发展的信心和融资方对此次融资的重视程度。

（3）股权众筹模式分类。不同的众筹平台采用的融资模式不同，有直接股东模式和基金模式两种。

由于法律方面的约束,我国股权众筹平台大多采取基金模式。其原理如下:通过领投人加跟投人的模式建立一个有限合伙企业,然后通过成立的有限合伙企业成为融资企业的股东。在这种结构中,领投人代表跟投人对项目进行投后管理,出席董事会。跟投人不参与投资管理。跟投人如果要求提前退出,则需要服从公司董事会和领投人的安排,依据合伙协议自动退出,或者通过天使汇申请退出,或者在有限合伙人份额转让平台上进行转让。

(4)股权众筹平台的作用。股权众筹本质上是一项网上投资活动,设计的业务链较长,法律关系也更复杂。因此,平台在股权众筹中起到关键的撮合作用。在融资前,平台需与融资企业沟通,对融资项目进行筛选,确定展示项目,等待审核其提交材料。融资中,评估合格投资者,接受合格投资者咨询和投资。融资结束后,确定股权分配,安排公司变更注册,建立定期和公司沟通并提供建议的机制。

第五节 互联网理财

一、互联网理财的概念

(一)理财的概念

理财的概念有三个层次。第一层是有效地、合理地处理和运用钱财,让自己的钱财花费发挥最大的效果,以达到最大限度地满足日常生活需要的目的。第二层是用余钱投资,使之产生最佳的财务收益,也就是钱生钱的层次。第三层是从财务的角度进行人生规划,利用现有的经济财务条件,最大限度地提高自己的人力资源价值,为以后发展做准备。大多数人们的生活无意识地处在第一层上;当生活水平提高后,人们有了存款,大多数人就进入了第二层,试图通过合理、科学的投资策略,获得一定的收益;第三个层次,则不同于前两个层次,它是长远的,需要大量的经验积累和精力投入,且对于自身要求较高,大多数人需要依靠机构的专业性、高效性来帮助自己进入第三层。

(二)互联网理财的概念

互联网理财是指投资者或家庭通过互联网获取商家提供的理财服务和金融资讯,根据外界条件的变化不断调整其剩余资产的存在形态,以实现个人或家庭资产收益最大化的一系列活动。

在互联网金融发展的过程中,自动化的理财规划成为一项重要内容,并形成了一个创新的突破口。良好的用户体验和较低的理财门槛是互联网理财的重要特征,已经超越单纯渠道层面的意义。对于普通收入阶层来说,如何让"小钱"获得方便、省心的投资渠道,对于富裕阶层来说,如何让财富保值、增值,都离不开理财规划的指引,其首要任务是解决理财规划成本及投资门槛问题。传统的理财规划解决方式要么沦为纯粹的产品推销,要么有着极高的门槛,而借助互联网所带来的数字化洪流以及智能化的数据分析能力,基于互联网的低门槛的自动化理财规划、理财咨询平台纷纷涌现,吸引了大量客户,展现出了良好的发展前景。

在线理财规划及咨询平台既是对传统理财规划及资讯行业的革新与突破,同时又将市场扩展至传统理财规划、资讯行业无法覆盖的人群。

二、互联网理财渠道

根据自动化理财平台提供的核心服务、目标客户以及赢利方式等,在线理财网站大致分为工具性理财网站、交易型理财网站和建议型理财网站三大类。下面将结合美国互联网理财网站具体分析每种渠道的特点。

(一)工具型理财网站

工具型理财网站通过各种新型的个人理财工具和服务吸引大量的年轻客户群,并通过产品的不断创新以及个性化服务提升客户的忠诚度。这类网站大多对用户免费,有些则收取每月 3～10 美元的费用。因此,网站的赢利模式是:一方面向用户收取工具及程序的使用费,另一方面是从交叉销售中获取收入,比较有代表性的工具型理财网站包括敏特(Mint)、快克(Quicken)和百盾(Bundle)等。

Mint 最核心的功能是把个人的绝大多数账户整合起来,建立个人相对完整的财务信息,并以此为基础提供相关的理财计划和建议等。

Bundle 通过数据等客观方式告诉客户每天的资金是在什么地方被如何消费的。Bundle 为用户做的事情是在用户到达每个消费场所之前,用数据的方式,而不是主观的意见将这些场所的状况告知用户。

(二)交易型理财网站

传统的国外财富管理服务机构包括商业银行和投资银行等机构,如高盛集团、美林证券(现在的美银美林)、摩根大通以及瑞银集团等。这些机构将复杂的金融产品和理财建议提供给那些拥有较多财富的高净值及超高净值客户。目前,全新财富管理公司的兴起在一定程度上影响了财富管理市场的运作方式,那些传统的财富管理机构正面临来自 Wealthfront、Personal Capital 等新兴互联网理财机构的挑战和冲击。这些新型互联网理财机构运用信息技术,通过使用计算机算法、大数据等分析评估投资的风险及收益,帮助客户建立个性化、定制的投资。

Personal Capital 利用分析工具确保用户的长期财务健康,对用户的多个账户集中管理,为用户和专业理财顾问"牵线搭桥"。

Wealthfront 是一家在美国证券交易委员会注册的基于软件的财务顾问公司,主要是向客户提供高质量的财务建议,包括税收方面,其个性化服务主要针对资产 5000 万美元以上的客户提供。

(三)建议型理财网站

大多数传统理财顾问机构的动机和出发点都是向客户兜售金融产品,而建议型理财网站提供的只是理财方面的建议,多数建议是基于对用户的消费和支出等行为的观察而提出的。有些是关于个人理财的理念建议,其目的是期望用户培养和建立起健康、可持续的个人理财习惯。其中,富有代表性的公司包括 Learn Vest、Daily Worth 和 Sig Fig 等。

Learn Vest 的免费理财服务主要包括提供免费的文章和工具来帮助用户了解和建立预算和财务规划方面的个人理财概念,其所有涉及给出相关建议的服务都是收费项目。

Daily Worth 是全球第一家定位于女性的理财媒体公司,该网站每天会给女性订阅者

发送一封理财邮件,包括一些基础财务知识、自己管理以及投资方面的建议。

Sig Fig 走的也是免费路线,但在业务发展方向上,它主要专注于用户的投资行为。它把投资者分布在不同经纪公司的交易账户的信息归集在一起,对相关的交易账户信息进行数据分析,并提供相应的建议。

通过对工具型理财网站、交易型理财网站以及建议型理财网站的分析和比较,我们认为,各种类型的在线理财网站具有以下共同特征:

(1)把互联网、信息技术、计算机算法等与个人理财业务充分结合,为用户提供优质的个人理财服务。

(2)市场定位非常清晰,主要面向长尾市场,与银行等金融机构形成错位竞争。

(3)理财方案清晰、透明,用户享有完全的知情权和选择权。

(4)重视客户体验。理财网站的操作简单、快捷,用户不用具备过多的金融知识也可独立理财。

(5)个人理财的资产门槛低。与动辄十万、百万量级资产要求的传统理财顾问机构大相径庭。

(6)费用低廉,有些甚至提供免费服务。

三、中国互联网理财的发展

中国互联网理财市场的发展,远远落后于欧美等发达国家,从中国庞大的个人储蓄规模就可以看出中国投资渠道的单一和狭窄。

理财规划毕竟是一个高度专业化的领域,除数据分析与处理能力外,还需要精深的金融行业知识和模型等。

此外,自动理财规划需要大量用户数据的支撑,而在我国,不同投资账号的数据难以实现共享、互通,这将会大大限制原始数据的获得,进而限制模型的生成与应用。

综上,一个合理的解决路径就可得出:建立金融产品网上超市,借由第三方支付实现用户的所有投资数据的汇总与积累,在此基础上逐步验证相应的规划模型,从而为后续更多用户提供服务。

国内财富管理市场的渠道包括银行的私人银行及财富管理部、信托公司、证券公司、基金公司、PE 公司等,而第三方理财公司则是一条相对独立的渠道,转型成为在线理财规划公司的可能性相对较大。

目前,国内已经小有规模的在线理财机构有存折网、挖财、铜板街等。

(1)存折网(http://www.cunzhe.com)是国内第一家面向个人理财的搜索引擎,消费者可以在线比较银行理财产品、P2P 理财产品、货币基金等各种理财产品的收益率、安全性、周期以及发行机构信息。网站还提供不同商业银行的存款利率、贷款利率、外币存款利率以及转账收费等方面的信息查询服务。

(2)挖财网(http://www.wacai.com)是国内最早的移动互联网领域的个人财务管理应用,也是国内目前唯一的全平台记账理财应用。挖财提供两大类服务,即挖财网和挖财记账理财。

(3)铜板街(http://www.tongbanjie.com)是通过移动互联网平台,帮助用户分享金融机构的优质产品及服务。用户在铜板街购买的理财产品全部由专业金融机构提供,交易流程由相关的监管机构监管,用户理财资金通过指定银行进行监管,铜板街不直接接触客户资金。目前平台主要以推荐货币基金为主。

这三家机构存在一些共同点,但在战略定位、营销策略等方面存在一些明显的差异。

就共同点而言,三家公司都提供移动端和 PC 端服务,并且可以同步。就差异性而言,挖财主要专注于个人记账理财等财务管理应用领域。存折网主要是为用户提供理财产品的搜索、查询以及比较等服务。存折网除提供低风险的货币基金外,还提供收益率相对较高的银行理财产品,以及收益率更高、相对风险也较大的 P2P 类理财产品。铜板街目前主要提供低风险的货币基金,其收益率远远高于银行存款利率,同时风险又非常低,比较适合保守、稳健的投资者。当然,在货币基金等低风险理财产品的销售方面,商业银行和互联网巨头公司拥有明显的竞争优势。

四、互联网理财平台——余额宝的案例分析

(一)余额宝简介

阿里小贷的贷款主要面向阿里系平台(包括淘宝、天猫和阿里巴巴)的商家、店主发放,与消费者并无直接关系,因此其受益者主要局限在企业层面。阿里巴巴于 2013 年 6 月 17 日正式上线的余额宝是投向消费市场的一颗重磅炸弹。一石激起千层浪,余额宝不仅为淘宝/天猫买家提供一条便捷的理财渠道,更重要的是,它依靠独特的互联网思维,为买家提供了创新性的消费体验。正是这种体验再次引发全民对于互联网金融的大讨论。

余额宝是支付宝打造的余额增值服务,其实质是将基金公司的基金直销系统内置到支付宝网站中,用户将资金转入余额宝,实际上是进行货币基金的购买,相应资金均由基金公司进行管理,目前余额宝对接的是天弘基金的货币基金"增利宝"。货币基金主要投资于短期货币工具如国债、中央银行票据、银行定期存单、政府短期债券、企业债券、同业存款等短期有价证券,是一类收益较稳定、风险较低的基金产品。

(二)余额宝的特点

1. 操作简便

用户只需把资金由支付宝转入余额宝便视为购买了基金(当然需要基金公司的确认),只需把资金从余额宝中划出或消费即完成赎回。

2. 门槛低

余额宝最低一元即可购买,用户即使只有少量的零花钱也可享受到资金增值和理财的快乐。

3. 收益稳定

入门级理财用户的风险厌恶度较高,而货币基金具有风险低,而收益一般高于活期存款的特点,所以满足了该类用户的理财需求。

4. 用户体验好

无论是基金的购买、赎回还是收益的查看,都能为用户带来耳目一新的体验,降低了基金理财的心理负担和认知门槛。

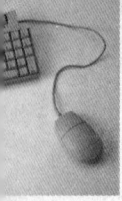

这些特点使得余额宝一经推出便大受欢迎,从 2013 年 6 月 17 日正式发布到 8 月中旬,两个月的时间余额宝的规模便突破 200 亿元,平均每月增长 100 亿元以上。如此快速的增长使得此前还名不见经传的"增利宝"迅速被推上全国规模第五大货币基金的宝座。

(三)余额宝推出的意义

如果把余额宝的各个环节拆开,逐个审查每个环节,似乎并无显著的创新之处。但是把这些环节顺畅地连接起来,合成一个整体,余额宝展现出鲜明的特点,可视为互联网金融的一项重大创新。其重大意义在于以下两点:

(1)余额宝启动了平民理财市场,完成了一次投资者启蒙工作。那些对理财产品敬而远之、望而却步的用户,首次可以"放心"地购买理财而不是把钱放在支付宝或银行中任其浪费。据统计,上线短短的 18 天,余额宝的累计用户就突破了 250 万,至 2013 年 11 月 14 日,开户数超过 2900 万户,基金规模突破 1000 亿元,在全球货币基金中排名第 51 位。

(2)余额宝开创了碎片化理财,这里的碎片化既表现在金额上,用户的一点小钱都可以用来投资,而不用非要积攒到数万,甚至数十万时才能购买"高端"产品(根据淘宝的数据,与传统基金理财户均数万元的投资额相比,余额宝用户的人均投资额约为 2000 元),也表现在时间上,用户可以随时紧急购买或赎回,几分钟的时间就足以完成一次操作。

这种创新体现出典型的互联网思维,如用户体验优先、免费策略和长尾效应等,与具体的行业并无直接联系,却是互联网陆续冲击、颠覆制造业、商业、娱乐业、教育业等传统行业的一贯思维模式,只是这次轮到了金融业。反观传统金融行业握有大量资源,却缺乏类似思维,由互联网公司率先吹响了"互联网金融"的号角。互联网公司在金融领域的腾挪跌宕,不但获得了用户的接受与赞扬,而且开始引领着更多的传统金融机构,大举开始了互联网金融的实践。

本章内容总结

互联网金融有别于传统的网络金融,其是去中介化的金融创新的产物。在大数据和云计算的支撑下,互联网金融可以更好地为投资者提供个性化的有针对性的金融产品,实现以客户为中心的战略。而比特币作为一种虚拟货币,它的出现则对现有的世界金融体系提出了挑战。互联网融资通过基于互联网的去中介化的融资活动,直接将融资的需求方和融资的供给方进行匹配,无需融资中介的介入,通过网络完成要约。互联网融资又可以分为 P2P 融资模式、C2P 模式和众筹模式。互联网理财则是投资者或家庭通过互联网获取商家提供的理财服务和金融资讯,根据外界条件的变化不断调整其剩余资产的存在形态,以实现个人或家庭资产收益最大化的一系列活动。该类服务的提供商包括工具性理财网站、交易型理财网站和建议型理财网站等,通过余额宝的案例分析了互联网理财的意义。

 上机实验题

1. 在互联网上,查询几家从事互联网融资的网站,并根据该类网站提供的融资产品的不同,分析不同网站的产品特点。

2.查询相关的信息,了解中国政府在互联网融资的方面的政策和规定。

3.查询相关的网站,看看除了余额宝以外,还有哪些互联网企业提供网络理财产品?

复习思考题

1.比较互联网金融与网络金融的主要区别?

2.论述互联网融资模式的出现对现有的金融中介将产生什么影响?

3.云计算和大数据将对互联网金融产生什么影响?

第九章
网络金融的监管

本章内容提要

本章从网络金融风险的主要种类、形成原因和基本特征分析出发,主要讨论了网络金融风险的管理方法、网络金融的监管体系、国内外网络金融监管情况。重点内容是网络金融的监管体系中的网络金融监管的含义和目的、网络金融监管的基本原则、网络金融监管的主要内容、网络金融监管的主要措施。难点内容是综合运用相关知识分析把握国内外网络金融监管的实践进程,理解网络金融活动主体的责、权、利关系,体会对网络金融双刃剑特征的把握。

第一节 网络金融的风险管理

一、网络金融风险的主要种类

网络金融是适应电子商务发展的崭新金融运行模式,能够提高金融服务的效率。但是,网络金融处于成长阶段,网络金融运行也存在一系列的风险。网络金融不仅具有与传统金融业相同的风险,也带来了一些新的风险种类,为金融风险管理提出了新的要求。

(一)网络金融的一般风险

传统金融面临的风险在网络金融的运行中依然存在,但是,网络金融采用与传统金融不同的方式拓展和创新金融服务业务与工具,这种金融服务具有超越时空的特征,因此类似的风险在表现形式及程度上有所变化。这些风险构成网络金融的一般风险,包括市场风险、流动性风险、信用风险、操作风险等。

1. 市场风险

市场风险是指因市场价格变动,金融机构的资产负债表内外资产与负债,因各项目头寸不一样或组合不匹配而蒙受损失的可能性。市场风险包括商品价格风险、利率风险、汇率风险和股市风险等。由于金融机构的资产绝大部分是金融资产,利率变动会直接导致其资产价值的变化,使机构的持续经营能力受到威胁,因此,金融机构的风险管理中常把利率风险单独列出[①]。

利率风险是指网络金融机构因利率变动而蒙受损失的可能性。提供电子货币的网络金融机构因为利率的不利变动,其资产相对于负债可能会发生贬值,网络金融机构因此将承担

---

① 王春峰.金融市场风险管理[M].天津大学出版社,2001:6.

相当高的利率风险。在网络环境下,国际游资的流动速度将更加迅速。这种规模庞大、期限较短、流动性强的资金随着利率的变化,从低利率区域流向高利率区域,大规模地快速流入流出。这会对网络金融机构的资产负债以及一国的国际收支、国内金融市场的稳定性等产生重大的不利影响。一般而言外汇汇率变动就会带来的汇率风险,网络金融机构从事外汇业务所面临的风险比从事本币业务面临的风险要大得多。因外汇风险而造成的经营亏损,不仅会危及金融机构本身,而且会对本国的国际收支、外汇储备和外债直接产生消极影响。此外,国际市场主要商品价格的变动,以及主要国际结算货币发行国的宏观经济金融政策调整和经济状况的变化等因素,也构成网络金融机构的市场风险。

2. 流动性风险

流动性风险是指资产在到期时不能无损失变现的风险。例如银行的支付能力不足就会导致流动性风险。银行的流动性需要主要来自存款的提取和贷款的需求,这种提取和需求银行不能完全掌握,非预期的提取和非预期的需求会造成银行的支付能力不足。这是银行业务中经常发生的、正常的风险。但在储户对银行失去信心或市场利率明显超过银行利率时,大额存款或者普通存款的集中提取则有可能使银行陷入困境。另外,在经济上升时期,贷款需求往往超过存款的增长,这也会给银行的支付能力带来压力。

流动性风险对于任何商业银行都是客观存在的。如果网络银行将出售的电子货币进行投资,客户又要求赎回电子货币时,网络银行没有足够的资金满足客户兑现电子货币或结算要求时,就会面临流动性风险。一般地,网络银行投资的资产可能无法迅速变现,或者会造成重大损失,从而使网络银行遭受流动性风险。网络银行常常会因为流动性风险恶性循环而陷入信誉危机之中,并最终导致网络银行的破产与倒闭。

另外,也有人提出与流动性风险相联系的资本风险的概念。认为资本风险就是银行资本金过少,因而缺乏承担风险损失的能力,亦缺乏对存款及其他负债的最后清偿能力,使银行的安全受到威胁的风险。资本风险对银行能否正常经营有着重要影响。

3. 信用风险

信用风险是指金融交易者在合约到期日不完全履行其义务的风险。例如贷款得不到偿还或者是投资的质量恶化造成违约的可能性,这会给传统金融机构特别是传统银行带来可能的损失。信用风险又分两种情况:一是银行贷款或投资以后客观情况发生变化,使其质量下降从而引发的风险;二是由于借款人存心欺诈,或借款人经营不善,或银行贷款、投资决策失误而造成的违约。这两种风险的性质是完全不同的,前者属银行业务中正常的风险,后者则应避免。

网络银行也面临以贷款违约或欺诈为主要表现的信用风险。其特殊性在于网络银行的贷款通过网络实现。资料遭篡改和贷款被冒领都将影响客户对网络贷款业务的信心。对于信用重于一切的商业银行来说,这会造成巨大的信用风险。传统商业银行开展传统贷款业务通常要求客户提供担保、抵押或质押等方式来转嫁或减少风险损失。

在网络银行贷款业务中面临如下系列问题:是否需要提供担保?是否需要提供抵押?如果不需要担保抵押,如何保障贷款的顺利回收?如果要求提供担保抵押,那么需要什么样的担保抵押形式和资产?如果以保证形式提供担保,银行如何审查保证人的资信和担保能力?如果允许客户提供的担保(如抵押、质押),担保的程序如何进行?开展网络贷款业务的

银行都必须充分考虑这些问题。

4. 操作风险

操作风险是指由于金融机构的交易系统缺陷、管理失误、控制缺失、欺诈以及其他一些操作人员失误等因素导致一定潜在损失的可能性。网络金融机构的操作风险可能来自于客户的疏忽,也可能来自于网络金融机构安全系统和其产品的设计缺陷及操作失误。操作风险主要涉及网络金融机构账户的授权使用、网络金融机构的风险管理系统、网络金融机构与其他金融机构和客户间的信息交流、真假电子货币的识别等。

按照以上定义,操作风险可以涵盖一些管理风险。管理风险是指银行业务经营中存在的营私和盗窃的风险。所谓营私,主要是指银行的高级管理人员利用职权牟取私利,如贷款给自己或亲友等。至于盗窃,有来自内部的,也有来自外部的。这些风险都是因管理不善造成的,只要加强管理是有可能避免的。

5. 法律风险

法律风险是指由于交易对手不具备法律或者监管部门授予的交易权利从而导致一定损失的可能性。法律风险往往与信用风险直接相关[①]。网络金融业务牵涉到的法律,包括消费者权益保护法、财务披露制度、隐私保护法、知识产权保护法、货币发行制度以及国与国之间的法律法规制度差异等。网络金融机构的法律风险来源于违反相关法律规定、规章和制度,以及在网上交易中没有遵守有关权利义务的规定。

网络金融的法律风险有以下主要表现:首先,在发生纠纷时,双方当事人的权益得不到有效的保护。其次,网络金融机构可能因为使用电子货币和提供虚拟金融服务业务而涉及客户隐私权的保护问题。再次,网络金融机构在自己的网页上建立与重要客户的链接,也可能使金融机构陷入各种商业法律的官司纠纷之中。最后,如果网络金融机构的业务领域拓展到国外甚至世界上的任何角落,就增加了网络金融业务的国际法律风险和国家风险。

(二)网络金融的特殊风险

随着综合应用系统(BIS)在金融系统的逐步推广,联机网络系统正逐步由以市地分行为数据中心向省域数据中心集中,最终实现全国数据大集中。数据中心的集中使金融系统的网络安全管理重点发生了新的变化。由于 BIS 数据高度集中,业务种类广泛,网络覆盖面广,对网络风险管理工作提出了很高的要求。因此,网络金融的发展使我们面临着不同于传统金融的新的特殊金融风险。网络金融涉及通讯、设备和管理等许多方面,网络金融特殊风险从原因上可分为系统、业务和人为因素导致的三个方面风险。

1. 网络金融的系统性风险

网络金融是基于全球电子信息系统基础上运行的金融服务形式。网络金融的系统性风险是指在网络金融运营的整个系统中,如果某一个环节出现了问题就会导致整个系统不能正常运转,以致最终威胁金融市场的系统性运行与稳定。网络金融的系统性风险又具体表现为技术风险和管理风险。

(1)技术风险。技术风险是针对网络金融的安全性而言的,基于因特网的金融机构和业

---

① 王春峰.金融市场风险管理[M].天津大学出版社,2001:5.

务面临着与传统金融完全不同的安全性的挑战,这是网络金融最为重要的系统性风险。不同的网络安全性能不一样,潜在的技术风险也不相同。一般而言,金融机构提供电子化服务的网络分成内联网(Intranet)、外联网(Extranet)和互联网(Internet),三者的开放性依次增加,安全性依次降低。一方面,网络金融机构直接对外部的各类各级网络连接,提供大量的查询和金融交易服务,其本身无论是数据还是系统都存在高度的风险。另一方面,由于网络金融系统与业务主机应用系统之间存在着大量的数据通信,加大了内联网和外联网系统的风险。同时,网络金融机构容易受到来自网络内部和网络外部的病毒攻击。因此,网络金融机构一般都设计有多层安全系统,以保护网络金融虚拟金融柜台的平衡运行。另外,网络技术的快速进步、黑客侵入、软件被非法修改,从而存在客户私人信息泄密的较大可能性。网络金融机构和客户都将承受这种不确定性带来的系统风险。此外,网络金融机构的计算机系统停机、磁盘被破坏、病毒侵入等不确定性因素,也会形成网络金融的技术风险。

(2)管理风险。管理风险是指网络金融机构由于管理不善而造成的风险。如由于管理的漏洞,使得网络金融机构内部发生职员发生操作不当或欺诈行为,金融机构因此而承担严重的操作风险。此外,网络金融机构的高级管理人员必须对信息技术的发展有清醒的认识,否则将承担信息技术解决方案的选择风险。在系统技术选择上,网络金融机构必须选择一种技术解决方案来支撑网上金融业务的开展,因而存在所选择的技术解决方案在设计上可能出现缺陷或被错误操作的风险。网络金融机构往往依赖外部市场的服务支持来解决金融机构内部的技术或管理难题,这种做法使网络金融机构暴露在可能出现的操作风险中。外部的技术支持者可能并不具备满足网络金融机构要求的足够业务技术能力与社会公信力,也可能因为自身的财务困难而变更服务技术甚至终止提供服务,这样将会给网络金融机构提供高质量虚拟服务品种构成严重威胁。网络金融中最具有技术性的系统风险是网络金融信息技术选择失误的风险。金融机构选择与哪一家公司合作,采用哪一家公司的网络金融支持和解决方案,将是一种潜在的系统性风险,一旦选择不当甚至失误,将使网络金融机构面临着巨大的技术机会损失甚至蒙受巨大的商业机会损失的风险。

2. 网络金融的业务风险

(1)支付和结算风险。网络金融业务风险的突出表现是支付和结算风险。由于采用BIS后,金融机构的经营活动可突破时空局限,打破传统金融的分支机构及业务网点的地域限制,并且能够向客户提供全天候、全方位的实时服务,从而使网络金融的经营者或客户通过各自的电脑终端就能随时与任何一家客户或金融机构办理证券投资、保险、信贷、期货交易等金融业务。这使网络金融业务环境具有很大的地域开放性,并导致网络金融中支付、结算系统的国际化,从而大大提高了结算风险。基于电子化支付系统的跨省跨地区的各类金融交易数量巨大,这样,任何一个地区金融网络的故障都会影响全省乃至全国金融网络的正常运行和支付结算,并会造成经济损失。20 世纪 80 年代美国财政证券交易系统曾发生只能买入、不能卖出的情况,一夜就形成 200 多亿美元的债务。

(2)市场选择风险。市场选择风险是指由于信息不对称导致的网络金融机构面临的不利市场选择而引发的业务风险。首先,由于网络金融机构无法在网上鉴别客户风险水平而处于不利的选择地位。其次,在虚拟金融服务市场上,网上客户不了解每家金融机构提供的服务质量究竟是高还是低,或者说,究竟是物美价廉还是货不对路。再次,由于网络金融市

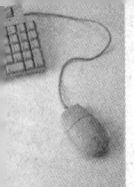
场上金融机构与客户之间信息处于严重的不对称状态,客户将会比在传统商品形式的市场上更多地利用信息优势形成对网络金融机构不利的道德风险行动。

(3)网络金融机构的信誉风险。信誉风险会给金融机构业务的开展带来持续性的、长期的消极影响。因为一旦金融机构发生信誉风险,不仅会使公众失去对金融机构的信心,还会使金融机构同客户之间长期建立的友好关系受到损害,使金融机构失去很多资金和客户。由于网络金融业务采用了很多新技术,任何原因引起的系统问题都会给金融机构带来社会信誉风险。另外,其他一些非金融机构自身的原因,如交易第三方的缘故产生的问题、电脑黑客通过金融机构站点非法提供不准确信息所造成的损失,也会使客户对金融机构的信誉产生怀疑,增加网络金融机构的社会信誉风险。同时,尽管一家网络金融机构实际上不存在市场信誉问题,但其他网络金融机构在提供电子货币或其他虚拟金融服务上的失败,还是会导致客户对自己所依赖的网络金融机构产生怀疑。信誉风险不仅仅是针对某一家网络金融机构而言的,可能是对整个网络金融业而言的。在特定的经济环境下,一旦出现全球性的对网络金融机构的信任危机,可能导致整个网络金融服务市场的危机。

3. 人为因素形成的风险

由于部分工作人员安全观念淡薄,安全管理制度不能真正落实,缺乏应有的网络安全意识,认识不到执行制度的紧迫性和重要性,特别是在业务量较小、人员较少的基层营业网点,人们出于相互信任的缘故,不按规定设置密码,不定期更换密码,密码设置简单,前后两次循环使用,密码变更不按规定登记保管等现象依然存在,个别网点岗位职责设置不清,非注册人员或内勤主管兼做柜员,从而直接影响 BIS 的安全运行,导致网络金融特殊风险的产生。

二、网络金融风险的形成原因

网络金融风险,无论是一般风险还是特殊风险,其产生的原因可以归纳为网络金融机构自身、客户、计算机网络系统和法律法规不够健全等几方面①。

(一)网络金融机构自身的原因

网络金融机构经营管理缺乏经验是产生网络金融风险的主要原因之一。网络金融是20 世纪 90 年代中后期才出现的新生事物,在网络金融规模和客户迅速扩大的同时,人们对网络金融的经营和管理无论是在经营管理理念,还是在经营管理策略方面都缺乏足够的经验,这就不可避免地会产生一系列的问题,从而导致网络金融面临各种风险。

例如,2007 年 1 月底以前的 15 个月,瑞典 Nordea 银行成了最大的在线抢劫目标之一。这家银行在钓鱼诈骗攻击中损失了 700 万~800 万瑞典克朗(110 多万美元)。据 dailytech.com 网站报道,官员们表示,银行抢劫者使用钓鱼攻击电子邮件引诱银行客户打开文件名为raking. zip 或者 raking. exe 的电子邮件附件。这些附件假冒反垃圾邮件软件,实际上包含了一个安全公司称为 haxdoor. ki 的特洛伊木马程序。Nordea 银行的将近 250 名客户受到了这种诈骗的攻击。据介绍,受到攻击的用户在自己的计算机中没有安装杀毒软件。安全官员称,俄罗斯的犯罪团伙是这些在线抢劫的元凶,至少有 121 人涉嫌参与了这项活动。

---

① 曾志耕. 网络金融风险及监管[M]. 成都:西南财经政法大学出版社,2001:48—51.

"haxdoor.ki"木马程序一般是安装一个键盘记录器来记录敲击键盘的动作,然后把自己作为一个 rootkit 隐藏起来。当用户试图启用他们在 Nordea 银行的在线账户时,这个木马程序就自动把用户带到一个假冒的银行网页。在用户输入包括银行账号和密码在内的个人信息之后,这个网站就会出现一个错误网页,声称网站出现了技术故障。然后,犯罪分子就利用收集到的信息在真正的银行网页上提走用户账号上的资金。Nordea 银行称,它注意到一些交易是虚假的,因为这些账户的活动有些异常,但是,大多数交易提取的现金数量都不多,因此很难辨别真假。Nordea 银行发言人称,大多数诈骗案件的现金数额都不多,因此该银行认为是普通的交易。

(二)客户方面的原因

网络金融风险来自客户方面的原因主要是由于社会信用体系不够健全。任何一个社会,当它的成员不讲信用,并不必为失信支付相应代价或只需支付很小代价时,整个社会将要为此付出高昂的代价。我国当前社会经济金融运行中人与人之间、企业与银行之间的信用观念是十分欠缺的,信用关系比较混乱。

在欧美国家中,企业间的信用支付方式已占 80％以上,纯粹的现金交易方式已越来越少,只占 5％～10％;而在我国,很多企业宁愿放弃大量订单和客户,却不肯采取信用结算方式,现金结算的比例高达 30％～40％。

在个人信用方面,联合征信制度在发达国家已有 150 多年的历史,我国目前的个人信用评级和记载基本属于空白。直到 1997 年,金融中长期消费信贷才开始在住房、耐用消费品等领域开展,目前消费信贷规模约占金融信贷总规模的 5％左右;信用卡偏重于储蓄功能,提供的消费信用功能非常有限。而在发达国家,消费信贷占金融信贷总规模的 40％左右。2000 年 6 月 28 日,180 万上海市民率先拥有由资信公司作出的个人信用报告,填补中国内地个人信用制度建设方面的空白。

(三)网络系统方面的原因

网络金融的货币以电子货币的形式出现,电子货币的活动在网络中主要表现为数据的存储和传输。无论是存储还是传输,任何一个环节产生问题,都会影响数据的真实性和正确性,进而影响到电子货币活动的准确性,并造成难以估量的损失。1995 年 8 月 21 日,设防严密的美国某金融网络系统遭黑客入侵,损失高达 1160 万美元。根据美国官方统计,全美金融领域每年在网络上被偷窃的资金高达 6000 万美元。我国发生的计算机高科技犯罪也屡见不鲜。由此可见,网络金融面临的最棘手的问题就是网络金融业务交易的安全性。

从技术层面进行分析,如何通过网络真实表达交易双方的意愿,就是如何确保数据的真实性、保密性和可靠性问题。而网络本身的脆弱性和隐秘性又使得网络金融在处理安全问题时更加棘手。目前,网络金融所使用的大多为 Web 访问形式,这种网络的应用操作系统、网络的应用程序和网络通讯所依赖的 TCP/IP 协议中存在着不少安全漏洞,而且 Internet 上的主要服务,如电子邮件、文件传输(FTP)、远程终端访问和命令执行、万维网(www)等也都存在一定的安全隐患。

(四)法律法规不够健全和统一

法律不够健全是网络金融风险产生的又一重要原因。由于网络金融发展的历史比较

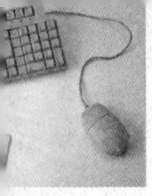

短、世界各国网络金融发展的差距明显,有关法律、法规的制定还缺乏足够的经验,必须随着网络金融业务实践的发展而逐步完善。在此过程中,必然会遇到许多预想不到的法律、法规问题,从而产生各种法律风险。

三、网络金融风险的基本特征

(一)网络金融风险的一般特征

与传统金融风险相比,网络金融风险具有一些特殊性,主要表现在以下几个方面[①]。

1. 网络金融风险扩散速度加快

高科技的网络技术所具有的快速远程处理功能,为便捷快速的金融服务提供了强大的技术支持,但也加快了支付清算风险的扩散速度。网络内流动的并不是现实货币资金,而是数字化符号信息,因此当风险在非常短的时间内爆发时进行预防和化解甚为困难。在"纸质"结算中,对于出现的偶然性差错或失误有一定的纠正时间,但在"虚拟"网络中这种回旋余地大大缩小,加大了风险的扩散面和补救成本。

2. 网络金融风险监管难度提高

网络金融的交易过程在网上完成,交易的虚拟化使金融业务失去了时间和地域的限制,交易对象变得模糊,交易过程更加不透明,金融风险产生的形式更加多样化。由于被监管者和监管者之间的信息不对称,金融监管机构难以准确了解金融机构资产负债的实际情况,难以针对可能的网络金融风险采取切实有效的金融监管手段。

3. 网络金融风险"交叉传染"的可能性增加

传统金融的经营与监管可以通过分业经营、设置市场屏障或特许等方式,将风险隔离在相对独立领域,建立"防火墙",分而化之。网络金融中物理隔离的有效性正在大大减弱,金融业和客户的相互渗入和交叉日趋复杂化。这样,金融机构之间、国家之间的风险相关性日益加强,网络金融风险"交叉传染"的可能性大大增加。

4. 金融危机的突发性和破坏性加大

当金融交易越来越多地通过互联网络进行时,这些全天 24 小时连续运转的交易系统,在给投资人提供便利的同时,也更容易造成全球范围内影响更大、更广、更深的金融市场风险。近几年全球频频出现的衍生性金融商品风险事件,主要就是通过网络交易方式进行的。在网络时代,只要轻轻敲几下键盘,资金即可到达地球的任何一个角落。在如此快捷的融资条件下,市场波动的突发性和剧烈性是可想而知的。一些超级金融集团为实现利益最大化,可利用国际金融交易网络平台进行大范围的国际投资与投机活动,但这些集团了解金融监管法律法规,能利用相关的法律、法规差异逃避各国金融当局的监管,加之拥有先进的通信设施和巨大资金,有一定能力操纵市场,转嫁危机,加大了金融危机爆发的可能性和突然性。而危机一旦形成,就会迅速波及相关的国家。国际游资对泰国的冲击及由此引发的东南亚金融风波即是鲜明的例子。

5. 引起网络金融风险的因素扩大

网络金融机构提供的金融服务都是通过网络进行,所以面临的攻击者人数、攻击方法和

---

① 曾志耕.网络金融风险及监管[M].成都:西南财经政法大学出版社,2001:48—51.

攻击范围上都较传统金融机构更大。首先,攻击者增多。攻击传统金融机构的人往往局限于某一局部地理区域,但网络金融机构的攻击者可能来自世界各地,一方面从金融体系内部来看,各个金融机构中的员工都有可能通过快捷的网络传输,威胁其他金融分支机构的资金安全,跨地域、时空进行金融违规、违法操作。另一方面从金融体系外部看,网络金融机构可能面对的外部攻击者来自以亿计数的"网民"。其次,攻击方法更加隐蔽。网上攻击的方法一般可以分为截收和非法访问,具有很强的隐蔽性。再次,攻击范围增大。随着各金融机构向网络化、数字化方向发展,各家金融机构都是朝数据仓库的方向发展,推出综合业务管理系统。利用综合网络系统固有的技术内在关联性,攻击者只要突破了一项业务的系统"堡垒",就可能在整个综合网络内"畅通无阻"。这样造成的后果无疑更加严重,资金损失的风险可能性大大增加。

(二)中国网络金融风险的几个特点

我国的网络金融还处于起步状态,对其风险及其控制的研究也刚开始。基于中国经济金融领域许多特殊的原因,与发达国家相比,我国目前的网络金融风险又显示了以下特点。

1. 信息技术安全性比较薄弱

目前,网络金融所使用的计算机、路由器等硬件设备和操作系统、数据库等软件绝大部分均从国外引进。我国金融界在这些设备与系统的性能方面掌握不全面,在防止来自发达国家的黑客袭击时存在困难。甚至发达国家在设计这些系统时可能留有致命的不安全因素。在数据加密和身份判别上,我国也缺乏拥有自主知识产权的一整套加密和解密技术系统。

2. 技术选择处于被动状态

由于科学技术水平相对落后,我国还处于整个信息产业链的低端水平。因此,在网络金融业务选择技术方面也处于被动状态。一方面,信息科技的进步日趋加快,通过技术扩散传导到国内的技术可能很快或已经落后;另一方面,我国不具备主导整个信息产业发展的实力,一时的先进技术难以应对发达国家的革命性替代品,使我国网络金融发展始终处于追赶的被动局面。

3. 法规体系的建设不够完善

我国整个法制建设还处于一个逐步完善、逐步健全的过程。大量的法律法规还需出台,在网络金融方面的法律条文更是屈指可数。除中国人民银行发布的《网上银行业务管理暂行办法》、银行业监管委员会发布了一些管理规定与操作指引外,《商业银行法》、《中国人民银行法》针对网络金融业务的规定太少。一系列与网络金融发展息息相关的技术,如电子签名等在法律上还需要具体的细化。这给我国网络金融机构增加了额外的风险和更多的不确定因素。另外,Internet的国际性或跨国界性,需要一个与国际接轨的法律体系,但我国在法律制度方面距此还有相当大的距离。

4. 网络金融机构的经营面临更大信用风险的威胁

我国是一个商业信用不发达、银行信用不完善、社会信用关系未理顺的转型国家。怎样降低信用风险,是我国网络金融机构必须正视和亟待解决的难题。

四、网络金融风险的管理方法

(一)风险管理的基本方法

一般地,风险管理过程包括以下几个基本环节:风险识别、风险估测、风险管理方式选择、风险管理决策实施、风险管理效果评价。风险管理过程的各个环节有着对应的风险管理方法[①]。

1. 评估风险

评估风险是一个动态过程,包括风险识别、风险承受能力估测与风险暴露确认。可以分为三个步骤:①分析识别风险。管理人员应该对风险作出合理的、防御性的判断,包括风险对金融企业的影响和这类事件发生的可能性。②风险承受能力估测。高级管理人员在对特定问题发生时金融企业能够承受的损失进行评估的基础上确定金融企业的风险承受能力。③风险暴露确认。金融企业管理人员可以将其风险承受能力与风险大小评估相比较,以确定风险暴露是否在金融企业的承受能力之内。

2. 管理和控制风险

(1)现代金融风险控制的基本方法。现代金融风险控制的基本方法分为三类,即分散风险的组合法、转嫁风险的保值法和规避风险的保险法。分散风险的组合法是指投资者在资金、时间和投资方向要实现多元化。转嫁风险的保值法包括期货保值法、期权保值法和掉期保值法。规避风险的保险法就是指通过购买保险来规避金融风险的一种方法,然而,这种规避风险的方法仅对特定类型的金融风险(可保风险)才行得通。值得注意的是,存款保险制度是针对近 20 年来广泛出现的金融危机而产生的创新性金融制度。

(2)金融企业的安全策略和措施。安全性是用来保护数据和操作过程的完整性、真实性和可靠性的系统、应用和内部控制的组合。恰当的安全性依赖于针对金融企业内部运行及外部通信的安全策略和安全措施。安全策略和措施可以限制对网络金融机构和电子货币系统的外部攻击和内部攻击的风险,以及源自安全性破坏的信誉风险。

(3)金融企业的内部交流。如果高级管理人员把网络金融机构和电子货币运作如何支持本金融企业的整体目标告诉关键职员的话,那么操作风险、信誉风险、法律风险和其他风险就能够得以管理和控制。同时,技术人员应该明确地告诉高级管理人员系统是如何设计的,以及系统的强度和弱点。这些过程可以降低由于系统设计不完善而带来的操作风险,以及由于系统不能如期运作而令客户不满所造成的信誉风险、信用风险以及流动性风险。

(4)金融企业的评估和升级。在大范围地推广产品和服务之前,对其进行评估也将有助于减少操作风险和信誉风险。测试是查看设备和系统能否有效地运作以及是否达到了预期的结果。试点计划或原型将有助于开发新的应用。定期地检查现有硬件和软件的状况,也可以减少系统降速或崩溃的风险。

(5)金融企业的外包。金融企业界中的一种发展趋势就是金融企业在战略上注重核心能力,并依赖具有某种专长的外包。尽管这种安排可以带来诸如成本降低和规模经济的效益,但是外包并不能解除金融企业控制风险的最终责任。因此,金融企业应该采取适当的措施以减少由于依赖外部服务提供商而带来的风险。外包安排意味着金融企业与服务提供商共享敏感数据。通过检查服务提供商用来保护敏感数据的策略和程序,金融企业的管理部门应该评估服务提供商保障安全的能力,评估其安全性是否达到了内部运作的安全等级。

(6)金融企业的信息披露和客户培训。信息披露和客户培训将有助于金融企业减少法律风险和信誉风险,亦有助于金融企业遵守消费者保护法和隐私权法。

(7)金融企业的应急管理。金融企业的应急计划用来建立对服务中断事件的处理方法,从而可以限制内部处理中断、服务或产品传送中断的风险。该计划包括数据恢复、替代性的数据处理能力、紧急备用人员和客户服务支持,并且应当定期测试备份系统,以确保其持续有效性。

3. 监控风险

监控是风险管理过程的一个重要方面。对于网络金融企业来说,其特点就是可能随着创新的发展而快速变化。监控的两个要素就是系统测试和审计。

4. 跨国界风险的管理

金融企业和监管者必须注意对源自跨国界金融企业的操作风险、信誉风险、法律风险和其他风险进行评估、控制和监控。金融企业为不同国家市场中的客户提供服务时需要了解各国的法律要示,要对各国用户对其产品和服务的预期作出评价。

另外,高级管理人员应该确保现行的信贷扩展和流动性管理机制已经考虑到了来自跨国活动的潜在困难。金融企业需要评估国家风险,并制定因国外经济或政治气候问题而使服务中断的应急计划。在强制国外服务提供商履行义务方面,金融企业也面临着困难。当金融企业依赖国外的服务提供商时,本国监管部门要逐个评估跨国服务提供商的信息准入问题,并考虑其活动情况。

(二)电子货币风险管理方法

电子货币是开放网络上的支付工具,与传统的支付工具不同。它给支付系统和金融企业所带来的风险集中表现为欺诈风险、运行风险和法律风险。防范电子货币风险是一项技术性强、涉及面广的工作,不仅与计算机网络系统有关,还与电子货币应用的环境、人员素质、法制建设等有关。

1. 建立不断完善的安全保障体系

为了保证电子货币支付系统中支付信息的保密性、正确性、完整性和可靠性,需要在网络上建立具有保护功能、检测手段、攻击反应和事故恢复能力的完善的安全保障体系,这里涉及的安全技术有以下方面:

(1)虚拟专用网。在电子货币的两个支付系统间建立的专用网络,适合于电子数据交换(EDI),只要支付双方取得一致还可在网中使用较复杂的专用加密和认证技术,以提高支付的安全性。

(2)加密技术。采用数学方法对原始的支付信息再组织,使得加密后在网络上公开传输的支付信息对于非法接收者来说成为无意义的文字,而对于合法接收者,因为其掌握了正确的密钥,可以通过解密过程得到原始信息,这样可以防止合法接收者之外的人获取系统中机密的支付信息。目前的加密系统有对称的密钥加密系统(DES)和非对称的密钥加密系统

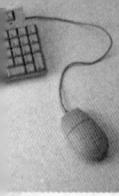

（RSA）。

（3）认证技术。认证是为了防止非法分子对电子货币支付系统的主动攻击的一种重要技术,在 SET 协议的工作流程中最主要的环节就是认证,现在认证技术也被引入了 SSL 体系之中。

（4）防火墙技术。在内部网和外部网之间界面上构造保护层,并强制所有的连接必须经过此保护层,在此进行检查和连接,只有授权的支付信息才能通过。防火墙技术可以防止非法入侵,并对网络访问进行记录和统计,当发生可疑事项,防火墙还能够报警并提供网络是否受监测和攻击的详细信息。

2. 建立严格的安全管理法规制度以加强内外部控制

这些管理法规制度包括下述内容:

（1）防范系统设备的故障减少电子货币产生运行风险。

（2）加强电子支付应用软件系统的安全、可靠性管理。

（3）完善安全防范措施。

（4）建立业务操作管理制度和权限制约原则。

（5）建立健全电子支付安全管理组织制度。

（6）完善关于电子支付的法律法规和制度安排。

第二节　网络金融的监管体系

一、网络金融监管的含义和目的

网络金融的出现改变了金融机构的服务手段,使金融机构的效率得到了相当大的提高。但是网络金融业有其脆弱性,网络风险波及的范围更广,破坏性更大。因此对网络金融进行监管是更重要而且紧迫的现实。在金融自由化、网络化的大背景条件下,网络金融监管是指金融主管机关或金融监管执行机关为保护存款人的利益,维护金融体系的安全稳定,推动经济的发展,根据金融法规对以计算机网络为技术支撑的金融活动所实施的监督管理。

金融监管的目的包括以下几个主要方面:

（1）维护银行间公平有效的竞争。各国金融监管当局应该创造一个适度的竞争环境,这种适度的竞争环境既可以经常保持银行经营活力,同时又不至于引起银行业经营失败破产倒闭,导致经济震动。为此中央银行金融监管要为银行业创造一个公平、高效、有序竞争的环境。

（2）保护存款人的利益。加强网络银行的监管,使存款者感觉到使用的方便和安全。面临日益猖獗的黑客攻击,监管部门更应该加大技术监管的力度,保护存款人的利益。

（3）确保金融秩序安全。金融业是一个庞大的网络系统,它们相互之间都存在千丝万缕的联系,因此一家系统出了问题很可能引起连锁反应,导致一系列银行和金融机构经营困难,所以中央银行金融监管的首要目标就是要维护国内金融体系的安全和稳定性。

（4）保证中央银行货币政策的顺利实施。货币政策是当今各国宏观调控的主要手段,而中央银行是货币政策的实施主体。货币政策的有效实施必须以银行金融业为中介。因此,中央银行金融监管要有利于保证货币政策的顺利执行,发行电子货币要有利于金融业对中央银行的调节手段及时准确地传导和执行。

二、网络金融监管的必要性、复杂性与基本原则

(一)网络金融监管的必要性

1. 传统的金融监管体系的基本依据

一般认为,政府之所以要对金融机构实施广泛的监管,是因为存在着市场缺陷。这些缺陷包括信息不对称,以及由此可能引发的逆向选择和道德风险。这些缺陷加上金融业较强的外部性和天然的脆弱性,都容易给消费者带来消极影响,引发消费者对银行体系的不信任。因此,需要政府对金融市场进行干预,政府对金融监管的最基本目的是保护消费者和提升公众对金融体系的信心。传统的金融监管体系正是在这一理论基础上建立起来的[①]。

2. 网络金融的优势不能避免金融市场的缺陷

网络金融正在迅速发展,对于网络金融的监管及研究也处于起步阶段。目前,巴塞尔委员会也还没有形成较为系统和完整的网络银行监管制度。事实上,对网络金融的风险监管与控制要在实践中不断地进行探索。判断网络金融是否需要监管,就要考察网络金融是否存在市场缺陷。

在技术层面上,网络金融有显著的优势。网上信息是以高速度、大容量、分布式传播。任何组织或个人都能获得相对完备的信息,其信息来源和信息质量处于同一层次上。也就是说,信息不对称的问题已经得到了相当的改善。实际上,网络为经济当事人广泛收集、追踪、分析信息,提供了便利,信息费用大大下降。如果充分保证信息的充分披露,逆向选择和道德风险的防范成为可能,网络金融似乎不再需要监管。

在经济社会背景和生产消费心理层面上,网络金融的优势不能避免金融市场的缺陷。第一,信息的甄别判断完备化难度加大。第二,交易主体的个性化信息获取费用增加。第三,网络金融机构的风险偏好增加。第四,竞争不完全性更加突出。例如,消费者和投资者更多地根据银行服务的便捷和网站的知名度来选择。消费选择的路径依赖和从众心理促使推动消费者和投资者一定程度非理性地集中于少数银行,从而导致新的"自然垄断"倾向。第五,负外部效应相对增强。网络银行的信息在虚拟网络实时传递的特征,将加大网络银行的运行风险,外部监测难度加大,金融体系将变得更加脆弱,负外部效应进一步放大。一方面,银行业风险蔓延将更加迅速和难以控制;另一方面,资金流动将更加频繁和迅速,在缺乏资本管制的情况下,容易导致资金的大量外逃或大量流入,对一国金融市场产生震荡,直接影响一国经济的稳健发展[②]。

因此,网络金融面临的市场缺陷在一定程度上有可能更加严重,仍需对网络金融实施审慎监管。当然,这里涉及创新、竞争力与监管之间的协调问题,大多数国家对网络金融监管都采取了相当谨慎的态度。

---

① 徐枫.论网络金融监管[J].北京经贸,2001(3);138-139.
② 李昕,王媛,杨蕊.网络金融监管的理论初探[J].商场现代化.2005(11);367.

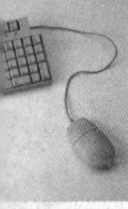

(二)网络金融监管的复杂性

由于网络金融的发展及产生的特殊风险,使得对网络金融的监管也变得复杂化,突出地表现在网络金融的虚拟性、法律缺位、跨国界经营和监管机构的技术装备水平、监管力度等方面与网络金融监管的复杂关联[1]。

1. 网络金融的虚拟性与网络金融监管

网络金融机构一般主要通过大量无纸化操作进行交易,不仅无凭证可查,而且一般都设有密码,使监管当局无法收集到相关资料做进一步的稽核审查。同时许多金融交易在网上进行,其电子记录可以不留任何痕迹地加以修改,使确认该交易的过程复杂化。监管当局对金融业务难以核查,造成监管数据不能准确反映金融机构实际经营情况,即一致性遭到破坏。在网络金融条件下,监管当局原有的对传统金融机构注册管理的标准也许难以实施,网络金融机构可以注册一家机构,但是它可以通过多个终端,同样可以获得多家分支机构的服务效果。

2. 网络金融的法律缺位与网络金融监管

由于网络金融尚处于初期阶段,对交易各方的权利和义务在法律上尚无明确规定。例如,对于消费者保护法如何适用于网络金融环境,电子合同和数字签名的法律有效性等问题尚未完全解决。目前网络金融电子支付采用的规则都是协议,与客户在言明权利义务关系的基础上签订合同,出现问题则通过仲裁解决。但由于缺乏相关的法律,造成问题出现后涉及的责任确定、承担、仲裁结果的执行等难以解决。我国新的《合同法》虽然承认了电子合同的法律效应,但尚没有解决数字签名的问题。这同样加大了对网络金融监管的难度。

3. 网络金融机构的跨国界经营与网络金融监管

网络金融的无国界发展,一方面使各国有效抑制金融机构的国际避税行为越来越困难,另一方面使各国中央银行对金融市场的单一监管的有效性大大减低。互联网使得金融机构可以轻松地进入外国市场。虽然传统的金融机构一直以来也提供跨国金融服务,但互联网技术增加了各国当局在监管责任上的模糊性。各国对网络金融监管的严厉程度不一,究竟是采用东道国的法律来进行监管,还是由母国根据其法律来监管,这种情况可能导致对网络金融的跨国活动监管不充分。但不管怎样,有一点是很明确的,如果没有母国监管当局的合作,东道国要监督或控制网络金融机构在本国的活动是十分困难的,因为它在本国可能不设分支机构,而仅仅通过互联网来提供服务。加强各国金融监管当局的合作并建立起新的监管协调机制,乃是现阶段各国金融监管共同面临的新问题。

4. 监管机构的技术装备水平与网络金融监管

网络金融以信息技术为核心,日新月异的信息技术不断改变金融机构的经营方式和内容,增强了金融机构的实力,有利于金融机构通过技术规避金融监管。这样,就改变了金融监管部门与金融机构的力量对比。监管机构必须不断更新其技术和知识,才能跟上这些变化。因此,监管人员必须具有良好的素质,对信息技术和金融知识都需熟练掌握。网络经济

---

① 严谷军.网络金融监管:内容与措施[J].科技进步与对策,2003(11):138-140.

发展也加快了金融创新的步伐,金融监管手段有可能越来越落后于网络金融业务创新与发展。层出不穷的金融创新,使金融监管部门在界定新业务的合法性方面遇到挑战。许多被监管对象总是能借助 Internet 的广泛性和多样性,找到监管当局一时难以找到解决方案的市场机会和生存环境。此外,由于网络技术的发展,对于什么是银行(或银行服务)等的定义越来越模糊,非银行机构借助网络技术也很容易在网上提供类似银行等的服务,而未经监管机构的许可或监督,这也增加了监管的难度。

5. 监管机构的监管力度把握与网络金融监管

对网络金融监管的力度应该多大? 如果对网络金融实施较严格的监管,可以有效地降低网络金融的风险,但是却可能降低国内金融业的竞争力,造成金融业的衰败。网络金融机构的竞争力在一定程度上依赖于技术进步和业务创新,过早或过于严格的管制都有可能抑制这种创新。

(三)网络金融监管的基本原则

为了实现金融监管的目标,金融监管当局在网络金融监管中应该坚持一些基本原则。

1. 依法监管的原则

依法监管的原则包括两重含义。一方面网络金融机构同样必须纳入国家金融管理当局的监督管理,不能有例外,要有法律保证;另一方面管理当局实施监管必须依法而行,否则难以保持管理的权威性、严肃性、强制性和一贯性,也就不能保证监管的有效性。

2. 合理适度竞争原则

竞争是市场经济条件下的一条基本规律,是优胜劣汰的一种有效机制。金融管理当局管理重心应放在创造适度竞争环境上,既要避免造成金融业高度垄断,排斥竞争从而丧失效率与活力,又要防止出现过度竞争、破坏性竞争从而波及金融业的安全和稳定,引起社会经济生活的剧烈动荡。为此,网络金融监管的目标应是创造一个公平、高效、适度、有序的竞争环境。

3. 自我约束与外部强制相结合的原则

外部强制管理得再严格、再规范,也是相当有限的,如果管理对象不配合、不愿自我约束而是千方百计设法逃避、应付对抗,那么外部强制监管也难以收到预期效果;相反,如果将希望单纯地放在网络金融机构本身自觉自愿的自我约束上,则实难有效避免种种不负责任的冒险经营行为与道德风险的发生。因此,要把创造自我约束环境和加强外部强制管理有机地结合起来。

4. 经济效益与安全稳健相结合的原则

要求网络金融机构安全稳健地经营业务是金融监管的目的,为此所设的金融法规和一系列指标体系都应着眼于金融业的安全稳健运行及风险防范。但网络金融的发展毕竟在于满足社会经济高速发展的需要,追求发展就必须讲求效益。因此,金融监管必须将切实地防范风险同促进网络金融机构的效益协调起来。

此外,金融监管当局还应注意如何顺应不断变化的市场环境,跟踪网络技术的发展,对过时的监管内容、方式、手段等及时进行调整。

三、网络金融监管的主要内容

对网络金融的监管可以分为两个大的方面:一是针对网络金融机构提供的网络金融服务进行监管;二是针对网络金融对国家金融安全和其他管理领域形成的影响进行监管。鉴于网络金融的特殊性,对其的监管目前应主要体现在带有全局性的问题上[①]。

(一)对网络金融的服务程式和真实性的监管

网络金融监管的重点是对网络金融系统中金融服务的确切性、真实性、合规性进行监管。实际上,网络金融机构可以更准确地被定义为一种先进的网络金融服务系统,对该系统中金融服务的确切性、真实性、合规性的监管应是网络金融监管的重点。首先,网络金融机构的业务应符合国家的金融政策,尤其是要控制网络金融机构利用其相对于传统金融服务方式的低成本优势进行不正当竞争。其次,对于网络金融机构提供的各项金融服务,因各金融机构间发展特色及侧重点各异,在相似名义下的金融服务内容不完全相同,尤其是使用该项服务的用户若接受不同的协议,这必将造成整个服务提供的混乱。因此,应形成一套标准的行业服务规范对在线支付、网上保险、网上证券交易等各种网络金融服务进行条例式的规定。网络金融的优势之一在于将服务的空间范围极大地扩展而吸引客户,那么服务标准的制定则是整合网络金融资源的基础。这些标准的制定应由最高监管机构负责,同时赋予这些标准以强制性色彩。就服务的真实性监管而言,应当建立网络金融交易确认系统。对于每一笔网络金融业务,用户有权利提出交易确认。例如,必须通过安全的签名电子邮件或其他方式请求用户给予最后确认,以保证每一笔资金的流向都有最后接收人的确保。对于在同一银行的两个账户之间的转账业务,同样需要银行的确认。这是保证金融交易安全及交易真实有效的必要措施。

(二)对网络金融系统安全性的监管

网络金融发展最关键的因素是安全问题,如何确保交易安全是网络金融发展需克服的最大障碍。

(1)访问控制监管。采取防火墙、虚拟保险箱和其他加密技术来保护网络金融机构并保护客户利益不受损害。

(2)建立安全评估监管组织体制。成立技术委员会对网络金融的系统安全进行资格认证和日常监管,规范系统分布安全。

(3)日常监管维护。实施网络安全的控制和管理。

(4)风险责任负责制。从政策上规定网络金融机构的风险责任分摊机制。在网络金融运行中,有的损失比较容易分摊责任,有的则很困难,如黑客入侵等造成的损失。从长远发展看,监管者应让网络金融机构承担大部分此类风险,以迫使其不以高度技术化的系统安全为借口损害客户利益。

(三)对消费者的权益进行监管

(1)避免网络金融机构利用其隐蔽行动优势向消费者推销不合格的服务或低质量、高风

---

① 严谷军.网络金融监管:内容与措施[J].科技进步与对策,2003(11):138-140.

险的金融产品,损害消费者利益。网络金融机构对客户资料和账户交易资料有保密的义务,未经客户许可或特定执法机关执法要求,金融机构不可将客户资料向第三方提供。

(2)考虑与网络金融高技术服务特点相应的责任。网络金融服务隐含了对高效率时间利用和使用便捷的承诺。客户通过网络金融完成金融交易时,责任一方对损害的赔偿不仅应包括对市场交易直接成本的赔偿,还应包括对市场交易效率成本的合理赔偿。例如,消费者接受网上银行业务和参与电子货币行为的动机在于其便利和高效。如果因为网上银行人为或技术的原因,丧失应有的便利性,不能及时获得流动性,不能按预期的高效率实现支付结算功能等,那么除了由此造成的直接损失外,对间接损失也应该适当考虑由事先承诺提供这些便利的金融机构来承担。

(四)对利用网络金融方式进行犯罪的监管

网络金融的一个明显特点就是用户的分散、隐匿,向开户账户键入一串代码,就可享受各式金融服务,资本也可实现跨国流动。这就为网络“洗钱”、偷税漏税等犯罪活动提供了便利。基于网络金融的飞速发展,犯罪分子无疑会进行充分的“网络犯罪创新”。各国央行及早防范并进行监管是整个网络安全健康发展的重要一环。为防范网络金融犯罪,央行应建立数字认证中心,以签发代表网络主体身份的“网络身份证”,加强对参与网络金融交易的企业和个人进行识别,亦加强对进入网络系统的资金来源和流向的合法性审核。

(五)对网络金融跨境金融服务的监管

网络金融理论上可以实现任何地点、任何时间、对任何客户提供任何金融服务的要求。网络金融机构只需要具备当地服务器,就可以将本国金融服务实现跨国提供,这对那些没有放宽金融服务外资准入的国家提出了阻断这种服务的要求。中央银行应该明确规定,对网络金融机构的金融服务进行服务种类的阻断,只允许其提供符合金融分业监管的特定业务;也应对网络金融服务进行服务地域的阻断,只允许其提供覆盖本国允许对外的地域的金融服务。如果可能的话,应要求网络金融机构提供全球并账运作资料,而不仅仅是东道国分支机构资料,以全面监管网络金融机构在本国和全球的金融活动。就我国而言,跨境业务可能涉及逃汇、走私、转移国有资产等问题。因此,加强对网络金融跨境业务的监管应该与目前我国的对外政策、外汇制度等相适应。

(六)对网络金融的市场准入和市场退出的监管

(1)市场准入。传统金融业是一种实行许可证制度的特殊行业,而在以金融自由化、网络化、全球化为特征的网络金融时代,金融业生存的环境将大大改变。由于网络金融降低了市场进入成本,削弱了现有传统金融机构所享有的竞争优势,扩大了竞争所能达到的广度和深度,这种相对公平的竞争可能会吸引非金融机构和高科技公司分享这片市场,提供多种金融产品和服务。为了把握非金融机构提供网络金融服务的市场准入问题,要从准入的标准、注册制度、地域界定、业务范围等方面确立起相应的准入制度。

(2)市场退出。网络信息传播速度快、范围广,使得网络金融机构易受突发事件的影响,并有可能导致经营失败。网络经济的低可变成本、积累效应、先发优势等特点,使得将来的网络金融市场必然是几家高流量的网站主导的市场,一些网络金融机构也不得不放弃或退出这一领域。与传统金融机构不同,网络金融机构的市场退出,不仅涉及存贷款等金融资产

的损失或转移,而多年积累的客户交易资料、消费信息、个人理财方式、定制资讯等,也面临着重新整理、分类和转移的要求。当出现意外时,极有可能给客户造成损失。由此,对网络金融市场退出的监管也应引起格外重视。

四、网络金融监管的主要措施

随着网络金融特别是银行高科技的发展,监管当局面临着新的抉择,即迅速适应迅速变化的市场,建立新的监管标准,调整监管的结构,更新技术改变传统的银行监管方式,建立全方位、系统性、更强调运用高科技手段的监管框架。

(一)网络金融监管的有关法律问题

网络金融正在发展中,对监管网络金融的研究也处于初步阶段。目前,巴塞尔委员会主要是对网络银行的监管制度进行研究,还没有形成较为系统和完整的网络金融监管制度。考虑到本国银行业的创新、竞争力与监管之间的协调问题,许多国家的监管当局对网络银行监管都采取了相当谨慎的态度。目前,网络银行监管主要涉及法律实施、消费者权益的保护、国内国际监管的协调、监管机构和监管范围以及监管方式的调整等几个方面。一些国家的监管当局成立了专门的工作机构或小组,负责及时跟踪、监测包括网络金融的发展,适时提出一些指导性建议,同时制定一些新的监管规则和标准。

首先,明确对网络银行进行法律上的定义。欧洲银行标准委员会、美国货币监理署(OCC)等机构对网络银行给出了一系列定义。但是,网络银行严格的法律定义还未出现,而网络银行发展较快,需要严格管理。因此,一般的做法是根据网络银行机构设置的特点,将其划分为分支型网络银行和纯网络银行,分别加以界定和管理。

其次,界定法律实施的范围与程度。这主要涉及以下方面:①原有的一些法律要求银行对诸如洗钱、欺诈等非法交易,进行跟踪、报告的法令的有效性和范围,以及因网络银行无法实施而享有的豁免。②政府机构及监管当局出于执法或监管的需要,对已加密金融信息的解密权限、范围等,例如,美国和新加坡等国家已经明文规定数字签名与手写签名具有同等的法律约束力,从而有利于使当地的虚拟金融服务市场得到一个被法律有效保护的发展空间。③网络银行的破产、合同执行的情况、市场信誉、银行资产负债情况和反欺诈行为等方面,政府制定的网络银行法或管制条例可以起到一定的作用,但是,有效的网络信息市场上的信息披露制度能够将各种可能诉诸法律的事件降到相当低的水平。④消费者权益主要涵盖网络银行推出的虚拟金融服务的价格,通过电子手段向客户披露、提示、传递相关业务信息的标准与合法性,信息保存的标准和合法性,客户个人信息、交易信息和账务信息的安全,隐私权,纠纷处理程序等规则。

(二)网络金融监管的具体措施

总的来看,各国对网络银行的监管方式主要仍以原有的监管机构和监管范围的划分为主,但是加强了监管机构之间、监管机构与其他政府部门之间的协调。国内、国际协调主要是对网络银行自然的跨洲、跨国界的业务和客户延伸所引发的监管规则冲突的协商与调整①。

1. 建立和完善相应的法律、法规及金融监管规则

(1)市场准入条件。法律要设置必要的市场准入条件,以确保金融交易的安全,对于一些特殊的交易还有必要作出特别的要求,如网络金融机构的技术设施条件,完善的交易操作规程,交易种类的区分、许可与限制。

(2)电子签名的合法性。法律要对电子签字的法律效应给予统一、确定的定义,明确安全签字的构成要求,规定当事人对有关电子签字风险的责任。

(3)交易证据问题。由于数据电文的真实性直接影响到数据电文的证据效力,法律必须强制要求金融机构维护好有关数据电文的真实性,这不仅对未来有可能发生的纠纷的解决有重要意义,而且对金融监管机构、税务、审计部门的执法也是极为必要的。

(4)事故、故障造成损失时当事者的责任。立法有必要对于网络系统的事故和障碍所引发的法律责任进行规范,明确各种不同情况下的损失分担责任,对免责的范围作出规定。

除了法律、法规之外,金融监管当局本身尚需要针对网络金融业务制定相应的风险监管指引、准则和监管手册等。

2. 金融监管与机构自律有机结合

在网络经济中,任何由监管当局单方面制定的规则,金融企业都可能利用网络的全球性、便利性、网络有效的匿名性和海量的数据及内容而有效地进行规避。因此,金融监管当局只有承担起网络金融发展的合作者、促进者和协调者的角色,加强基础设施建设、金融信息沟通,提供积极的服务,才能在这一过程中较好地实现其管理者的职能。

任何外部监管行为只是起到提示性作用,真正能够减少甚至避免风险发生还依赖于金融机构本身。由此,除了要求网络金融机构接受必要的监管外,同时还应要求其制定完善的内控制度。金融监管当局应注重督促和协助金融机构加强内部管理,采取有效的内控措施,具体包括如下几个方面:①计算机软、硬件条件;②金融机构内部职员系统操作技能、职业道德;③交易的实时检测、跟踪、记录和校验;④系统备用方案和应急计划;⑤对可疑交易、犯罪行为的模拟处理演练;⑥业务操作管理制度和权限制约的建立等。

3. 确立统一监管体制,强化对业务创新的管理力度

金融监管体制应从"机构监管型"转向"功能监管型",在统一的监管主体下,监管客体需要由仅包括金融机构,扩展到同时涵盖一些提供资讯服务的非金融机构。网络金融条件下,由于非金融机构涉足金融或准金融业务,金融监管的范围须随之扩大。监管的重点需要由资产负债和流动性管理转向金融交易的安全性和客户信息的保护。

4. 健全非现场监管体系,规范信息披露要求

金融交易的虚拟化使金融活动超越了时空限制,交易对象变得难以明确,交易时间和速度加快,现场检查的难度将会加大,非现场检查将愈加显示出其重要作用。非现场监管具有覆盖面宽、连续性强的特点,通过非现场监管有利于发现新问题、新情况和对现场检查的重点提出参考意见,有利于信息的收集并对金融机构潜在问题提出预测、预警。非现场监管的这种特点将使其成为网络金融环境中的一种有效的监管方式。金融监管当局要逐步从现场

---

① 杨国明,蔡军.网络金融[M].北京:中国金融出版社,2006:283-287.

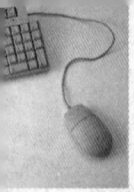

稽核监管为主转到以现场稽核监管和非现场稽核监管相结合,并逐渐转到以非现场稽核监管为主的轨道上来,拓宽非现场稽核的检查面,缩短检查周期,把事后稽核监管转变为事前稽核监管,为现场监管提供预警信号。实现金融机构的业务信息系统与监管当局监测系统的联网,使数据转换接口标准化,建立科学的监控指标体系,由计算机将大量的金融业务数据进行自动分析,综合评估金融机构内部业务发展的风险状况,以达到非现场稽核监管高效准确的目的。网络金融机构应及时向社会公众发布其经营活动和财务状况的有关信息,良好的信息披露制度可以促使投资者和存款人对其运作状况进行充分的了解,影响他们的投资和存款行为,发挥社会公众对网络金融机构的监督制约作用,促使其稳健经营和控制风险。网络上的虚拟金融服务需要有不断创新的信息披露方法来维持有效的信息监管。

5. 建立统一的金融认证中心

电子商务活动中,为保证交易、支付活动的真实可靠,需要有一种机制来验证活动中各方的真实身份。目前最有效的方式是由权威的认证机构为参与电子商务的各方发放证书。金融认证中心是为了保证金融交易活动而设立的认证机构,其主要作用是对金融活动的个人、单位和事件进行认证,保证金融活动的安全性。

金融认证中心扮演着金融交易双方签约、履约的监督管理角色,交易双方有义务接受认证中心的监督管理。在整个网络金融服务过程中,认证机构有着不可取代的地位和作用。在网络金融交易过程中,认证机构是提供身份验证的第三方机构,它不仅要对网络金融交易双方负责,还要对整个网络金融的交易秩序负责。因此这是一个十分重要的机构。

鉴于金融认证中心在网络金融中的重要地位和作用,有必要制定相关的法律法规,对其进行严格管理:①认证中心必须以信誉为基础,获得公认的权威性与可靠性。②认证中心以独立于认证用户和参与者的第三方地位,证明网上交易的合法有效性,其本身不从事商业银行等业务,不进行网上采购和消费活动。③认证中心必须严格履行自己的义务和责任,发挥授信、信誉补偿和金融交易控制作用,通过向用户颁发证书来确定用户在网上交易的合法可靠性。④认证中心必须确保认证信息的安全,包括管理、储存、传输过程中的安全。⑤认证中心必须保护用户有关信息的秘密,不能以任何方式泄露私人信息。⑥认证中心必须依据国家有关金融、网络、信息、安全等规定进行活动。

6. 加强金融监管的国际性合作与协调

金融领域里的国际监管合作近些年来取得了很大的进展,世界贸易组织的《金融服务开放协议》和巴塞尔委员会以1975年最早制定的《对国外银行机构监督的原则》为雏形逐渐修改演变而来的,并于1997年正式通过的《有效银行监管的核心原则》,对现实中日趋明显的跨国金融机构的监管作出了积极而有效的反应。这对控制跨国银行的风险,维护存款人的资金安全,促进国际间金融机构的公平竞争和相互开放,起到了积极的作用。但是,这些监管规则是针对传统金融机构而制定的,相对网络金融而言已不能完全适应需要。

从根本上说,网络经济的实质是信息化、全球化和一体化,随着网络在世界范围内的延伸,从长远来看,各国监管当局都将面临跨国性的监管业务,对此,仅靠单个国家的力量是无法达到既保护本国居民的利益,又保持金融市场的对外开放原则的,金融监管的国际性协调显得日益重要。它要求管理当局要建立与国际体系中其他金融体制相适应的新规则和合乎国际标准的市场基础设施。由于网络金融是一种无需跨国设立分支机构即可将业务伸向他国的全新的金融组织形式,因此,国际间的金融监管合作的内容和形式必须根据这种特点而展开。

第三节　国内外网络金融监管简介

一、国外网络金融监管的基本情况

(一)国外网络金融监管的整体介绍

1.逐步明确网络金融活动的界定标准,形成网络金融监管的法规依据

一些国家的监管当局成立了专门工作机构或小组,负责及时跟踪、监测网络金融业的发展情况,适时提出一些指导性建议,并同时制定一些新的监管规则和标准。例如,对包括网络银行在内的网络金融业进行法律上的定义。网络银行严格的法律定义还未出现,但是网络银行发展较快,需要严格管理。同时,有些国家的监管机构根据网络金融的发展状况,修订那些基于拥有实际营业网点的金融机构而制定的又无法延伸到网络经济中的原有规则。如美国、德国的一些金融专家开始分析《巴塞尔协议》关于商业银行资本充足率标准8%的规定,以及其他监管规则对监管纯网络银行的适用性问题,并提出改进意见。

2.以网络银行为试点对象的网络金融分层次监管

以对网络银行的监管为例,西方各国政府对网络银行的监管主要分为两个层次:一个是企业级的监管,即针对商业银行提供的网络银行服务进行监管;一个是行业级的监管,即针对网络银行对国家金融安全和其他管理领域形成的影响进行监管。

(1)网络银行的企业级监管。西方各国政府对网络银行的企业级监管包括监管方式和监管内容两个方面的实践。

首先,西方各国政府对网络银行的监管方式主要有市场准入、业务扩展的管制和日常检查与信息报告。其中,在市场准入方面,大多数国家都对设立网络银行有明确的要求,需要申报批准。在业务扩展的监管方面,主要包括两个方面的内容:一是业务范围、竞争方式;二是对纯网络银行是否允许其建立分支或代理机构等。在日常检查与信息报告方面,监管当局一般都要求网络银行接受日常检查,除资本充足率、流动性等以外,还包括交易系统的安全性、客户资料的保密与隐私权的保护、电子记录的准确性和完整性等检查,并要求网络银行建立相关信息资料,独立评估报告的备案制度。

其次,西方各国政府对网络银行的监管内容主要体现在七个带有全局性的具体问题上。这七个具体问题包括加密技术及制度、电子签名技术及制度、公共钥匙基础设施(PKI)、税收中立制度、标准化、保护消费者权益,以及隐私和知识产权保护。概括地说,七个具体问题又分属三个不同的层面:一是对网络银行安全性能的监管,主要包括前三项。二是网络银行的国内及国际标准化框架和税收中立制度。三是对消费者的权益进行监管,主要包括保护消费者的隐私权及维护知识产权在网络中不受侵犯等。

(2)网络银行的行业级监管。西方各国政府对网络银行的行业级监管包括监管内容和监管模式两个方面的探索。

首先,网络银行行业级监管的主要内容。主要内容包括:网络银行对国家金融风险和金

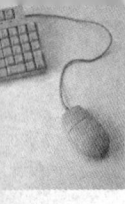

融安全,乃至国家经济安全的影响的评估与监管;对网络银行系统风险的监管,包括对产生系统风险的各种环境及技术条件的监管,特别是系统安全性的监管,如对"千年虫"的监管等;对借用网络银行方式进行犯罪活动的监管。

其次,网络银行行业级监管的主要模式。国外对网络银行的监管形成了美国和欧洲两种模式。美国监管当局对网络银行采取了审慎宽松的政策,基本上通过补充新的法律、法规使原有的监管规则适应网络电子环境。欧洲对网络银行的监管,采取的办法较新,其监管目标主要有两点:一是提供一个清晰、透明的法律环境;二是坚持适度审慎和保护消费者的原则。欧洲中央银行要求其成员国采取一致性的监管原则,欧盟各国国内的监管机构负责监管统一标准的实施。它要求成员国对网络银行业务的监管保持一致,承担认可电子交易合同的义务,并将建立在"注册国和业务发生国"基础上的监管规则,替换为"起始国"规则,以达到增强监管合作、提高监管效率和适时监控网络银行风险的目的。

(二)美国的网络金融监管①

1. 网络金融监管的法律根据

美国作为网络金融最为发达的国家,充分意识到网络银行是创新型银行,技术更新是网络银行的生命。所以美国对网络银行采取了较为宽松的监管态度,对网络金融的立法也主要是立足于现行法律、法规对传统银行业的监管布局与监管轮廓。这些既存监管立法的相关规定也将会继续适用于网络银行的相关业务的监管上,各监管机构也照常对自己监管的对象所开展的网络银行业务负有监管之责。除此之外,美国银行业监管当局还针对网络银行业务的特征制定了一些特殊监管规则。所以,美国对网络银行的立法基本是采取了以现有立法为基础,在现有法律的基础上作出一些变通规定,以使得传统银行立法也适用于网络银行,并针对网络银行新的风险特征作出了专门性的补充监管规定。

2. 网上银行的市场准入管理

美国对网上银行的市场准入有两层含义,即现有银行从事网上银行业务活动的市场准入和设立网上银行机构的市场准入。

(1)网上银行业务的市场准入。从网上银行业务活动的市场准入角度看,美国银行能从事哪些业务是根据美国法律关于传统银行业务范围(business of banking)的有关规定来界定的。美国货币监理署(OCC)于 2002 年 6 月公布了修改后的联邦监管条例第 12 篇的第 7 部分。根据网上银行业务活动的性质,将其划分为和"传统银行业务的一部分"(part of business of banking)和"传统银行业务的从属业务"(incidental to business of banking)两种。在判断网上业务是否属传统业务的一个部分时,适用四项标准:一是类似于(或等同于)传统银行业务,或逻辑上是银行业务的必然结果;二是有利于银行和客户,如降低经营成本,使客户多些选择等;三是所面临的风险为银行业务风险,且目前可被控制;四是美国各州法律允许州银行做的业务,OCC 也允许国民银行从事。上述四个标准,满足任意一项即可认定为传统银行业务的一部分。在判断网上业务是否属传统业务的从属业务时,适用两项标准:一是有助于现有产品和服务的营销推广,提高银行创新能力,提高经营效率;二是使银行

---

① 曾志耕.网络金融风险及监管[M].成都:西南财经政法大学出版社,2006:116-137.

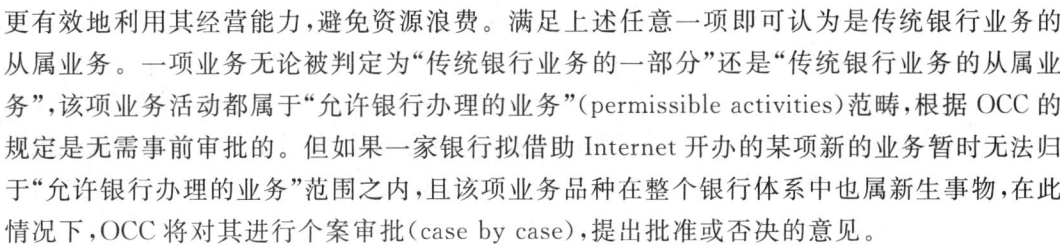

更有效地利用其经营能力,避免资源浪费。满足上述任意一项即可认为是传统银行业务的从属业务。一项业务无论被判定为"传统银行业务的一部分"还是"传统银行业务的从属业务",该项业务活动都属于"允许银行办理的业务"(permissible activities)范畴,根据 OCC 的规定是无需事前审批的。但如果一家银行拟借助 Internet 开办的某项新的业务暂时无法归于"允许银行办理的业务"范围之内,且该项业务品种在整个银行体系中也属新生事物,在此情况下,OCC 将对其进行个案审批(case by case),提出批准或否决的意见。

(2)网上银行机构的市场准入。美国在网上银行机构设立的市场准入方面规定是比较严格的。OCC 在 2001 年 1 月发布的《国民银行网上银行注册审批手册》中,规定了设立国民银行网上银行并开办网上业务的审批标准和审批程序。OCC 规定,经济组织、个人投资者和银行都可以申请设立网上银行,模式有三种:一是纯网上银行(即虚拟银行);二是拟设立的机构以 Internet 为主(predominantly over the Internet),同时也通过有限的分支机构或自助银行设施(如自动柜员机等)开展业务;三是拟设立的机构仍通过传统分支网络经营,但大量交易类业务经由网络渠道开展。OCC 将上述三种模式都定义为"网上银行"。只要 OCC 认为拟成立的国民银行能够利用网络渠道安全稳健经营,就会批准其设立。另外,成立网上银行有发起设立和收购两种方式,向 OCC 申请发起设立网上银行的程序与申请设立国民银行的一般程序基本相同。新设立网上银行时,要求发起人不少于九人,必须为美国公民,其中大部分要成为银行董事会的成员,各董事会成员应持有银行的股份。拟任行长(或 CEO)必须是董事会成员。其中,网上银行机构设立的准入程序一般分为四个阶段:非正式的申请前准备阶段;正式审批阶段;组建阶段;开业阶段。

3. 对网上银行业务的现场检查

(1)现场检查的基本依据。美国监管当局对网上银行业务的检查已融入其对银行进行的常规现场检查而成为它的一个组成部分,检查的程序和标准仍适用于传统的银行现场检查框架。但考虑到网上银行业务的特殊性,美国监管当局也针对网上银行的特点对检查内容做出了重点要求,主要体现在 OCC 于 1999 年 10 月发布的《OCC 网上银行检查手册》中。此外,美联储的《网络信息安全稳健做法指引》,OCC 的《技术风险管理》、《技术风险管理——PC 银行》、《FDIC 电子银行系统安全性与可靠性检查程序》、《FFIEC 信息系统检查手册》等也成为监管当局检查人员的重要依据性文件。以下主要参考 OCC 的现场检查手册内容,对美国网上银行现场检查的目标、内容、程序做一概述。

(2)现场检查的目标。根据 OCC 的规定,检查的目的是确定网上银行的经营战略、业务流程及内部控制是否充分、适当。检查到何种程度、进行何种程序取决于检查人员对网上银行风险的评估。因此,对网上银行的检查主要落在风险评估上,风险评估的目的是从风险定量评估和风险管理质量评估两个方面,看银行是否以安全、稳健的方式经营。

(3)现场检查关注的主要内容。现场检查关注的主要内容,一是风险管理是否适合,二是内部控制是否健全。

(4)现场检查的程序。第一,一般程序,即通过调阅以往的内部和外部审计报告、战略规划及安排,以及与管理层的面谈等方式来确定风险评估的范围、重点和步骤。OCC 建议在一般程序中做好十个方面的工作。检查人员检查时,依据的是《FFIEC 信息系统检查手册》和 OCC 发布的有关文件。具体检查时不必履行所有程序,可以根据实际情况加以选择。第

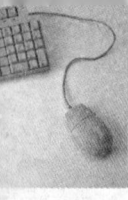

二,风险定量评估,内容有网上银行产品及服务,遵守法律、法规和规章的情况。通过定量评估应得出各种产品及服务风险量"高、中、低"的结论,并进而汇总得出网上银行整体的风险量。第三,风险管理质量定性评估,内容包括管理政策和战略规划,业务流程,人员安排,控制、确定银行管理是否制定与网上银行风险相适应的控制措施,如数字签名和 CA 认证机构的使用等。第四,总结。检查完成之后,监管人员应与网上银行董事会和管理层就检查结论进行交流,形成总结备忘录,详细记载检查事实和评价。

4. 对网上银行业务的非现场监管要求

美国银行监管当局并未强制要求银行专门针对其网上业务(也包括 ATM 交易、电话银行等通过电子渠道完成交易的业务)提交专门报表,有关业务数据也没有专门开辟统计渠道,因此,对网上银行业务的非现场监管是与传统业务混在一起的。但考虑到网上银行的技术风险问题对银行体系稳定的重要性,OCC 设有重大事项(可疑行为)报告制度,并设计了统一的报告格式,要求提供网上服务和其他电子服务的商业银行在发现可疑行为或安全事故时及时向监管当局通报,例如,内部人作案时,不分金额大小必须填制 SAR 报告(Suspicious Activity Report),当怀疑损失超过 5000 美元,洗钱超过 5000 美元需及时填报,发现计算机系统遭受入侵后需于 30 内填报等。

(三)欧洲的网络金融监管(以网络银行为例)

在欧洲,不论发展网络银行业务的先后,欧盟各成员国及其他金融体系较为发达的欧洲国家几乎都在支持和鼓励拓展本国的网络银行业务。欧洲对网络银行的监管,采取的办法较新。欧洲中央银行要求其成员国采取一致性的监管原则,欧盟各国国内的监管机构负责监督统一标准的实施。欧盟对网络银行监管的主要目标有两个:一是提供一个清晰、透明的法律环境;二是坚持适度审慎和保护消费者的原则。

按照欧盟关于协调银行、投资服务和保险服务法律体系的要求,欧盟对银行注册实行"单一执照"规则,即在欧盟内一个国家内获准开展的业务,同样可以在其他国家进行。具体到网络银行业务上,欧盟要求成员国在网络银行监管上,坚持一致的体系,承担认可电子交易合同的义务,并将建立在"注册国和业务发生国"基础上的监管规则,替换为"起始国"规则,以达到增强监管合作,提高监管效率,适时监控网络银行产生的新风险。按照这些要求,对网络银行的监管主要集中在区域问题、安全问题、服务技术能力和信誉及法律风险等几个方面。

例如,德国也属于网络银行业务起步较早的国家之一,但其在网络银行监管立法上并没有积极采取措施,主要还是依赖于其既存的法律对网络银行业务予以监督。从总体上来看,德国目前的银行业监管体系较为统一,监管机构也不像美国那般多元多头,负责银行业监督的重要机构为联邦银行业监管局。1996 年《德国电子签名法》就电子签名的有关问题进行调整,客观上也为网络银行业务提供了电子签名方面的法律保障,减少了一些法律上的不确定性和风险。另外,以欧盟指令形式表现出来的欧洲审慎监督法(如欧洲第二银行业指令与欧盟投资服务指令)已转化为生效的德国国内法,这些关于银行审慎监管的法律在原则上也同样用于网络银行业务。不过,目前在德国仍无专门针对网络银行业务具体风险的审慎监督法律要求。尽管如此,德国的银行监管者也正在着手酝酿和制定一套新的适合网络银行业务,即特别风险的审慎监督战略。

（四）亚洲的网络金融监管（以网络银行为例）

1. 新加坡的网络金融监管

新加坡是新兴市场经济国家，同时也是著名的国际金融中心。因此其在银行业务监管领域的立法经验也很值得关注。该国负责网络银行业务监管的机构是新加坡货币局，该机构于 2001 年 7 月发布了《网络银行业务技术风险管理条例》，作为网络银行业务的最佳实践标准或者指引，要求所有从事网络银行业务的机构遵守。该指引涉及风险管理框架、网络金融服务类型、安全与控制目标、安全原则与实践、系统恢复与业务连续性、外包管理、银行信息披露以及客户培训等多项内容。这些内容大多是围绕网络银行业务可能带来的技术性风险状况及对其实施监督管理而制定的原则与具体规范。至于其他的方面的监管也主要是依靠传统法律规范。

2. 印度的网络金融监管

印度针对网络银行业务制定了相应的专门监管法规，并由监管机构印度储备银行负责对各银行的网络银行业务进行定期检查。2001 年 6 月，印度储备银行发布了《印度网络银行业务指引》，该指引分别就技术与安全标准问题、法律问题以及管制和监督问题的三个重要方面进行了研究。其有关规定对各个从事网络银行业务服务的银行立即生效，要求其遵照执行和实施。在监管问题上，指引首先建议将现有的银行监管框架延伸到网络银行业务，并建议实施市场准入限制，以便从根源上对未来可能发生的业务风险建立最初的防线，它规定只允许那些在印度获得许可，受到监督，且在印度具备有形实体的银行向印度居民提供网络银行业务产品。目前尚不允许那些成立于国外且在印度无有形实体的银行和虚拟银行向印度居民提供网络银行业务。而且该指引还提出网络银行业务产品应只针对账户持有人，不应在其他国家提供；服务只应包括本币产品，除了一些法定的例外情形，一般禁止从事跨境网络银行业务；此外，该指引还建议，所有拟通过互联网提供交易性服务的银行必须事先获得印度储备银行的批准，同时还对银行规定了通知、报告、披露等其他程序方面的义务。

二、我国对网络金融的监管

（一）我国网络金融监管的现状

1. 对网络银行的监管

我国的网络银行同电子商务、商业网站的发展相似，是在相关法规几乎空白的情况下，迅速出现并不断演进，带有浓厚的自发性。管理部门面对快速变化的情况，不得不对出台新的管理措施持慎重的态度。这就导致了目前对网络银行的管理规则仍然较少，管理体系也还不明确。从我国目前的情况来看，对网络银行进行适当的监管是非常必要的。对网络银行的基本服务行为进行一些必要的规范，有利于取得消费者的信任，扩大市场，避免不必要的交易摩擦。必要的监管规则也有利于形成一个相对公平的竞争环境，为我国中小银行的转型和发展提供机会，从而降低金融体系的总体风险。如果等到有关机构进行相关投资后，再进行监管，不仅监管阻力加大，而且会使先期使用的消费者面临损失。

总体上看，我国的网络银行受到两个部门的管理，即业务主管部门——中国人民银行（现为中国银监会）、信息主管部门——信息产业部。对于提供新闻资讯的网络银行，2000

年11月后,还需要接受公安部门和新闻出版总署的管理。在这些部门中,后三个部门主要负责的是信息技术和新闻的管理,与现有银行业务的关系不大,人民银行是主要的管理部门。

从监管角度来看,2001年6月中国人民银行发布实施了《网上银行业务管理暂行办法》(以下简称《办法》)。该《办法》规定,银行机构在我国境内开办网上银行业务,应在开办前向人民银行提出申请,经审查同意后方可开办。人民银行对银行机构开办网上银行业务的市场准入,实行"一级监管"的原则,即各类银行机构首次开办网上银行业务,应由其总行向人民银行总行、分行或营业管理部申请。人民银行对银行开办新的网上银行业务品种的申请,实行审批制和备案制两种制度。银行借助互联网开发的新的、与传统银行业务品种不同的、形成表内资产或负债的网上银行业务品种,借助互联网办理贷记支付以外的支付结算业务,通过互联网开办未获人民银行同意的表内资产类传统银行业务品种,通过互联网开办与证券业、保险业直接相关的新的业务品种,适用审批制;银行通过互联网增加开办其他新业务品种,适用备案制。银行开办网上银行业务,应遵守国家有关计算机信息系统安全、商用密码管理、消费者权益保护等方面的法律、法规、规章。银行应制定并实施充分的物理安全措施,能有效防范外部或内部非授权人员对关键设备的非法接触。银行应以适当的方式向客户说明和公开各种网上银行业务品种的交易规则,应在客户申请某项网上银行业务品种时,向客户说明该品种的交易风险及其在具体交易中的权利与义务。未经人民银行同意,银行不得擅自停办经人民银行审查同意开办的网上银行负债类业务品种。2006年1月,中国银监会发布《电子银行业务管理办法》,并于2006年3月实施。

2. 对网络证券的监管

上网开展证券交易在国外已经被证明是最具发展潜力的网络金融业务之一。网络证券在我国刚刚开始发展,对其的监管也还处于探索阶段,中国证监会是网络证券的主要监管机构。2000年4月14日,中国证监会出台了《网上证券委托暂行规定》,这是我国第一部有关网上证券交易的法规。现阶段,在网络证券的监管与政策问题上,存在着较强的干预的问题,以下两方面表现得较明显:一是固定手续费佣金制度。网络经济中价格水平的确定应该完全由市场来决定。目前我国的证券交易手续费仍然由政府来确定。而这种以法律形式固定的手续费将在很大程度上减弱网络证券在交易费用上的优势。只有交易手续费是浮动的,才能够使网上证券交易通过大大降低交易手续费用而体现其巨大的吸引力。二是较多地限制竞争。限制竞争违背了网络证券的发展规律,网络证券市场的竞争应该是充分的自由竞争,网络金融的一个很重要的特征就是竞争格局的变化。在这方面,IT产业加入金融服务者的队伍将是一种趋势。

3. 对电子货币的监管

主要发达国家一般都成立了专门的工作机构,研究、监测和管理电子货币业务。而我国目前基本上是将这一业务划归各部门的科技机构负责,着重于技术上的管理,而忽视了其对于经济发展、金融稳定可能产生的深刻影响。将电子货币作为结算工具和支付工具来管理,一般会沿用统一、标准化等原则,这与电子货币业务发展过程中出现的多样化和技术的快速进化相矛盾。同时,目前的管理办法虽然有可能在技术和协议上形成一套安全体系,但在对电子货币的测算与监控、作用与风险、信息披露与报告等方面则显得相对滞后。

（二）改进金融监管，促进我国网络金融健康发展

我国经济信息化程度不高，网络金融的发展尚处于起步阶段，因此我国对网络金融业务监管的政策、方针的制定与实施应采取慎重态度，既不限制它的发展又不能放弃监管，通过适当的金融监管，促进我国网络金融更快更好地发展。

（1）完善现行法律，补充适用于网络金融业务的相关法律条文。首先，要对现有法律不适应的部分进行修订和补充；其次，要对未来发展情况进行预测，分析可能出现的问题，进行先行立法保护。

（2）结合网络金融业务的特点，完善现行业务营运监管办法。要从业务经营的合法合规性、资本充足性、资产质量、流动性、盈利能力、管理水平和内部控制等方面，根据网络化条件来适时进行调整、补充，构造一个符合网络金融生存、发展的金融监管指标体系和操作系统。

（3）督促开展网络金融业务的金融机构强化内部管理，从内部控制度入手降低金融风险。

（4）加强金融监管部门的技术力量，提高监管水平。应逐步实现利用先进的电子网络技术对网络金融进行非现场监管，建立诸如资产负债比例管理、信贷台账管理、预警分析和智能化决策等运作系统，通过网上实时控制，提高监管的现代化管理水平。

（5）密切与其他国家监管机构的联系，提高网络金融的监管效率。中国人民银行等监管机构应加强同外国金融监管当局合作，定期开展监管情况交流，切磋网上金融监管措施。同时加强与网络金融发展较快的国家之间的人才交流，加大监管人员的培训力度，引进先进的监管理念和技术。

本章内容总结

本章从网络金融的主要种类、形成原因和基本特征分析出发，主要讨论了网络金融风险的管理方法、网络金融的监管体系、国内外网络金融监管情况。

（1）网络金融风险可以分为一般风险与特殊风险。其中，一般风险包括市场风险、流动性风险、信用风险、操作风险与法律风险；特殊风险包括网络金融的系统性风险、业务风险与人为因素形成的风险。网络金融风险的形成有技术、主体、法规制度和社会心理等多方面的原因。

（2）网络金融风险的一般特征表现为网络金融风险扩散速度加快、网络金融风险监管难度提高、网络金融风险"交叉传染"的可能性增加、金融危机的突发性和破坏性加大以及引起网络金融风险的因素扩大等方面。中国网络金融风险还表现出几个突出的特点，包括信息技术安全性比较薄弱、技术选择处于被动状态、法规体系的建设不够完善以及网络金融机构的经营面临更大信用风险的威胁等方面。网络金融风险的管理必须注重风险管理的基本方法的应用，也要深入挖掘基于电子货币特点的风险管理方法。

（3）在金融自由化、网络化的大背景条件下，网络金融监管是指金融主管机关或金融监管执行机关为保护存款人的利益，维护金融体系的安全稳定，推动经济的发展，根据金融法规对以计算机网络为技术支撑的金融活动所实施的监督管理。网络金融监管具有明确的目的性、必要性、复杂性，必须遵循一些基本原则。

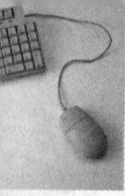

（4）网络金融监管的主要内容包括：对网络金融的服务程式和真实性的监管；对网络金融系统安全性的监管；对消费者的权益进行监管；对利用网络金融方式进行犯罪的监管；对网络金融跨境金融服务的监管；对网络金融的市场准入和市场退出的监管。网络金融监管的主要具体措施包括：建立和完善相应的法律、法规及金融监管规则；金融监管与机构自律有机结合；确立统一监管体制，强化对业务创新的管理力度；健全非现场监管体系，规范信息披露要求；建立统一的金融认证中心；加强金融监管的国际性合作与协调。

（5）密切关注国内外网络金融监管的实践进程，有利于理解网络金融活动主体的责、权、利关系，体会对网络金融双刃剑特征的把握。国外的网络金融监管起步比较早，已经逐步明确网络金融活动的界定标准，形成网络金融监管的法规依据，最初一般是以网络银行为试点对象的网络金融分层次监管。美国、欧洲、新加坡、印度的网络金融监管经验具有借鉴的价值。我国网络金融的监管还刚刚起步探讨，必须抓紧时间、抓住机遇，改进金融监管，促进我国网络金融健康发展和整个金融业的国际接轨。

 **上机实验题**

1. 在互联网上搜索国际国内网络金融监管的最新动态，了解成绩、问题与措施。
2. 在互联网上搜索信息，了解一般居民对网络金融监管关注的焦点问题和心理预期。

 **复习思考题**

1. 简要叙述网络金融风险的主要种类、形成原因和基本特征。
2. 结合我国金融对外开放的进程，分析对网络金融跨境金融服务的监管问题。
3. 根据国际国内网络金融的发展实际情况，选择一个角度谈谈如何改进金融监管，以促进我国网络金融健康发展。
4. 近些年来，发达国家金融发展的分业向混业转变的进程不断加快，试分析这对网络金融监管的影响。

第十章
网络金融法律问题

本章内容提要

网络金融法是关于网络金融交易和网络金融管理的法律规范的总称。通过本章的学习，要重点理解网络金融法的特点，即技术性、国际性、强制性和开放性，以及网络金融法的基本原则，并要掌握网络金融法体系的基本内容。然后要分别掌握电子货币、电子银行、网络证券、网络保险等网络金融主要领域的法律规范。

第一节　网络金融法概述

一、网络金融法的概念与调整对象

网络金融法是关于网络金融交易和网络金融管理的法律规范的总称。网络金融交易关系，是指各种社会主体之间在网络上所完成的存贷款、同业拆借、银行结算、电子资金划拨、证券交易、金融信托、保险产品买卖以及在相关网络金融服务中发生的社会关系。

网络金融管理关系，是指政府主管部门对网络金融行为进行监管和调控所形成的法律关系。金融在现代经济中的地位极为重要，与国家利益密切联系，是各国政府调节经济运行，保障本国利益的重点所在。

网络金融的特点在于从技术上讲没有国界限制，可以真正实现金融的全球化。政府的干预主要体现在对网络金融交易市场准入的限定，对网络金融业务的谨慎规定，对实施网络金融业务的金融机构进行现场检查和网上监控，以及对违规事件的查处等。网络金融管理关系是一种监管主体与被监管主体之间的强制性关系，双方当事人的地位是不平等的，后者要服从前者的管理。由于金融业本身的脆弱性、高风险性以及网络金融发展的不确定性，使得对其进行监管是极为必要的。

网络金融法是调节网络金融关系的，因此它属于金融法的范畴，它只是调节金融关系的法律规范的集合，包括民商法规范、经济法规范、行政法规范和刑法规范。因此，对于网络金融法而言，它也不能构成独立的法律分支。但网络金融法内部的各种法律规范，如电子货币法、网络银行法、网络证券法以及网络保险法等，它们之间存在内在的有机联系，首先都属于金融领域的范畴，其次都是调节在不同于现实空间的网络条件下的行为。完善网络金融法，就是要注重各种规范之间的协调和配合，使之成为一个有机联系的整体。

二、网络金融法的特征

（一）技术性

网络金融法的许多规范都是直接或间接地由技术规范演变而成的，比如一些国家将套接层安全协议（SSL）和安全电子交易（SET）协议，规定为安全的技术标准。这样就将有关的技术规范，转化成了法律要求，对当事人之间的交易形式和权利义务的行使，都有极其重要的影响。另外，关于网络金融的技术标准，当事人若不遵守，就不可能在开放环境下进行网络金融交易。所以，技术性特点是网络金融法的重要特点之一。技术性导致网络金融法的另一个特征就是标准的统一性，只有形成统一的标准，才有可能实现各种协议的兼容性，亦才能为统一的市场规则打下基础。

（二）国际性

互联网技术的全球性、互联网标准的全球性以及互联网接口的统一性，必然要求网络金融法的国际化。在世界范围内，由于国际经济一体化的趋势越来越强，借助互联网的作用，全球货币资金的流动更为迅速，这一方面要求对网络金融的规范，必须是基于以全球性的解决方案，要制定国际统一的网络金融行为规则，另一方面要求加强国际金融监管，密切国际合作，以防范国际金融危机的发生。

（三）强制性

金融业对国家利益十分重要，各国都十分重视网络金融与国家安全问题，甚至有的国家还制定专门的法律来保障针对互联网的国家金融安全。网络金融法中的国家意志性还体现在政府对网络金融发展的鼓励和限制，以及对网络金融犯罪的打击和防范。网络金融发展过程中，不可避免地带来欺诈、不公平交易、盗用、窃取与洗钱等违法犯罪行为，破坏市场经济秩序，损害社会公共利益，这都需要国家的力量进行维护网络金融秩序。

（四）开放性

网络金融法随着通信计算技术和网络金融业务的发展不断更新规范，制定过于刚性的条款，只能阻碍其发展。目前，国际组织及各国在网络金融的相关立法中，大量使用开放型条款和功能等价型条款，其目的就是为了开拓社会各方面的资源，以促进科学技术及其社会应用的广泛发展。

三、网络金融法的基本原则

网络金融法的基本原则，是网络金融立法体系的纲领，它通过对一些基本问题的定性和定位，对国家网络金融法制建设起基础性的导向作用。网络金融法首先应当遵循金融法的基本原则，这些原则包括以稳定货币为前提促进经济发展的原则、维护金融业稳健的原则、保护投资者利益的原则等。基于网络金融的特殊性，在网络金融法制建设过程中还应当遵循下列原则。

（一）安全性与效率性结合原则

保障网络金融的安全进行，既是网络金融法的重要任务，又是其基本原则之一。网络金融的高效、快捷,以安全性为其前提,它不仅需要技术上的安全措施,同时也离不开法律上的安全规范。由于互联网是一个开放的网络,计算机病毒的侵害、电脑黑客的攻击以及自然灾害、人为失误都有可能造成网络金融交易的巨大损失,因此,安全性原则是网络金融法的基本原则之一。

(二)中立性与平等性并重原则

网络金融法的基本目标,是要在网络金融活动中,建立公平的交易规则。网络金融要达到各方利益的平衡,实现公平的目标,就有必要坚持中立原则。首先是技术中立,即对各种技术的发展只能采取中立的原则,要给未来技术的发展留下法律空间。其次是实施中立,即在本国网络金融活动与跨国性网络金融活动的法律待遇上,应一视同仁。再次是同等保护,即网络金融法对商家与消费者,国内当事人与国外当事人等,都应尽量做到同等保护。

(三)技术创新与现行制度协调原则

网络金融的飞速发展关键是基于技术创新,而技术创新离不开制度的保障。网络金融法必须要与已有的包括传统金融法在内的法律制度相协调,尤其是基本的法学理念和法律规范都要继承。由于网络金融仍处于快速发展和变化中,新的法律问题将不断出现,对于网络金融立法在现实性的基础上,要注重前瞻性和预测性。

(四)行业自律与政府监管结合原则

网络金融的许多实际运行规则都是由行业内部的技术标准、章程决定的,行业自律的灵活性、运作的低成本性是国家法律所不具有的。由于网络金融具有公共资源的性质,以及它所具有的高风险性和国家利益的性质,决定了网络金融法必须强调国家政府的监督管理。

四、网络金融法的体系

网络金融法作为一类法律规范的总称,主要包括下列基本内容:

(1)网络金融法总论,包括网络金融法的概念及其在法律学科中的地位、网络金融法的渊源、网络金融法的基本特征、网络金融法的基本原则等。

(2)电子货币法律制度,包括电子货币的定义、电子货币的法律契约基础、电子货币发行交易制度、电子货币对中央银行货币发行权、货币政策制定的冲击、电子货币对商业银行法律制度的影响以及电子货币风险防范和监管制度等。

(3)网络银行法律制度,包括网络银行的定义、分类,网络存贷款业务,网络银行组织制度,网络银行风险防范制度,网络银行涉税,网络银行的监管等法律问题。

(4)电子资金支付与清算法律制度,包括电子资金支付的定义、分类,网络清算的内涵、分类、体系结构,电子资金支付、清算中的法律关系,以及相应的风险防范法律制度。

(5)网络证券法律制度,包括网络证券的定义、法律特征,网上招股,网络证券交易,网络证券的风险防范法律制度以及网络证券监管法律制度等。

(6)网络保险法律制度,包括网络保险的定义、网络保险合同相关法律问题、网络保险广告、网络保险监管等法律问题。

(7)网络信托法律制度,包括网络信托的定义、法律特征,网上信托服务,网络信托的风险防范法律制度以及网络信托监管法律制度等。

(8)网络投资法律制度,包括网络投资的定义、法律特征,网上投资服务,网络投资的风险防范法律制度以及网络投资监管法律制度等。

(9)网络金融法律适用制度,包括网络金融诉讼的司法管辖、证据规则、冲突法规则等法律问题。

上述法律制度存在内在的有机联系,共同构成网络金融法体系。

第二节　电子货币的法律规范

电子货币是指在零售支付机制中,通过销售终端、不同的电子设备之间以及在公开网络(如 Internet)上执行支付的"储值"和预付支付机制。

电子货币是一种新型的电子支付工具,具有取代纸币或现金的潜力,由此就产生了一系列的法律问题。例如对中央银行货币政策和监管的影响、个人信息和商业秘密的特殊保护、安全问题、跨国电子货币洗钱等,这些问题正在引起各国中央银行以及相关机构的高度重视,由于电子货币与计算机和网络技术有着密不可分的联系,所以电子货币的法律问题与传统货币的法律问题既有重合,又有全新的领域,对法律不足加以调整势在必行。

一、电子货币的法律地位

(一)电子货币与传统货币的关系

货币是一般等价物,是起一般等价物作用的商品。电子货币能否取代实物货币而成为广泛运用于未来经济生活的新型货币呢?

在任何经济社会中,货币都具有三个基本功能,即交易媒介、计算单位和价值贮藏。

为了使货币职能得以实现,货币本身必须具备五种品质,即价值稳定、普遍接受、易于分割、易于辨认和携带、弹性供应。目前各国正在使用或试用的电子货币项目还没有同时具备以上功能,虽然,电子货币轻而易举就能够实现支付的功能,但是对于货币的另外两种基本职能要求就显得有些不足。就电子货币目前的发展状况来看,要做到价值稳定和弹性供应尚需电子货币的发行者以及监管者达到很高的技术操作水准。

虽然电子货币由于其发展阶段的局限性,但却具有取代纸币现金的发展潜力,体现了货币自由的倾向。货币的支付力最终来自公众选择和社会的接受,纸币现金不过是在国家权力下得到选择和接受的,一旦国际互联网和电子商务的成长,使国家信用不得不到网上与私人信用重新竞争,电子货币的地位便会有所明确。

(二)电子货币是存款还是现金

由于电子货币的价值一般是由消费者预先支付的,为了防止发行机构因破产或其他原因而导致不履行义务情况的出现,人们认为有必要将电子货币纳入存款准备金和存款保险制度的安排,这种想法的目的在于为电子货币提供一套现实可靠的制度保障。然而事情并非那么简单,因为这样一来就意味着电子货币将定位于存款,可事实却是大量的电子货币产品其目的是专门用于在小金额交易中取代现金,所以,其关键就是将电子货币定位于现金还是存款的问题。欧盟在其关于电子货币问题的报告中明确地将电子货币定位于存款,将电子货币的发行行为视为吸收存款的行为,接受有关存款的法律规定。在美国的立法实践中,关于储值卡上的资金是否构成根据《联邦储备法》应提交准备金的存款的问题,美联储曾宣布储值卡应受法定准备金的限制,从目前的立法态度来看,FDIC 认为从银行账户转入储值卡的余额将不受存款保险的保护。现阶段将电子货币暂定位于存款,容易取得消费者的信任。如果将电子货币定位于现金,将缺少相关法律的调整。当然,电子货币未来的一个发展趋势就是可能要取代现金的。

(三)电子货币的法律基础

电子货币交易中所涉及的法律关系是复杂的。一是电子货币机制参与者的复杂性,这些主体包括电子货币机制的开发者、电子货币的发行机构、消费者、零售商、网络经营者以及清算结算服务提供者。在许多情况下,消费者、零售商和发行者之间的关系可能很复杂,特别是在有多家机构发行电子货币,或者是在发行者、消费者和零售商各自的信用机构是相互独立的实体的时候,更是如此。二是电子货币系统本身的技术特点造成的法律关系的复杂性,即使是在比较简单的电子货币机制中,因欺诈、伪造、事故和一家或几家参与者违约的情况,也会涉及债务的问题。

对于电子货币交易中发生的损害,其归责原则的确定应当充分考虑电子货币机制的特殊性和复杂性。其中,过错责任原则作为既适用于侵权责任又适用于违约责任的一项基本原则,应当为电子货币机制所采用。当发生一方当事人违约或电子货币服务提供者错误操作的情况下,根据过错责任原则,应当由责任人来承担赔偿损失的责任。但是,电子货币本身的技术缺陷而造成的电子货币使用者经济损失的时候,应当参考产品责任的归责原则和免责条件,即使在产品制造者和销售者没有过错的情况下,他们也要根据严格责任原则来承担责任,除非他们能够证明损害是由消费者自己的过失所致。

电子货币机制存在着法律关系的复杂性和责任承担的不确定性,因而,电子货币开发者和发行机构在其产品被广泛应用之前,阐明系统中各方的权利、义务和可能承担的责任就十分重要。实际上,所有电子货币机制的前提条件应当是法律和契约关系清晰而完善,各方的权利、义务确定而清楚。然而,在现实中,绝大多数的电子货币产品还不具备这些前提条件,发行机构发行储值卡等电子货币时,并不需要与客户签订契约,一般也没有对有关各方可能承担的风险作出申明,这样就不利于交易的顺利进行和争端的顺利解决。

二、电子货币对中央银行的影响

(一)电子货币对货币发行主权的影响

电子货币的发展带来了一些与中央银行有关的政策问题。这些与中央银行的特殊联系,关系到中央银行货币发行主权、铸币收益、货币政策的运作,并且关系到中央银行行使监督职能的范围和电子货币的发行者承受的金融风险。由于货币发行权在控制和调节金融市场的重要性,货币主权也就成为国家主权的一个重要组成部分。但电子货币的出现,有可能动摇中央银行的货币发行主权地位。电子货币可以和现金一样用于小额支付,几乎可以代替现金的一切功能,同时它又具有大额转账的功能。允许其他主体发行电子货币,就意味着中央银行货币发行主权地位的动摇。

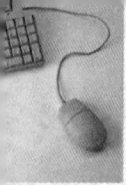

（二）电子货币对货币发行收入的影响

货币发行收入，也称铸币税收入，是指货币发行当局从货币发行和铸造中所获得的收入，即货币的面值超过生产成本的那部分收入。中央银行的货币发行量越大，它所获得的铸币税收入就越多。如果电子货币取代现金流通，并且电子现金不是由中央银行发行的，其铸币税就注定要减少。如果电子货币主要用做现金的替代物的话，可能只有小面额的纸币受到较大的影响，而对货币发行的总金额没有多大影响，对中央银行铸币税收入的总量影响不大。实际上，目前由于电子货币数量有限，其影响也十分有限。大部分国家出于保护电子货币领域的创新、争取比较优势的考虑，基本上采取了谨慎关注的态度。

（三）电子货币对货币政策的影响

《中国人民银行法》规定我国的货币政策是保持货币币值的稳定，并以此促进经济的增长。电子货币的引入将对货币政策的制定产生重要影响。

中央银行制定货币政策需要考虑多种因素，包括经济增长速度、通货膨胀率、社会就业率、国际收支平衡等。反映在货币供给数量的确定问题上，首先涉及的就是货币层次的划分，这是中央银行制定货币政策量化的基本指标。但在电子货币引入的情况下，这一指标的有效性发生了变化。在未来网络经济时代，电子货币流通量将主要由金融市场的电子货币流通速度而不是由中央银行的初始货币供应量来决定。货币政策的中介目标利率作为货币政策中介目标，所受的影响可能不会很大，只是利率的形成机制更加复杂化。

传统的货币政策操作主要靠公开市场操作、贴现率、法定准备金三大政策工具。对于公开市场操作，电子货币使中央银行资产负债大量缩减的结果，很有可能使中央银行因缺乏足够的资产负债而不能适时地进行大规模的货币吞吐操作，减弱了公开市场操作的时效性和灵活性。对于贴现率及法定准备金率，电子货币的影响不大。

（四）电子货币对中央银行职能的影响

在网络经济条件下，中央银行的职能应该进行重大转变。中央银行在网络化经济条件下应该将核心职能定位在为网上在线电子支付提供法律保障、安全保障、制度金融支付、金融结算方面的法律条文，为网上电子商务和电子资金流动制定安全标准和程序，对电子货币发行主体和网上电子支付结算中心进行资格认证，规避电子清算系统风险而造成全部电子金融数据的丢失等，并对电子货币开发商执行法定的安全标准的实力和信誉进行资格认证。

三、电子货币的风险与监管

（一）电子货币对商业银行的风险

电子货币带来利益的同时，也给商业银行系统带来风险隐患，且这些风险必定会威胁利益。商业银行在电子货币活动中可能遇到以下风险：

1. 技术风险

技术风险来源于因系统的可靠性或完整性存在明显的缺陷而可能导致的潜在损失。安全考虑应该是至上的，因为商业银行可能会遭受来自内部或外部的对其系统的攻击，另外，风险也可能是源于消费者的错误使用或电子货币和电子商业银行系统的不当设计。操作风险主要表现在安全风险，如安全缺口将会导致商业银行承担欺诈的债务，因非法入侵系统、员工的欺诈或伪造，以及系统的设计、运行和维护风险，消费者错误操作的风险等。

2. 信用风险

经营电子货币业务的商业银行其市场范围跨越传统的地理界限，当那些需要通过商业银行远距离操作而实现交易时，信用风险的程度将会增加。当商业银行自己不发行电子货币，而是从其他发行者那里购买电子货币然后再卖给消费者时，如果发行人不履行回赎义务时，商业银行也将面临信用风险。商业银行由于受到公众负面舆论的影响而导致资金或客户的损失。商业银行的操作风险就很可能会构成声誉风险，原因是商业银行一旦出现运作问题，即使没有招致客户的实际损失，但也许已经影响了商业银行的声誉。

3. 市场风险

在电子货币支付业务中接受外币的商业银行可能会遭受此类的风险。电子货币和电子商业银行业务所依靠的技术，使得电子货币的市场扩张行为可以超越国界，从而大大提高了风险发生的可能性。另外，那些接受外币电子货币支付业务的商业银行可能会因汇率的波动而遭受市场风险。

4. 法律风险

法律风险一般由于违反或不符合法律规范，或交易各方的法律权利义务关系没有合法地建立。这些交易中的权利义务有时是不确定的，法律风险也来自于一些通过电子媒介形成的协议的法律效力的不确定性。如果电子货币计划对交易余额不作限制，则将会吸引洗钱的犯罪活动。参与电子商业银行和电子货币业务的商业银行可能会因为客户揭发和隐私权保护问题而面临法律风险。那些没有被告知其权利义务的客户也许会对商业银行提起诉讼。有时候商业银行为提高服务质量而将其互联网地址链接到其他地址上去，而网络黑客也许会利用这种链接地址来欺诈商业银行的客户，使得商业银行面临客户的诉讼。

（二）电子货币的风险及管理

电子货币的使用可能会改变商业银行从事业务所面临风险的属性和范围，所以商业银行对风险的管理程序既要能处理现存的风险，又要能适应新的风险。为达到以上目标，要求风险管理程序必须包含以下三项基本成分，即风险评估、风险管理和控制、风险监控。

风险评估是一个持续进行的过程，主要包括三个步骤：首先，有严谨的风险辨别程序，如果可能的话，还应予以量化，应确认潜在的风险如何发生以及对付和限制这些风险的措施。其次，根据可以负担的损失的估计，来决定商业银行对于风险的承受能力。最后，商业银行清楚风险暴露是否在商业银行承受力的限度之内。在进行了风险值与商业银行承受力的评估之后，商业银行应进一步来管理和抑制风险，这一风险管理过程包括执行安全政策和措施、内部交流与合作、估计和提高产品和服务的质量、实施措施以保证外部风险被抑制和管理、进行信息披露和对客户的教育以及出台应急计划等。实施风险监控是任何风险管理过程的重要方面，对电子货币活动来说，由于一方面产品的某些属性易随着技术创新而迅速变化，另一方面产品和服务对诸如互联网的公共网络的依赖，所以实施监控是非常重要的。系统监测和审计是风险监控的两个主要组成部分。跨国风险比国内风险更难以管理，所以商业银行和监管者更应注重评估、监控跨国电子货币活动的操作风险、法律风险、声誉风险和其他风险类型。

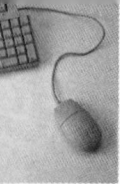

第三节　网络银行的法律规范

一、网络银行的市场准入制度

网络银行就其性质而言是商业银行。在正式规范中将商业银行从事网上银行业务归于银行电子化范畴,我国的网络银行都属于分支型网络银行。网络银行的设立首先必须遵从商业银行法的有关规定。目前我国的商业银行按组织形式划分,分为有限责任商业银行、国有独资商业银行和股份有限责任商业银行三种,其设立要符合公司法关于公司设立的规定。

为规范和引导我国网上银行业务健康发展,有效防范银行业务经营风险,保护银行客户的合法权益,我国已有《中华人民共和国中国人民银行法》、《中华人民共和国商业银行法》,以及中国人民银行于 2001 年 6 月 29 日颁布的《网上银行业务暂行管理办法》。我国银监会于 2006 年 1 月又颁布了《电子银行业务管理办法》,对网络银行的市场准入作出明确规定。

《电子银行业务管理办法》定义的电子银行业务,是指商业银行等银行业金融机构利用面向社会公众开放的通信通道或开放型公众网络,以及银行为特定自助服务设施或客户建立的专用网络,向客户提供的银行服务。

电子银行业务包括利用计算机和互联网开展的银行业务(以下简称网上银行业务),利用电话等声讯设备和电信网络开展的银行业务(以下简称电话银行业务),利用移动电话和无线网络开展的银行业务(以下简称手机银行业务),以及其他利用电子服务设备和网络,由客户通过自助服务方式完成金融交易的银行业务。

上述银行开办网上银行业务,应具备下列条件:

金融机构在中华人民共和国境内开办电子银行业务,应当依照本办法的有关规定,向中国银监会申请或报告。金融机构开办电子银行业务,应当具备下列条件:①金融机构的经营活动正常,建立了较为完善的风险管理体系和内部控制制度,在申请开办电子银行业务的前一年内,金融机构的主要信息管理系统和业务处理系统没有发生过重大事故;②制定了电子银行业务的总体发展战略、发展规划和电子银行安全策略,建立了电子银行业务风险管理的组织体系和制度体系;③按照电子银行业务发展规划和安全策略,建立了电子银行业务运营的基础设施和系统,并对相关设施和系统进行了必要的安全检测和业务测试;④对电子银行业务风险管理情况和业务运营设施与系统等,进行了符合监管要求的安全评估;⑤建立了明确的电子银行业务管理部门,配备了合格的管理人员和技术人员;⑥中国银监会要求的其他条件。

金融机构开办以互联网为媒介的网上银行业务、手机银行业务等电子银行业务,除应具备上述条件外,还应具备以下条件:①电子银行基础设施设备能够保障电子银行的正常运行;②电子银行系统具备必要的业务处理能力,能够满足客户适时业务处理的需要;③建立了有效的外部攻击侦测机制。

中资银行业金融机构的电子银行业务运营系统和业务处理服务器设置在中华人民共和国境内;外资金融机构的电子银行业务运营系统和业务处理服务器可以设置在中华人民共和国境内或境外。设置在境外时,应在中华人民共和国境内设置可以记录和保存业务交易

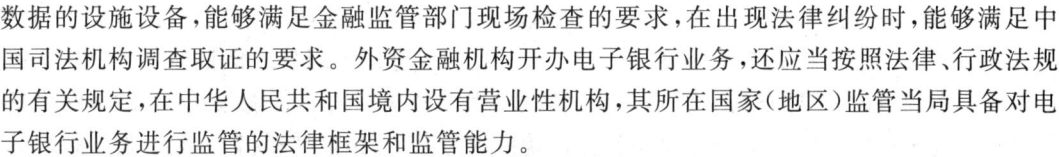

数据的设施设备,能够满足金融监管部门现场检查的要求,在出现法律纠纷时,能够满足中国司法机构调查取证的要求。外资金融机构开办电子银行业务,还应当按照法律、行政法规的有关规定,在中华人民共和国境内设有营业性机构,其所在国家(地区)监管当局具备对电子银行业务进行监管的法律框架和监管能力。

金融机构申请开办电子银行业务,根据电子银行业务的不同类型,分别适用审批制和报告制:①利用互联网等开放性网络或无线网络开办的电子银行业务,包括网上银行、手机银行和利用掌上电脑等个人数据辅助设备开办的电子银行业务,适用审批制;②利用境内或地区性电信网络、有线网络等开办的电子银行业务,适用报告制;③利用银行为特定自助服务设施或与客户建立的专用网络开办的电子银行业务,法律法规和行政规章另有规定的遵照其规定,没有规定的适用报告制。金融机构开办电子银行业务后,与其特定客户建立直接网络连接提供相关服务,属于电子银行日常服务,不属于开办电子银行业务申请的类型。

二、网络银行经营应遵循的原则

1. 安全第一原则

对网络银行而言,安全是第一位的,安全性原则贯穿于网络银行经营发展的全过程。

2. 谨慎经营原则

网络银行要保持足够的谨慎,分析自身受这些风险影响的程度,以及制定适当的控制措施管理这些风险。

3. 国家利益原则

网络银行的超越国界性,基于国家整体金融秩序与安全之考虑,不能单靠契约自由、市场机制或者行业自律加以解决,而应由政府与金融产业及相关单位密切合作,建构符合市场发展需求的网络银行业务相关法规,而其中首先要考虑国家安全利益。

4. 保护客户原则

网络银行作为金融服务的提供者和存款人的债务人,应将客户的利益置于重要位置。

5. 公平竞争原则

公平竞争是任何市场的内在要求。网络银行从建立的开始就处于激烈地竞争环境中,这种竞争表现在网络银行之间、网络银行与传统商业银行之间的许多业务领域。但竞争必须在良性轨道上运行才能赋予市场以活力。因此,反不正当竞争是保证网络银行健康发展的必要措施。

三、网上贷款法律问题

(一)网络贷款业务状态

目前,网络贷款业务可以分成两种情形。

(1)银行在自己的网络上开展贷款业务。客户通过各类银行主机连线的终端机,经通信线路进入主机系统享受银行所提供的贷款服务,如自动贷款机是美国一些储蓄机构推出的,美国监管储蓄银行的机构在有关的规章中规定了两种不同的设施:一种被称为远程服务设备,另一种被称为分支机构。

(2)银行利用互联网开展贷款业务。客户以个人电脑连上互联网络就可以申请贷款服

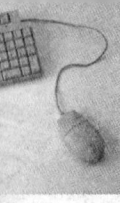

务。如中国台湾玉山银行早在 1996 年就在国际互联网上推出了限额为 60 万元新台币的网络贷款业务。网络贷款交易速度快，可以 24 小时提供跨越国界服务。但目前网络贷款业务仍仅限于小额贷款，主要是为了风险防范的需要，因而授信额度不可能很高。另外，网络贷款期限一般比较短，例如，中国香港大新银行就提供为期 7 天的网络贷款服务。随着技术的迅速发展，我国银行完全有可能推出相应的服务。

（二）网上贷款与现行银行法律规范

我国关于贷款的法律规范主要包括商业银行法和贷款通则，二者基于制定时的现实情况，不可能涉及网上贷款的规定，当然也并未对此加以禁止。

《商业银行法》第三十七条要求贷款合同应当是书面合同，第三十五条要求贷款实行审贷分离制度。《贷款通则》第五十九条要求贷款人发放异地贷款，应当报中国人民银行当地分支机构备案。网络贷款是否符合这些规定，需要监管机构做出相应的解释。

《贷款通则》第二十五条规定，借款人需要贷款，应当向主办银行或者其他银行的经办机构直接申请。那么受理申请的机器或者计算机属于什么性质应当界定清楚。网络银行虽然可以 24 小时营业，但如果有关机器、网络设备出现故障，客户无法使用，起诉银行没有遵守有关规定时，银行应承担什么样的法律责任需要明确。

（三）网上贷款业务环节的法律解决

实际上，许多法律问题在不同程度上影响着银行网络业务的发展。现在还没有达到完全通过网络完成全部贷款程序的程度，其中一些环节还依赖现有的手段进行。但任何形式的网络贷款，都会涉及核实客户资信和贷款资金拨付这两个重要步骤。首先，应建立客户确认机制。其次，健全合同约束机制。最后，证据应妥善保存。这些资料的保存时间应考虑到民事诉讼法的有关规定，以使当事人在网络银行纠纷诉讼中处于主动地位。

四、网络银行的监管

根据我国的实际情况出发，对于网络银行监管的内容和措施应包括以下方面：

1. 监管制度的结构

从监管层次上讲，政府对网络银行的监管可以分为两个层次：一是网络银行内部层次的监管，即针对商业银行提供的网络银行服务进行监管；二是网络银行外部层次的监管，即针对网络银行对国家金融安全和其他管理领域形成的影响进行监管。较适宜的办法是，就网络银行的不同方面制定不同的规则或条例，如美国对网络银行的监管形式，有规则、公告、劝告、警示、信函、备忘录等。根据我国的国情，我国网络银行的监管可以由以下几部分组成：①管理条例；②指引公告；③风险警示。

2. 网络银行内部的监管

网络银行内部的监管即指金融监管当局对网络银行业务的监管，就其内容而言一般可以分为五个方面：对网络银行安全性能的监管；对网络银行的标准化水平进行监管，以实现全国各商业银行之间电子信息的互联互通；对网络银行金融服务的确切性、真实性、合规性的监管；对网络银行记录交易的监管；对网络银行服务涉及的消费者权益进行监管。在具体监管措施方面，监管当局可采取非现场稽核和现场检查。

3. 网络银行外部的监管

网络银行外部的监管内容包括以下四方面:网络银行对国家金融安全,乃至国家经济安全的影响的评估与监管;对网络银行系统风险的监管;对利用网络银行进行犯罪的监管;对网络银行准入和退出的监管。

目前我国的金融监管由银监会、证监会和保监会三机构实施,但未来网络金融服务将是综合性的,因此三家监管机构必须建立密切协作制度,明确各自的监管责任。

第四节　电子支付的法律规范

一、电子支付的立法

(一)国外电子支付立法

1. 美国的立法

美国是金融电子化的先行者,在对电子资金划拨立法方面走在前面。例如,美国1973年发生的埃弗拉案及1985年11月21日纽约银行电子计算机系统出现了严重问题。这些事件促使美国制定1978年《电子资金划拨法》(Electronic Funds Transfers Act,EFTA)和1989年修订了《统一商法典》,在第4编银行存款和收款中,增设"4A编——资金划拨"。

2. 英国的规范

在英国,几乎没有有关电子资金划拨的成文法与判例法。国家对电子资金划拨的法律调整,仍由普通法与银行实务惯例担当。调整电子资金划拨的法律框架是建立在19世纪的商业惯例和调整纸面工具的支付系统的法律之上的。1992年由英国银行协会(BBA)等民间团体共同公布并于1994年修订的《银行业惯例守则》,其虽然不是法律,但实际上它具有了法律的效力。

3. 欧洲的规范

欧洲中央银行在1998年的报告中讨论了建立电子货币系统的基本要求,即严格管理,有可靠明确的法律保障、技术安全保障,有效地防范洗钱等金融犯罪活动,有货币统计报告,可回购,有储备要求等。

4. 国际组织立法动向

由于金融的电子化、全球化,不同国家间的电子资金划拨法律问题亟待统一。国际标准化组织(ISO)的银行金融服务业委员会为电子资金划拨制定的"标准术语"已为国际社会认同。

国际商会(ICC)的银行业委员会正在拟订一个"银行间支付规则草案",旨在解决位于不同国家银行之间划拨资金发生的损失赔偿提供保险的问题,以减少银行客户的疑虑,发生损失及时补救于事后。

联合国国际贸易法委员会(UNCITRAL)秘书处1986年发表了国际支付小组起草的《电子资金划拨法律指南》供各国立法参考,与此同时,着手制订电子资金划拨的"示范法律规则"。经过数年的努力,联合国贸易法委员会第25届会议于1992年5月15日通过了《国际贷方划拨示范法》,以期给各国提供一个可供参考的蓝本,以达到这一领域的国际协调和统一。

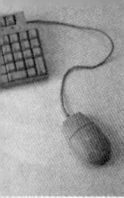

（二）我国电子支付立法

目前,我国还没有对电子资金划拨进行专门立法。1996 年 1 月 1 日生效的《中华人民共和国票据法》,确立的是以纸票据为基础的结算支付制度,完全未考虑到电脑与电信技术在支付系统中的运用。有关电子支付的规定散见于其他法律法规中。

首先是对于计算机数据信息的安全保护。国务院 1994 年 2 月 18 日发布施行了《计算机信息系统安全保护条例》,对威胁计算机运行安全与信息安全的两大危害——病毒与黑客,作了具体的防范性规定。

1996 年 2 月 1 日国务院又发布施行《计算机信息网络互联网管理暂行规定》,要求计算机信息网络直接进行国际联网的,必须使用邮电部国家公用电信网提供的国际出入口信道,任何单位和个人不得自动建立或使用其他信道进行国际联网,接入单位必须符合规定的条件,并经主管部门审批许可,以保证国际互联网络的各种信息都经由一条信道出入国门。

其次在金融犯罪方面,1997 年 10 月 1 日起施行的新《刑法》增列了相关内容,对于黑客侵入与利用计算机进行的金融诈骗均有刑事处罚规定。在电子货币方面,许多发卡银行均推出了各自的信用卡章程,如《中国工商银行"牡丹"信用卡章程》、《中国银行信用卡章程》、《中国农业银行金穗信用卡章程》等。海南省于 1995 年 11 月 6 日率先颁布了《海南经济特区银行 IC 卡管理规定》,是我国第一部专门针对电子资金划拨的地方性法规。

1999 年 1 月 26 日,中国人民银行颁布了《银行卡业务管理办法》,对银行信用卡、借记卡等做出规范。

2005 年 6 月 9 日为规范和引导电子支付业务的健康发展,保障电子支付业务中当事人的合法权益,防范电子支付业务风险,确保银行和客户资金的安全,根据《中华人民共和国电子签名法》、《支付结算办法》等法规制度,中国人民银行公布《电子支付指引（征求意见稿)》。

二、电子支付有关当事人的法律关系

（一）电子支付有关的当事人

从法律关系的角度来划分电子支付的当事人可分为付款人和受款人,而付款人和受款人完成电子支付还必须有另外两个重要的角色,即银行和认证机构。其中认证机构是支付电子化、虚拟化的产物。因此,广义上,电子支付涉及的当事人有以下四种:

（1）付款人,即电子支付中的付款人,通常为消费者或买方。

（2）受款人,即电子支付中的接受付款的人,通常为商家或卖方。

（3）银行,即电子支付中的付款人、受款人之间的中介人,通常为网上银行或金融机构。在电子支付系统中,银行同时扮演发送银行和接收银行的角色,完成信用中介、支付中介和结算中介的金融服务。

（4）认证机构（CA),即电子支付中的付款人、受款人和银行真实身份的鉴定人,通常为认证中心或验证机构。认证机构为参与电子商务各方的各种认证要求提供证书服务,以确认支付各方的真实身份。

（二）当事人之间的法律关系

在电子支付的实施过程中,虽然仅有四种当事人,但它们之间却有许多种的法律关系,如交易关系、合同关系、债权债务关系、借贷关系、委托代理关系、认证关系等,这些法律关系均是建立在合同关系的基础上。

(1)付款人与受款人之间是买卖合同关系。付款人之所以进行电子支付,往往是付款人与受款人间存在买卖合同关系,最普遍的就是货物买卖合同的买方指示其开户银行发送货款以履行其货物买卖合同中的付款义务,且卖方同意买方以电子支付方式支付货款。

(2)付款人和受款人与银行之间都是金融服务合同关系。银行之所以接受付款或受款指令以实施电子支付的付款或受款,是因为前者与银行间存在有关电子支付的合同。这是一种格式合同,通常是由银行起草并作为开户的条件交给前者。

(3)付款人、受款人和银行与认证机构之间均是证书服务合同关系。认证机构参与电子支付是付款人、受款人和银行能够安全顺利完成电子支付全过程的关键,它为前者各方提供身份认证是通过双方、有偿和格式合同实现的。前者各方申请证书是要约方,而承诺方一般是认证机构。而且,前者各方又有义务接受认证机构的监督管理。

三、电子支付中的法律责任

(一)电子支付的差错与责任

2005 年 6 月 9 日中国人民银行公布的《电子支付指引(征求意见稿)》对在电子支付中发生的差错与承担的责任做了如下规定:

(1)电子支付业务的差错处理应遵守据实、准确和及时的原则。

(2)银行和转发人应指定相应部门和业务人员负责电子支付业务的差错处理工作,并明确权限和职责。

(3)银行和转发人应妥善保管电子支付业务的交易记录,对电子支付业务的差错应详细备案登记,记录内容应包括差错时间、差错记录、处理部门及人员姓名、客户资料、差错影响或损失、差错原因、处理结果等。

(4)由于银行和转发人保管使用不当,造成客户资料信息泄露、破坏,导致客户资金受到损害,银行和转发人应负相应责任。

(5)转发人或银行因自身系统、内控制度或按协议为其提供服务的第三方服务机构的原因造成电子支付指令无法按约定时间传递、传递不完整或被篡改的,应承担相应责任。因第三方服务机构造成损失的,转发人或银行可根据与第三方服务机构的协议进行追偿。

(6)接收行由于自身系统或内控制度等原因对电子支付指令未执行、未适当执行或迟延执行,致使客户款项无法按协议约定处理时间准确入账的,应承担相应责任。

(7)非资金所有人盗取他人存取工具发出电子支付指令,并且其身份认证和交易授权通过了发起行或转发人的安全程序,发起行或转发人对该指令进行处理所产生的后果不承担责任,但应积极配合客户查找原因,尽量减少客户的损失。但下列情形除外:①使用数字证书和电子签名等作为安全认证方式的;②因转发人或银行原因造成客户安全认证数据被盗的。

(8)使用数字证书和电子签名等方式确定客户身份和交易授权的,非资金所有人盗取他人存取工具发出电子支付指令,并且其身份认证和交易授权通过了发起行或转发人的安全程序,如果该数字证书由合法的第三方认证服务机构提供,且第三方认证服务机构不能证明

自己无过错的,应承担相应责任。

(9)客户的有关电子支付业务资料、存取工具被盗或遗失,应按约定方式和程序及时通知转发人和银行。由于客户未妥善保管电子支付交易存取工具,且未及时采取补救措施造成资金损失的,如转发人或银行在电子支付交易办理过程中无过错的,对此资金损失不承担赔偿责任。

(10)客户发现自身未按规定操作,或由于自身其他原因造成电子支付指令未执行、未适当执行、延迟执行的,应在协议约定的时间内按照约定程序和方式通知银行或转发人。银行或转发人不承担责任,但应积极调查并告知客户调查结果。银行和转发人发现因客户原因造成电子支付指令未执行、未适当执行、延迟执行的,应通知客户改正或配合客户采取补救措施。

(11)客户按规定已变更或撤销指定办理电子支付业务账户的,如银行已确认该账户被变更或撤销后,仍发生电子支付交易并造成资金损失,银行应承担全部责任。

(12)因不可抗力造成电子支付指令未执行、未适当执行、延迟执行的,银行和转发人不对客户承担赔偿责任,但应当采取积极措施防止损失扩大。因该差错取得不当得利的,应负有返还义务。

(二)小额电子支付各方的责任规定

1. 美国的法律规定

美国对小额电子支付管制较为严格,有关的法规主要有联邦《电子资金划拨法》及联邦储备系统理事会颁布的 E 条例、Z 条例等和各州关于电子资金划拨的法律。

美国《电子资金划拨法》为设立电子资金划拨系统中各参加方的权利、义务及责任提供基本框架。下面就以此法为例主要考察以下两个问题:

(1)消费者对未经授权的划拨的责任。

《电子资金划拨法》将"未经授权的划拨"定义为:由消费者以外的未获发动划拨实际授权的人所发动的,从该消费者账户划出资金而该消费者并未从该划拨受益的电子资金划拨。由《电子资金划拨法》的规定可以看出消费者对未经授权划拨而承担的责任分三个等级:

①不超 50 美元:一般情况下消费者应对涉及其账户的任何未经授权的划拨承担责任。但是,在任何情况下,消费者对未经授权的划拨承担的责任不得超过 50 美元。

②不超过 500 美元:如果金融机构证实,除非消费者未在得知或其他存取工具的遗失或被盗后的两个营业日内或在如长途旅行、住院等可宽限的情况,在根据该情况合理的时间内,报告该遗失或被盗,损失本来不会发生,则消费者的责任最高金额是 500 美元。

③无限责任:消费者必须在收到载有未经授权划拨的报表后的 60 天内通知金融机构,否则消费者要对发生在 60 天以后的任何未经授权的电子资金划拨或账户错误承担无限制的责任。

(2)金融机构的责任。除某些例外,金融机构应当对以下原因造成的全部损失承担责任:

①当金融机构得到消费者的适当指示进行电子资金划拨后,未根据账户条件以正确的金额或适时的方式进行该电子资金划拨。

②因金融机构未根据账户条件,将代收资金存款贷记消费者账户,使该金融机构由于账

户资金不足未进行电子资金划拨,而假如该机构已贷记该存款,该账户本来能提供足够的资金划拨。

③当金融机构接到指令,指示其根据账户条件,停止支付从消费者账户划出资金的预先授权的划拨时,该机构未停止支付。

从这些规定可以看出,《电子资金划拨法》对消费者给予特别的保护。但其对金融机构的利益也没有忽视,如让消费者有条件地分担未经授权的划拨带来的损失。这样在二者之间就找到一个利益点,既保护了消费者的利益,又可鼓励消费者及时报告未经授权的划拨的发生或可能发生,从而促进了电子资金划拨服务的发展。

2. 我国的法律规定

电子资金划拨是利用计算机网络系统来完成的,它是以计算机网络为赖以生存的基础,这就决定了其自身的特点。计算机网络运转是包括各种硬件设备和相应的软件设备在内的技术支持的有机结合,是一个高技术、高风险的领域。一方面,系统在完整性和可靠性上有可能存在重大缺陷;另一方面系统运行时也可能出现差错。由这些情况所引起的交易中断、延迟、错误等给银行和消费者带来的损失由谁承担应该做出规定。下面以电子支付时银行卡在不同环境下的工作情况和出现故障时的银行和消费者责任划分为中心展开讨论。

根据《银行卡业务管理办法》的规定,各方的责任认定如下:

(1)商业银行有下列情形之一者,中国人民银行应当责令改正:有违法所得的,处以违法所得一倍以上三倍以下的罚款,但最高不超过 30000 元;没有违法所得的,按有关法律、规章处以罚款;情节严重的,应当追究直接负责的主管人员和有关直接责任人员的行政责任,情节严重的追究有关领导人的责任:

①擅自发行银行卡或在申请开办银行卡业务过程中弄虚作假的;

②违法本办法规定的计息和收费标准的;

③违法本办法规定的银行卡账户及交易管理规定的。

(2)发卡银行未遵守本办法规定的风险管理措施和控制指标的,中国人民银行应当责令改正,并给以通报批评。

(3)持卡人出租或转借其信用卡及其账户的,发卡银行应当责令其改正,并对其处以1000 元人民币以内的罚款(由发卡银行在申请表、领用合约等契约性文件中事先约定)。

(4)持卡人将单位的现金存入单位卡账户或将单位的款项存入个人卡账户的,中国人民银行应责令改正,并对单位卡所属单位及个人卡持卡人处以 1000 元人民币以内的罚款。

(5)任何单位和个人有下列情形之一的,根据《中华人民共和国刑法》及相关法规进行处理:①骗领、冒用信用卡的;②伪造、变造银行卡的;③恶意透支的;④利用银行卡及其机具欺诈银行资金的。

应该说管理办法的制定是一大进步,但还存在如下的问题:

(1)对消费者权益保护不够。其许多的规定明显是站在银行的立场上的,而完全忽视了消费者的利益。如第三十九条规定,发卡银行可凭交易明细记录或清单作为记账凭证。还有持卡人必须对报失前卡及密码丢失的后果全额负责,也就是"挂失"应"立即","被冒用"的损失需"自行承担",甚至挂失后还可能承担责任。这就更谈不上有承担限额的规定、挂失的合理期限等。

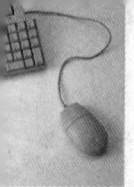

(2)规定很不完善。把对于银行和消费者有重大利害关系的许多问题都忽视了。如并未区分经授权的划拨与未经授权的划拨,这导致的最可能的结果是客户必须对未经授权的划拨后果全额负责。至于交易失败所致损失由谁承担以及在未经授权提取款项的情况下由谁举证等问题,也都没有作出规定。这些漏洞如不填补,势必导致解决银行卡纠纷时无法可依。

(三)大额电子资金划拨中的法律责任

1. 假冒指令的责任

盗用资金所有人的密码及相关信息进行非法划拨,是网上支付面临的一大安全隐患。由此产生的损失应该由银行还是客户自身承担责任,对此美国《统一商法典》第4A篇中安全程序规则是值得我们借鉴的。

所谓安全程序是指在客户和银行约定使用的密码或其他有效的身份认证手段。一般客户只对其授权的支付指令负责。但是美国《统一商法典》规定:若银行收到的指令经过了安全程序的证实,由这一指令所产生的后果应该由客户承担。客户承担未经授权的支付指令造成的损失,必须满足以下四个条件:

(1)代理银行与其客户达成协议,约定客户输入支付指令必须经过安全程序确认。

(2)该安全程序必须具有商业上的合理性。

(3)银行出于诚实及善意接收支付指令。

(4)银行遵守了安全程序。

如果银行满足了以上条件,则客户应当承担支付指令相应的后果。但银行如果未能满足以上要求,则必须对该支付指令的后果负责。

2. 支付指令不当执行的责任

根据美国《统一商法典》规定银行迟延执行、不当执行或根本未执行支付指令,其应该承担的责任仅限于返还相当于划拨资金的本金和利息以及划拨费用的款项。除非另有约定,银行不承担划拨未能完成造成的间接损失,如划拨人预期可得的利润等。

(1)划拨失败时的退款保证。当支付指令接收人不当履行支付指令造成划拨失败时,发端方银行及每一家随后的发送银行有权要求其接收银行返还已付的资金。除非在特殊情况下,退款保证不能经由协议改变。

(2)划拨迟延。对在贷方划拨完成后,即在受益方银行为受益方的利益接受了支付命令以后的迟延,如果受益方银行没有在规定的时间内将资金交由受益方处置,在管辖受益方和银行间关系的法律的范围内,受益方银行应向受益方赔偿。如果迟延发生在贷方划拨完成前,则在贷方划拨完成后,造成迟延的接收银行必须向受益方就支付命令的金额支付在迟延期间的利息。

(3)数额差错时的多退少补原则。接收银行执行的支付命令的数额少于其接受的支付命令的数额,但不是扣除手续费用造成的,接收银行有义务对此差额签发一项支付命令。贷方划拨已完成但接收银行执行的支付命令数额多于其支付命令的数额的,接收银行有权依法向受益人索回此项差额。

3. 支付指令有错误时的责任

支付指令错误包括三种,即支付指令表述有误、支付指令错误和支付指令执行错误。对

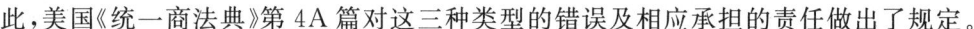

此,美国《统一商法典》第4A篇对这三种类型的错误及相应承担的责任做出了规定。

（1）支付指令表述有误。支付指令表述有误是指支付指令中存在不一致的信息,如受益人名称有误、受益人名称和账号不符等。美国《统一商法典》第4A篇规定,当存在对受益人情况的误述而不能够确定受益人时,受益人代理银行有权不接受指令人代理银行的支付指令,指令人代理银行应该将款项退回指令人。由此造成的利息及其他损失,由指令人自行承担。

（2）支付指令错误。支付指令错误是指支付指令内容本身存在错误或在传输过程中产生错误。例如,将受益人名称写错或重复发出指令等。美国《统一商法典》第4A篇规定,指令发送人应该对其支付指令的正确性负责。若因支付指令有误导致了损失,该损失应该由发送人承担。

（3）支付指令执行错误。支付指令执行错误是指接收指令的一方在执行指令的过程中出现的差错。例如,指令人代理银行重复发出支付指令或将款项支付给错误的受益人等。根据民法上的过错责任原则,支付指令发送人本身无过错,故不应该承担责任,而指令接收人在执行指令的过程中存在过错,应该对损失负责。

4.黑客欺诈时的责任承担

黑客(hacker)是指以电子手段闯入划拨系统进行诈骗的人。黑客欺诈是电子时代出现的新的犯罪形式。应以是否设置"安全程序"的有关规定来解决黑客欺诈时的责任承担问题。这里的"安全程序"中的技术手段、考查标准应依据国情具体确定。如经安全程序核证支付命令正确,即使未经授权,责任仍由发送方承担。但是如未经授权的支付命令是由与接收银行有联系的人的行为造成的,损失由接收银行承担,如未授权的支付命令是由与发送人有联系的人的行为造成的,损失由发送人承担。

第五节　网络证券的法律规范

一、网上证券经营机构的法律问题

网上证券经营机构,又称为虚拟证券经营机构,是指为实现一项复杂的证券项目,由多个证券经营企业主要基于互联网的应用,相互协调与合作,各自负责整个项目的一个子任务块,在自己的优势领域独立运作,以达到整个项目的实现。虚拟证券经营机构可以集中一批独立证券经营机构的权限,但能提供比任何单独公司多得多的产品和服务。建立虚拟证券经营机构是一个过程,通过一个项目的合作,根据需要联合成一个团队。其运作更多是依赖人员的知识、经验和才干,而不是其职能。虚拟证券经营机构具有以下特点:一是注重整体性组织原则。能够充分利用各种资源,发挥各自的优势,对干扰保持足够的弹性,并能适应外部环境的各种变化。二是独立组织的原则。虚拟证券经营机构的每一个部分都有其独立的性质,表现在其人员、财务、管理都是独立的。三是反应的快速性。这是指虚拟证券经营机构能快速适应来自市场和客户的要求,注重客户的个性化服务。虚拟证券经营机构内部之间的法律关系与传统联营企业有相似之处,其相互之间应当是一种合同契约关系。

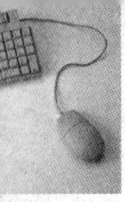

二、网上招股说明书的法律责任

在我国现阶段,网上招股主要指公开发行股票的公司通过互联网披露招股说明书和进行公司推介活动。规范网上招股行为可以保证有关发行信息及时有效地得以披露,建立发行公司与投资者的直接沟通渠道,发挥社会公众舆论监督作用,从而保护投资者合法权益,提高效率,促进证券市场的健康发展。

网上披露的招股说明书应与中国证监会核准的招股说明书版本一致,出现差错的,中国证监会将对有关责任人和责任人所在单位进行公开批评。因主承销商工作失误给投资者造成损失的,主承销商应承担全部责任,并及时采取措施补救。网站对网上推介的参与人所发布信息的真实性、完整性不应负法律责任,因为就其认识能力、经济许可、技术水平而言,难以承担监控义务,况且法律并未对此加以规定。但网站的工作人员由于工作失误发布错误信息,在这种情况下,网站应承担主要责任。相关工作人员也应承担一定的连带责任,因为工作人员的行为是一种职务行为。其次,具有损害事实发生。投资者必须举证其合法权益受到了网站提供的虚假信息的侵害。这种损害一般指投资者在错误的信息诱导下,作出投资决定而发生的投资损失。

三、网上证券委托中的法律问题

网上证券委托是投资者进行网上交易的必经程序。为保证网上交易的安全性,只有达到法定条件,经中国证监会核准的证券公司才能开展网上委托业务。证券公司以外的其他机构,不得开展或变相开展网上委托业务。证券公司不得以支付或变相支付交易手续费的方式与提供技术服务或信息服务的非证券公司合作开展网上委托业务。严禁没有证券经营许可证的企业、事业单位或个人和未达到《中国证券经营机构营业部信息系统技术管理规范(试行)》要求的证券经营机构和分支机构经营网上证券交易业务。

投资者必须先与特定的证券公司办理网上证券委托手续才能进行网上交易。网上委托法律关系的主体为投资者和经核准的证券公司。证券公司是网上证券交易服务的提供者和主导者;投资者是接受服务、在网上买卖证券的当事人。网上委托法律关系的客体为提供网上委托服务的行为,内容即主体所应享有的权利和承担的义务。

投资者应享有的权利包括:①所有合法投资者都有权平等享有证券公司提供的网上委托服务。②投资者作为接受服务的消费者,享有知情权、选择权、交易安全权、受损求偿权等消费者应享有的权利。

投资者应承担的义务包括:①必须由本人亲自办理相关手续,不能代理。投资者应向证券公司提供身份证明原件等网上交易所必需的个人信息。②按照网上交易规则进行交易。③保守交易密码、网上登录密码等信息,如因个人原因泄露密码而造成交易损失,应由投资者个人承担。

证券公司作为网上委托服务的提供者,应具备的条件及其承担的义务包括:①业务规范方面。证券公司应向投资者提供证实证券公司身份、资格的证明材料。证券公司应制定专门的业务工作程序,规范网上委托,并与客户本人签订专门的书面协议,协议应明确双方的法律责任,并以风险揭示书的形式,向投资者解释相关风险。证券公司应定期向进行网上委托的投资者提供书面对账单。禁止开展网上证券转托管业务。②技术规范方面。证券公司必须自主决策网上委托系统的建设、管理和维护。有关投资者资金账户、股票账户、身份识别等数据的程序或系统不得托管在证券公司的合法营业场所之外。网上委托系统应有完善的系统安全、数据备份和故障恢复手段。证券公司应安排本单位专业人员负责管理、监督网上委托系统的运行，并建立完善的技术管理制度和内部制约制度。③信息披露方面。证券公司应提供一个固定的互联网站点，并在入口网站和客户终端软件上进行风险揭示。揭示的风险至少应包括以下内容：因在互联网上传输，交易指令可能会出现中断、停顿、延迟、数据错误等情况；机构或投资者的身份可能会被仿冒；行情信息及其他证券信息，有可能出现错误或误导；证券监管机关认为需要披露的其他风险。证券公司如向客户提供证券信息，应说明信息来源，并应提示投资者对行情信息及证券信息等进行核实。

四、银证转账法律问题

银证转账，是指证券投资者通过互联网或电话等方式，在其证券资金账户和银行账户之间直接划转资金。目前大多数证券公司都向投资者开展这一业务。投资者持有与证券公司合作的银行发行的信用卡或储蓄卡，通过互联网或拨打银行、证券公司提供的电话号码，按指令操作，就可以在证券账户与银行账户之间划转资金。银证转账必须由银行与证券公司合作完成。转账指令由客户发出，因此银证转账并不违反银证分业经营的现行法律规定。为了防止网上交易的数据受到非法窃取或改动，以致通过网络将非法收益转入银行账户，开展网上委托业务的证券公司不能直接向客户提供网络或电话形式的转账业务。采用网上交易方式的投资者，可以使用商业银行提供的银证转账服务。银证转账中涉及的电子资金划拨主体的行为及其法律责任需由立法加以规范。

五、网上证券交易的其他法律问题

(一)网上交易的安全问题

制约我国网上证券交易的因素首属网上证券交易安全问题。我国投资者担心一旦遭遇黑客袭击可能造成的损失；另外，投资者在网上进行证券交易的过程中一旦发生问题，无法得到营业部的直接支援和帮助。这些都导致许多投资者认为在营业部买卖股票更安全可靠。对于投资者的顾虑，证券公司一方面通过展示防火墙、数字证书、加密等技术证明自己的网络的安全性，另一方面却要求投资者在与证券公司签订开展网上交易的申请书或协议书时，同意在由于网络堵塞、中断或黑客入侵等造成意外损失或不能及时进行正常交易时，免除证券公司的法律责任。

(二)网上交易的自动成交

网上证券交易，其交易软件不需要人来操作或监视，电脑程序可以电子化或其他自动化方式发出交易指令，并自动确认交易的成交。交易软件自动下达交易指令并成交的整个过程都是由当事人设计、认可、选择，电脑根据程序设计发出相关信息或工作，虽不经人来操作或监视，但其并无独立的意志，而且程序是人设计或认可选择并控制的，某种程度上可认为是人的意志的延伸，因而只能视其为一种工具。基于此，这种行为应视为与当事人所为一样具有法律效力。

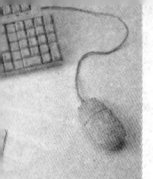

第六节　网络保险的法律规范

一、网络保险合同

网络保险合同是投保人和保险公司在网上达成的协议,它是保障当事人各方权利义务的法定方式。与一般书面合同相比,网络保险合同的效力问题主要来自两个方面,即以电子文档方式存在的契约效力如何及通过网络订立的合同是否具备承诺的要件。网络保险合同的当事人在签约时完全可以了解合同的内容,所以,对这种方式成立的合同,如果其具备合同成立的要件,并且符合我国民法中诚实信用、等价有偿的原则,则应承认合同的效力。关于网络保险合同要约的撤销问题,要约撤销应由要约人在对方发出承诺之前或同时进行。但是,在网络环境下双方通过计算机快速地处理和收发信息。一方发出要约后,对方很快就收到并加以处理,承诺电文在短时间内就会发出,尤其是 EDI 系统或电子代理的全自动处理,能够在收到要约后的几秒钟内就发出承诺电文,此时要约很难撤销。

关于合同的订立是否能反映当事人的真实意思,在网络保险合同签订中,往往采取 EDI 或电子代理的自动化操作。一方发出的要约或另一方表示的承诺,可能并不反映其真实意思。特别在要约和承诺表示中有错误时,合同被自动执行之后才能发现。因此,应该把签约计算机的所有人或电子代理的被代理人,视为同意计算机所发出的要约或承诺的人,并由他对其计算机系统所作出的一切决定承担法律责任。

二、网络保险监管

目前,国内对网络保险的实施、运行交易规则、网上诈骗行为等尚未有相关法律法规出台,保监会应加强对网络保险的运行研究,寻求有利于网络保险在全球范围内获得发展的监管模式,鼓励保险公司迅速转变经营方式,从传统的保险经营方式向网络化经营方式发展。同时为规范和引导网络保险业务健康发展,有效防范经营风险,保护网络保险各方当事人的合法权益,保监会应着手建立网络保险的监管体系,制定网络保险的市场准入标准、网络保险业务规范、风险防范制度以及对保险网站的监管办法等。应当严格市场准入,对于申请开展网络保险业务的保险公司而言,必须具备一些基本的条件。

保险公司开展网络保险业务应遵守国家有关计算机信息系统安全商用密码管理,以及消费者权益保护等方面的法律、法规、规章。要求保险公司依据有关法律、法规制定和实施全面、综合、系统的业务管理规章,对网络保险业务运行及存在风险实施有效的管理。由于网络保险的技术性较强,保证业务运行的安全是监管的重点之一。保险公司应制定并实施充分的物理安全措施,能有效防范外部或内部非授权人员对关键设备的非法接触。保险公司应实施有效的措施,防止网络保险业务系统不受计算机病毒侵袭。保监会应当负责对保险公司开办网络保险业务实施日常监督、现场检查和非现场监督。对于违法行为可以根据《金融违法行为处罚办法》、《金融机构高级管理人员任职资格管理办法》和有关法规进行处理,对情节特别严重的,可以强制停办部分或全部网络保险业务。

本章内容总结

　　本章介绍了网络金融法的概念,即网络金融法是关于网络金融交易和网络金融管理的法律规范的总称,分析了网络金融法的特点,即技术性、国际性、强制性和开放性,以及网络金融法的基本原则,并阐述了网络金融法体系的基本内容。然后分别重点介绍电子货币、电子银行、网络证券、网络保险等网络金融主要领域的法律规范。网络金融法作为一类法律规范的总称,主要包括下列基本内容:①网络金融法总论,包括网络金融法的概念及其在法律学科中的地位、网络金融法的渊源、网络金融法的基本特征、网络金融法的基本原则等。②电子货币法律制度,包括电子货币的法律契约基础、电子货币发行交易制度、电子货币对中央银行货币发行权和货币政策制定的冲击、电子货币对商业银行法律制度的影响以及电子货币风险防范和监管制度等。③网络银行法律制度,包括网络存贷款业务、网络银行的监管等法律问题。④电子资金支付法律制度。⑤网络证券法律制度,包括网络证券的法律特征、网上招股、网络证券交易以及网络证券监管法律制度等。⑥网络保险法律制度,包括网络保险合同相关法律问题、网络保险监管等法律问题,此外还有网络信托法律制度、网络投资法律制度和网络金融法律适用制度等(本章省略),这些法律制度具有内在的有机联系,共同构成网络金融法体系。

本章案例

　　2006 年 10 月,在苏州某学院,短短几天的时间里,突然有几十名学生向学校保卫处报案,原因都一样,那就是他们银行卡里的钱莫名其妙地不见了。学校保卫处了解到这一情况之后,迅速组织丢钱的同学向当地公安部门报了案。

　　经当地公安部门确认,一共有 44 名学生报案,损失的金额大概在五六万人民币左右。

　　经过查询发现,这些卡里的钱都是在网上买东西花掉的。可是几乎所有的报案人都从来没有上网买过东西,银行卡里怎么会有网上交易的记录呢? 会不会是银行的系统出了问题?

　　经过调查,警方发现银行的消费记录并没有出错,如果这些学生确实没有上网买过东西的话,那一定是另外有人,人为盗用了这些银行卡。案发的时间如此接近,地点又全都在一个学校里,会不会是校园里某些熟悉这些同学的人干的呢?

　　更让大家感到疑惑不解的是,要想用银行卡在网上直接付款,必须由学生们本人向发卡银行提出申请,开通网上银行这项服务以后才行。可是,这之前并没有人提出过这样的申请。那么,这些银行卡的网上支付功能又是怎么开通的呢?

　　公安局很快成立了专案组。一方面,派人去银行调取更为详细的交易记录;另一方面,则在学校内部继续调查,看谁还有机会得到这些银行卡的卡号和密码。

　　这个案子虽然有 40 多个受害人,但是,所涉及的银行卡,却有一个共同的特点,就是都是学校统一办理奖学金的卡。从三年前开始,该学院统一给每个获奖学生都办理了一张招商银行的银行卡。从那之后,学校每次发奖学金,都是将钱直接打到获奖学生的招行卡上。

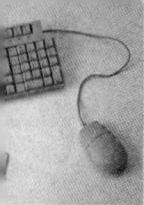

由此看来,学校负责办卡、发奖学金的老师和招商银行的有关工作人员,都有机会接触到这些学生的卡号和密码。是不是有工作人员通过一种漏洞窃取了这个卡的密码。警方随即在学校和银行展开调查。

同时,在招商银行,警方调出了这些银行卡更为详细的网上交易记录,发现把钱盗取之后,犯罪嫌疑人到中国卡网上或者是云网上去购买某种电话(充值)卡。被盗的5万多元钱,竟然全部被用来在网上买了电话充值卡。由此警方感觉到,这个人非常狡猾。会不会是一个惯犯在作案呢?

由于需求量大,这些充值卡可以很容易被转手卖掉。而且,买卖充值卡的过程,其实就是通过网络传输一组充值密码,几乎不会留下任何痕迹。犯罪嫌疑人盗用学生银行卡里的钱,在网上购买大量电话充值卡,然后再转手卖掉,将所得钱款存入自己的账户,经过这样几个步骤,别人的卡里的钱便悄无声息地流入了他的腰包。

不仅仅是作案手段狡猾老练,犯罪嫌疑人作案的地点也有些出乎警方的意料。通过对银行的调查,可以明确地显示网上消费地点(IP地址)。通过中国电信可以查出来是在四川成都一个IP地址。通过网上消费这样一种形式。犯罪嫌疑人居然是在距苏州千里之外的成都作案。经过一个多月的摸排跟踪和技术定位,警方终于当场抓获了正在作案的犯罪嫌疑人。

罪犯嫌疑人宋某交代其上网下载一些文档时突然就搜到几个相关的excel文档,包含一个叫奖学金文档,那里面包含着身份证号码还有银行卡号,看到身份证号码和银行卡号是成批量成对出现的,他想可能就是批量开卡,并感觉这些卡可能开卡的密码是有规律的。经过试验,宋某发现,这批银行卡的初始密码就是身份证后六位。卡已经办下来三年了,为什么这么多人都不改初始密码呢?

密码一旦被破解,这些银行卡的安全便失去了最基本的保障。里面的存款完全暴露在了宋某面前,任他处置。宋某运用自己所学的电子商务知识,选择了一种自认为安全的方式窃取这些存款。

因为掌握了卡号、密码,甚至每个人的身份证号码,于是宋某登录招商银行的网站,轻而易举地就申请开通了这些招行卡的网络支付功能,并特意选择了通过买卖电话充值卡来套取这些存款。因为卖卡需求量比较大,很容易套现。

就这样,犯罪嫌疑人宋某开始了近乎疯狂的盗窃行为,短短两个星期,便通过买卖电话卡的方式,将44名学生招行卡里的5万多块钱存款席卷一空。

被捕之后,犯罪嫌疑人宋某十分懊悔,对自己的犯罪行为供认不讳,并且将所得全部赃款主动退还给了那些被盗的学生。但是,等待他的仍然将是法律的制裁。

2007年4月29日,苏州市虎丘区人民法院对此案进行了公开审理。一号审判法庭内,可容纳200人的旁听席上座无虚席,坐满了前来旁听的在校大学生。

最终,法院认定宋某盗窃价值人民币51619.12元,数额巨大,构成盗窃罪。一审判决:宋某有期徒刑6年,并处罚金人民币6千元。

判决之后,宋某表示不上诉,并当庭做出了一个特殊的举动:"我认识到自己的错误了,现在我要向在座的各位受害者道歉,对不起,对不起。我对自己完全绝望了,心里面嘭一下凉下来了,根本没想到会是6年。"

网络虽然是虚拟的,但是如果一旦触犯了法律,面临的惩罚却是实实在在的。

请问:

1.本案判决被告构成盗窃罪,判处六年有期徒刑,但他把盗窃的钱都已退回,你认为该判决是否适当? 为什么?

2.学校把学生身份证和银行账号同时放到网上是否应承担法律责任?

 复习思考题

1.试述网络金融法的概念和特点。

2.试述网络金融法的基本原则。

3.试述网络金融法体系的基本框架。

4.试述电子货币对中央银行的影响。

5.简述电子支付的法律责任。

6.简述网络证券应如何监管。

参考文献

[1]才书训.电子支付与网上金融学[M].大连:东北财经大学出版社,2002.

[2]姚文平.互联网金融——即将到来的新金融时代[M].北京:中信出版社,2014.

[3]崔晓峰,王颖捷.网络金融[M].北京:中国审计出版社,2001.

[4]韩宝明,杜鹏,刘华.电子商务安全与支付[M].北京:人民邮电出版社,2004.

[5]黄宗捷.网络金融[M].北京:中国财政经济出版社,2001.

[6]柯新生.网络支付与结算[M].北京:电子工业出版社,2004.

[7]李琪,彭晖.金融电子商务[M].北京:高等教育出版社,2004.

[8]李成.货币金融学[M].北京:科学出版社,2004.

[9]李兴智.网上银行理论与实务[M].北京:清华大学出版社,2003.

[10]刘廷焕.金融干部网上银行知识读本[M].北京:中国金融出版社,2003.

[11]劳帼龄.电子商务安全与管理[M].北京:高等教育出版社,2003.

[12]李昕,王媛,杨蕊.网络金融监管的理论初探[J].商场现代化,2005(26).

[13]孟祥瑞.网上支付与电子银行[M].上海:华东理工大学出版社,2005.

[14]欧阳勇.网络金融:理论分析与实践探索[M].成都:西南财经大学出版社,2006.

[15]欧阳勇,曾志耕.网络金融概论[M].成都:西南财经大学出版社,2004.

[16]祁明.电子商务安全与保密[M].北京:高等教育出版社,2001.

[17]宋恩梅.集中式信息系统:我国网络证券业的发展战略[J].情报科学,2004(9):
1130-1140.

[18]孙斌.网络证券[J].企业经济,2006(3).

[19]王华庆.网上银行风险监管原理与实务[M].北京:中国金融出版社,2003.

[20]王春峰.金融市场风险管理[M].天津大学出版社,2001.

[21]王维安,俞洁芳,严谷军.网络金融学[M].杭州:浙江大学出版社,2002.

[22]王悦.我国发展网络保险的对策分析[D].成都:四川大学,2005.

[23]乌家培.网络银行[M].长春出版社,2000.

[24]李耀东,李钧.互联网金融框架与实践[M].北京:电子工业出版社,2014.

[25]吴以雯.网络金融[M].北京:电子工业出版社,2003.

[26]吴晓求.证券投资学(第二版)[M].北京:中国人民大学出版社,2004.

[27]徐枫.论网络金融监管[J].北方经贸,2001(3).

[28]许文新.金融市场学[M].西安:陕西人民出版社,2005.

[29]杨国明,蔡军.网络金融[M].北京:中国金融出版社,2006.

[30]杨兴凯,张笑楠.电子商务中的第三方支付模式及应用研究[J].电子商务,2007
(13).

[31]杨青.电子金融学[M].上海:复旦大学出版社,2004.

[32]严谷军.网络金融监管:内容与措施[J].科技进步与对策,2003(11).

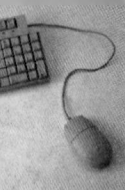

[33]叶蔚,袁清文.网络金融概论[M].北京大学出版社,2006.

[34]张卓其,史明坤.网上支付与网上金融服务[M].大连:东北财经大学出版社,2002.

[35]张宽海,张靖.第三方支付的分析研究[J].中国信用卡,2006(14).

[36]张劲松.网络金融[M].北京:机械工业出版社,2006.

[37]张浩.网络金融业及其在我国的发展研究[D].上海:复旦大学,2003.

[38]曾志耕.网络金融风险及监管[M].成都:西南财经政法大学出版社,2006.

[39]中国保监会普及保险知识编写组.保险知识学习读本[M].北京:中国金融出版社,2006.

[40]艾瑞市场咨询[EB/OL].http://www.iresearch.com.cn/

[41]东方财富网[EB/OL].http://hq.eastmoney.com/

[42]中国证券网[EB/OL].http://www.cnstock.com/

[43]上海证券交易所[EB/OL].http://www.sse.com.cn

[44]中国网上路演中心[EB/OL].http://rsc.p5w.com.cn/

[45]支付宝[EB/OL].http://www.alipay.com

[46]戴维·S·埃文斯,等.银行卡时代:消费支付的数字化革命[M].中国银联战略发展部,译.北京:中国金融出版社,2006.

[47]第一财经新金融研究中心.中国P2P借贷服务服务行业白皮书2013[M].北京:中国经济出版社,2013.

[48]费晨曦,窦郁宏.互联网金融的典范:Ing Direct[J].银行家,2013.

[49]官建文.中国移动互联网发展报告(2013)[M].北京:社会科学文献出版社,2013.

[50]迈克尔·塞勒.移动浪潮:移动智能如何改变世界[M].邹韬,译.北京:中信出版社,2013.

[51]吴军.浪潮之巅[M].北京:电子工业出版社,2011.

[52]熊良俊.聚焦银行科技前沿——来自金融机构和监管者的思考[M].北京:中国金融出版社,2012.

[53]谢平,邹传伟.互联网金融模式研究[J].金融研究,2012.

[54]张波.移动互联网时代的商业革命[M].北京:机械工业出版社,2013.

[55]赵国栋、易欢欢、糜万军,鄂维南.大数据时代的历史机遇——产业变革与数据科学[M].北京:清华大学出版社,2013.

第二版 后记

近年来,随着信息技术和互联网技术的不断应用,以及基于云计算和大数据技术在金融领域的广泛应用,使得金融领域基于互联网的创新不断深入,涌现出了非常多的去中介化的新型商业模式,这些创新不断挑战着传统金融服务的地位,并更进一步促进了传统金融服务的创新和发展。

作为理论工作者,面对着日新月异的互联网应用,以及金融领域内势不可挡的互联网化浪潮,常常会发出"理论落后于实践"的感慨。基于此,在第一版的基础上,这一版将近年来金融领域最新的发展融入进来,主要的变化如下:

第四章,增加了新的一节,介绍了有关移动支付的相关概念、移动支付的工具以及基于社交平台的移动支付的应用。

在第一版的基础上,新增加了一章的内容(即第八章),主要介绍互联网金融的创新与发展,在该章,内容涉及了互联网金融与网络金融的区别、云计算与大数据技术在金融领域的应用、电子货币的新发展以及基于互联网的网络融资和网络理财的应用与发展。

除此之外,本次对第一版中的部分过时的内容进行了删减,对部分信息和数据进行了更新。

本书第二版由彭晖负责进行了修订。彭晖、王哲(西安交通大学经济与金融学院)编写了新增的第四章第五节和第八章的内容。

本书在修订的过程中,参考了国内外同行以及实务工作者的最新学术成果,也参考了大量相关网站的信息,本书的修订出版得到了西安交通大学出版社的大力支持,责任编辑魏照民和赵怀瀛同志付出了辛勤的劳动,在此一并表示感谢。

尽管作者希望能将互联网金融领域的最新理论和实务囊括进来,但是苦于实践的快速发展,理论无论如何也赶不上实践发展的速度,难免挂一漏万,所以书中疏漏及不妥之处敬请各位读者斧正。

金融领域将成为未来中国互联网应用最为活跃的、最具"破坏性创新"的领域,让我们大家拭目以待!

彭晖

2015 年 1 月

第一版　后记

金融行业作为电子商务应用和支撑的一个重要领域,其电子商务发展和应用程度不仅关系到金融领域的前途,也对整个电子商务发展起着促进或制约的作用。所以,我们要进一步学习和研究金融领域电子商务应用的基本理论和实务,对我国网络金融的发展提供理论依据和实践指导。本书是由西安交通大学李琪教授领衔主编的"电子商务系列教材"中的一本,是为了适应网络金融的实践与教学的需要而编写的,可以作为电子商务专业、金融专业和其他经济学、工商管理类专业的学生教材,也可以用作有关部门和企业的培训教材。

参与本书策划和编写工作的主要作者有:彭晖(西安交通大学经济与金融学院),吴拥政(湖南师范大学数学计算机科学学院),张爱莉(西安交通大学经济与金融学院),胡湘云(湖南大学工商管理学院),秦成德(西安邮电学院信息管理与工程系),曹云忠(四川农业大学信息与工程技术学院),吴敬花(四川农业大学信息与工程技术学院),李雪(陕西师范大学国际商学院),李江湖(西安交通大学经济与金融学院),胡殿雷(西安交通大学经济与金融学院),朱海田(西安交通大学经济与金融学院)。

本书由彭晖、吴拥政担任主编,由张爱莉、胡湘云担任副主编。编写分工如下,彭晖确定写作提纲和写作原则,并负责总纂和修改定稿;第一章,李雪、朱海田;第二章,曹云忠;第三章,李雪、李江湖;第四章,胡湘云、胡殿雷;第五章,张爱莉、吴拥政;第六章,吴敬花;第七章、第八章,吴拥政;第九章,秦成德。

本书在编写过程中,参考和吸收了国内外同行专家的最新学术成果和有关资料,本书的出版得到西安交通大学出版社的大力支持,责任编辑蔡庆华同志付出了辛勤的劳动,在此一并表示衷心的感谢。书中疏漏和不妥之处难以避免,敬请各位读者斧正。

作者
2008 年 1 月

图书在版编目(CIP)数据

网络金融理论与实务/彭晖主编. —2版. —西安:西安交通
大学出版社,2014.10(2017.7重印)
ISBN 978 - 7 - 5605 - 6788 - 4

Ⅰ.①网… Ⅱ.①彭… Ⅲ.①金融网络-教材 Ⅳ.①F830.49

中国版本图书馆 CIP 数据核字(2014)第 226320 号

书 名	网络金融理论与实务(第二版)
主 编	彭 晖
责任编辑	魏照民 赵怀瀛
出版发行	西安交通大学出版社
	(西安市兴庆南路 10 号 邮政编码 710049)
网 址	http://www.xjtupress.com
电 话	(029)82668357 82667874(发行中心)
	(029)82668315 82669096(总编办)
传 真	(029)82668280
印 刷	陕西元盛印务有限公司

开 本	787mm×1092mm 1/16	**印张**	19.625	**字数**	473 千字

版次印次	2015 年 3 月第 2 版 2017 年 7 月第 2 次印刷
书 号	ISBN 978 - 7 - 5605 - 6788 - 4
定 价	36.00 元